RENATE JUST | KRUMME TOUREN 2

RENATE JUST

KRUMME TOUREN 2

REISEN IN DIE NÄHE

MÜNCHNER SÜDOSTEN
CHIEMGAU
SALZKAMMERGUT

VERLAG ANTJE KUNSTMANN

INHALT

EINLEITUNG: AUF LESEREISE

»Er sogt jetzt oiwei bisserl wärmer«. Die knappe Information kommt von der Gemüsefrau auf dem Wochenmarkt, während sie den Sellerie herüberreicht. »ER«, das ist in unseren Breiten der Radio oder der Fernseh, bzw. der Wetterbericht aus selbigen Kanälen, und »ER« hat gleichzeitig den Beiklang einer numinosen Instanz, von der man den Eindruck haben kann, daß sie das Wetter nicht nur ansagt, sondern auch macht. Er moant, Sturmböen von Westen her. Heit friah hot er Schnee g'sogt. Er hot scho auf d'Nacht gwißt, daß des ois bei ins obakimmt.

Jetzt sagt er also endlich Frühling, was die Kundin, die mit den Stiefeln in sorbetartigem Eisbrei steckt, noch nicht recht glauben mag. Zeit wird's: für trockenere Füße und längere Tage, für die langsam wieder steigende Vorfreude auf andere Landschaften, auf Draußen und Unterwegssein. Bald wird man aufbrechen können, bald werden die frühen Morgen nicht mehr nachtschwarz, sondern blaudämmerig sein, bald werden die Straßen unterm kleinen Auto nicht mehr knirschen und matschen. Und lange, lange wird uns die Helligkeit an den Abenden bleiben; darauf warten wir sehnlich, denn nichts haben wir am Winter so satt wie die Finsternis.

Obwohl: so ungut waren sie auch nicht, die Monate der vorwiegenden Stubenhockerei. Ich gehöre nicht zu den Ruhelosen, denen immer gleich die Decke auf den Kopf kommt bei umständehalber etwas längerem Innen-Leben. Meine erheblich mehr als vier Wände sind mir lieb und teuer, und wie jeder seßhafte Hinterm-Ofen-Mensch weiß, haben Binnenräume die Eigenschaft, sich elastisch zu weiten, können ihre Mauern von größter Durchlässigkeit sein, je nach Phantasie- und Tagtraumtätigkeit. Wir Stubenhocker reisen in unseren Zimmern umher wie andere auf den Weltmeeren. Es gibt zum Beispiel den wunderbaren Zustand im Morgengrauen, chronische Frühaufwacher werden ihn vielleicht kennen, wenn an Wintertagen die eigene weißbezogene Bettlandschaft nahtlos überzugehen scheint in die langsam heller werdenden verschneiten Hügel jenseits des Fensters, wenn alles ein weiches, weißes Einerlei wird, Plumeau und Schneehänge und Wattewolken draußen. Und in dieser lichten Morgenwelt, die »cozyness« hat aber auch Freiheit und Weite, driften wir dann davon in die Bilderwelt der Bücher, die wir gerade lesen. Es ist ein Zwischenreich, fürs Aufstehen, für die Realien des Tagesbeginns, ist es noch viel zu früh, diffuses Licht, Zeitloch, Schwebezustand. Und wir blinzeln von unseren Zeilen immer wieder hinüber, ins Transparente, Offene jenseits der Fenster, und fühlen uns sehr »unterwegs«, als Reisende auf der Stelle. Reisende zum Beispiel nach Simenons La Rochelle oder Fontanes Hohencremmen, nach Schnitzlers Spitz an der Donau, nach Claudio Magris' istrischem Karst oder Richard Fords Montana, nach Paul Scotts Raj-Indien oder nach Lena Christs Sonnenreuth über Hundham – alles da auf unseren umfriedeten 28 Quadratmetern Lese- und Träumzimmer.

Xavier de Maistres »Reisen um mein Zimmer« müßte eigentlich das Lieblingsbuch aller Innenraum-Liebhaber und überzeugten Kopf-Reisenden sein – leider ist bei diesem kleinen Werk des ausgehenden 18. Jahrhunderts die minimalistische Idee einer ausgedehnten und akribischen Zimmerfahrt im weißrosa Baumwollpyjama, vom Kanapee zum Bett zu den Bildern, charmanter als die dann doch etwas dröge Ausführung. Aber die Vision, daß ein stiller, abgeschlossener Raum, zumal wenn er heutzutage noch einige Bücherwände und Neuheitenstapel, ein paar geschätzte Bilder, Kunstbücher, Periodika, Landkarten, ein Radio, Notebook und vielleicht ein lebendes Tier beherbergt (bei de Maistre war es sein Hund Rosine, bei unsereinem sind es Kater in wechselnder Besetzung), aufs Höchste »welthaltig« sein kann, die finden wir dort wohltuend bestätigt. »Unendlich praktisch für Leute, die weder mutig sind noch wohlhabend«, nennt de Maistre seine statische Zimmerreise. Wollen wir hier überhaupt raus?

Doch, das wollen wir. Denn irgendwann entwickeln sich aus unseren zunächst genügsamen, ortsverhafteten Phantasietrips Sehnsüchte von einiger Dringlichkeit. Wir fangen an, uns in unsere Bücherorte regelrecht zu verlieben, in manche wenigstens, und das muß sich irgendwie manifestieren. »Topophilie«, so habe ich gelernt, nennt sich die Herzensneigung zu manchmal nur imaginierten geographischen Orten, »affektive Raumbindung und raumbezogene Identitätsbildung« in der Wissenschaftssprache der Tourismus-Theoretiker. Jedenfalls eine leichte Wahnkrankheit, die der obsessiven Vernarrtheit in Mitmenschen gar nicht so unähnlich ist. Es ist noch nicht lange her, daß mir zum Beispiel das sehr atmosphäredicht beschriebene Oberengadin in Rosetta Loys etwas melodramatischem Roman »Schokolade bei Hanselmann« keine Ruhe gelassen hat, bis ich es endlich geschafft hatte, nach Jahrzehnten wieder einmal nach Sils Maria zu reisen und mit eigenen Augen die schneeige Doppelspitze der Margna im Mondlicht zu betrachten. Das war dann durchaus eine Erfüllung, keine Ernüchterung, die man im Fall solcher Wunschrealisierungen natürlich auch immer wieder erlebt.

Wie so oft ist es ein Bücher-Ort, ein literarischer Topos gewesen, der mich überhaupt erst in Bewegung gesetzt, in Fahrt gebracht hat. Das Antizipieren, die Erwartungshaltung, die inneren Bilder, die aus der Lektüre entstanden – das alles sind ja schon »Genußfahrten« eigener Wertigkeit, und mir ist der Typus von Reisenden ganz unbegreiflich, der sagt: Nö, ich les vorher nix, *ich laß mich überraschen.* – Ganz früher waren es der Klang von »Nollendorfplatz« in »Emil und die Detektive« oder die Great-Yarmouth-Bilder in der David-Copperfield-Ausgabe, welche heftige Orts-Sehnsüchte weckten. Später ließen einen, nach der üblichen Südstaaten-Plantagen-Phase, Autoren wie Eduard von Keyserling von kurländischen Adelssitzen träumen, man bekam bei (manchen, nicht allen) Martin-Walser-Romanen Reiselust auf den Bodensee, wurde mit Arno Stadler neugierig auf den Meßkircher Umgriff und mit Eckhard Henscheid auf die Oberpfalz. Man studierte zu Ruth Rendell begierig Stadtpläne von Nord-London, zu Giorgio Bassani solche von Ferrara und zu Philip Roth

Umgebungskarten von New Jersey. Immer habe ich Autoren mit ausgeprägter geographischer Genauigkeit und Sensibilität für topographische Valeurs besonders geliebt, die begnadeten Plätze-Evozierer, die meinem »räumlichen«, geradezu verortungs-*süchtigen* Lesen entgegenkamen, so verschieden sie sonst waren. Deswegen Handke, dessen eigensinnige Topographien Salzburgs oder Sloweniens von allergrößtem Zauber sind, deswegen aber auch Simenon mit seinen magischen Tableaus aus der französischen Provinz, deswegen W. G. Sebald im Abseits irgendwelcher schwermütiger europäischer Peripherien. Bei all diesen Schriftstellern ist man wachträumender Reisekompagnon, ist fortgehoben und versetzt und mitgezogen auf all ihren Wegen, während einem der Ellenbogen, auf den gestützt man durch die Zeilen streift, langsam einschläft.

An manche solcher »erlesenen« Orte gerät man dann irgendwann leibhaftig. Immer sind sie anders als auf den inneren Lageplänen, manchmal ist man enttäuscht, öfters nicht. Denn wir sehen ja die ganzen Nichtvorhandenheiten hinter ihrem zeitgenössischen Plattgesicht, wir sehen wie durch Gazeschichten alle möglichen fiktiven und vergangenen Ebenen dazu. So verschaffen wir uns unsere kleinen »profanen Epiphanien« (W. Genazino) auch an manchen Schauplätzen von höchst gleichgültiger Gegenwartsanmutung – ohne die gelesenen Bücher wären wir bedeutend ärmer dran.

Und weil uns selber das »Wo« im Leben so enorm wichtig ist, sind wir meistens auch unziemlich neugierig auf die Lebens- und Schreiborte der geschätzten Verfasser. Da kommen wir in die Bereich des populären, aber nichtsdestoweniger etwas despektierlich angesehenen »Literatur-Tourismus«, was er nicht so ganz verdient, finde ich. Denn für einen leidenschaftlichen Bücherleser sind nun mal die lebensgeschichtlichen (und oft beschriebenen) Topoi, die zeitweiligen oder dauerhaften Heimstätten von Autoren sehr bedeutsam und zaubervoll, nicht nur voyeuristisch, sondern auch werkbezogen. Und oft sind diese Dichterplätze Orte von individualistischer Versponnenheit, wie wir sie uns fürs eigene Leben vielleicht auch erträumen möchten, so eine Turmvilla auf dem Mönchsberg 17a, ein »Haus am Bach« am Wolfgangsee, ein Obertressen, Hinterhör oder Nathal 2.

Es hat sich für mich so ergeben, daß mich das »armchair travelling« eines der letzten Winter, die Kanapee- und Lehnsesselvariante des Reisens, über Monate in österreichische Gebiete verschlagen hat. Wie auf manchen immer weiter schweifenden Touren kann man ja auch beim Lesen vom Hundertsten ins Tausendste kommen, an Gabelungen und Verzweigungen auf Nebenwege geraten, Zeitreisen statt Flächenreisen, man verirrt sich in vergangenen Jahrzehnten, von Schnitzler zu Beer-Hofmann und Auernheimer, von Hilde Spiel zu Doderer und Lernet-Holenia, von Torberg zu Herzmanovsky, bloß Musil hat man wieder mal umschifft. Es sind weite, genußreiche Fahrten, und irgendwann legt sich ein dünnes Gespinst über die Landschaft im Kopf, und man stellt fest, daß alles miteinander (»only connect«) feinfädig verknüpft und zusammenhängend ist. – Die Tage wurden länger, der Frühling kam, und man verlagerte seine vorwiegend österreichischen Lesereisen auf Balkon und Gartenbank. Und irgendwann war klar, daß der Sog ins reale Österreich, ins naheliegende Salzkammergut nunmehr unaufhaltsam war. »Er sagt jetzt wärmer«, und die Tage sind auch hell genug. Nehmen wir unsere Bücher ins Gepäck und machen uns auf den Weg.

Eine wunderbare melancholische
Zeitlosigkeit lag
über diesen Tagen …

Kapitel 1:

MÜNCHNER SÜDOSTEN, CHIEMGAU UND RUPERTIWINKEL

TAUBENBERG UND HAGLANDSCHAFT – IN DEN MÜNCHNER SÜDOSTEN

Eigentlich will ich in diesen Frühsommertagen also ins Salzkammergut. Da käme man natürlich von München aus in knappen zwei Stunden hin. Man sähe alles von der Autobahn ausgebreitet: die Mangfallschlucht und die Tegernseer Berge, die berühmte Postkartenansicht der Kirchturmzwiebel und Brunnenkapelle von Wilparting, den Wendelstein und sein Vorland, schließlich das Bayerische Meer und die rollenden Einzelhofkuppen um den Högl. Und schon wäre man an der österreichischen Grenze. Aber solche gezielte Durchstecherei fände ich ja geradezu sündhaft. So werde ich mir wenigstens zwei Tage Zeit nehmen für meine Anreise, wenig genug für den ganzen oberbayerischen Südosten zwischen Hauptstadt und Salzachgrenze. Ich sitze auf der Terrasse meines Bruders im Münchner Westen, die Hinterhausgärten blühen, aber den Horizont verstellen hohe Mietshäuser, und breite Karten aus, über welchen ich still verzweifle. Ich kann mich für keine einigermaßen lineare West-Ost-Wegführung entscheiden. Ich will über den Taubenberg gondeln, aber auch nach Tuntenhausen, will ins Leitzachtal, aber auch zu den Alzschleifen … Das wird einen wilden Zickzack geben, eine Anfahrt nach Österreich in steilen Parabelkurven, rein ins Gebirge und wieder weit nach Norden hinaus, auf kurvige Bergsträßlein und wieder hinab ins sanfte Moränenland, und so viel werde ich dennoch links liegenlassen müssen. Aber was soll's: Zwei Tage sind besser als zwei Stunden.

Am Anfang steht dann doch die Salzburger Autobahn, an einem sehr frühen Werktagsmorgen in stadtauswärtiger Richtung haben wir da keine Verkehrsprobleme. Nie kann ich den Hofoldinger Forst durchqueren, ohne an meine allererste Alpenreise, neunjährig in den späten Fünfzigern, zu denken, allein mit dem Vater im Goliath dahinkriechend, über noch nachkriegsholperige und fast leere Fahrspuren. Über den schwarzen Wipfeln der Nadelbäume, auch nicht viel anders als der Nürnberger Reichswald, sah ich damals schlagartig eine unwirkliche, verschneite Pyramide aufleuchten, in der Fluchtlinie der Autobahn, den ersten alpinen Gipfel meines Lebens, ein unvergessener magischer Moment. Darauf gleich die ebenso staunenswerte tiefe Einsägung der Mangfallschlucht – damals reisten Vater und Kind weiter nach Berchtesgaden, heute biege ich Richtung Weyarn ab.

Der Ort ist begreiflicherweise größer geworden – ideale Pendlerlage, »Einzugsbereich«, Voralpenpanorama –, hat sich aber, im Gegensatz zu vielen bedenkenlosen Wuchergemeinden, eine sehr bedachte »Verfassung« gegeben. Weyarn wurde ein Expo-würdiger Musterort, was Bürgerbeteiligung, vielfältige Arbeitskreise, innovative und schonungsvolle Kommunalpolitik anging. Das »Bauleitbild« beispielsweise ist untypisch musterhaft für ein Gemeinwesen mit solchem Zuzugsdruck. Baugrund wird seit vielen Jahren höchst reduziert ausgewiesen, bauen dürfen, nach ziemlich strikten architektonischen Maßgaben, nur Ansässige und ihre Nachkommen, und kein wüstes Gewerbegebiet verschandelt Weyarns Ränder (nur dezentral verteilt konnten sich einige Betriebe ansiedeln), damit die Ortsmitte um das Kloster nicht ausstirbt.

Vergessen wir einmal die Querelen um die Finanzskandale des Deutschen Ordens – der Ende der Neunziger mit tatkräftiger Unterstützung des Bayerischen Ministerpräsidenten in die leeren Klostergebäude des Augustinerchorherrenstiftes einzog und seitdem ununterbrochen Schlagzeilen mit Millionenpleiten und Zahlungsunfähigkeit machte – und statten der Kirche mit dem grauen Tuffsteinturm, einer von Oberbayerns schönsten, einen Morgenbesuch ab. Ein heller Wandpfeilerraum des frühen Rokoko mit zarter Regence-Stuckierung des Großmeisters Johann Baptist Zimmermann: Muschel- und Pflanzenornamente, luftige Girlanden, Blütenschnüre, Kränze und Medaillons – Zimmermanns Deckengemälde im Chorraum, das den kopfunter gekreuzigten Petrus zeigt, bildet zu diesem höfisch-leichten Zierat einen recht harschen Kontrast.

Der größte Reichtum von Weyarns Kirche ist aber natürlich die Fülle von Skulpturenwerken des größten bayerischen, ach nein, europäischen Rokokobildhauers Ignaz Günther. Ein recht glückhafter Einstieg für ein

paar Schönwettertage Oberbayern-Gondelei im Juni, als erstes mit der Güntherschen »Verkündigung« und der »Pietà« auf Augenhöhe zu stehen, allein in der morgendlich kühlen Kirche. Die fast lebensgroßen Figurengruppen sind sogenannte »fercula«, Tragefiguren für die damals wie heute häufigen altbayerischen Prozessionen durch Dorf und Flur, und als solche »allansichtig« gefertigt – rundherum perfekt ausgeformt, im Gegensatz zu den festinstallierten Altarskulpturen, deren Rückseite oft nur eine unbearbeitete Höhlung ist. Mein Kunstführer, wie üblich ein Prestel-Band von Herbert Schindler, wundert sich über dasselbe wie ich: daß diese Bildwerke, die ja über Jahrhunderte oft schwankend durch Regen und Wetter getragen worden sein müssen, dennoch ihre delikate ursprüngliche Farbigkeit bewahren konnten, wunderbare pastellige Blau- und Altrosaschattierungen, blaßleuchtendes »Inkarnat«, wie die Fleischfarbe heißt. Prozessionsfiguren, eben weil sie zum »Umanandziagn« da waren, hat man meistens nicht den höchstrangigen Künstlern anvertraut – die Weyarner

Trageskulpturen sind von höfisch subtiler Vollendung und gleichzeitig größter Lebendigkeit. Die Verkündigung zumal will einen eher an eine raffinierte Verführungsszene als an einen Augenblick verinnerlichter Heiligkeit erinnern: ein festgehaltener Moment schönster Überrumpelung und zögerlicher Ergebung. Wunderbar der halbnackte, sinnliche Engel in seinem koketten silberschimmernden Schuppenkorsett, ein Flügel ist noch offen, der andere bereits eingeklappt, einbeinig balanciert er auf seinem Wölkchen, als habe er gerade eben den Anflug aus höchsten Regionen ausgebremst. Maria ist eine einzige widersprüchliche Mischung aus Abwehr und Unterwerfung, halb kniend, halb zurückweichend – beide miteinander in einer komplizierten graziös verschraubten Tanzbewegung verbunden, eher schwerelos als bodenhaftend, reich mir die Hand, mein Leben. Dann sind da noch Mater Dolorosa, der herrliche Tabernakel und der Valerius-Schrein, die puttenübersäten Strahlenglorien an zwei Seitenaltären, eine sehr schöne »Maria vom Siege«, deren Jesuskind der Schlange des Bösen ein zum Degen verlängertes Kruzifix in den Schlund stößt, und weitere Bildwerke in der etwas abseitigen Jakobskapelle – ein veritables Ignaz-Günther-Museum stellt die Weyarner Kirche dar. Es gibt im Münchner Nationalmuseum ein eindrucksvolles Porträt dieses Bildhauers, 1774 einige Monate vor seinem Tod mit 49 Jahren gemalt: ein überaus »moderner« Mann schaut uns da an, mit scharfem, überwachem Blick, mit einem sensuellen Jean-Paul-Belmondo-Mund, ein sehr unzahmer Mann, keinerlei gepuderter Rokoko-Aufputz und zeremoniöse Allüre, offenes Knitterhemd und Pelzkappe verwegen schief auf dem schwarzen Haar, ersichtlich kein Frömmler, kein Obrigkeitsknecht, ein freier Künstler. Es gefällt einem sehr, die eigene Rundfahrt mit einem solchen bayerischen Menschen zu beginnen.

Überall ist es noch recht still zu dieser frühen Stunde, selbst der Autoverkehr auf der oft recht donnernden Verbindungsstraße nach Miesbach, die zu Weyarns Leidwesen den Ort durchschneidet, hält sich in Grenzen. Bis nach Thalham müssen wir auf dieser Schnellstrecke bleiben, dort biegen wir kurvig links hinunter in den Mangfallgrund. Das ganze Tal im

Umkreis ist strenges Wasserschutzgebiet, denn hier kommt das Münchner Trinkwasser her. Ein Stückchen weiter südlich im Talboden liegt das neubarocke sogenannte »Wasserschloß« von Reisach, nur auf Voranmeldung bei den Wasserwerken in Thalham zu besichtigen. Wenn sich einem dann die Kupfertüren und die dahinterliegenden Stahltüren per Zahlenschloß öffnen, blickt man in einen elf Meter tiefen, brausenden und tosenden Schacht voller klarsten, frischesten Wassers. Hier fließen im natürlichen Gefälle die vielen eisgrünen Quell- und Grundwasser der Region aus Stollen und Röhren zusammen und werden, bis zu 3600 Liter pro Sekunde, weiter in die Hauptstadt kanalisiert. Seitdem die Münchner Stadtwerke die umliegenden Bauern für streng ökologische Bewirtschaftung bezuschussen, ist der Nitratanteil aus Münchner Wasserhähnen markant gesunken – die Güte biologisch erzeugter Lebensmittel kann man im Hofladen des nahe gelegenen Gehöfts von Anna und Anton Kröll in der »Unteren Wies« überprüfen.

Wir aber schrauben uns wieder den Gegenhang hinauf, ins freundliche Dorf Gotzing, wo die urige Wirtschaft »Gotzinger Trommel« zu dieser Stunde noch schläft. Wir können nur einen Blick auf das Wirtshausschild werfen, das jenen Trommler zeigt, der die oberländischen Bauern beim Aufstand von 1705 angeführt haben soll, und betrachten das schöne Zusammenspiel von Tuffsteingemäuer und Schindeldach am Gotzinger St.-Jakobs-Kirchlein – dann krauchen wir das Sträßchen, vorbei an den hinreißend gelegenen Anwesen Westin, Langenegger, Günderer, auf die Anhöhe des waldigen, 900 Meter hohen Taubenbergs hinan. Ach, Bayernglück! So haben wir uns gedacht beim Stadtfrühstück im Morgengrauen, daß wir bei höherstehender Sonne von einer solchen Kanzel in die Weite würden blicken können, vom Wendelstein bis zur Brecherspitz, und davor das gebuckelte und gesprenkelte Land aus Weidegrün und Waldinseldunkel, Kapellenzwiebeln und Dörferdunst. Und weil wir nicht gewissenlos sind, sondern uns ab und zu sehr wohl etwas genieren für unsere Verbrennungsmotor-Mobilität, die uns so bequem auf diese Panoramahöhen verfrachtet hat, sind wir ausnahmsweise kollegial dankbar für einen einsamen Motorradler, der uns aufheulend überholt. Jawohl, das Fahrrad wäre auf dem Taubenberg das angemessenere Gefährt, aber wir wollen ja heute noch so *weit*… Der schöne, verwitterte Holzbau der Taubenbergwirtschaft ist versperrt, nur am Wochenende gibt's hier gute Bioküche und selbstgebackene Kuchen. Um den etwas merkwürdig trutzigen Aussichtsturm von 1911 hielten die Münchner Turner jahrzehntelang ihre »Taubenbergfeste« ab. An diesem Morgen ist glücklicherweise keine einzige Sportsnatur zu erblicken, kein hechelnder Jogger und kein papageienfarbener Mountainbiker.

Und so rollen wir langsam, langsam die Länge des Buckels entlang, linkerhand immer wieder die große Voralpen-Leinwand hingebreitet, bis wir kurz vorm Weiler Bergham wieder auf ein etwas größeres Sträßchen treffen, auf dem wir uns, scharf links einbiegend, rückwärts wenden. Aber auch die Einzelhoflandschaft am südlichen Fuß des Taubenbergs ist so reizvoll, daß wir hier noch ein paar Haken schlagen wollen. Haglandschaft oder Egartenlandschaft nennt sie sich, weil sie vielfach durch Hecken, Obstgärten und Baumgruppen gegliedert ist, die von althersher Wind-

Der Taubenberg um 1900

schutz boten und die Bauernbesitztümer abgrenzten. Sehr stattliche einschichtige Anwesen liegen hier allenthalben verstreut, wenn wir uns zum Beispiel über die Gehöfte von Hössenthal (vielleicht mit einem Abstecher nach Wall), Daxer, Zehenthof (mit moderner Galerie) und Linnerer wieder nach Gotzing zurückwinden. In Thalham fahren wir ein paar Meter südwärts auf der Miesbacher Rennstrecke und dann gleich wieder links hinüber nach Reichersdorf.

Eigentlich könnten wir gut und gern weiter durch diese prangende bajuwarische Idealszenerie südlich der Salzburger Autobahn gondeln, uns gemach und schaulustig durch die prachtvolle Einzelhoflandschaft der Miesbacher Höh auf kleinen Straßen ins Inntal vorarbeiten, die topographische Karte »Mangfallgebirge« enthält uns auch winzige Verbindungssträßchen nicht vor. Aber wir haben uns noch einen großen Schlenker nach Norden vorgenommen, in die etwas herbere und werktäglichere Heimatregion der großen bayerischen Schriftstellerin Lena Christ.

»BEIM SCHIERMOSER ZU BERGANGER« – DIE LANDSCHAFT DER HANDSCHUSTERLENI

Reichersdorf ist ein recht ansehnlich erhaltenes Dorf mit schön gruppierten Einfirsthöfen um den Spitzturm von St. Leonhard, wo im bäuerlich-barockem Innenraum ein kleines Juwel bewahrt ist: ein spätgotischer Flügelaltar des großen Münchner Morisken-Bildschnitzers Erasmus Grasser. An der nördlichen Langhauswand hängt der kleine Altar mit seinen geschwungenen Flügeln, dem Heiligen Achaz geweiht, dessen Legende von einem Martyrium durch Dornenauspeitschung am Berge Ararat berichtet, und der als Nothelfer in gravierenden Fällen anzurufen wäre: bei schwerer Krankheit, Todesängsten und generell in ausweglosen Lagen. Auf dem Altarmittelstück hat *er's* jedenfalls überstanden: In einer Wolke aus goldglänzendem Faltenwurf und Engelsflügeln wird er mit seiner roten Kappe himmelwärts gehoben. – Wir kehren uns nunmehr nordwärts, die Alpenkette für eine Zeitlang nur noch im Rückspiegelblick, fah-

Der Hof des Wimmerbauern in Lindach bei Glonn

ren über Kleinseeham (ein Abstecher entlang des Seehamer Sees könnte uns zum Einkauf in den klassischen Kramerladen von Frau Höß in Großseeham bringen) und queren das nun sehr nahe Autobahn-Monster jenseits der Dörfer Bruck und Bach ins »Goldene Tal« hinüber. Wechsel bei den topographischen Karten: Nicht mehr Blatt Mangfall, sondern Blatt Holzkirchen ist jetzt zuständig, und wir sind vom Mangfall- ins Leitzachtal hinübergeraten. »Golden« heißt diese trotz Autobahnnähe erstaunlich friedsame und unzerstörte Aue mit den liebenswürdigen Dörfern Esterndorf, Holzolling und Naring, weil sie angeblich eine klimatische Wärmeinsel ist und hier Äpfel und Birnen früher als im rauheren Umland reifen. Es ist auf unserem gewundenen Weg noch immer keine Einkehrzeit, aber im Goldenen Tal würden sich zwei gestandene Betriebe empfehlen: Anspruchsvoller bayerisch und nicht ausgesprochen preiswert kocht man im »Gasthaus Kreuzmair«, Holzolling. Volkstümlicher geht es im Wirtshaus »Zum Goldenen Tal« in Naring zu, welches man auf einem sehr hübschen Talsträßchen erreicht: Besonders guten Schweinsbraten, Tellerfleisch und frische Forellen gibt es hier und einen kleinen Badeplatz an der Leitzach. Durch das vorortmäßig zersiedelte Feldkirchen-Westerham müssen wir durch, dann wird es auf dem Sträßchen nach Unterlaus (mit Badesee) und Glonn wieder ruhiger, und vollends verträumt auf dem Wald- und Wiesenfahrweg westlich über Frauenreuth und Reisenthal nach Münster hinüber. Hier böte sich im schattigen Wirtsgarten des »Haflhofs« wieder ein angenehmer Brotzeitplatz, aber uns ist es namentlich für die guten Weine dieses etwas gehobenen Dorfgasthauses immer noch zu früh am Tag. Wir fahren weiter nordwestlich in den allein in einer großen Waldlichtung des Egmatinger Forstes gelegenen Weiler Lindach hinüber, und sind bei diesen Bauernhäusern im Herzland der Lena Christ, denn im großen, unverputzten Hausteinhof des Wimmerbauern verbrachte sie, die sich in ihrem Leben keine Reise, kaum je einen Ausflug leisten konnte, ein paar Sommerfrischen während des Ersten Weltkriegs und schrieb dort, meist ins Bauernbett eingepackt, eines ihrer Meisterwerke, die »Rumplhanni«.

Es muß zu Ende der siebziger Jahre gewesen sein, als das dicke grüne Buch mit stilisierter Jugendstillandschaft auf dem Umschlag erschien, von dem ich noch gut weiß, daß es mich seinerzeit tagelang ununterbrochen in Atem hielt: 807 der 931 Seiten las ich in einer Art Trance, in völliger Weggetretenheit, am Stück: »Erinnerungen einer Überflüssigen« und »Mathias Bichler«, »Die Rumplhanni« und »Madam Bäurin«, bloß vor den kurzen »Bauern«-Skizzen habe ich dann kapituliert. Man ist ja immer, und öfters zurecht, etwas besorgt, ob solche Leseräusche sich wiederholen lassen, aber beim kürzlichen Wiederhineinlesen in Lena Christs Gesamtwerk wäre es mir um's Haar genauso ergangen. Es ist eine der Rätselhaftigkeiten des Buchmarktes, daß dieses Werk (mit Ausnahme der »Erinnerungen«) seit Jahren nicht mehr lieferbar war, und daß wir uns, statt Lena Christs unendlich fesselnden Originalton lesen zu können, mit einer neuen, flachsinnigen und schwer kolportagemäßigen »Romanbiographie« anfreunden sollen, die sprechend »In den Gärten des Herzens – Die Leidenschaft der Lena Christ« benannt ist. Da wird der Autorin zum Beispiel

– aus welchen Quellen schöpfend? – eine Lebenspassion zu ihrem Lungenarzt Kerschensteiner unterstellt, die sich folgendermaßen darstellt: »Ihre Einsamkeit, die Hoffnungslosigkeit ihrer Liebe, denn Lena wußte schon lange, daß es sich bei ihren Gefühlen um Liebe handeln mußte, zitterten in ihrem Körper … Lena hüpfte in ihrem Zimmer herum, schwenkte Kerschensteiners Brief wie eine Fahne. Sie fühlte ein Glühen in sich wie noch nie zuvor …«

Man weiß wieder mal, warum man das Genre »Romanbiographie« im allgemeinen, und besonders in diesem Fall, für eines hält, das zu Machwerken tendiert, und hat das starke Bedürfnis, Lena Christ gegen derartige, ungeniert den heutigen emotionenhungrigen »Frauenmarkt« bedienende Vereinnahmung in Schutz zu nehmen. Wer über ihren kaum vorstellbar katastrophalen Lebensweg nachlesen will, dem sei neben dem großartigen Selbstzeugnis der »Erinnerungen« jedenfalls eher noch Günther Goepferts reelle Biographie »Das Schicksal der Lena Christ« empfohlen, die aber auch bloß noch in Bibliotheken oder antiquarisch greifbar ist.

Im Marktflecken Glonn, ein paar Kilometer östlich von Lindach in einer wasserreichen Senke gelegen, wurde Magdalena Pichler 1881 als uneheliches Kind in bescheidenem Kleinhäuslermilieu geboren. Die Mutter hieß ebenfalls Magdalena Pichler und arbeitete als Herrschaftsköchin auf dem nahen Schloß Zinneberg, das heute, irgendwie stimmig zur Atmosphäre der Christschen Geschichten, einen Frauenorden samt Mädchenheim beherbergt. Die Vaterschaft ist nicht ganz unstrittig: Zwar bekannte sich der Bedienstete des Schloßherrn Albert Scanzoni von Lichtenfels, Karl Christ, zu dem kleinen »Bankertn«, aber es verstummten auch nie die Mutmaßungen, wegen unerklärlich üppiger Geldzuwendungen zum Beispiel, bei Lena Christs Vater könnte es sich um den Zinneberger Hausherrn oder einen Gast höheren Geblüts gehandelt haben.

Die Mutter jedenfalls verschwand nach München in Stellung und vergönnte ihrer Tochter so wenigstens ein paar glückliche Kindheitsjahre, welche die mit dem Hausnamen »Handschusterleni« geheißene Lena in der liebevollen Obhut der Großeltern verbrachte. Zu den Wohlhabenden

Lena Christ um 1911

in Glonn gehörte der handwerklich vielseitig begabte, phantasievolle und offenbar grundfreundliche Großvater Mathias Pichler gewiß nicht – dennoch zog man in dem kleinen blaugetünchten Häuschen gegenüber dem heutigen »Neuwirt« (es ist längst abgerissen) noch eine ganze Reihe von sogenannten »Kostkindern« auf, den bedauernswerten Bodensatz der beinhart hierarchischen Bauerngesellschaft, arme, verlassene Würmer dubioser Herkunft, zu denen im Handschusterhäusl, laut Lena Christ, auch die zu einem Bündel verschnürten Zwillingskinder einer Seiltänzerin gehörten. »Auf die Mautscherln geht's aa nimmer z'samm«, habe die Großmutter gesagt, als dieses Paket eines Nachts vor der Tür lag.

Die Handschusterleni hat sich selbst als ein eher wildes, ungebärdiges Kind dargestellt, das liebend gern mit dem Großvater auf die Felder beim Weiler Kreuz hinausging, kräftig mit anpackte, aber auch die spätere Künstlerin ahnen ließ: »Ich betrachtete … die Welt durch bunte Scherben, die ich vor dem Haus des Glasers aufgelesen hatte; oder ich lief mit dem Sturm über die Wiesen und suchte ihn zu überschreien.« Das Kind Lena liebte den »Oarsülot« der Großmutter aus wildem Feldsalat und gehackten Eiern, fing Fische namens »Dollen« oder »Mühlkoppen« mit der Hand oder einer Gabel aus dem Bach, und dem Doktorspielen war man auch zu Zeiten von »Schlosserflorian und Ropferzenzi« nicht abhold: »… Alsbald saßen auf den Heuböden oder hinter der Planke beim Huberwirt die fünf- und sechsjährigen Pärlein im Gras und betrachteten einander«, bis der Pfarrer von der Kanzel solches verurteilte. Einmal war die Leni, »barfuß und ohne Hut oder Tüchl« über Nacht verschwunden, weil sie zu Fuß viele Kilometer bis zum Bahnhof Grafing geeilt war, über Zinneberg und Westerndorf, ihrer vergeblich erwarteten »Münkara Muatta« entgegen. Auf dem Rückweg verlief sie sich in Wald und Sumpf, über Bruck und Wildenholzen, wo sie im Wirtshaus (heute Café Bauer, in der Gegend auch liebevoll »Café Hennadreck« genannt) aufgenommen und wieder heimverfrachtet wurde. Als die Mutter dann wirklich eines Tages in der niederen Stube steht, klingt das unheilvoll: »eine große Frau …, in einem schwarz und weiß karierten Kleide über einem ungeheuren Cul de Paris… Sie stand da, sah mich kaum an, gab mir auch keine Hand und sagte nur: ›Bist auch da!‹«

Das alsbald folgende Jammertal hat Lena Christ in ihrem Erinnerungsbuch naturalistisch kraß und ohne Selbstmitleid verzeichnet: Wie sie, noch keine acht Jahre alt, von dieser Mutter, mittlerweile arrivierte Wirtsgattin, nach München geholt wurde und die folgenden Jahre als ungeliebter aber nützlicher »Deanstbot« Schwerstarbeit in der »Deutschen Eiche«, Sand-/Ecke Kreittmayrstraße, verrichten mußte. Noch vor der Schule: »Fleisch austragen, Feuer machen, Stiefel putzen, Stiege wischen, Einkaufen, Wäsche und Windeln herrichten.« Vor dem Mittagessen »Laden und Schlachthaus putzen«, danach den Schlafzimmerboden mit Stahlspänen abziehen. Wenn das Kind nicht spurte, »Richt's Hundsfressen no her, du Schinderviech!«, gab's Prügel mit dem Spanischen Rohr, »daß das Blut herausquoll«, und unentwegt Mißhandlungen über den ganzen nackten Körper mit dem bleikugelverstärkten »Ochsenfiesel« (»Hin muaßt sein! Verrecka muaßt ma! Wart, dir hilf i !«). Das Kind, »Brust und Leib ganz blau und verschwollen«, wurde barfuß in die Schule geschickt, bekam das Essen entzogen und mußte während der Mahlzeit, manchmal auch ganze Nächte durch, auf einem Holzscheit knien, offenbar eine beliebte Kujoniermethode der Schwarzen Pädagogik. Man liest das alles fast ungläubig, aber die Malträtierung der Lena Christ wurde seinerzeit bezeugt, durch Lehrerinnen, Nachbarinnen. Auch versöhnliche Phasen bei dieser unberechenbar »wutigen« Mutter gab es, wenn sie Puppen schenkte und freundlich war – bis dann wieder ein Nachmittag zum Fürchten kam: »… sie war seltsam still, trank rasch fünf oder sechs Halbe Bier und warf mir grausige, entsetzliche Blicke zu.« Worauf sich die halbwüchsige Tochter schließlich lieber selbst mit dem Metzgerbeil die Pulsadern aufhackt.

Lena Christ berichtet sachlich weiter, wie sie als junges Mädchen in Kloster flüchten wollte und schließlich, verflucht und verstoßen von der Mutter, in einer katastrophalen Ehe mit einem gewalttätigen, sexuell aggressiven Säufer landete, die ihr einen weiteren Selbstmordversuch und in sechs Jahren sechs Kinder einbrachte, von denen drei überlebten. Nach der Trennung sackte sie mit ihren zwei Töchtern (der Sohn blieb bei der Schwiegerfamilie) in völliges Elend ab, lebte erbärmlich von Schreibarbeiten, mußte, wie viele arme Leute, neu gebaute Wohnungen für die besseren Herrschaften »trockenwohnen« und holte sich dabei die Lungentuberkulose, die zeitlebens immer wieder aufflammte. Lena Christ war eine attraktive, hochgewachsene Frau von herbem Reiz, aber als man sie noch nicht dreißigjährig nach einem Zusammenbruch auf der Straße auflas, war sie ein hochfieberndes Haut- und Knochenbündel, und erst im damals fortschrittlichen, auch die Deklassierten vorbildlich versorgenden Schwabinger Krankenhaus kam sie wieder etwas zu Kräften.

Eine Zeitlang sah es nach einer günstigen Wendung ihres Lebens aus. Über Sekretärinnenarbeit lernte sie den gebildeteten, wenngleich nicht weiter erfolgreichen Schwabinger Schriftsteller Peter Jerusalem kennen, der in ihren Berichten reichen literarischen Stoff witterte und sie ermunterte, geradezu antrieb, ihre düsteren Erlebnisse aufzuzeichnen. Die »Erinnerungen einer Überflüssigen« wurden von Ludwig Thoma an den Albert Langen Verlag empfohlen und erlebten zwar keinen materiellen, aber einen kritischen Achtungserfolg. Magdalena Pichler, geschiedene Leix, wurde, wohl weniger von inniger Liebe als von beidseitigen pragmatischen Überlegungen getrieben, Frau Magdalena Jerusalem und nannte sich als Schriftstellerin Lena Christ. Als solche genoß sie einige Jahre beachtliche Reputation, von welcher ihr Gatte stets bemüht war, sich eine kräftige Scheibe abzuschneiden; sein Auskommen hatte er auch davon. In acht Jahren schrieb sie ihr gesamtes Werk, die Romane, etwas zeitgeistig-hurrapatriotische Kriegserzählungen, kleinere Prosa und ein paar mißglückte Stücke. Sie verkehrte in Münchner gutbürgerlichen und künstlerischen Kreisen, holte ihre Töchter aus klösterlicher Zwangsunterbringung heim, wurde zu einer Audienz bei König Ludwig III. geladen und lebte ihre immerwährende Landsehnsucht in München-Gern aus, indem sie dort einen städtischen Bauernhof installierte, mit sechs Schweinen im Keller, Ziegen, Federvieh und rasant sich vermehrenden Karnickeln. Das zeitweilige bescheidene Idyll endete fürchterlich. Mit 37

Jahren stürzte Lena Christ sich in eine destruktive *amour fou* zu einem wesentlich jüngeren Liedersänger und Vaganten und verließ konsequenterweise ihren Ehemann. Als »der Bub«, der Liebhaber, binnen kurzem auf und davon ging, fiel sie erneut ins Elend, in seelisches wie finanzielles. Das Pauschalhonorar für ihren letzten Roman, das leichtfüßige Bayern-Scherzo »Madam Bäurin«, war aufgebraucht, das Verlegerinteresse an ihrer Arbeit nur noch mäßig, sie pflegte, aus Schuldgefühlen für ihren Liebesfehltritt, kaum noch Kontakte. Ruhelos, nervenschwach und verstört zog sie mit den Töchtern von Wohnung zu Wohnung, machte ihr Inventar nach und nach zu Geld, schrieb erfolglos Bettelbriefe und hatte, als sie vor dem Nichts stand, schließlich die trotzig-kindische Idee, ein paar wertlose Gemälde aus ihrem Restbesitz mit den Signaturen Defreggers, Stucks und anderer Malerfürsten zu versehen und an dubiose Kunsthändler zu verscherbeln. Natürlich flog der dilettantische Schwindel postwendend auf, die Kripo stand vor der Tür, die angesehene Autorin als Kunstfälscherin in der Zeitung.

Über die Rolle des von ihr getrennten Ehemanns Peter Jerusalem, der sich später Benedix nannte, während Lena Christs letzter Lebenstage besteht keine endgültige Klarheit. Fest steht, daß sie ihn zu sich bitten ließ und die Absicht äußerte, ihrem Leben nun selbst ein Ende zu setzen. Schon vorher hatte sie in einem Brief geschrieben, sie sei »so elend beisammen, so zermürbt..., daß ich ... nicht mehr zur Höhe komme und raus aus dem Irrsinn«. Sie falle nun »eben doch dem Schicksal anheim, welches meine Mutter mir gewünscht hat«. Hat Peter Jerusalem, der nach eigenem Bekunden seiner Frau gegenüber fremd und gleichgültig geworden war, ihrem Wunsch nach Selbstauslöschung nur achselzuckend stumm Folge geleistet, indem er ihr schließlich das tödliche Zyankali besorgte? Oder war er der insgeheim triumphierende, fischäugige »kahle Mönchskopf«, »bitter, dunkel, böse«, mit der »heimlichen Freude an Grausamkeiten«, der sie nun »lauernd« in den Selbstmord trieb (»An deiner Stelle wäre ich lieber tot«), wie Lena Christs »Romanbiographin« Asta Scheib es sich schillernd ausmalt? Jedenfalls ordnete Lena Christ die Dinge genauestens. Sie ließ für die halbwüchsigen Töchter Leni und Alixl, die alles mitbekamen, zwei Kleider in Trauerschwarz einfärben und besprach mit ihnen, welche Kreuzerl sie bei der Beerdigung tragen sollten. Sie schrieb in ihrer feinen Handschrift selbstbezichtigende Abschiedsbriefe, unter anderem an Ludwig Thoma, daß ihr Suizid als »Sühne« gedacht sei und als Wiederherstellung der Ehre ihrer Kinder (sie wäre schlimmstenfalls zu ein paar Monaten Haft verurteilt worden) – und bat trotz der Selbsttötung um ein katholisches Vaterunser am Grab.

Am 30. Juni 1920 verließ Lena Christ ihre letzte Wohnung in der Schwabinger Bauerstraße 40, in einem schwarzen Seidenkleid und mit Sommerhut, mit Schirm und Handtäschchen, und nahm die Trambahn zum Harras. Von dort ging sie zu Fuß zum Waldfriedhof, wo Peter Jerusalem sie mit dem von einem befreundeten Chemiker besorgten Zyankalifläschchen erwartete. Er ermahnte sie noch, das Gift nicht einzuatmen, da sie so nur betäubt würde, dann ließ er sie allein und wartete abseits, denn Beihilfe zum Suizid war auch damals strafbar. Am Vatergrab ihres

Eine Seite aus dem Manuskript der »Rumplhanni«

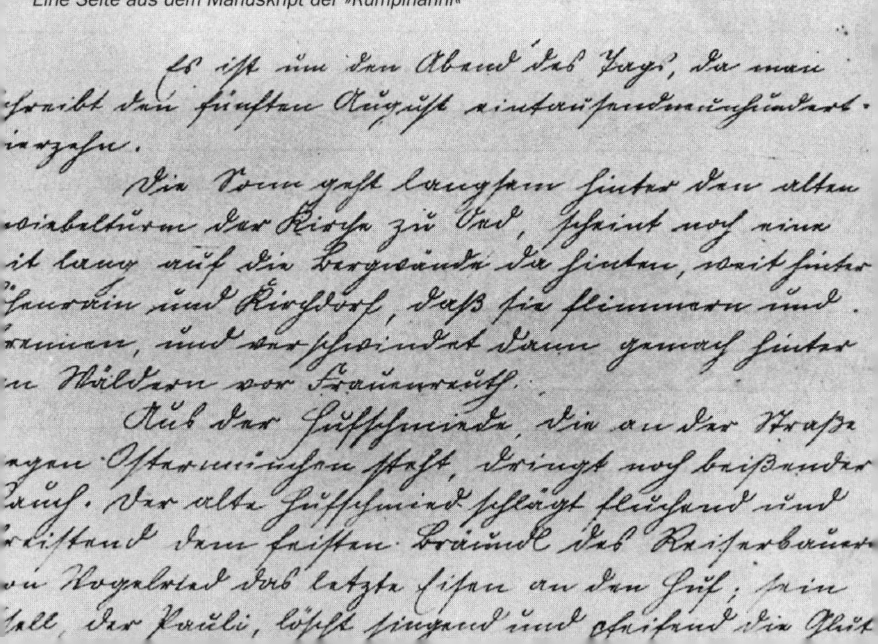

Geliebten schluckte Lena Christ das Zyankali, sie war noch keine 39 Jahre alt.

»Sie weiß alles, diese Erzählerin«, schrieb der damals berühmte Autor Josef Hofmiller. »Sie weiß, wie es in der Küche beim Hauerbauern zugeht und beim Martlbräu ... Sie kennt die Herbergen der Au und die Zellen in Stadelheim ... Welche Sprüche macht der Eier- und Butteraufkäufer? Welche Sprüche machen die Bauern beim Politisieren? Immer neue Situationen, immer neue Dialoge, keine tote Stelle, keine überspitzte Pointe. Es ist nicht erlauscht, es ist erlebt.« Und es ist, so wäre hinzuzufügen, Lena Christs szenisches, unmittelbares, detailgenaues Erzählen (traumwandlerisch sicher schrieb sie, manchmal 40 Blätter am Stück und ließ sie aus dem Bett auf den Boden segeln) auch für den nicht bayerischstämmigen Leser noch Jahrzehnte später eine der besten Initiationen in die Wunder der altbayerischen Sprache, in ihren Bau und Klang, ihren Witz und ihre Kraft. Ich habe mich seinerzeit bei meiner versunkenen Erstlektüre völlig vernarrt in dieses Idiom: »Guat gstellt, net gschlampert beinand und koa Karfreitagsratschn net«, denkt sich ein potentieller Hochzeiter über die Rumplhanni. »I hab nimmer Derweil zum Scheetoa. I muaß roasn«, verabschiedet man sich nach einem Wegrandflirt bei Berganger. Ein Findelkind sagt von sich: »Bin ja grad a G'legter« – und besonders bunt sind die Schimpfkanonaden: »Das Weibsbild, das anhabische! A Barasolflickersbankert! A windiger Deanstbot, a oaschichtiger! Du waarst no so a Köchin ... du fade Nockn, du fade! 's Blaukraut is net gsalzen, die G'röst'n haben koane Rammerl, der Salat is lauter Gnatsch ...« – Und wenn zwei verfeindete Nachbarsweiber aufeinander losgehen, klingt das so: »Gell, jetzt hab i di troffa, du alte Speckschwarten! Jetz kommen dir d'Krokodilzachern! Bläck nur, daß d'net so schwitzen brauchst, wannst drobn hockst, am Amtsgericht!«

Die Landschaft um Glonn und ostwärts ist allgegenwärtig. Von einer reschen Magd auf ihrem Sommerfrischenhof in Lindach ließ sich Lena Christ zur Figur der gschnappigen und zähen »Mitterdirn« Rumplhanni, schwarzbezopft mit feuerrotem Wollunterrock, anregen, die alle Fäden zieht, um in ein gediegenes Sach einzuheiraten. Allerdings hat sie die Hanni ins Dorf Öd bei Schönau versetzt. (Einen Weiler dieses Namens gibt es, er ist aber nur eine winzige Einöde.) Nach Schönau geht man zum Wirt und zur königlichen Poststelle, nach Ostermünchen auf die »Eisenboh« und auf Tuntenhausen zum Lichtmeßmarkt. Von Kirchdorf und Höhenrain tönen die Sonntagsglocken herüber – alle Schauplätze lassen sich auffinden, wie natürlich auch das größere Dorf Berganger, wo es in »Madam Bäurin« für den »Schiermoserfranzl und seine Stadtscheesn« nach vielen Widrigkeiten ein Happy-End gibt. Und auch die Atmosphäre der Lena Christ'schen Erzählungen können wir an einem leeren, werktäglichen Sommertag noch erahnen, wenn die Sträßchen um Biberg und Netterndorf, Holzham und Kleinhöhenrain, um Haslach und Georgenberg recht leer sind bis auf einen gelegentlichen Bulldog mit Heulader oder vielleicht eine zeitgenössische Kindsmutter im Kleinwagen mit Pampersquadern im Strauraum, in diesem welligen weiten Land mit dem bläulichen Dunst und dem Wendelstein in der Mittagsrichtung.

Auch Hermannsdorf liegt auf unseren Wegen durchs Glonner Hinterland, ragende Holzsilhouetten von Kuh- und Schweinegruppen ziehen einen förmlich hinüber in den großen jugendstilbunten Gutshof mit seinen Kuppeltürmchen, ein Herrschaftsanwesen und veritables Mustergut. Gibt es irgendein Periodikum, das in den letzten achtzehn Jahren *nicht* über diesen ökologischen Paradebetrieb geschrieben hat? Einen Fernsehsender, in dem nicht Karl Ludwig Schweisfurths weißes Haupt unter einer breiten Hutkrempe auftauchte, uns zu künden vom Saulus/Pauluswandel eines industriellen Tierkörperverwerters und Massenwurstfabrikanten aus dem Ruhrpott zum Guten Menschen von Glonn, zum Pionier der naturnahen und artgerechten Seinsweise? Seit einigen Jahren schreiben die »Hermannsdorfer Landwerkstätten«, die Schweisfurth 1984 vom Verkaufserlös für die »Herta«-Wurstfabrik aufbaute, keinen roten Zahlen mehr. Das weitläufige Unternehmen mit artgemäßer, ökologischer Schweinezucht und eigener »Warmfleischmetzgerei«, mit Naturtrübbierbrauererei, Rohmilchkäserei, Vollkornsauerteigbäckerei, mit zahlreichen umliegenden Biobauern als Lieferanten für den opulenten »Hofmarkt«, mit seinem doppelt haubengekrönten Gutsrestaurant »Hermannsdorfer Schweinsbräu« ist rentabel geworden und hat Proselyten gemacht. Ein weiteres Hermannsdorfer Mustergut liegt bei Hannover, eines bei Düsseldorf ist geplant, allein in München gibt es sechs städtische Dependancen.

Dahinter steckt eine elaborierte und vom Ökounternehmer Schweisfurth zuweilen leicht nervig konvertitenhaft präsentierte Mission vom achtsamen Umgang mit Pflanze und Tier, von der tiefen Vitalität solchermaßen erzeugter »Lebens-Mittel« – die Rinder im Laufstall werden angeblich von Mozart-Musik umsäuselt. Vielleicht sind wir momentan noch zu sehr unterm Eindruck von Lena Christs bodenständigen und »echten« Geschichten aus dem herben und harten Bauernleben, daß uns die natürlich hochgradig gutzuheißende Hermannsdorfer Unternehmung nicht doch ein klein wenig irritierte: diese feinsinnig überhöhte Agrikultur, dieser Bauerntum-Ashram für Bessergestellte. Wer sich hier seinen Schweinsbraten von glücklichen Schwäbisch-Haller Säuen abholt, seine freilaufenden Eier, seinen chemiefreien Kohlrabi, der wandelt auch über die Panoramahügel und meditiert über Kunst in der Landschaft, vertieft sich in das »Kontemplum« von Leo Zogmeyer und die »Raumkugeln« von Jeannette Zippel, erklimmt den kretischen »Labyrinth«-Berg und lauscht zwischen Basaltstelen dem »Klangfeld der Steine«. Unsereiner weiß nicht so recht, was er von Friedenstauben-Steckern im Rosmarinbeet hält, auf denen »Einladung zum Bewußtseinsflirt« geschrieben steht, und hat nicht zum ersten Mal schwer schlucken müssen über die Rechnung an der Kasse des Hofmarktes: Die mit höchster Achtsamkeit erzeugten Hermannsdorfer Viktualien sind auch für jemanden, der zur Mehrausgabe für ökologische Erzeugnisse jederzeit bereit ist, bemerkenswert kostspielig.

In den Holzbalken-und-Glas-Gourmettempel des nur volkstümlich klingenden »Schweinsbräu« bin ich ohnehin noch nie eingekehrt – ich glaube unbesehen an die hochpreisige Vorzüglichkeit seiner Küche und begnüge mich mit kleinerer Picknickversorgung: einer Bügelflasche Dunkelbier, einem Brocken Rohmilchbergkäse, ein paar Sauerteigweckerln, Blättern Edelschinken und Bioäpfeln für die Weiterfahrt. Ein kleiner Tip für Hermannsdorf-Besucher, die von dort auf kurzem Weg heimkehren: Außerhalb der Gutshofmauern findet sich im Sommer ein unschlagbar üppiges Blumenfeld zum Selberschneiden. Wunderbare bunte Gigantensträuße (nicht teuer!) kann man sich da zusammenstellen aus Cosmeen und Zinnien in allen Farben, aus Korn- und Strohblumen, aus Malven, Blauem Lein, Jungfern im Grünen, Rudbeckien oder Ringelblumen.

Ein traumschöner Aussichtspunkt für die Wegzehrung ist zum Beispiel der alte Kirchturm von Jacobsbaiern ein paar Kilometer südlich im kuppigen Auf und Ab des Bairer Winkels. Dem gestandeneren Kohldampf böten sich im nahen Umkreis einige reelle Dorfwirtschaften an (die aber nicht alle unter der Woche mittags aufkochen): das Wirtshaus Netterndorf, die »Mühle« in Holzham, der wuchtige Bruchsteinbau des »Stahuber« in Thal. Die eher biedere Ausflüglereinkehr »Schöne Aussicht« neben der Kirche von Kleinhöhenrain trägt ihren Namen mit vollem Recht: Am Steilhangrand hoch überm Mangfalltal gelegen, bietet sie auf ihrer Terrasse unter Kastanien überwältigende Gebirgsschau nach Süden.

Auf diese Berge wollen wir uns jetzt auch schön langsam wieder zuorientieren. Fragt sich nur, wie wir »roasn« wollen, je nach Zeit und Laune. Karten raus und nicht in die Sahne der üppigen Kleinhöhenrainer Apfelstrudel oder (im Spätsommer) Zwetschgenkücherl tunken: Direkt südlich wären wir von hier aus schnell in der ziemlich ernüchternden, ausgeuferten Großsiedlung Bruckmühl und könnten uns von dort über Vagen zum ominösen Irschenberg winden. Dort würden wir ostwärts auf ein sehr merkwürdiges Sträßchen gelangen, daß sich in munteren Schlängelbewegungen immer in Sicht- und vor allem Hörweite der Autobahn hält und dieses Monster sozusagen umtänzelt wie ein Hündchen seinen asthmatischen, verfetteten Herrn. Immer wieder taucht die röhrende, abgasende Sechsspurigkeit mit ihren sich im Kriechgang mühenden Container-LKWs, Sattelschleppern, Campmobilen aller Herkunftsländer direkt neben einem auf und ist doch völlig unzugänglich, Durchgangstrasse aus

Blick auf Irschenberg

einer anderen Welt. In der Nähe der Raststätte können wir überprüfen, ob der neu hingeknallte McDonald's, um den es vor nicht langer Zeit ein unglaubliches Für-und-Wider-Getöse gab, das Voralpenbild wirklich grauenhaft zerstört: Also, ich kenne an schönen Oberlandflecken schlimmere Schandflecke, und wenn, dann ist es die Autobahn selbst, die hier der marternde Fremdkörper ist. Manchen der unmittelbaren Anlieger, ein paar Meter von den Leitplanken, scheint der donnernde Verkehrswurm zudem ganz interessant zu sein. In Schlachtham (oder war es Blindenried?) habe ich jedenfalls eine autobahnzugewandte Einfamilienhausterrasse gesehen, auf der zwei Plastikstühle mit Herzkissen standen. Da sitzen dann wahrscheinlich nach Feierabend die Bewohner und spielen Verkehrszählung: Ich hab' heute schon hundertdreißig Holländer, und du? Vierundzwanzig unbekannte Ossi-Kennzeichen identifiziert… Auf diesem Sträßchen gelangt man wenigstens mal direkt in das unzählige Mal von der Autobahn erspähte Wilparting, mittenhinein in die Oberbayern-Ikone aus Zwiebelturm-mit-Wendelstein. Und stellt fest, daß St. Marinus und Damianus auch im Inneren eine sehr sehenswerte Rokokokirche ist und daß man im altmodischen Moarhof mit seinem kleinen Bauernhofcafé, *hinterm* Haus und bergwärts gewandt, recht schön sitzt, wenn man sich halt erst mal an das Dauerbrummen im Rücken gewöhnt hat. Von hier wären wir über Dettendorf rasch in Au bei Bad Aibling, wo wir aus der Glonner Gegend auch auf einer Alternativroute landen würden, nämlich über Tuntenhausen, Maxlrain, Weihenlinden, Bad Aibling und Berbling.

An dieser Strecke gibt es wesentlich mehr zu betrachten, und wir müssen halt nach der Maßgabe planen, wie wir uns bisher beeilt oder vertrödelt haben. Von Kleinhöhenrain fahren wir jedenfalls östlich nach Beyharting, wo vom Augustiner-Chorherrenstift, gegründet von zwei Herren mit den interessanten Namen »Megingozus und Gebolf«, nicht mehr viel übrig ist. Ganz besonders schön ist aber der zarte Rokokostuck des Johann Baptist Zimmermann, und es herrscht in dieser eleganten Kirche meist Menschenleere und eine angenehme Kühle, erfrischend an einem mittlerweile doch heiß gewordenen Tag.

DREI FRAUEN IN DER KIRCHE: 'S ZACH NANDL, 'S PONGASCHT MADL UND DIE TUMIN VON MIETRACHING. IM LEIBL-LAND

Die spitzen Doppelhelme der Tuntenhausener Kirche, ein paar Minuten östlich, sieht man von weither in den müden Sommermittagshimmel stechen, und die Türme darunter sehen aus, als seien sie zusammengebacken. »Schee is anders«, fällt einem zum Ortsbild dieses nach Altötting wichtigsten oberbayerischen Wallfahrtsortes ein: Es ist recht grausam zersetzt und umzingelt von irgendwelcher potenten Landindustrie, Quaderhallen und Großgewerbe, Baustoffe, Landmaschinen, Kfz-Betriebe, das übliche Gemenge. Die Kirche ragt eher kahl auf einem Geländesockel darüber hin, und man findet diesen etwas pompösen Säulenraum aus der Zeit des frühen Dreißigjährigen Krieges auch im Inneren nicht sonderlich erquickend. Viele Votivbilder gibt es zu beäugen, unter anderem ein kleines Triptychon, das eine Trepanation, eine Schädelaufbohrung, zeigt, während welcher der Patient mit ergeben gesenkten Augen im Lehnstuhl sitzt.

Nach Tuntenhausen (über diesen Ortsnamen kann sich übrigens eine Transvestiten-Internetseite vor Vergnügen gar nicht einkriegen) wallfahren aber nicht nur von jeher Bresthafte und Geschundene, sondern pilgert zweimal jährlich auch eine Gruppierung namens »Katholischer Männerverein Tuntenhausen«, der sich aus dem klerikalen Flügel des CSU generiert und naturgemäß stockkonservativ sowie sehr honoratiorenhaltig ist. Zwar dürfen bei diesen marianischen Anlässen neuerdings auch Lutheraner eine anschließende Weißwurstrede halten, wie der protestantische CSU-Politiker Peter Gauweiler, der einem freilich erzkatholischer vorkommt als der Kardinal Ratzinger. Aber dennoch ist der Tuntenhausener Männerbund traditionell eine Festung der Rechtgläubigen. »Mögen alle Stürme brausen, fest steht das Bollwerk Tuntenhausen«, lautet die Maxime seit den Tagen des tiefschwarzen, nußknackerartigen »Alisi« Hundhammer, der zu seinen Kultusministertagen in den fünfziger Jahren mit der Einführung der Bekenntnisschule sowie der Prügelstrafe für Zucht im Lande sorgte und die Werner-Egk-Oper »Abraxas« als »Schweinerei« vom Spielplan absetzen ließ.

Von ferne grüßt die Wallfahrtskirche …

Drinnen trifft sich die CSU-Prominenz

Die frommen Pilgersmänner des katholischen Männervereins hat auch der Schriftsteller Carl Amery in seinem furiosen Roman »Die Wallfahrer« aufs Korn genommen. Von Amery, einem urbayerischen Linkskatholiken, konservativen Rebellen und Grünem der ersten Stunde, einem radikalen Warner vor der Zerstörung der Biosphäre durch schrankenloses Marktdenken, hat man noch nie gehört, daß er zu einer CSU-Wallfahrt nach Tuntenhausen gebeten worden wäre. Dafür hat er darüber geschrieben: »Man begrüßt sich unter Rehgwichtln und Hirschgeweihen, man begrüßt sich leise und laut, lächelnd, dröhnend lachend und ernst, das Land und der Glaube haben viele Stimmungen...« Es begrüßen sich Minister, »den Bart vorgereckt«, und Prälat, der Verbindungsmann zur Bischofskonferenz, »Cermak von der sudetendeutschen Landsmannschaft, Teigtmeier, der Vertrauensmann in der Landtagsfraktion, der Landrat Wildfischer aus Ostbayern als bewährter Dolmetscher der Ackerbreiten, der uralte Baron v. G., Vorsitzender der Katholischen Aktion, und Asenkerschbaumer, der Mann der Runde beim Bundestag...« Und dann mauschelt man bei Leberspätzlesuppe und Apfel im Schlafrock aus, wie sich der »Große Aufsteiger«, in welchem sich unschwer Franz Josef Strauß erkennen läßt, vielleicht doch noch ausbremsen ließe.

Die Geschichten um die CSU-Klerikalenorganisation der Nachkriegszeit bilden nur eine der zahlreichen Zeitebenen, die Amerys Roman auf raffinierte Weise zu einem großen Gobelin bayerischer Geschichte verwebt. »Die Wallfahrer« sind, am Beispiel der jahrhundertealten Pilgerschaft zum Gnadenbild von Tuntenhausen, ein düster leuchtendes, mit all seinen Zeitsprüngen und Überblendungen brueghelhaft farbenschillerndes Tableau altbayerischen Lebens von der Renaissance bis in die apokalyptisch ausgemalte Science-Fiction-Vision einer menschenlosen Zukunft.

Und dem Reisenden macht Amerys Roman das auf den ersten Blick etwas langweilige Tuntenhausen erst recht eigentlich faszinierend. Wir haben dann halt auf dem Kirchenhügel auch »den lumpigen Gropp« vor Augen, einen Tiroler Einsiedler des 16. Jahrhunderts, der sich von seinem Lager »aus schimmeligen Kotzen und Kranewittengezweig« aufgequält hat, um zur Wundertätigen von Tuntenhausen zu wallfahren; wir sehen die fahrende Wasserburger Comoedianten-Truppe der Barockzeit mit ihrem Sündflut-Drama, aber auch den gutwilligen, doch verklemmten Landadeligen Innozenz Maria, der sich für die Katholische Arbeiterbewegung des 19. Jahrhunderts einsetzt. Und schließlich sehen wir den gräflichen Kurt-Eisner-Mörder der Räterepublikzeit beim Beichten und »Mellies Wallfahrt«, jene eines behinderten Kindes, die aus Klosterobhut direkt in die Euthanasiemaschinerie der Nazis führt. Carl Amerys Erzählsprache ist dabei von einer begnadeten Reichhaltigkeit und Wandlungsfähigkeit. Er beherrscht den Ton alter Chroniken und Mirakelbücher ebenso wie das Gewitter barocker Predigten, das ironische Salonparlieren auf feinen Adelssitzen und den Jargon provinzieller Landtagsabgeordneter – das Buch ist ein Fest der Sprachgewalt und Bildhaftigkeit und stürzt über den wehrlosen Leser herein mit Blitz und Donner und fulminanter Wucht. Es ist schlechthin ein *chef d'oeuvre* bayerischer Literatur. Heute ist der über

80jährige Carl Amery, dieser hagere Dialekt-Intellektuelle mit der Baßstimme und der dröhnenden Lache (ein denkbar gegensätzlicher, aber mindestens so »barocker« Bayer wie Franz Josef selig), eher bekannt für seine kämpferischen politischen Pamphlete: »Fastenpredigten« gegen den Wachstumswahn und die destruktive Ersatzreligion des globalen Marktes, Botschaften, die sich auch in seinem literarischen Werk finden. Viele gähnen da ja in letzter Zeit, »Litaneihaftigkeit« und »politische Endzeitfolklore« muß sich ein aufrechter Fighter wie Amery von coolen, rechtsgestrickten Jungrezesenten vorwerfen lassen. Gott sei Dank ist er nachhaltig unbeirrbar – in Tuntenhausen zünden wir ungeniert eine Kerze für diesen großen Bayern an, einen, der uns das Land des schwarzen Mainstream über Jahrzehnte aushaltbar gemacht hat. Möge er leben!

Weiter geht's zur nächsten Wallfahrt. Weihenlinden, über ein kleines Waldsträßchen vom Renaissanceschloß Maxlrain anzusteuern, finden wir freundlicher und liebenswürdiger als Tuntenhausen. Die weiße Basilika

Wallfahrtskirche Weihenlinden

mit ihren doppelten Zwiebeltürmen und runden Bullaugenfenstern liegt schön unter uralten hohen Lindenbäumen, und der Kirchenraum mit dem doppelstöckigen Altar und dem votivbilderreichen Umgang hat ein volkstümliches, buntes Gepränge. Auch die Einkehr im stattlichen barocken Klostergasthof mit schattigem Biergarten ist bei weitem einladender als ihr kahles Tuntenhausener Pendant, zumal hier gut und einfallsreich gekocht wird, mit köstlichen Desserts und dem ersten Kamptaler Wein, der uns vage daran erinnert, daß ja eigentlich irgendwann Österreich unser Reiseziel ist. Von hier treffen wir nach Süden auf die verkehrsreiche Rosenheimer Bundesstraße, und beim Kreisel biegen wir rechts hinüber, über die Mangfall nach Willing und Berbling.

In diesem Dorf hat ein Nichtbayer Furore gemacht, der trotz jahrzehntelanger Existenz zwischen den Mooren und Moränenhügeln Südostbayerns niemals sein »gurgelndes« Kölscher Platt ablegte und bei den einheimischen Bauern dennoch Achtung genoß. In der Berblinger Kirche, einer der anmutigsten Dorfkirchen Bayerns, hat Wilhelm Leibl sein weltberühmtes Bild »Drei Frauen in der Kirche« gemalt, mit welchem meine Generation spätestens im Lesebuch, zum Zwecke der gefürchteten »Bildbeschreibung«, manchmal auch an der Klassenzimmerwand, Bekanntschaft machte. Das Original hängt in der Hamburger Kunsthalle, aber im reich geschwungenen, tänzerisch-festlichen Berblinger Kirchenschiff kann man eine Kopie betrachten. Damals, zu Schulzeiten, war uns das Sujet zu erdhaft-ländlich, heute beeindruckt es uns sehr: drei bäuerliche Frauenspersonen, drei Lebensalter, halb kniend, halb hockend in einer engen Kirchenbank, die geschnitzte Wange ist dieselbe wie am heutigen leeren Gestühl. Die beiden älteren tragen schwarze, weit in die Stirn gezogene Kopftücher und dunkeltönige Sonntagskleidung, die junge Frau mit der kränklich bleich-rotfleckigen Gesichtsfarbe blaukarierte Seidentracht mit leuchtendweißem, rosenverziertem Fürtuch. Die hinterste Beterin hat die Hände gefaltet und blickt schmallippig zum Altar, die beiden anderen lesen in ihren Gebetbüchern. Das Bild, von einer wunderbaren kalkig-gedämpften Farbigkeit, stammt aus Leibls »Holbein«-Schaffensphase, einer altmeisterlich übergenauen Malerei, die im späten 19. Jahrhundert des wabernden Lenbach-Halbdunkel ganz und gar nicht der Mode entsprach. Jedes Detail, die Druckschrift in den Büchern, die Textur der Stoffe, die Beschaffenheit der Handknochen und Wangenfalten, ist mit lupenreiner Präzision wiedergegeben. Von seiner »Kläubel«-Malerei sprach Leibl später, und dennoch ist es ein bewegendes, allgemeingültiges *condition-humaine*-Gemälde, von großem Atem und sogartiger Kraft.

Vielleicht ist etwas von der übermenschlichen Kraftanstrengung, deren seine Verfertigung bedurfte, in das nach vier Jahren 1882 endlich fertige Werk hineingeflossen. Die Modelle waren »'s Zach Nandl«, ein Berblinger Bauernmädchen für die junge Frau, »'s Pongascht Madl«, eine Dienstmagd aus Berbling für die Mittelbetagte, und für die krumme Greisin »die Tumin von Mietraching«, eine alte Frau, der ihr Gebetbuch in Wirklichkeit nicht mehr viel genützt hätte, denn sie war blind. Leibl pflegte seine ländlichen Modelle gut zu bezahlen, aber der Opfergang dieser Frauen über Jahre, in glühender Sonnenhitze oder bei klammer Spätherbstkälte, vom Maler zurechtgerückt »wie die Marionetten«, unbeweglich in der verkrampften Haltung, die Kirchenbänke den Frommen damals aufzwangen, war wohl durch nichts zu entgelten. Der Künstler selbst strapazierte sich nicht weniger. Seine Malposition war nicht viel bequemer (angeblich kann man noch winzige gelbe und grüne Farbspuren seiner Arbeit in den linken Kirchenbankreihen entdecken – mir ist das nicht gelungen) – die Hitze sommerlicher Tage setzte ihm zu, weil die Farben zu schnell trockneten, der Frost quälte ihn nicht minder als seine Modelle. Dazu müssen enorme Selbstzweifel an der Arbeit gekommen sein – unzählige Male wurden Partien des Bildes wieder abgekratzt und neu übermalt. Mit späteren Werken seiner Holbein-Phase war Leibl dermaßen unzufrieden, daß er die »Wildschützen« und das »Mädchen mit der Nelke« eigenhändig in Stücke schnitt. Immer wieder mußte die Arbeit am »verfluchten Bild« unterbrochen werden. Zu kirchlichen Hochfesten und an Feiertagen durfte der Sakralraum nicht benutzt werden, gelegentlich wurden auch, wen wundert's, seine Modelle krank. Als ein neuer, junger

Wilhelm Leibl, Drei Frauen in der Kirche

Priester die Stelle des alten Pfarrherrn einnahm, wollte dieser dem damals schon hochberühmten Leibl die Kirchenmalerei untersagen; erst eine Intervention beim späteren Prinzregenten Luitpold sicherte den Fortgang. Anlaß für Leibl, nun auch den »eitlen, ungebildeten« geistlichen Stand zu beschimpfen, nachdem er es sich schon mit zahlreichen Kritikern und Malerfürstenkollegen (»Defregger, Lenbach, und wie die Dilettanten heißen«, alles »Canaillen, Stiefelschmierer, Geschmeiß«) verdorben hatte.

Im Gegensatz zu den herrschaftlich hofhaltenden Gesellschafts- und Historienmalern jener Zeit lebte Leibl auf dem Land sehr frugal – seine Bauernkaten und Ateliers waren meist dunkle, niedrige Holzbehausungen mit winzigen Fenstern. Während der Berblinger Zeit war er in der Pfarrökonomie von Haslach einquartiert. Dort litt er aber bei aller Bescheidenheit dann doch unter der einförmigen Bauernkost und ließ sich von Mutter und Schwester postalisch mit Vorgekochtem versorgen, das aber oft verdorben ankam. Erholung von der Filigranmalerei bot dem hünenhaften Rheinländer – nur seine Beine waren etwas kurz geraten, was einen Zeitgenossen bei seinem Anblick an einen »Eber« denken ließ – das Schmiedehandwerk. Im Schmiedhaus, heute noch ein schön bemalter Bau um die Ecke von der Kirche, entspannte er sich an Esse und Amboß; er war außerdem ein kräftiger Zecher und begeisterter Jäger. Als es schließlich Bauern aus der Nachbarschaft waren, die vor den fertigen »Drei Frauen« in unbewußter Ehrfurcht ihre Hände falteten, bedeutete dem Eigenbrödler das mehr als Kritikerlobgesänge aus den Metropolen. Dennoch – Leibl war sehr ehrgeizig, und als das erkämpfte und erschundene Gemälde im Pariser Kunsthandel statt den erhofften 100000 nur 43000 Mark Erlös brachte, vertiefte das seine Verbitterung über den Kunstbetrieb.

Die Zach Nandl, amtlich schrieb sie sich Anna Staber, ist übrigens ganz jung verstorben – die fleckige Röte ihres Gesichts, die Leibl verewigt hat, deutete auf keine blühende Gesundheit hin. Geschont hat sie sich jedenfalls nicht – für ein Bild, auf dem sie uns in alle Ewigkeit bleibt.

Unsere Weiterfahrt ab Berbling wird nun die reine Landschaftsschwelgerei. Schon von weitem sieht man voraus den spitzigen Kirchturm von Au, von dort schrauben wir uns hinauf in die Bauernlandschaft des Auerbergs, eine der schönsten und unzerstörtesten Bauernhofgegenden Oberbayerns. Obstgärten überall – fast jeder Hof hat hier seine eigene Brennerei. Ein Prachthof ist das alte Implergehöft in Paulreuth. In dem riesigen Gemäuer wohnt allerdings bloß noch die Oma, die jüngere Familie zieht den dahinter versteckten Neubau vor. Das erfährt man beim Schnapskauf im Hofladen – der Selbstgebrannte ist allerdings besser, vielfach prämiert, beim Paulreuther Maierhof. Dann geht es hinauf auf die Höhe des größeren Dorfes Niklasreuth und weiter nach Sonnenreuth, wo wir auf einmal noch mal Lena Christ begegnen. In Sonnenreuth hat sie die Geschichte ihres Findelbuben vom Weilhof, »Mathias Bichler«, angesiedelt, eine abenteuerliche Geschichte aus napoleonischen Tagen, geradezu ein Road Movie auf den Saumpfaden von Bayern und Tirol, ein pralles Erzählstück von einem Arme-Leute-Kind, das es schließlich zu einem geachteten Bildhauer bringt. Ein spannender Bilderbogen voll von Kräuterhexen und Feuersbrünsten, Bauernhochzeiten und Theatervaganten, vazierenden Handwerksburschen und Münchner Künstlerateliers. Unvergeßlich zum Beispiel die Szene, in der heimatlose Kostkinder als »Gemeindelümmel« verschachert werden wie auf dem Sklavenmarkt: »Das Krischperl kann Vieh hüten, 's Kindsmensch machen, die Floign ertöten ...« Wir schrauben uns über das winzige Straßenband zum Weiler Effenstätt hinüber und von dort über einen wunderbaren Fahrweg, der lauter stolze Einzelhöfe verbindet: Grünberg, Feilenberg, Öder, Holz. Oder über die Anwesen Uslau, Hub, Schnitzenbaum zum Aussichtsgasthof Hoheneck. Immer hat man die Schlierseer Berge im Blick, über weitläufigem grasgrünen Weidegebuckel, über arkadisch arrangierten Bauminseln und schattigen Senken, und ist des Neides voll auf jene, die hier siedeln dürfen. Zum Glück gibt es zahlreiche Möglichkeiten, sich auf Zeit einzumieten, viele der Höfe in Traumlagen bieten Bauernhofurlaub an, genauso wie auf der ähnlich reizvollen Miesbacher Höh' westlich von Miesbach und auf den Anhöhen über Hundham und Fischbachau. Ich glaube nicht, daß man eine Sommerfrische in dieser bayerischen Ideallandschaft, hoch

Johann Sperl: Blumige Wiese mit Blick auf Litzldorf, um 1903

über den Modernisierungsschrecken der Täler, bereuen würde. Für den, der es auf eine altmodische Weise vollendet kultiviert mag, findet sich am Auerberg zudem eines der schönsten bayerischen Logis überhaupt: das »Röslerhaus« am Fernsichtpunkt des Hochkogl, eine Herberge von exzeptionellem großbürgerlich-künstlerischen Charme, deren Stammgäste, gerne Theaterleute, Kabarettisten oder Schreiber, keinerlei Wert auf allzuviel Mundpropaganda legen. Ich muß zugeben, daß ich mir selber Elogen erzählen lassen habe über diesen Platz und das »Röslerhaus« nur mal scheu von außen betrachtet habe, denn man muß rechtzeitig reservieren. Es herrsche also auf dem Hochkogl eine Art von legerem besten Geschmack, von einem »eingewohnten«, sozusagen bayerisch-britischen Landhausstil, wie ihn kein Designermagazin, kein Innenarchitekt konzipieren könne, wie er über Jahrzehnte gewachsen und gelebt sein muß. Es sei alles sagenhaft wohnlich: die Familienantiquitäten in den Zimmern, polierte Sekretäre, Chaiselongues, alte Truhen, Kachelöfen, Bücherregale, die frischen Rosensträuße überall, die aus dem opulenten Staudengarten vor der Haustür kommen. Man habe dort ein Hausgast-auf-einer-Privatdomäne-Gefühl, sei so diskret wie gutgelaunt umsorgt mit Meißner Zwiebelmuster und Tafelsilber zum Frühstück, und die hausgemachten

Gelees und das gute Brot und Klavierkonzerte am Morgen... Kein Mensch in den nur fünf höchst individuell eingerichteten Zimmern störe sich daran, daß es nur ein Etagenbad gebe, im Gegenteil, man sei dankbar für dieses Komfortdefizit, weil das falsche Gäste automatisch fernhalte. – Es klingt sehr glaubhaft, daß dieses alte Haus auf seiner Kanzel, mit endlosem Blick in die Inntalebene, zum Wilden Kaiser, der ideale Ort sei, um sich mit Stapeln von Büchern einzunisten, um zu lesen, zu tagträumen, zu arbeiten, was zum Beispiel der unweit am Schliersee beheimatete Gerhard Polt hier gern tut. Die hauseigene Bibliothek würde zudem auf Jahre reichen.

Der besondere Zauber des Hauses hat mit seiner Geschichte zu tun. Es waren die Töchter des früheren Hausherrn, des in den fünfziger Jahren sehr erfolgreichen humoristischen Autors Jo Hanns Rösler, heute selber zwei kregle ältere Damen namens Christine Schmitt und Josefine »Mumei« Wedell-Rösler, die eines Tages beschlossen, in kleinem Rahmen zahlende Gäste aufzunehmen, um den prächtigen Besitz halten zu können. Nun läßt es sich also sehr apart logieren im »Röslerhaus« und ein paar Meter weiter auf dem Grundstück, im uralten Bauernhaus der 70jährigen Schwester »Mumei«, zu Abend essen. Auch hier: nur drei kerzenbeleuchtete Tische, nur ein Hauptgericht pro Abend, aber das zergeht auf der Zunge, ob Tafelspitz, Böfflamott oder Szegediner Gulasch. Wer zuerst reserviert in der »Schoppenstube«, bestimmt, was Mumei am Abend kocht.

Man kann schon nach einem kurzen Blick auf dieses gut versteckte bayerische Shangri-La den Stammgast Polt bestens verstehen und anschließend vielleicht in seinem Sammelband »Circus Maximus« blättern, der all die komischen Meistersketche der letzten Jahrzehnte enthält, aber auch lesenswerte Marginalien wie ein Polt-Interview, das »Ich reise im Kopf« überschrieben ist – womöglich verdankt es sich dem Genius loci des Hochkogl. Polt breitet da seine touristischen Unlustgefühle, seine Bedürfnislosigkeit bezüglich ferner Reisen aus, die einem aus der Seele spricht. Wenn es ihn überhaupt aus Bayern wegziehe, dann gelegentlich nach Schweden und seit 30 Jahren immer wieder ins gleiche Quartier nach Terracina. »Ich bin ein klassischer Bildungsreisender, ein Museumsgänger, ich reise da im Kopf zurück ...« Aber sonst? Die Mongolei kenne er aus dem Film »Urga«, Clubanlagen mit ihrem vorprogrammierten »mushroom searching« und »fresh air snapping« würde er ums Verrecken nie betreten. »Ich fahre doch nicht einfach weg, um zehn Grad Wärme mehr zu haben. Vierzehn Tage Venezuela – undenkbar. Ich könnte das nicht. Wenn mich der Flieger da so zack absetzt und wirft mich raus – wo bin ich da? Ich weiß es nicht. Ich bin da und schon wieder zurück – dann war ich doch nie dort... Ich habe nie das Gefühl, ich habe etwas verpaßt. Ich habe kein Heimweh nach dem Weg-von-hier. Mich drückt es nicht in die Karibik, nach Bangkok, ich muß nicht den Gran Canyon sehen oder Wolkenkratzer, ich brauch das nicht. Ich fahre lieber nach Agathaied oder geh ins Wirtshaus da drüben.«

In diesem Sinne, mit größter Zustimmung, auf nach, nein, nicht Agatharied, sondern hinunter nach Bad Feilnbach. Das müssen wir uns streckenmäßig antun, auch wenn es ein kurtouristisches Vollziel ist mit »Wendelstein-Passage« (sehr mickrig), »Tussi-Moden« und der bekannten Panoramascheiben-Gastronomie, von Lüftlblumen bekränzt. Und mit Unmengen der mir tief verhaßten Gußplastik-Stapelstühle auf den Terrassen, dieser brutalstmöglich reduzierten Antwort auf die Notwendigkeit des Sitzens. Der »Aumannwirt« im Nachbardorf Altofing, ein reelles, innen altmodisch holzvertäfeltes Gasthaus, hat in seinem Garten nicht dieses ominöse gemuldete Mobiliar stehen, sondern normale Biergartenklappstühle und wäre einem schon deshalb sympathisch, ist es aber auch wegen der angenehm alltäglichen Wirtshausatmosphäre und der deftigen Hausmannsküche.

Ein paar Kilometer weiter können wir noch einen kurzen Abstecher ins obstbaumumstandene Hangdorf Kutterling hinauf machen. Auf Abstand, es ist nicht zugänglich, sehen wir Wilhelm Leibls altes, hölzernes Einfirsthaus liegen, wo er zusammen mit seinem Freund und Malerkollegen Johann Sperl die letzten Lebensjahre bis zu seinem Tod anno 1900 verbrachte. Es gibt aus der Kutterlinger Zeit eine ganze Reihe von Gemälden, in einer ganz anderen Façon als die altmeisterlich-peniblen »Drei Frauen in der Kirche«; locker gemalte, dunkeltönige Interieurs zumeist, in die ein wenig Licht aus kleinen, verstrebten Bauernhoffenstern fällt, geruhsame Küchenszenen mit alten Herden, Tontöpfen und Tiegeln, und darinnen schaffend oder ausruhend, jung und alt, jene bäuerlichen Charaktere, die Leibl seitens der Großstadtkritik den absurden Vorwurf einbrachten, er male »nur häßliche Modelle«. Der kleingewachsene Sperl, von Leibl liebevoll »dat Männeken« genannt, paßte ins bäuerliche Kastenbett, der massige Leibl brauchte eine Sonderanfertigung. Sperl war nicht nur Freund und Jagdgenosse, sondern auch gelegentlich Blitzableiter und vor allem Faktotum, das die Wirtschaft führte, für Leibl die Farben anrührte

Johann Sperl: Winterlandschaft in Kutterling

und die Leinwände firnißte. Nebenbei war aber *er* der geniale Landschafter des Gespanns. Leibl war ein Meister der Porträts und Innenraumszenerien, von Sperl sind uns großartige, zartfarbene, stimmungsintensive Bilder der Landschaft überliefert, die wir soeben durchkreuzen. Sperl beherrschte in seiner Frühzeit virtuos die figurenreiche, etwas gartenlaubehafte Genremalerei, die man sich damals in die Salons hängte und mit der er hätte reich werden können. Seine späten Gemälde sind herb und leer, wehmütig und melancholisch; es herrschen die moorigen Farben, die blattlosen Birken, die Schneereste auf dunklen Hängen vor, von denen diese Vorgebirgsregion außerhalb der kurzen Sommerblüte geprägt ist. Oft scheint er an wolkigen, verhangenen Tagen gemalt zu haben, und der Betrachter möchte in diese Bilder hineinwandern und in ihrer Raumtiefe, immer kleiner werdend, langsam verschwinden.

Die schaumigen Sperlschen Frühsommerwiesen in ihrem Blütenreichtum lassen sich anfangs des Dritten Jahrtausends kaum noch entdecken, einst wilde Filzebenen sind heute für Landwirtschaft, Fischteiche, Torfabbau genutzt. Dennoch hat diese Schwellenlandschaft, wo das weite, fast nordische Flachland der Moosplatte unvermittelt aufs ragende Hochgebirge trifft, noch immer einigen Zauber bewahren können. Litzldorf und Derndorf, Klein- und Großholzhausen sind ansehnliche, baum- und gartendurchwachsene Dörfer ohne allzu monströse Neubauwucherungen – sie liegen noch ins Flache gebettet, gleich dahinter kippt die Welt in die Steilheit des alpinen Nordrands. Wenn wir hinter Großholzhausen eine kleine Stichstraße stracks auf den Sulzberg zuhalten, in ein Waldgebiet mit dem schönen Namen »Schnepfenluck«, dann können wir von dort in einer knappen halben Stunde die malerisch gelegene Wallfahrtskapelle Schwarzlack erklimmen und bei einem Kaffee auf der Wirtshausterrasse noch mal, im Rückblick aufs Flachland, das Randartige dieser Landschaft auf uns wirken lassen. Ein geruhsames Plätzchen zum Luftholen, bevor wir nun bei Brannenburg ins Inntal geraten, und damit in die vollen Schönheiten einer von Massenmobilität und Baunutzung fast völlig verwüsteten Flußlandschaft.

Wie viele Verkehrstrassen sind in diesen Transit-Landstrich gezwängt, neben den begradigten Fluß? Die Eisenbahn, die immer problematischer werdende Brenner-Autobahn, dazu noch je eine Landstraße links und rechts des Flusses, die ineinanderwuchernden Siedlungen zwischen Raubling und Kiefersfelden verbindend. Kasernen, Gewerbegebiete, Raststätte, Kläranlagen, Flugfelder, Schießplätze, Autobahnzubringer – nein, heute wäre das südbayerische Inntal schwerlich noch Anziehungspunkt für Künstlerkolonien mit Lust aufs Ursprüngliche. Wir Heutigen haben den zweifelhaften Vorzug, diese typische Landschaft unserer Lebenswelt mit den alten Bildern zu vergleichen, die uns von den Malern des 19. und frühen 20. Jahrhunderts geblieben sind. Von Johann Georg von Dillis zum Beispiel gibt es ein kleines Ölbild von 1830/35, auf dem sich uns das Inntal präsentiert wie eine verwunschene Indianerlandschaft des alten amerikanischen Westens: dichte Nadelwälder, die weiten Auenwiesen entlang eines gewundenen Flußlaufs, vereinzelte, etwas erhöhte Gehöfte; gegen den Zahmen Kaiser zu scheint es immer wilder und leerer zu werden. Und auch Lovis Corinths »Inntal-Landschaft« von 1910 (ein Stück flußaufwärts in Tirol entstanden) zeigt uns eine weitläufige, unverklotzte Felder- und Auenszenerie, die wir, kein Jahrhundert später, nur noch als verlorenes Paradies betrauern können. Sperl, Dillis, Corinth – wir sitzen vor ihren Bild- und Katalogbänden, vor ihren versunkenen Landschaften, mit dem immer gleichen haltlosen Herzenswunsch: *einmal* das alles sehen können, wie es in ihren Tagen aussah, *einmal*, in unseren heimatlichen Landschaften bleibend, unsere vollgeräumte Gegenwart verlassen können... Selbiges Bedürfnis befällt uns auch vor dem »Schloßwirt« in Brannenburg. In seinen bergwärts gelegenen, von der vollmodernen Tankstellen-Talsohle etwas abseitigen Bereichen um Kirchplatz und Schloß ist dieser Ort am aushaltbarsten. Und hier oben läßt sich am ehesten die Zeit der Brannenburger Malerkolonie seit der Mitte des 19. Jahrhunderts ausmalen, deren Stammquartier der »Schloßwirt« gewesen ist, ein noch immer angenehmes, bodenständiges Traditionswirtshaus mit gediegenen Stuben. Damals hieß das Gasthaus »Zum Niggl« und präsentierte sich im Inneren offenbar stark kunstgewerblich überformt: »Die Fenster waren bunt verklebt mit allerlei Karikaturen, an den Wänden hingen wunderliche Zeichnungen, Scheiben, Schilder und Wappen zwischen Schilfbüscheln, Maiskolben und bunten Stoffen; Überreste von den Festen, für die Schmuck und Zierat aus dem Nichts hervorgezaubert wurden«, so erinnerte sich die Autorin Altmünchner Romane, Emma Haushofer-Merk, seinerzeit Künstlerkind, ans Brannenburger »Malerstüberl«. Es waren Münchner Berühmtheiten, die dort allerlei Allotria und Firlefanz trieben, Landschaftsmaler wie Carl und Leopold Rottmann sowie Eduard Schleich; Carl Spitzweg kam auch gelegentlich im Inntal vorbei, Historienmaler wie Gabriel von Max, Hans Makart, die Piloty-Brüder, Theodor Pixis und viele andere auf Inntal-Sommerfrische. Man sortierte sie gemäß Schaffenswut in die »Wilden«, die »Halbwilden« und die »Zahmen« oder auch »Luftschnapper«. Die ersteren waren die eisernen Geländegänger mit Staffelei und Skizzenbuch, die sich täglich Malzeug samt einem riesigen Parasol unter den Arm klemmten, um an einer begonnenen »Großen Buche«, einer Almhütte, einem Wildbach weiterzupinseln. Die letzteren waren die Flaneure und Spassettlnmacher, die lieber gesellig

Lovis Corinth: Inntallandschaft

picknickten und mit den Damen »schäckerten«. Bei den aufwendig improvisierten Festivitäten, »Mummereien und Maschkera«, ganz nach der Art damaliger Künstlerbünde, waren dann alle beieinander, kostümiert als die Feen Brannenburgia und Monachia, mit wildem Hopfen und Seerosen behängt und mit den Frauentürmen aus Pappe auf dem Kopf. »Caroussel- und Circusspiele« wurden inszeniert, samt »Niggertänzen«, Jonglage und Clownsdarbietungen, und an den Stammtischen mit ihren darüber baumelnden Emblemen (Palette, Pinsel, großer Goldfisch und Pantoffel für die Ehemänner) kräftig dem Schloßbräu und dem Tiroler Roten zugesprochen.

Einer der nachmalig Berühmtesten schrieb eine Farce für die Niggl-wirt-Bühne namens »Liebestreu und Grausamkeit«, welche die benachbarten altehrwürdigen »Kiefersfeldener Ritterspiele« gnadenlos durch den Kakao zog, wonach es zu handgreiflichen Auseinandersetzungen zwischen gekränkten Bauernschauspielern und den Münchner Malerkolonisten kam. Der Autor war kein anderer als Wilhelm Busch, der in den 1850er Jahren einige Sommer in Brannenburg verbrachte, unzufrieden mit der Münchner Akademieausbildung und unschlüssig über seine künftige Betätigung. Ein fescher Bursch und sehr beliebt sei der Niedersachse damals gewesen, erinnerten sich seine Kumpane von »Jung München«, mit seinem dünn gezwirbelten Rinaldo-Rinaldini-Knebelbart und seiner riesigen, grasgrünen Ballonmütze, zunächst wortkarg, aber beim Feiern ein lustiger Hund. Der Mittzwanziger schätzte den bayerischen Dialekt, und sein Standardspruch war: »Die Gedanken kommen wann's megn.« Eine frühe Busch-Zeichnung aus Brannenburg zeigt ihn und den Freund Theodor Pixis am Biergartentisch, auf ein paar Mistkratzer im Gras deutend. Dazu läßt sich in der Ecke entziffern: »Die Hähnel sind doch auch Sauviacher! Erst fressen's Scheißdreck, und hernach fressen wir die Hähnel!« In der Brannenburger Zeit lernte Wilhelm Busch jedenfalls Caspar Braun, den Herausgeber der höchst erfolgreichen *Fliegenden Blätter* kennen, wo er 1859 seine ersten Zeichnungen, in Folge dann viele Bildgeschichten veröffentlichte. Seine nichthumoristischen, zum Teil sehr schönen und düster stimmungsvollen Landschafts- und Wetterbilder hat er bekanntlich niemals ausgestellt. Und der schopenhauerisch-pessimistische Welt- und Menschenblick Wilhelm Buschs läßt sich bereits an seiner allerersten Brannenburger Aufzeichnung ablesen: »An einem Spätnachmittag kam ich zu Fuß vor dem Dörfchen an, wo ich zu bleiben gedachte. Gleich das erste Häuschen mit dem Plätscherbrunnen und dem Zaun von Kürbis durchflochten sah verlockend idyllisch aus. Feldstuhl und Skizzenblock wurden aufgeklappt. Auf der Schwelle saß ein steinaltes Mütterlein und schlief, das Kätzchen daneben. Plötzlich, aus dem Hintergrunde des Hauses, kam eine junge Frau, faßte die Alte bei den Haaren und schleifte sie auf den Kehrichthaufen. Dabei quäkte die Alte wie ein Huhn, das geschlachtet werden soll. Feldstuhl und Skizzenbuch wurden zugeklappt.«

Das bedeutendste Brannenburger Bild hängt im Pariser Musée d'Orsay: Max Liebermanns »Brannenburger Biergarten« von 1893, ein Berliner Gemälde unter französischen Impressionisten, und es ist wohl die schönste Darstellung jenes bayerischen Lebensgefühls des engen Beieinanderhockens auf festgefügten Bänken, des versonnenen Maßkrugschauens, des Lichtgeflimmers unter hohen grünen Baumgewölben, eine beschürzte Kellnerin und ein Dackel sind auch dabei, wie es sich gehört. Den Garten des Brannenburger Sommerkellers suchen wir heute vergeblich, dafür kommen wir auf unserem Spaziergang durch die höheren Ortslagen am unglaublich schönen Privatgarten des Gehöfts Vorderleiten vorbei: herrliche Staudenbeete, Iris und Schwertlilien in allen sanften Farbschattierungen – ein Gartenparadies von englischer Perfektion, seit Jahrzehnten gehütet und betreut von der hochbetagten Gertrud von Heiseler, die nebenbei auch eine der faszinierendsten und opulentesten bayerischen Privatbibliotheken ihr eigen nennt. Ihr Schwiegervater war der deutsch-russische Schriftsteller Henry von Heiseler, der zum Freundeskreis Hugo von Hofmannsthals drüben in Neubeuern gehörte. Und auch wir queren nun endlich den Inn, den schnurgerade kanalisierten, und gelangen an seinen östlichen Gestaden, am Samerberg, in die Ausläufer des Chiemgau.

Max Liebermann: Biergarten in Brannenburg

»ALLE DIESE SACHEN SIND DOCH AUF NUANCEN GESTELLT« – HUGO VON HOFMANNSTHAL UND OTTONIE VON DEGENFELD IN NEUBEUERN

Nußdorf über der Brücke präsentiert sich recht schmuck und ist stolz auf eine jüngst errungene Bundesgoldmedaille im Wettbewerb »Unser Dorf soll schöner werden«. Neubeuern hat sich solche Prämierungen schon längst angeheftet, obwohl man immer ein bißchen grinsen muß beim Betreten dieses Dorfplatzes durch ein rosafarben geschwungenes Pseudobarocktor. Was ist das hier, Neuschwandorf? Eine Bayernkulisse, entworfen von den Ausstattern des US-alpinen Musicals »The Sound of Music«? Ein Theaterprospekt ist dieser Markt sehr wohl, mit seiner Überfülle an historistischen Kleinformen, an Erkerchen und Schindeldächlein, Hausheiligen und Eck-Madonnen, Geranien-Wasserfällen und Blütenrankenmalerei. Das niedlich-farbenfrohe Zuviel verdankt sich allerdings dem

»Heimatstil« des ausgehenden 19. Jahrhunderts, und es war, wie an der Tölzer Marktstraße, der Architekt Gabriel von Seidl, der Neubeuern seine künstlich altertümelnde Maskerade verlieh. Wegen seiner Vorliebe für opulente Giebelgestaltung führte Seidl den schönen Spitznamen »Giebi-Gabi«. Giebi-Gabis Neubeurer Wirken ging zurück auf den sehr wohlhabenden Baron Jan von Wendelstadt, der seit 1882 oberhalb des Örtchens im Schloß residierte, eigentlich ein Darmstädter Bankier. Seine Baronie hatte ihm der Prinzregent Luitpold verliehen, weil Jan Wendelstadt der Münchner Neuen Pinakothek ein wertvolles, wenngleich ziemlich aufdringliches Gemälde geschenkt hatte, nämlich Arnold Böcklins fleischesfrohen Nixenschinken »Spiel der Wellen«. Das Schloß mit seinen mittelalterlichen und barocken Überbleibseln modelte Gabriel von Seidl ebenfalls zu einem hochrepräsentativen Neurenaissance-Herrensitz um, und Jan von Wendelstadt, der per Eheschließung mit Julie von Degenfeld-Schonburg mit dem süddeutschen Uradel in Verwandtschaftsbeziehung getreten war, ließ vielerorts sein brandneues Wappen anbringen.

Schloß Neubeuern ist seit vielen Jahren ein nobles Internat aus der Familie der klassischen Landerziehungsheime, zu denen auch Schloß Salem und die Odenwaldschule gehören. Als solches hat es seine Spuren in der allerjüngsten deutschen, nun ja, »Literatur« hinterlassen, nämlich im hochgehypten Teenie-Tränen-Bestseller »Crazy« des damals 17jährigen Benjamin Lebert. Zu besichtigen ist es schwerlich, wenn man keine elterlichen oder förderlichen Beziehungen vorweisen kann, und so müssen wir uns die Räumlichkeiten seiner wirklich großen literarischen Ära zu Anfang des 20. Jahrhunderts in der Phantasie vergegenwärtigen. Wir tauchen damit ein in die generöse, großbürgerlich-adelige Kulturszene der Zeit vor dem Ersten Weltkrieg, in ein liberales, europäisches, hochkultiviertes Ambiente, das weit über die Grenzen des bayerischen Inntals hinausreichte, eine für ein abgelegenes bayerisches Landschloß recht untypische Strahlkraft entfaltete. Da ergingen sich alljährlich zur Winterszeit, »zwischen den Jahren« auf der weitläufigen Freitreppe mit den Schmiedeeisengeländern die Verantwortlichen des Insel-Verlags und der Jugendstilzeitschrift *Pan*, Alfred Heymel, Rudolf Alexander Schröder und Eberhard von Bodenhausen. Da las Hugo von Hofmannsthal im Kaminsaal oder im Salon der Baronin Julie von Wendelstadt erstmals aus dem »Rosenkavalier«, es tanzte die große Balletteuse Grete Wiesenthal. Max Reinhardt erholte sich vom Berliner Inszenierungsruhm. Die Geistesriesen von »Neu-Weimar«, Harry Graf Keßler und der berühmte Art-Nouveau-Architekt Henry van de Velde, diskutierten mit dem strengen Neuklassiker Rudolf Borchardt, der bayerischen Literatur-Grande-Dame Anette Kolb, dem Politiker Walther Rathenau. Die winterlichen »Neubeurer Wochen«, bei denen man sich zwanglos privat, musizierend, plaudernd, Vorträge hörend in erweitertem Freundeskreis zusammenfand, bei denen man zum Diner im Festsaal schritt, die Damen am Arm, wenn »es tammte« (der Gong rief), dauerten bis 1914 an, als diese ganze vornehme Welt zusammenbrach, in der man »Fortuny-Shawls« trug und »froissiert« war über Ungebührlichkeiten. Es waren vor allem zwei jung verwitwete adelige Frauen, um die sich die hochmögenden Rencontres rankten: Julie von Wendelstadt, deren Ehemann Jan 1909 gestorben war, und ihre junge Schwägerin Ottonie von Degenfeld-Schonburg, die 1908 nach nur zweijähriger Ehe zur Witwe geworden war.

Ottonie von Degenfeld, von der man sich nur schwer vorstellen kann, daß sie etwa zeitgleich mit Lena Christ im etwa gleichen Landschaftsraum ihre jungen Frauenjahre verbrachte, so konträr sind die Milieus, muß eine überaus liebenswerte, ungewöhnlich reizvolle Person voller Charme gewesen sein. Rudolf Borchardt schrieb über sie, es sei ein leichtes, ihre »kraftvolle Zartheit bedingungslos zu verehren«. Als Hugo von Hofmannsthal sie 1909 auf Schloß Neubeuern näher kennenlernte, saß sie freilich im Rollstuhl, schockgelähmt vom frühen Tod des geliebten Ehemanns, unfähig, sich um die winzige Tochter zu kümmern, verhangen in schwerster Depression. Die beiden unternahmen eine Schlittenfahrt, auf welcher sie dem Dichter »fast lächelnd« von ihrem Leidensweg erzählte, und Monate später schrieb er ihr seinen ersten, tief beeindruckten Brief. Daraus entwickelte sich eine »amitié amoureuse«, eine schwebend eroti-

Neubeuern mit Schloß

sche, tiefe Verbundenheit, der wir den vielleicht schönsten und aufschlußreichsten von Hofmannsthals zahlreichen Briefwechseln verdanken. Es ist mit großer Sicherheit niemals zu einer veritablen physischen Liebesbeziehung zwischen den beiden, einander ihr Lebtag siezenden, höchst zartfühlenden Ausnahmemenschen gekommen – Hofmannsthal war verheiratet und Ottonie von Degenfeld ihren Erinnerungen verhaftet –, obwohl sie durchaus ihre Heimlichkeiten miteinander hatten und ersehnte reale Begegnungen immer wieder geschickt an den Konventionen vorbei arrangierten. Aber da ging es dann höchstens um den ganz nahen »Duft des Haares« und um kleine Füßchen, die auf einer gemeinsamen Zugfahrt sorgsam in eine Decke gewickelt wurden; es ist immer nur vorsichtig die Rede von »sehr liebhaben« und nie von Leidenschaft, tastender von des Dichters Seite aus, denn es ist zwischen den Zeilen dieser Korrespondenz nicht zu überlesen, daß er an diese Gräfin sehr wohl sein Herz verloren hatte (»dieses maßlose Hinüberlehnen«), während sie eher auf Distanz blieb (»wenn ich ganz grausam ehrlich bin, ich habe ihn maßlos gern, aber ich liebe ihn nicht«).

Es gab also wohl keinen Grund für die Neubeurer Schloßherrin Julie von Wendelstadt, ständig als Patronne der guten Sitten hinter den beiden her zu sein, ins »Blaue Zimmer« zu platzen, wenn Gräfin und Dichter ihre empfindungsvollen Tete-à-tetes hatten, worüber sich Hofmannsthal im Briefwechsel immer wieder bitter beklagt: »All diese Sachen sind doch auf Nuancen gestellt!« Eher möchte man heute mutmaßen, daß da Eifersucht der zehn Jahre Älteren auf die junge Verwandte im Spiel war, die, finanziell von ihr abhängig, auf dem nahen Gut Hinterhör ihren Lebensraum gefunden hatte. Eifersucht auf die grenzenlose Gunst, die »das thüringische Fräulein« Ottonie, zwar charmant, witzig und sensibel, aber, ganz ehrlich und unprätentiös, auch etwas unbedarft, bei dem immer berühmter werdenden Dichter genoß. Am Anfang stand das Helfenwollen, mit dem Hofmannsthal seine Faszination vielleicht sublimierte, vielleicht vor sich selbst verbarg. An der lebensverzagten jungen Witwe mußte ein großes pädagogisches Aufbauwerk getan werden. Hofmannsthal, der festen Überzeugung, daß Bildung und Literatur wortwörtlich gesundheits- und lebensfreudeförderlich seien, stellte für Ottonie von Degenfeld einen Kanon der unbedingt nötigen Lektüre zusammen, schickte ihr zum Zwecke der inneren Genesung eine recht strenge Leseliste ins einsame Gut Hinterhör: Milton und mindestens zwanzig Bände Balzac, Shakespeare und Hippolyte Taine, Gottfried Keller und Adalbert Stifter, dazu jede Menge Biographien großer Männer und Historisches über die napoleonische Ära sollte sie sich geistesnährend einverleiben – kein Wunder, daß sie dieses ambitionierte Kompendium gleich zweimal versehentlich auf Nimmerwiedersehen verräumte und Hofmannsthal beschämt um Neuausfertigung bitten mußte. Doch dann geriet sie tatsächlich brav ins Lesen, zumal ihr der Dichter ständig wunderschön in farbiges Leder gebundene, persönliche Ausgaben nach Hinterhör zusandte (»So kann man doch nicht forttun, immer die teuren Bücher mir schenken«), und kommentierte die Lektüre sehr erfrischend. Zum Beispiel Stifter: »Besonders auf moralischem Gebiet bin ich oft ganz paff, welches Entsetzen nur die kleinste Flirtation hervorruft. Schon die Lust einer jungen Frau, sich etwas eleganter anzuziehen, ist frevelhaft!« Ottonie von Degenfelds Charakterzüge, so wissen die Exegeten, sind eindeutig in die Figur der Marschallin im »Rosenkavalier« eingeflossen, ohne sie sähe die Helene Altenwyl im »Schwierigen« anders aus, und die »Ariadne auf Naxos« ist fast vollständig nach ihrer Person und ihrem Schicksal gestaltet.

Aus diesem bald hundert Jahre alten Briefwechsel steigt dem Leser der Duft einer ganzen Ära in die Nase. Es sind nicht nur die Neubeurer und Hinterhörer bayerischen Jahreszeitenstimmungen, nicht nur die österreichischen Atmosphäreschilderungen aus Rodaun und Altaussee (die unsere Vorfreude auf diesen Ort, in ein paar Tagen werden wir dort sein, enorm anregen). Hofmannsthal schrieb an Ottonie aus Dresdner Hotels und vom Triumph der »Rosenkavalier«-Premiere, er schrieb vom Semmering und aus den böhmischen Schlössern anderer befreundeter Adeliger, er schrieb aus dem Pariser Luxusgetümmel und aus dem Berliner Kulturtreiben – allzeit hält er die adorierte kleine Gräfin in Hinterhör auf dem laufenden. Im Lauf der Jahre verändert sich die Wertigkeit gehörig, immer mehr verkehrt sich das Verhältnis von »nurse« zu »baby«, wie die beiden ihre Beziehung manchmal scherzhaft qualifizierten, ins Gegenteil. In den späteren Jahren sind es öfters Ottonie von Degenfelds Freundlichkeit und Direktheit, ihr Mutterwitz und ihre Normalität, die Hofmannsthal aus schwersten Niedergeschlagenheiten aufzuhelfen versuchen. »Ottonie, die ist unglaublich nett! So etwas Liebes, Gutes und Freudemachendes. Mit der möchte man gleich ein Jahr allein auf einer wüsten Insel leben und sich nur von Möveneiern nähren«, hatte er in frühen Jahren einmal über die Freundin geschrieben. – Im Juli 1929 erhält Ottonie von Degenfeld ein Telegramm von Hofmannsthal, das sie sofort nach Wien-Rodaun ruft. Der älteste Sohn des Dichters, Franzl, hat sich in seinem Zimmer erschossen. Viele Freunde des Dichters sind zur Beisetzung auf dem Friedhof versammelt, doch Hofmannsthal erscheint nicht. Als er sich zur Beerdigung seines Sohnes ankleiden wollte, hatte ihn ein tödlicher Schlaganfall getroffen. Die Trauergemeinde, auch Ottonie von Degenfeld, blieb in Wien versammelt und begrub zwei Tage später auch Hugo von

Hofmannsthal. Die Gräfin hat nie mehr geheiratet und verbrachte ihr ganzes Leben auf Gut Hinterhör bei Altenbeuern, wo sie 1970 hochbetagt starb. In der Nazizeit diente das Gut manchen Mißliebigen als unauffällige Zuflucht, und im Jahre 1948 fand dort die vierte Tagung der Gruppe 47 statt. Das alleingelegene Gehöft, wo Hofmannsthal oft zu langen, ruhigen Schreibphasen zu Gast war und das man von der Altenbeurer Kirche in östlicher Richtung erreicht, ist heute nicht mehr in Familienbesitz und macht aus der Entfernung keinen sonderlich gepflegten Eindruck. Die therapeutisch belehrende Bibliothek des Dichters für die Gräfin, aufs kostbarste in rotes, blaues, braunes Leder gebunden und auf den Rückseiten mit der Federschrift des Dichters »Ottonie Gräfin von Degenfeld-Schonburg« beschriftet, befindet sich zum Glück in bester Obhut: im Nußdorfer Haus von Marie-Thérèse Miller-Degenfeld, der gräflichen Tochter, heute auch eine sehr alte Dame: in den Hinterhörer blaßblauen Bücherregalen, links der Weltliteraturkanon, rechts Hofmannsthals eigene Werke. Und wir betrachten die beiden, sehr apart aussehenden, noch jungen Leute auf dem Briefband, den diese Tochter herausgegeben hat, und fragen uns, ob das *kein* Liebesbrief ist, an eine »entzückende Freundin«: »... die kann ich diesmal sehen, so deutlich, hab sie nicht verloren, seh sie laufen und stehen, müd werden, sich lehnen, aufspringen, wild herumfahren, hab sie lieb, mit Angst und Freude, mit Lachen und mit ernsten Blicken, wunschlos und mit ein bißl Wünschen, aber immer *leicht*, was nicht leicht ist, tut ihr weh. Hab sie halt schon sehr lieb, die. Gute Nacht H.«

VOM SAMERBERG ZUM INSELSEE – IM WESTLICHEN CHIEMGAU

Von Altenbeuern hinauf auf den Samerberg gerät man aus den Sphären zarter Empfindungen wieder mehr ins kernig Altbayerische. Was nicht heißt, daß es auf dem Samerberg, der eigentlich eher ein hufeisenförmig von Bergen gefaßtes Hochtal ist, nicht erlesen schön wäre. Der Samerberg war für mich vor vielen Jahren eine Liebe auf den ersten Blick, seit einem

Spätsommertag um 1970, als wir die Mutter eines Freundes auf dem alten Hof Laberg besuchten, die dort traditionell ihre alljährliche Sommerfrische verbrachte. Damals hielt sich mein Interesse an den heimischen Gefilden noch sehr in Grenzen, und ich wußte gar nicht, daß es dieses kanzelartige Terrassenland, vielfältig grasgrün gemuldet und gebuckelt, von anmutigen Siedlungen und Einöden durchsetzt, vor dem Hochgebirge überhaupt gab. Seitdem hat es mich immer wieder dort hinauf gezogen, und auch wenn die Hauptorte Törwang und Grainbach selbstredend verbauter sind als vor drei Dezennien, wenn mancher Einödhof baumarktmodern angespeckt hat, so ist es für mich doch immer noch eine oberbayerische Inbegriffslandschaft: Als säße man dort auf dem behaglichen, gefältelten Rockschoß einer großen Erdmama und hätte von ihren breiten Schenkeln aber hinreichend Ausguck ins Weite, Offene, Freie. Auf der Kanzel von Obereck zum Beispiel, zu der wir über Pinswang, Sachsenkam, Laberg und Steinkirchen gelangt sind, und nun auf einer der verwitterten Bänke unter der Luitpoldeiche, neben der Vierzehn-Nothelfer-Kapelle, sitzen: Mit endlosem Fernblick nordwärts ins Hügelland, das Inntal und die Stadt Rosenheim liegen unten im Dunst, die Simssee- und Chiemseespiegel, geformt wie auf der Landkarte, ein Stück östlich und im Rücken die heimelige Muldung der Samerberg-Halbhöhe, die Gipfel, Hochries, Karkopf, Heuberg, Dandlberg, als schützende Wände drumherum. Daß die Kirchtürme, die so malerisch in dieses Landschaftsrelief plaziert sind, als hätte da eine genau zielende Hand aus den Wolken hingelangt, keine Zwiebeln, sondern gotische Satteldächer tragen, macht den Samerberg nur unverwechselbarer. Die Bewohner dieser wenig ertragreichen Hochlagen waren zu arm für aufwendige Barockisierung, so daß sich in den Kirchen noch manches spätmittelalterliche Kunstwerk bewahrt hat. So auf einem Relief in Roßholzen eine gleichermaßen krasse wie gleichmütige Darstellung des Martyriums von St. Bartholomäus, dem lebendigen Leibes die Haut abgepellt wird – einer der Folterknechte hält das Messer quer zwischen die Zähne geklemmt und zieht größere Lappen im Brustbereich ab, ein anderer säbelt gerade am Bein herum, der Heilige lächelt mild. In der sehr uneinheitlichen Kirche von Törwang findet sich am rechten Seitenaltar ein erstaunliches Kreuzigungstafelgemälde mit einem wilden Gedrängel und Gerempel schrill kostümierter spätgotischer Typen, nicht mal der anachronistische Goldgrund sorgt auf diesem Wimmelbild für Ruhe. Steinkirchen ist das schönstgelegene der Samerberger Gotteshäuser, steil auf einem Kegel, mit Linde anbei und weitem Rundblick – der Thalerhof etwas unterhalb zwischen Obstgärten und Kuhwiesen, ein schöner, alter Natursteinhof mit biologischer Bewirtschaftung und angenehm eingerichteten Ferienwohnungen wäre ein Sommerfrischequartier unserer Wahl fürs längere Bleiben. Nicht das einzige – die Einzelhoflandschaft des Samerbergs ist reich an reizvollen bäuerlichen Unterkünften, bis ganz hinter zum »Duftbräu« im Talschluß, schon fast an der Tiroler Grenze. Die Region bemüht sich sehr um einen maßvollen, landschaftsverträglichen Tourismus und hat mit ihren Quell- und Kräuterwiesen, Filzen und frei stehenden Eichen, ihrer reichhaltigen Flora und

Grainbach am Samerberg

Kleintierwelt auch einige schützenswerte Natur aufzuweisen. In den Jahren um die Jahrhundertwende arbeiteten am Samerberg eine Reihe von heute ziemlich vergessenen Jugendstilkünstlern: Hans Roßmann, Karl Müller oder Rudolf Sieck hießen sie, waren damals als Repräsentanten eines »Heimat«-Jugendstils viel beschäftigt bei der *Jugend* und beim *Simplizissimus*, und an ihre Namen sei erinnert, weil ihr Art der graphisch-flächig stilisierten Landschaftsdarstellung, reduziert à la japonaise, so gar nicht deftig-bajuwarisch, unseren heutigen Geschmack aufs dekorativste befriedigt – nur findet man leider kaum noch Abbildungen.

Ich trenne mich nicht gern vom Samerberg, aber muß nun doch hinunter nach Frasdorf kurven und damit allmählich in den touristischen und wohllebigen »Voll«-Chiemgau, der, ich gestehe es gleich eingangs, nicht zu meinen ausgesprochenen Lieblings- und Gemütslandschaften gehört. In Aschau zum Beispiel werde ich immer ganz ratlos. Was soll das sein? München-Grünwald oder Starnbergs Villenquartiere, hundert Kilometer nach Osten ausgelagert? Es ballen sich hier, rund um den Gastrotempel der vielbesternten Winkler'schen »Residenz« noch eine Menge anderer Residenzen, aufgeschnaaster Villen und kostspielig verfeinerter Bauernpalazzos. Der Ort sieht nach schnellen Autos, viel Geld und vielen Alarmanlagen aus, Tegernsee oder teurer Vorort; es leben hier ja auch folgerichtig etliche TV-Zelebritäten, und Gunter Sachs feiert in Aschau seine runden Geburtstage. Das Chiemsee-Umland gehört zu den bevorzugten Großkopfeten-Adressen – einerseits. Andererseits ist es seit Jahrzehnten Zielgebiet eines standardisierten Pauschaltourismus, der seine Hauptorte zu Großdomänen des Baumarkt- und Gartencenterstils hat entgleisen lassen. Die Vollnutz-Tourismuslandschaft des Chiemgau läßt mich leider gerne Weißblau in seinen marternden Spielarten assoziieren: trübselige Alpenkolorit-Fernsehserien, dämliche Wolpertinger- und Schnupftabak-Scherzhaftigkeiten, das TV-Quiz »Bayern-Kini«, Mode im Landhausstil, die Volksmusik-Zombies »Marianne & Michael«, wenn sie auf einem Schneekanonen-Hang herumwackeln und »Komm in die Berg, Berg, Berg« knödeln.

Versuchen wir, uns ein wenig seitlich vorbeizudrücken, nordwestlich und dann östlich am Chiemgauer Urlaubsgedränge, wobei uns dann auch Juwelen wie die Streichenkapelle bei Schleching und das sehr hübsche Dorf Sachrang entgehen, beides eigentlich unverzichtbar. Von Frasdorf fahren wir unter der Salzburger Autobahn nördlich hindurch in Richtung Wildenwart. Sehr lohnend wäre das Sträßchen über Umratshausen nach Hittenkirchen hinüber, denn oberhalb dieses Dorfes eröffnet sich ganz plötzlich ein wahrlich atemberaubender Blick über die ganze weite Chiemseefläche, als stürze das Moränenland hier direkt ins Bayerische Meer. Aber dann würde uns die alleingelegene Wallfahrtskirche St. Florian entgehen, die ihrerseits samt einer kükenhaften Brunnenkapelle sehr prächtig im grünen Gehügel liegt, mit den Zacken der Kampenwand effektvoll dahinter aufgebaut. Hier ist es meist ruhig und leer, und schon sind wir wieder versöhnt: Ist doch wohl halb so schlimm mit dem Remmidemmi, wenn eine allzu berühmte Gegend sich immer noch so ein *Hinterland* bewahrt... St. Florians bedeutenden Schnitzaltar kann man meist nur durch ein geschlossenes Gitter betrachten, was wieder mal die Nützlichkeit eines kleinen Opernglases in der Umhängetasche beweist. So können wir uns das filigrane rotgoldene Rankenwerk der Baldachine heranzoomen, unter dem nett lächelnd Anna Selbdritt steht, Jesus und Maria jeweils winzig auf einer Hand balancierend. Können festellen, daß das Wasserschaff dieses eleganten Florian für ländliche Scheunenbrände arg klein geraten ist, und uns fragen, was der große goldene Greifvogel über dem ans rettende Ufer getriebenen Heiligen wohl für eine Rolle spielte. Unsichtbar bleiben uns die Tafeln der Rückseiten, von denen wir glauben müssen, daß sie in bester Donauschulmanier gemalt sind. Gern würden wir in dieser überaus lieblichen Landschaft noch einen kleinen Spaziergang machen – westwärts und Chiemsee-abgewandt wird es immer einsamer –, eine kurze Runde über Niesberg und Greimelberg oder über die Senke hinauf nach Pfifferloh –, aber nun schauen wir doch immer öfter auf die Uhr, denn um unser Nachtquartier zu erreichen, müssen wir das letzte Schiff erwischen. Geht es sich noch aus, auf gut österreichisch ge-

Die Streichenkapelle

fragt, in der Abendsonne auf die Ratzinger Höh' hinaufzufahren? Es geht sich aus, wenn wir, ungern, aufs Abendessen in der »Schloßwirtschaft Wildenwart« verzichten, einer der uns angenehmsten Chiemgauer Einkehren, mit einer unprätentiösen altmodischen Täfelstube und solider bayerischer Küche. Eine noch schönere alte Wirtsstube, einen behäbigen Saal mit Riesentischen, Bänken, Kachelofen und Gitterfenstern hat sich allerdings der »Hirzinger« westwärts in Söllhuben erhalten, aber wenn wir dort brotzeiten wollen, verpassen wir unseren Dampfer garantiert. Schloß Wildenwart, gelbweiß verputzt, mit grünen Läden und Schindelzwiebeln, ist fürs Volk ohnehin *off limits*. Darinnen residiert noch immer der Urenkel des letzten Wittelsbacher-Königs Ludwig III., was die nachhaltige Unwirksamkeit der Münchner Räterepublik vor Augen führt, denn vor der roten Volksbewegung war Ludwig III. seinerzeit nach Wildenwart geflohen. Der königlich-bayerische Reißaus muß eine recht groteske Unternehmung gewesen sein, bei der die Prinzessinnen Gundelinde und Helmtrud ihr

Automobil in den Graben setzten und sich mit Wolltüchern und Bauerngewand zu Fuß durchschlugen, bei der man im ländlichen Exil alsbald »Spitzenkragerl und Hemdknöpferl« vermißte und aus der Residenz nachliefern ließ. Abgedankt hat der Monarch, der trotz seines liebenswürdigen Spitznamens »Millibauer« beim Volk keineswegs besonders beliebt war, amtlich nie, und Wildenwart ist wittelsbachisch bis heute. Die Chiemgauer Heimatschriftstellerin Franziska Hager hat die Wildenwarter Kontaktnahme zwischen Volk und hohen Herrschaften zu Jahrhundertwendezeiten mit einiger Ironie beschrieben: Veteranenfeste, Schützenfeiern, Kinderfeste wurden das ganze Jahr über sorgfältig gesammelt, damit man im Sommer dann »als Programmnummer und Sehenswürdigkeit für die erlauchten Gäste« glänzen konnte. Die vorzustellenden Landhonoratioren pflegten sich für die monarchische Sippschaft »in schnurgerader Feuerlinie« aufzustellen, »glänzende Blicke und ersterbende Kratzfüße. Wenn eine Hoheit mit einem Herren sprach, dann horchte sein Nebenmann mit schiefgehaltenem Kopf mit, daß er gleich weiß, was er sagen muß, wenn er drankommt… ›Der Sßullehrer hat auch neun Kinder‹, sagt die Erzherzogin, die das ›sch‹ nicht aussprechen kann, ›das ist aber sßön.‹« Die Lehrerstochter findet das unbegreiflich, »denn mir waren unsere neun

Schloßwirtschaft Wildenwart mit Fuhrpark

Kinder immer ein wahres Ärgernis.« – Und auch wenn heute die Flügel der Schloßfenster weit offenstehen, so ist da immer noch ein recht symbolischer tiefer Graben zwischen Domäne und Dorf, und das »Betreten verboten«-Schild vor der Brücke trennt die Sphären säuberlich.

Wir fahren also in der späten Sonne noch hinauf nach Ratzing, gewunden über Atzing, Mupferting und Zacking, und dann links und wieder rechts an Haimling und Hitzing vorbei auf die Anhöhe. Das letzte Belvedere dieses an Fernblicken reichen Tages, und wenn es einen irdischen bayerischen Himmel gibt, dann ist er vielleicht genau hier. Man läßt das Auto stehen und wandert zu Fuß die Wiesenränder und -wege entlang. In alle Richtungen geht der Blick ins Weite: südwärts den Chiemgauer Alpengipfeln zu, nach Nordwesten zum Simssee und endlos ins flach gestaffelte, fern verschwimmende Hügelland hinaus. Im Osten unten liegt der große See, und als sei das noch nicht genug, macht sich auch am Himmel eine prunkende, bewegte Farbigkeit breit. Wir bedauern es nun etwas, daß wir uns nicht auf dem freundlichen Heißenhof hier oben in Ratzing, bei Frau Hildegard Mayer, ein Zimmer bestellt haben, aber wir haben für die Nacht nun mal eine ganz andere Umgebung vor. Also geradewegs über Greimharting hinunter, mit ständigen weiten Seeblicken, durch das wuchernde Zentrum Prien mit Scheuklappen hindurch, zum Großparkplatz am Schiffsanleger in Stock. Und da liegt es schon bereit, das fast menschenleere Abendschiff zur Herreninsel hinüber. Und als wir mit unserer Reisetasche auf dem Wasser sind, kommt uns ein vollgestopfter Ausflugsdampfer entgegen, was bedeutet, daß die königliche Insel nunmehr weitgehend entleert sein wird. Es ist schon ziemlich dämmerig, als wir die steilen Stufen zum Schloßhotel hochsteigen und an der Rezeption dem vom üblichen wilden Tagestouristengeschäft langsam durchatmenden Wirt Herrn Huber mitteilen können, daß wir reserviert haben, eine Nacht, und fast Vollmond haben wir auch noch, auf Herrenchiemsee.

Blick auf den Chiemsee

MONDLICHT AUF DER HERRENINSEL

Das Quartier ist im ehemaligen Seminargebäude des Klosters untergebracht, einem Querriegelbau von 1737 zum Geviert des »Alten Schlosses«, und ganz genau wie von Wilhelm Trübner und vielen anderen Chiemseer Sommermalern des 19. Jahrhunderts gemalt, liegt es auch heute noch hoch überm Anleger, unter Bäumen, die mindestens so alt sind. Nur hatte Herrenchiemsee zwischenzeitlich noch einen anderen Nutzer, der jährlich an die 700000 Besucher auf die Insel fegt und in endlosen Pulks dem »Neuen Schloß« zutreibt, des Märchenkönigs unvollendeter Versailles-Doppelung. Diese Massenattraktion hat auf dem uralten Klostereiland Herrenwörth Bedingungen geschaffen, die einen Einheimischen in der Regel eher fernhalten: Einmal im Leben Spiegelsaal, Tischleindeckdich und Chambre de Parade inmitten australischer und taiwanesischer Package-Touristen zur Kennnis genommen zu haben, reicht einem eigentlich für immer. Dennoch hat sich da eine vage Erinnerung bewahrt an eine halb englische, halb wildwuchernde Parklandschaft, weitläufig gedehnt und von bleichem

Röhricht umsäumt inmitten des großen Wassers, an vergessene, bröckelnde Barockbauten, an Hainbuchenboskette und schwermütige Lindenalleen – an eine spätzeitliche, verhangene Rilke-Melancholie, wie sie in Altbayerns Landschaften selten ist. Dann las man irgendwann noch einen Tagebucheintrag Thomas Manns vom 7. September 1919: Ein »glänzend begünstigter Aufenthalt dort in dem angenehmen Schloßhotel« mit »den Meinen«, für »18 M pro Person und Tag« wird zu diesem Datum verzeichnet. Und passenderweise entdeckte man auch einen Brief von Rilke aus dem gleichen Etablissement, an Aline Gräfin Dietrichstein: »Damit habe ich Ihnen nun gleich die schöne Terrasse genannt, die vor dem sogenannten Alten Schloß, der früheren Augustinerabtei, mit leichtem Schwung, wirklich wie ein hängender Garten eingerichtet ist, drei Wege, der Front des Schlosses parallel, der am Schloß entlang, etwas, eine Spur nur, höher angelegt, dazwischen Rasenplätze und hellstehende Platanen, das ganze gegen den Lindenplatz, der jetzt Restaurationsgarten ist, durch eine dichte Buchenkurtine abgeschlossen, so daß man durch sie wie in einen lichten Saal unter die Platanen tritt, keine Farbe als helles Grün und die grau und gelblich gefleckten Platanenstämme, nur am Rande des Schlosses ein Begonienband vor einer Reihe höherer Fuchsien: so haben Sie die Terrasse, von deren äußerstem Wege aus, über ein unter ihr gelegenes Wiesenland hin, man den See überschaut, und in ihm die beiden Eilande … medaillonhaft wehmütig enthalten sie sich selbst, diese beiden Inselovale …«

Und wundersamerweise ist fast alles noch da wie 1917, wenn man an einem Frühsommerabend über achtzig Jahre später aus dem Inselhotel tritt: die Platanenterrassen, das Karrée des Alten Schlosses, der lindenbestandene Gastgarten, jetzt menschenleer, der Blick über den Inselsee zum Weitsee hinaus über die Wiesensenke hin. Und auch das Hotel im Seminargebäude hat sich eine unrenovierte, wohltuende Gestrigkeit bewahrt. Knarzetreppen und dunkle Gänge, die Wände behängt mit Vergilbtem in alten Rahmen, Stiche von riesigen Fischen, massige Weißwäscheschränke; die Zimmer hoch und altmodisch möbliert, mit Doppeltüren und stauraumreichen Antichambres, steilen Nachtkastln und betagten Fauteuils, dreiteiligen

Spiegeltoiletten und hochlehnigen Paradebetten – und in den Ostzimmern der Schmalseite mit einem wunderbaren Blick auf die »Medaillons« von Krautinsel und Frauenwörth. Das Schloßhotel, seit drei Generationen von der Priener Familie Huber bewirtschaftet, ist keine Nobelburg für die üblichen Sterne- oder Hauben-Komfort-Auflistungen. Dazu ist sein Glanz entschieden zu patiniert, und außerdem muß es in einem betriebswirtschaftlichen Balanceakt nicht nur ein paar individualistische Übernachtungsgäste betreuen, sondern vor allem das Anbranden Tausender von Ludwig-Tagestouristen auffangen. Die werden von 9 bis 19 Uhr in schwallartigen Schüben durch den Mittelgang des alten Hauses kanalisiert, ballen sich vorm dortigen Souvenirstand, verstopfen tagsüber recht ohrenbetäubend Biergarten und Restauranträume, und man hält es nicht für möglich, welch gepflegte Ruhe, welcher Stimmungswechsel dann am Abend eintritt.

Der Speisesaal mit seinen gepolsterten Lehnstühlen, Kronleuchter, Kachelofen, Familienporträts ist leer, auch der getäfelte Kaminsalon; die paar Hausgäste haben sich im verandaartigen Nebensaal mit den großen, verstrebten Schiebefenstern verteilt, vor denen kleine Messinglämpchen auf den Schleiflackfensterbänken das Nachtblau draußen nur vertiefen. Zwei gediegen elegante jüngere Herren an einem Fenstertisch, eine Freundinnengruppe mittleren Alters und wir, das ist schon alles. Es gibt anständige Küche und einen sehr guten Bocksbeutel, und der Wirt Hans Huber nimmt sich ein wenig Zeit, uns das alte Gästebuch zu zeigen, vollgepinselt mit originellen Aquarellen und weniger origineller schönschriftlicher Gelegenheitslyrik. Es ist erst kurz nach Thomas Manns und Rilkes Besuchen begonnen worden, aber Erika Mann taucht auf, zusammen mit Charles Lindbergh und Richard Strauß. Knut Hamsun und Hans Albers haben signiert, und auch Rumänienkönige, venezolanische Präsidenten und indische Maharadschas waren sich nicht zu fein fürs Herrenwörther Inselhotel. Adolf Hitler leider auch nicht, viermal war er da, weiß Herr Huber, »hat da hinten hinter der Glastür gesessen und Schokolade getrunken, oder was weiß ich«. Angeblich hat er aber auch in einem Eckzimmer des Alten Schlosses, so hat es der Vater des jetzigen Wirts einmal erzählt, nach seiner Landsberger Festungshaft von einer Fabrikantenfamilie die Kleinigkeit von vier Millionen Reichsmark überreicht bekommen, für den Wiederaufbau der NSdAP. – 1948 dann kam das Schloßhotel zu demokratischen historischen Ehren. Im Sommer dieses Trümmerjahres, die Währungsreform war soeben getätigt, fanden sich elf unbescholtene, ältere Herren ein, begleitet von Priener Gendarmerie, Journalisten und zwei Geheimpolizisten. Es waren Staatsrechtler, Professoren. Politiker, Carlo Schmid und Otto Suhr die namhaftesten, die sich ich in die Inselruhe zum »Verfassungskonvent« zurückgezogen hatten, aus dem letztlich das Grundgesetz der Bundesrepublik Deutschland hervorging. In Zimmer Sieben, Altes Schloß, wurden also die Fundamente unserer Demokratie gelegt; heute hat man hier mit einem multimedialen Museum einen zeitgeschichtlichen Lernort installiert. Man würde sich die Grundgesetzwerdung ja gern so vorstellen, daß da Carlo Schmid und ein bayerischer Staatssekretär unter Ulmen wandelten und debattierten: Wie sagen wir's? Die Würde des Menschen ist un… angreifbar? Unverletzlich? Unantastbar? Ganz so war's nicht. Präambel und endgültiger Texte entstanden später, fußten aber entscheidend auf dem 300seitigen Konvolut des Herrenchiemseer Konvents. Dieser ließ in den schlechten Zeiten auch seine Lieben von der Zusammenkunft profitieren: Bis zu acht Familienglieder

Die Herreninsel 1907

hatte mancher Tagungsteilnehmer im Schlepptau, und abends wurde man gemessen fröhlich. Als keiner von den Journalisten Mundharmonika oder Klavier spielen konnte, begnügte man sich mit dem gemeinsamen Singen vielstimmiger Kanons und unvergänglicher deutscher Volkslieder.

Der Mond ist aufgegangen, als wir noch mal ein Stück in die nächtliche Insellandschaft hinauswandern. Es liegt die unvermeidliche flirrende Silberbahn über dem weiten Wasser hinterm Schilfgürtel, und es wäre fast unerträglich romantisch, jetzt über zwei, drei Stunden im Mondlicht die Insel zu erkunden, über die weißleuchtenden Parkwege (»es zieht ein Mondenschatten ...«) zu schlendern, ins knackende Dunkel der Waldparkwildnis einzutauchen und dann irgendwann auf die majestätischen Sichtachsen Ludwigs II. vom Neuen Schloß zu den plätschernden Gestaden zu stoßen. Wenn Ludwig Herrenchiemsee besuchte, selten genug, fünfmal höchstens hat er sich in dem niemals fertig gewordenen Palastspektakel aufgehalten, kam er jedenfalls immer nachts. Wir dürfen aber nicht glauben, daß wir mit unseren sentimentalischen Inselempfindungen auf des Märchenkönigs Spuren wandeln. Er hat die traumschöne Insel Herrenchiemsee, die ganze Chiemgauer Seenlandschaft nicht ausstehen können, fand sie »geradezu unangenehm« und nur »durch die Kunst zu verbessern« und preschte stets in einer Kutsche mit verhängten Fenstern bis vor die Pforten seiner delirierenden Fantasywelt.

Wir aber fürchten uns jetzt doch ein wenig in der Knisterwildnis des tiefen Baumschattens und des unübersichtlichen Unterholzes und kehren mondbeschienen auf die Schloßhotelanhöhe zurück. Vor Sonnenaufgang, im graurosigen Perlmuttdunst des frühen Lichts, ist Herrenchiemsee nicht weniger schön. Es ist ohnehin die beste Zeit für einigermaßen ernsthaftes Zufußgehen, und nun zockeln wir lange herum, auf manchmal sumpfigen Wegen und über umgestürzte Bäume hinweg, atmen den Wassergeruch des noch leicht vernebelten Sees ein, hören die ersten Glockenklänge von Frauenwörths achteckigem Campanile herübertönen, blicken hinauf in die Baumwipfel sehr alter Buchen, Linden, Eichen, Douglasien, betrachten einen fütternden Specht, einen Kleiber kopfüber auf eilfertigem

Vertikalweg, Eichhörnchen und etliche Rotkehlchen im Gezweig. Die doppelreihige, schnurgerade Lindenallee zum Marmorhof des Ludwig-Schlosses, seiner fast kahlen Rückansicht, hat um diese Stunde etwas sehr Einsames, Schwermütiges, und im Gezwitscher und Gehüpfe, der Lebendigkeit des dichten Laubmischwaldes ist es uns wohler. An der Südostspitze der Insel, »Paulsruhe« heißt dieser Ort, reißt auf einmal der Schilfgürtel ab, und wir könnten von einer Holzbank und einem alten Baumstamm am sandigen Ufer aus bequem in die Weiten den Chiemsees hineinwaten. Was uns natürlich wieder an den Unglückskönig denken läßt, der selbiges 1886 endgültig an einem anderen See tat. Ewig zieht sich das hügelige, dichtbewachsene Südufer der Insel hin, in großer Ferne hört man den Pendlerverkehr auf der Autobahn in die Hauptstadt rauschen, und wir kraxeln schließlich weglos einen Steilhang empor, an Wurzeln festgeklammert, und landen querfeldein, einige Nesseln und Zweiglein im Haar, doch noch vor der Prunkfassade des Neuen Schlosses. Mutterseelenallein sind wir, alles ist noch dicht. Ach, welche Melancholie. Das abblät-

Das Bad in Schloß Herrenchiemsee

ternde Gelbbraun dieses Ein-Mann-Versailles, die schwere Schwärzlichkeit der aufgetürmten, überdimensionierten Brunnenfiguren aus Bleiguß, die kasernenhafte Öde dieser abgezirkelten Gartenparterres, der versumpfte Kanal hinter dem schmalen »Tapis Vert«, das leere, bemooste Apollobassin dazwischen. Nichts war fertig, als dem König 1885 der Geldhahn zugedreht wurde, die Kgl. Kabinettskasse restlos erschöpft war. Aber gerade das Fragmentarische der ganzen Unternehmung, der Übergang von höchst zugespitzter imperialer Kulturanstrengung in doch nicht zu bändigende, unübersichtliche Wildnis und Naturlandschaft – das macht heute Herrenchiemsees Zauber aus. 1873 hatte der König die Insel zunächst gekauft, um ihren alten Wald vor dem Kahlschlag zu retten, den ein württembergisches Holzhändler-Konsortium plante. Dann wurden für seine französischen Gartenanlagen natürlich doch eine Menge Bäume gefällt, aber die komplette feudale Durchstrukturierung blieb ihm dennoch versagt, überall wuchert das Unterholz bis unmittelbar an die abgezirkelten Gartenarchitekturen. Wildnis um das Schloß, Wildnis *im* Schloß, denn die paar ultimativ überladenen Prunkräume sind ja »eingebettet in ungeheure Höhlen aus Rohmauerwerk«. Eine Vorstellung für genüßliche Gänsehaut, daß gleich hinter den Seidentapeten und Stuckmarmorsäulen der vielbestaunten Schaugemächer vielleicht die Käuze nisten, die Fledermäuse mit den Flügeln schlagen, die Ratten und Mäuse über Staub und Schutt hasten. Aber da wird schon die Bayerische Schlösserverwaltung mit ihrem Kastellan für Ordnung sorgen, der natürlich auch diese ganze Grottenhaftigkeit inspiziert und im offenbar endlosen Schloßfundus weniger präsentabler Objekte unter anderem auch Gebißabdrücke Ludwigs II. gefunden hat, aus der traurigen Spätzeit, als der schwer und massig gewordene Monarch nur noch ein paar Stummelzähne aufwies. Der große deutsche Lyriker Günter Eich, eine Zeitlang in Breitbrunn, gleich gegenüber auf dem Festland, beheimatet, hat dem sich chronisch verbergenden, isolierten König auf Herrenchiemsee ein Gedicht gewidmet:

... Ludwig wollte nicht, daß man ihn essen sah.
Zu unsichtbaren Kerkern gerinnt der Föhn,
wie leicht aber erklärte sich alles
aus den Wirbeln des fallenden Eschenblatts!

Vom Wald her beginnt der Regen,
der zur Tafel des Königs kommt,
vom Rohr her die Glocken der weidenden Kühe,
daß er die Ohren mit Wachs verstopft.
Hinter den Schlüssellöchern lachen die Diener.

Nein, wir werden nicht warten, bis das alles hier seine Drehkreuze und Registrierkassen öffnet und der seit 116 Jahren ununterbrochen, nur für ein paar Nachtstunden pausierende Menschandrang wieder rollt. Es ist ja schon eine Art höherer Unverfrorenheit, die hier passiert. Des Königs absoluter, absolutistischer Herzenswunsch wäre gewesen, seine »heiligen« Bauten lieber zu zerstören, als sie von Volkes Augen entweihen zu lassen.

Aber schon ein paar Wochen nach seinem Tod im Starnberger See öffnete man die Königsschlösser dem Publikum – und »Entweihung« ist eine schwächliche Bezeichnung dafür, was über diese maximal lukrativen bayerischen Baudenkmäler seither hereingebrochen ist. Lohnend ist es allerdings, gleich nach Schloßöffnung morgens um neun Uhr ins Neue Schloß zu schlüpfen und sich rechts in den Südtrakt hinüberzuschlagen: dort hat man das exzellente, sorgfältige, phantasievoll gestaltete und den Massentourismus wahrscheinlich überfordernde »König-Ludwig-Museum« eingerichtet, das nur ein Zehntel der Herrenchiemsee-Besichtiger aufsuchen. Hier ist, fernab von allem einfältigen »Kini«-Kult, das Leben und Wirken dieses wahrscheinlich absonderlichsten aller europäischen Monarchen sachlich und sehr anschaulich dokumentiert, vom winzigen Baumwoll-Taufkleidchen bis zur merkwürdig lächelnden Totenmaske. Man sieht seine ziselierten Zahnputzgläser und seine schwanenbestickten Brieftaschen, eigens für Wagner-Briefe, den gewaltigen blausilbernen, hermelinbesetzten St.-Georgs-Ritter-Mantel, den Ludwig auf einem berühmten Gemälde trug, ebenso im Original ausgebreitet wie die passenden Atlasschuhe und eine maschinengestrickte Seidenstrumpfhose. Es wird einem anhand dieser vielen Privatgegenstände merkwürdigerweise der ungeheuerliche Luxusverschleiß, den dieser König betrieb, bewußter als in den relativ sterilen Staatsräumen. Und andererseits ist man gerührt von der Zartgliedrigkeit der Hand, deren Abdruck man dem Toten abnahm, gerührt von einem Babyporträt mit Häubchen und Klapper, von dem kostbaren Osterei mit Hasenbild, das er seiner Mutter verehrte. Wunderbar sind die Modelle und farbigen Entwurfszeichnungen, auch für jene architektonischen Verstiegenheiten, die nie realisiert wurden: Burg Falkenstein, die alles Gebaute in den Schatten stellen sollte, das Sempersche Wagner-Opernhaus an der Isar, Pfauenthrone, chinesische Sommerpaläste, byzantinische Prunkbauten… Wie sehr all diese phantastischen Visionen aus der Kulissenwelt des Theaters stammten, wird einem bei den exquisiten Bühnenbildguckkästen klar: expressionistische Schiffsdeckarchitekturen für »Tristan«, übersteigerte »Lohengrin«-Burghöfe, »Tannhäuser«-Hallen,

König Ludwig im Hermelinmantel

Venusgrotten, Hundinghütten – eine überdrehte Traumwelt *en miniature*, die manchmal an ausgeflippte Hollywood-Fantasy-Austattung, manchmal sogar an die elaborierte Düsterwelt von Computerspielen erinnert.

Am meisten gefesselt hat mich die ausführliche Darstellung von Ludwigs völlig irrer Wintergartenwelt auf dem Dach der Münchner Residenz. Gleich oberhalb vom Hofgartentor – der Münchner kommt da ständig vorbei – befand sich ab 1871 eine riesige, freitragende Tonnenkonstruktion aus Eisen und Glas, 70 Meter lang, 20 Meter breit, gefüllt mit einer märchenhaften indischen Landschaft voller Palmen und Orchideen, mit einem echten Schwanensee im Kupferbecken, den der König im Nachen befuhr, mit Regenbogenmaschine, Tropfsteinhöhlen und Wasserfall, mit Indischem Königszelt und Maurischem Kiosk; Faust und Gretchen standen auch noch unter Bananenbäumen herum. Perspektivische Illusionsmalereien verlängerten die Treibhauswelt in eine künstliche Himalaja-Eisriesenszenerie auf der einen Seite, in einen Tausend-und-eine-Nacht-Orient gegenüber. Nichts, nichts war ausgelassen, und Ludwig war mit diesem Amalgam immerhin so zufrieden, daß er es, der Nachwelt zur Fassungslosigkeit, ausführlich dokumentieren ließ. Ein Stückchen dieser surrealen Unterglaswelt (nach seinem Tod wurde alles abgerissen) hat man im Herrenchiemseer Museum rekonstruiert, und schon das läßt einen nach Luft ringen.

Ins Freie! Zwischen die Pferdekoppeln und Obstbaumwiesen des bäuerlichen Teils der Insel, vorbei an verwitterten Stallungen und der traurigen Halbruine des ehemals stolzen »Inseldoms«. Und dann noch schnell an der Kreuzkapelle, wo das Schloßhotel einen privaten Badestrand unterhält, ein Stück in den weiten, kühlen See schwimmen, bevor nach neun Uhr die vollbeladenen Fähren aus Prien-Stock oder Gstadt anlegen. Das ist der Moment, in dem wir Abschied nehmen von unserem wunderbar merkwürdigen Abend-Nacht-Frühmorgen-Herrenchiemsee, der Tag soll den anderen gehören. Auf der kurzen Überfahrt zur Fraueninsel sieht man ein bißchen wehmütig die dunklen Wälder von Herrenwörth aus dem Schiffsheck kleiner werden und denkt sich, daß dies einer der eigenartigsten, elegischsten Plätze in bayerischen Landen ist und daß man wiederkommen will. Später, zu Hause, wird man sich dann zum ersten Mal im Leben mit einer Menge von Ludwig II.-Büchern eindecken; offenbar hat einen über den Genius loci von Herrenchiemsee der bislang geschmähte Mythos nun auch irgendwie erwischt. Und das nächste Mal wissen wir dann, wo des Königs kleine private Bahnstation stand, in der man »Heiße Chocolade« für ihn bereithielt, bevor er mit dem Fischer Westernacher in die Solitude übersetzte, wo er die Anlage einer Schwanengondelbahn plante, mit bengalischer Beleuchtung, die ihn in fünfzig Metern luftiger Höhe zum Schloß transportieren sollte, wo er die Pappfiguren in Louisquatorze-Kostümen in die Schloßfenster stellen ließ, die ihm statt der Mitmenschen Gesellschaft leisteten.

ZU DEN ALZSCHLEIFEN – IM NORDEN DES CHIEMSEES

Soll ich überhaupt aussteigen auf Frauenchiemsee? Des Kontrastes wegen? Da werde ich vermutlich ungerecht werden, denn wenn man sich gerade etwas in die Aura der Herreninsel verschaut hat, mit ihrer überraschenden Wildheit, ihren Möglichkeiten zu Vereinzelung und Sichverlieren, ihren Sonderlichkeiten und Verfallserscheinungen, dann läßt sich kaum ein größerer Gegensatz denken als die andere bewohnte Insel (auf der Krautinsel weiden nur Kühe) in diesem Binnensee. Dann kann einem die Fraueninsel als eine unerträglich putzige, wohlgeordnete, übersichtliche Spielzeugwelt vorkommen. Keine Rückzugsmöglichkeit, kein Stückchen Freiland, wo man nicht aus den blankgewienerten Fensterchen blumengeschmückter Häuschen beobachtet werden kann, alles klein-klein, dicht-dicht, nett und rammelvoll. Das ist wirklich unfair, denn zumal im Klosterbereich, rund um das uralte Münster und die karolingische Torhalle, ist es auf Frauenchiemsee nicht nur niedlich, sondern schön und würdevoll und getränkt von ernster, benediktinischer Vergangenheit. Aber es muß irgendwelche klaustrophoben Gründe dafür geben, daß ich mich auf der Fraueninsel *immer* zu früh am Landungssteg einfinde und mit einiger Dringlichkeit

Die Fraueninsel

aufs nächste Festlandsschiff warte. Sonderbar, diese Bedrängnis, denn um einen herum ist ja großes Wasser und weiter Himmel, aber in einem Zwanzig-Minuten-Spaziergang ist man um das Inselchen herum, hat sich ohnehin reichlich Zeit genommen, um die säuberlichen Privatgärten und Bootshäuser zu begucken, die Inseltöpferei Klampfleuthner und die Fischräucherei Lex, das Café Gini und das nonnengefertigte Marzipan im Klosterladen. Ist vielleicht in der Künstlerstube der »Linde« mit ihren Erinnerungen an die Malerkolonie des 19. Jahrhunderts eingekehrt oder in die historische Stube des »Inselwirt«. Man hat zum wiederholten Mal die Kopien der romanischen Fresken in der Torhalle betrachtet und die schmiedeeisernen Grabkreuze unterm ehrwürdigen Glockenturm und war zum wiederholten Mal etwas enttäuscht vom vollgeräumten Kircheninneren mit seinem Stilwirrwarr. Es ist alles durchaus Unikat, idyllisch, so prominent wie Rothenburg, und nach einer Stunde bin ich voller Ungeduld und habe genug davon. Zumal ich auch ein wenig überfüttert bin mit Fraueninsel-Fernsehfeatures aus allen Jahreszeiten, mit zahlreichen Reisefeuilletons übers Fischer-, Kloster-, Malerleben auf diesem Eiland, mit Erfahrungsberichten von Frauenchiemseer Einkehrtagen im Konvent... Es ist, als sei jeder Quadratzentimeter Inselboden umgewendet, archiviert und publiziert.

Erstaunlich, daß ein jüngerer Schriftsteller in einem unlängst veröffentlichten Erstlingsroman, Thomas Lang mit dem hochgelobten »Than«, sich etwas sehr Fraueninsel-Ähnliches, wenn auch verfremdet, als Schauplatz düsteren Geschehens gewählt hat. Da tritt das ganze Inselpersonal auf: die Pensionswirtin, die Töpferin, der Postbote, die Fischverkäuferin, der Maler, auch das Kloster, aber in einem beunruhigenden Außenseiterdrama, in dem es um Wahngebilde und Kindsmorde geht, in dem Wirklichkeit und bedrohliche Bewußtseinszustände schillernd verschwimmen – ein Alptraum, diese eisige Inselwelt, ein irritierend gutes Buch, aber nicht eben das, was sich das kleine Museum in der Torhalle neben die Kasse legen würde. Da war Erich Kästner schon ein besserer Werbeträger, der 1948 auf der Fraueninsel »Das doppelte Lottchen« schrieb und sich später für den alten Schwarzweißfilm, unvergeßlich für meine Kleinmädchengeneration, an einem Tisch mit Seeblick aufnehmen ließ und milde zu uns Kindern sprach. Das erzeugte damals vermutlich im ganzen trüben Nachkriegsdeutschland Sehnsucht nach dem unzerstörten oberbayerischen Idyll. Aber heute werde ich trotzdem nicht vom Schiff gehen, werde mich mit der Fraueninsel als hübschem Rilkeschen »Medaillon« auf Distanz begnügen und mich in Prien vom Inselsee verabschieden.

Es gehört für mich zu den Unerklärlichkeiten des Chiemgau, daß ich mich auf kaum irgendwelchen mitteleuropäischen Straßen so gehetzt fühle wie hier. Es wird überall auffällig gerast, von Prien über Rimsting nach Breitbrunn, von Breitbrunn nach Gstadt und Seebruck, von Breitbrunn nach Eggstätt oder Endorf. Tempo, Tempo, Drängeln, Überholen, was treibt sie bloß alle so in dieser vorgeblichen Erholungslandschaft? Bei Natzing konnte man ehedem irgendwo ruhig am Rand anhalten und die beiden besonders schönen Exemplare von »Itakerhöfen«, einer Chiemgauer Bauernhausspezialität, betrachten; jetzt ist ihnen ein brummender Verkehrskreisel auf die Pelle gerückt und ein scheußliches Gewerbegebiet, bald auch noch eine Tankstelle, und die Vorstellung, im wunderschön restaurierten »Peterschmiedhof« Bauernhofurlaub zu machen, ist nicht mehr attraktiv. Schade, denn einen dieser auffälligen, massigen Einfirsthöfe des späten 19. Jahrhunderts, unverwechselbar in ihrer etwas kahlen, aber wohlproportionierten Anmutung, ihren zahllosen Fenstern, den Rundbögen unterm Dach, hätte man gern einmal von innen besehen. »Itaker« war auch damals keine freundliche Benennung für das Saisonpersonal aus dem Süden, für die Mausefallen- und Wetzsteinhändler, die »Lemonifrauen«, »Wagenschmierführer«, Schienen- und Ziegeleiarbeiter, die sich über die Alpen für ein paar Zusatzeinnahmen verdingten. Kommt einem bekannt vor, diese preiswerte Inanspruchnahme ausländischer Arbeitskraft für minderwertige Verrichtungen und ihre Diskriminierung auf dem Fuße. Es waren jedenfalls unbekannte italienische Bautrupps, die für meist reiche Bauern die riesigen Höfe errichteten, wobei sie einige Raffinesse anwandten. Die Itakerhöfe sind oft aus unverputzten, schwärzlichen

Der Itakerhof in Natzing am Chiemsee

Schlackesteinen gebaut, Abfallprodukte der im Chiemgau seinerzeit verbreiteten Eisenverhüttung, ein trockener, leichter Baustoff mit hervorragender Wärmeaustauscherfunktion. Die schlichten, schön gegliederten Fassaden sind eigentlich eine Art Scheinarchitektur: Was aussieht wie vier fast gleich hohe Stockwerke, sind in Wirklichkeit nur zwei Etagen mit einem riesigen Dachboden darüber. Aus Gründen der äußeren Proportion wurde aber auch der Kornspeicher mit vielen Fenstern versehen, etwas sinnlosen Fenstern, denn oft sitzen sie am Fußboden auf, und nur ein Kind kann hinaussehen. Die Gewölbefletze der Itakerhöfe haben Tanzsaaldimensionen, die Treppen sind nicht die in der altbayerischen Bauernhausarchitektur üblichen Hühnerleitern, sondern breit und bequem. Balkons und Lauben gab es allerdings nie, wo diese nachträglich angebracht wurden, ist das Gesicht eines Itakerhofs ebenso demoliert wie durch die heute Gott sei Dank nicht mehr ganz so beliebten Thermopenscheiben. Wer einen dieser vielfenstrigen Bauernpaläste besitzt, hat es nicht ganz leicht: Sie dem heutigen Bedarf gemäß zu heizen, geht ins Geld.

Auch mitten durch das Naturschutzgebiet der Eggstätt-Hemhofer Seenplatte, ein paar Kilometer weiter, schneidet eine der Chiemgau-Rennstrecken und bedrängt das eigentlich wunderbar am Wasser gelegene Schlößchen Hartmannsberg erheblich. Ohne die Zäsur der Straße wäre es verwunschen zwischen die Ufer zweier verschilfter Toteisseen plaziert, mit eigenem Schloßsee-Strand, ein paar Meter weiter gleich der Langbürgner See. Diese Gletscherseenlandschaft, versteckt in Röhrichtgürteln und tiefen Wäldern, siebzehn größere und kleinere Gewässer, durch unterirdische Grundwasserströme miteinander verbunden, mit immer wieder aufreißenden Alpenfernblicken, aber einer fast masurischen, melancholischen Atmosphäre, kann man nur zu Fuß richtig kennenlernen. Gegenüber von Hartmannsberg läßt sich das Auto zum Beispiel parken, und dann für Stunden sich verlieren oberhalb vom Schloßsee zum kleinen Kesselsee hinüber, um den Einbessee zum Südufer des Hartsees hinüber, über den Kautsee und den Blassee kämen wir zum zum Schilfrand des Pelhamer Sees und könnten über das hübsche Dörfchen Stephanskirchen mit seiner altmodischen Einkehr beim Maierwirt zurück nach Hemhof spazieren, wo die ebenfalls überaus urige Wirtsstube von Berta Brandl im Dorfkern aber sehr unregelmäßige Öffnungszeiten hat. Von hier wären wir schnell zurück in Hartmannsberg und möchten vielleicht, ein paar hundert Meter südwärts schlendernd, noch einen Blick auf den buchtenreichen Langbürgner See werfen.

Schloß Hartmannsberg, heute ein Kulturveranstaltungsort des Landkreises Rosenheim, war im letzten Jahrhundert mit der bildenden Kunst auf eine Weise verbunden, die gleichermaßen typisch wie wechselvoll war. 1909 kaufte das Hofmarkschlößchen mit dem zierlichen Dachreiter der aus Meran stammende Maler Leo Putz, ein Vollblut- und Erfolgstyp der Münchner Künstlerszene der Prinzregentenzeit. Putz muß ein Mann von Liebenswürdigkeit und temperamentvollem Naturell gewesen sein. »Leo Putz gehörte zu den Intimen des Hauses«, schrieb Thomas Manns Bruder Viktor über den regelmäßigen Salongast seiner Mutter. »Er war einer der amüsantesten Gesellschafter Münchens und verdankte diesem seinem

Charme nicht viel weniger Erfolg als seiner Malkunst.« Seine Malkunst war und ist aber wahrlich auch nicht zu verachten. In der Münchner Neuen Pinakothek und im Lenbachhaus hängen einige seiner stimmungs- und schwungvollen, am ehesten wohl impressionistischen Gemälde, die an Monetsche Pleinair-Szenen erinnern, voller Sonne, Licht und Sommeratmosphäre. Seine Kunst galt als »gewagt«, das Gemälde mit dem sprechenden Namen »Bacchanale« war wegen sittlicher Anstößigkeit schon einmal aus einer Ausstellung abgehängt worden. Und auch in Hartmannsberg, wo sich ein wohlgelaunter Maler-und-Modelle-Zirkel zusammenfand und Putz seine produktivste und bedeutendste Schaffensphase erlebte, setzte er vorzugsweise weibliche Akte, mit »wunderbar perlmuttschimmernden Hauttönen« in das flirrende Sonnenlicht der Waldseen. Aber auch Picknickszenen und sehr schöne Landschaftsbilder gibt es aus jenen Jahren bis 1914, und man würde sehr gern einmal eine größere Ausstellung dieses Maler sehen, der sich in den Dreißigern heftig mit den Nazis anlegte, mehrfach von der Gestapo verhört wurde und schließlich ins heimatliche Südtirol floh. Dort wurde er per Berufsverbot kaltgestellt und sein Tod, 1940, nirgendwo erwähnt.

Um diese Zeit feierte ein Nachfolger auf Schloß Hartmannsberg seine größten Triumphe. In der NS-Zeit gehörte das Landschloß dem nazistischen Staatskünstler Joseph Thorak, einem Monumentalisten der Muskelpaket-Heroen und Mutterkreuzträgerinnen, von Hitler hochgeschätzt als Verkörperer des »gesunden nordischen Eros« und von Speer mit zahllosen gigantomanen Kunst-am-Bau-Aufträgen für die Autobahnen, fürs Berliner Olympiagelände versorgt. Thoraks Menschenabbildungen machten es selten unter der Hünenhaftigkeit – es gibt Fotos von ihm, wo er auf seinen überdimensionierten Torsi herumkraucht wie eine Stubenfliege. Er schuf Heldenporträts von Hitler und Mussolini und war 1951 aufrichtig erbost, als es bei einem Münchner Ausstellungsversuch Proteste hagelte: »Geben die denn nicht endlich Ruhe?« Immerhin konnte er nach sehr kulanter Entnazifizierung sein Leben im friedlichen Hartmannsberg beschließen, zu dessen filigraner Landschaft sein dröhnendes Oeuvre paßte

Schloß Hartmannsberg

wie Kesselpaukenschläge in ein zartes Streichquartett. Die Auftragslage war freilich nicht mehr so ergiebig. Ein Kriegerdenkmal für das Dorf Rauris und eine Madonna für die Missionskirche von Ndanda/Südafrika kamen nicht ganz an die braune Repräsentationskunst heran. 1952 ist er an einem Asthmaanfall gestorben. Der nächste Besitzer von Hartmannsberg hatte dann wieder auf erfreulichere Weise mit Kunst zu tun: Es war der Schweinfurter Kugellagerfabrikant und große Sammler der Kunst der 19. Jahrhunderts, Georg Schäfer, dem wir heutzutage in der fränkischen Industriestadt eines der reichhaltigsten privaten Museen überhaupt verdanken: Seine Sammlungen von Caspar David Friedrich über Spitzweg zu Liebermann, Slevogt und den Sezessionisten sind einzigartig – und passen auch wieder wesentlich besser zum ländlich-romantischen Lokalkolorit der Domäne Hartmannsberg. Ein bißchen schade, daß diese Meisterwerke alle in Schweinfurt hängen. Eine kleine Dependance im nördlichen Chiemgau würde einem nicht übel gefallen.

Wir reisen weiter in nördlicher Richtung, am Schloßsee entlang durch Stephanskirchen mit seinem nadelspitzen neugotischen Turm und einem Musterbeispiel von prächtigem Bundwerkstadel, der zur gemütlichen Mayerschen Brotzeitstube gehört. Der Pelhamer See ist leider von einem auswechselbaren modernen Tagungshotel besetzt, aber nun sehen wir voraus auf einer Moränenanhöhe die Doppelzwiebel des Höslwanger Kirchturms in den heute etwas föhnigen, dunkel bewegten Himmel ragen. Aus der intimen, verschatteten Waldlandschaft der Moorseen geraten wir dort oben wieder ins Weitgespannte, Offene. Von der Kirchhofsmauer, oder von der Terrasse der »Schönen Aussicht« haben wir einen berühmten Panoramablick zurück über den ausgebreiteten nördlichen Chiemgau bis zur Alpenkette. Im Vordergrund die kleineren Wasserspiegel der Hemhofer Toteisseen, dahinter die große, ausgefranste Chiemseefläche, die gestaffelten Felder, eiszeitlichen Hügel, Moore und Waldinseln des alpinen Vorlands und schließlich die endlose Zackenreihe des Hochgebirges, an einem Föhntag wie heute können wir die Gipfel vom Dachstein bis zur Zugspitze identifizieren. Die Chiemgauer Kalkberge sind wie mit dem Teleobjektiv nahgezogen, so daß man jede Kante und Schrunde des Felses zu erkennen meint. Der Föhn verkehrt auch die Lichtverhältnisse eigentümlich ins Gegenteil: Der Himmel ist dunkel, die Erde ist hell – in Irland ist solche Beleuchtung alltäglich. Oben windbewegtes, grauviolettes Gewölk, das Land drunter gleißend metallisch, fast grell grasgrün, die Seeflächen blendende Spiegel. Höslwangs liebenswürdige Dorfkirche ist eine von denen für perfekt inszenierte städtische Country-Hochzeiten, ein zierlicher Rokokoraum aus einem Guß, übersät mit den Kartuschen und Rocaillen, den tänzerischen Ranken und Schwüngen einer im Chiemgau seltenen Wessobrunner Stuckverzierung, bei einfallendem Sonnenlicht ein einziges Glitzerspiel aus Gold, Grün, Altrosa und strahlendem Weiß.

In Sonnering, am Fuß der Höslwanger Anhöhe liegt mit dem »Gasthaus Angstl« eine Chiemgauer Wirtshaus-Institution, populär für ihre grüabige alte Stube und die riesigen Schweinshaxen, aber für so was ist es uns heute noch zu früh. Wir kurven über kleine Streusiedlungen dieser welligen Gegend, über Pickenbach und Aufham, Ober- und Unterulsham, hinüber nach Meisham und umgehen geflissentlich Eggstätt, denn dieses groß gewordene Dorf ist keine Augenweide. Von Meisham führt ein kleines, stilles Sträßchen an der Hangkante ostwärts nach Eschenau, eine reizvolle Strecke über den braungoldenen Moorfarben des Weitmooses, mit eingestreuten kleinen Lacken wie dem Laubensee und dem Eschenauer See. Es ist für mich der schönste, ruhigste, abwechslungsreichste Weg nach Seeon hinüber, wo mich dann wieder eher zwiespältige Gefühle packen.

Kloster Seeon, mit seinen markanten Zwiebeltürmen auf einer Insel im Wasser liegend, nur über Damm und Holzbrücke mit dem Festland verbunden, war immer eine Berühmtheit. Es hat eine reiche, bunte Geschichte vom mönchischen Mittelalter mit seinen benediktinischen Scriptorien, über denkwürdige Aufenthalte des Wunderkinds Wolfgang Amadeus Mozart bis zur Zeit der Leuchtenberger im 19/20. Jahrhundert und deren Beziehungen zum russischen Zarenhaus, die dem kleinen Friedhof bei der gotischen Walburgiskapelle eine Menge Grabstätten mit kyrillischen Schriftzeichen und orthodoxem Andreaskreuz eingebracht haben. Eine etwas dubiose Pilgerstätte ist die Grabplatte der »Anastasia Manahan«, welche ihre Urne in der Nachbarschaft ihrer angeblichen Romanow-Verwandschaft beigesetzt wünschte und von der sich nun wohl endlich doch über DNS-Analysen zweifelsfrei herausgestellt hat, daß es sich *nicht* um Zarentochter-Überreste, sondern um solche einer polnischen Fabrikarbeiterin namens Franziska Schanzowska handelt. Friede ihrer hochstaplerischen Asche, auf dem bescheidenen Seeoner Begräbnisplatz ist eh alles eins, und die echten Leuchtenberg-Romanows, die hier bestattet liegen, waren nach einem feudalen Seeoner Saus-und Braus-Lebenswandel in ihren späten Lebensjahren auch nur noch arme Hunde.

Ich habe an Seeon wundervolle, traumverlorene Erinnerungen aus vergangenen Zeiten und kann mich mit dem stets überfüllten Großparkplatz der heutigen Bildungsstätte des Bezirks Oberbayern, die in den neunziger Jahren ins Kloster einzog, einfach nicht abfinden. Natürlich ist das ein vernünftiges Nutzungskonzept für ein weitläufiges, sanierungsbedürftiges Klostergeviert, und dieses Tagungs- und Kulturzentrum ist innenarchitektonisch einfallsreich, mit bestem Geschmack modernisiert worden. Aber was ist das gegen die überaus stimmungsvolle Verschlafenheit und Vergessenheit, in welcher der Konventsbezirk in jenen Herbsttagen vor zwanzig Jahren im Frühnebeldunst des Klostersees lag? Damals befand sich in den hallenden Gängen eine einfache Hotelpension mit ein paar Fremdenzimmern, von der kaum jemand wußte. Wir waren zu zweit und die einzigen Logiergäste auf der ganzen Insel; der ganze baumbestandene Park ums Kloster, die Schilfufer, der brüchige hölzerne Badesteg gehörte uns allein. Es war ein sehr warmer Oktober, in dem man noch nachts ins weiche Moorwasser hinausschwimmen konnte, und von den Fenstern der endlos hohen Zimmer aus, möbliert im senffarbenen Polsterstil jener Jahre, ließen sich die reifen Birnen direkt vom Spalier der Außenmauern pflücken. In

Kloster Seeon

Der Steg zum Kloster Seeon

der wärmenden Frühstücksstube des Klosterwirts waren wir ebenfalls unter uns, und unser Münchner Auto, mit den Fahrrädern, die aus dem Kofferraum ragten, stand einsam an der weinlaubbewachsenen Mauer herum. Eine wunderbare, melancholische Zeitlosigkeit lag über diesen Tagen. Seeon war für mich der Inbegriff von verhangener Herbsteszuflucht, der leicht gewölbte Holzsteg über den See zum Kirchlein von Bräuhausen ein Sehnsuchtsbild, das mich lange verfolgt hat.

Eine Wiederkehr gibt es nicht, das Wunschbild hat keine reale Entsprechung mehr. Obwohl alles noch da ist, renoviert und wohlkonserviert, der schöne Gesamtanblick des historischen Ensembles, das Brücklein, die hölzerne Wirtshausplattform im Wasser, der Kreuzgang ist sogar sehr schön geworden. Aber nur in der freskenausgemalten Kirche – in Gewölbekühle und Weihrauchgeruch kommt für mich eine Ahnung der versunkenen Zeit zurück. Hier wuseln auch nicht Myriaden von Tagungsgästen um einen herum wie im Klosterbereich, wo alles nach Bratensoße und Mittagstisch riecht; das Fastenseminar nach Hildegard von Bingen kann das nicht sein. Unter den Weiden des Parks, damals ohne jede Zusatzausstattung ein magischer Garten der Stille, sind heute alle zwanzig »Meditationsbänke« belegt. – Ich sammle an der geschäftsmäßigen Designer-Rezeption ein paar Prospekte ein und verlasse Seeon mit einer nagenden Trauer im Gemüt, die sich erst wieder legt im abgelegenen »Landgasthof Griessee« in Großbergham, ein paar Kilometer westlich, wo einen eine frische Renke wieder in munterere Stimmung versetzt. Von außen macht dieser etwas kastenartige Bau mit fünfzigerjahrehafter Lüftlbemalung eigentlich nicht viel her, aber er ist ein sehr freundlicher, persönlicher Aufenthaltsort in einsamer Sommerfrischenlage – der nahe kleine Griessee mit seiner hölzernen Badeanstalt gehört dem Hotel –, und die Gästeliste ruheliebender Stammgäste aus dem künstlerischen Lager kann sich sehen lassen: Hundertwasser, Horst Bienek, Janosch, der verstorbene Schauspieler Helmut Fischer, Ulrich Schamoni, all diese und viele Dauergäste mehr schätzten die unaufwendige Behaglichkeit und die gute Küche dieser versteckten Einkehr.

Wie soll's jetzt überhaupt weitergehen mit unserer langsamen Annäherung an Österreich? In Seeon, mit seinen Mozart-Verbindungen und seinen klösterlichen Weingütern in der Wachau, kam man sich schon sehr dicht dran vor am östlichen Nachbarland. Weit ist es wirklich nicht mehr, aber wir lassen uns Zeit. Wir machen einen kurzen Verdauungsspaziergang um den waldigen Griessee herum und fahren ein Forststräßchen über Landertsham und Schachen zu den Ausläufern von Dorf Seeon zurück, von dort hinüber an die Alzschleifen nach Döging. Hier laufen wir noch mal ein bis zwei Kilometer gemächlich westwärts an diesem einzigartig gewundenen Fluß entlang, so weit wir mögen, an Schilf und sumpfigen Inseln vorbei, die dieses träge sich schlängelnde Fließwasser durchsetzen, die Alpen darüber in weiter Ferne. So ein unbegradigtes Gewässer ist ja heute eine kostbare Rarität, und die summende Pansstille dieses Sommermittags ist es auch. Der ganze riesige Chiemsee, nur einen Katzensprung entfernt, ist in dieser flachen Fluß-Pastorale aus unserem Blick verschwunden, weder Segelmasten noch Uferhotels sind zu ahnen, das Schilf knistert leise im Föhnwind, und das schnellste in der dösigen Frühsommerhitze sind die Wolkenschatten, die über die Uferwiesen treiben.

»LETZTHIN IN SEEBRUCK SAH ICH HERRN HITLER ...« DER SCHRIFTSTELLER FRIEDRICH RECK-MALLECZEWEN IN POING AN DER ALZ

Wenn wir von Döging zu Fuß den Hügel zur nächsten Alzwindung queren, dann treffen wir etwas östlich auf einen schmalen, privaten Zufahrtsweg zu Gut Poing, einsam und hart am Fluß gelegen, der sich hier um eine kleine Insel gabelt. Das ockerfarbene, von Buschwerk und Bäumen dicht eingewachsene Schloßgut ist uns nicht zugänglich; es befindet sich noch immer im Privatbesitz des Familie Reck-Malleczewen, deren Vorfahr Friedrich Reck-Malleczewen ein Buch geschrieben hat, »Tagebuch eines Verzweifelten«, das einen, fasziniert und zwiegespalten, beschäftigt hat wie selten eine Lektüre der letzten Zeit. Hannah Arendt nannte es eines der bedeutendsten Dokumente aus der Hitlerzeit, aber das sagt noch nicht viel. Es ist ein furioses, phantastisch frech und prägnant geschriebenes Haßbuch, eine Anti-Hitler-Tirade von kabarettistischer Scharfsichtigkeit, verzweifelt, das auch, aber vor allem wütend, sarkastisch und voller böser Detailbeobachtung. Es ist in all seinem Dauertoben nicht nur ein brillant intelligentes, sondern auch paradox unterhaltsames Buch aus jener Zeit, ein sonderbarer, schillernder Solitär, wie es wohl auch sein Autor gewesen ist. Unfaßlich, daß das »Tagebuch eines Verzweifelten«, nachdem es Hans Magnus Enzensberger 1994 in der »Anderen Bibliothek« neu aufgelegt hat, schon wieder vergriffen ist; man kann es ironischerweise nur in englischer Übersetzung bekommen, selbst in den Antiquariaten ist es eine Rarität. Was ich über Reck-Malleczewen weiß, habe ich aus dem glänzenden Nachwort von Christine Zeile, und man kann nur hoffen, daß der einzelgängerische, widersprüchliche, schwierige Gutsherr von Poing, der kurz vor Kriegsende im KZ Dachau an Flecktyphus zugrunde ging, nicht gänzlich in Vergessenheit fällt.

Er war bestimmt nicht das, was man landläufig sympathisch nennt, und seine politische Grundposition war ein ziemlich finsterer, gnadenlos rückwärtsgewandter, antiaufklärerischer Konservatismus, der »Konservativen Revolution« um Oswalt Spengler nahestehend. Sein Denken war radikal elitär, antidemokratisch und hierarchisch (aber niemals im mindesten antisemitisch), geprägt durch die ostpreußisch-großbürgerliche Jugend, ein »Herrenreiter«, von allerdings nur mittelprächtigem Geblüt. Die masurische Gutsbesitzersfamilie war wohlsituiert, aber keinesfalls mit ostelbischen Junkerreichtümern gesegnet. Seine Herkunft hat der 1884 geborene Reck später, in den deklassierten Inflationszeiten der zwanziger Jahre gern etwas hochstaplerisch aufgewertet, hat sich nicht ungern fälschlich als Rittmeister oder Baron titulieren lassen und eine Kavallerieoffiziersvergangenheit getürkt, die er, als Diabetiker für den Militärdienst untauglich, niemals hatte.

Recks Lebensweg verlief nicht ganz so, wie es sich für einen jungen Mann von Stand gehörte. Mit der Offizierslaufbahn, die sich der strenge

Vater vorgestellt hatte, war es nichts, ein Medizinstudium schloß er zwar ab, doch mochte er nie als Doktor praktizieren, mit Ausnahme eine kurzen Karriere als Schiffsarzt auf weiten Fahrten nach Lateinamerika. Er heiratete jung und bekam mehrere Kinder, für die Unterstützung seiner Familie war er immer wieder auf das Elternhaus angewiesen. Seine Reiseberichte in der Publikumspresse vorm Ersten Weltkrieg waren jedoch recht erfolgreich gewesen, so daß er sich dem Journalismus zuwandte, als Musik- und Theaterkritiker in Königsberg, später in München-Pasing arbeitete und mehr schlecht als recht von seinem vorgezogenen Erbe und den geringen Einkünften lebte, stets etwas beleidigt, daß ihm ein sorgloses Herrenleben als Privatier, was er angemessen gefunden hätte, nicht möglich war. Die materielle Lage – Geldsorgen plagten ihn sein Leben lang – besserte sich, als er begann Bücher zu schreiben: »Erzählungen für die Jugend« zunächst, die »Aus Tsingtau entkommen« oder »Der Admiral der Roten Flagge« hießen, Militär- und Abenteuerschmöker, von denen er selbst meinte, daß ihre Qualität an Robert Louis Stevenson anknüpfte, über welche die Kritik aber bestenfalls gnädig hinwegging. Diese kolportagehafte Gebrauchsliteratur für die Massenverlage Scherl und Ullstein, auch leichte Unterhaltung für Erwachsene, wie »Die Dame aus New York« und »Bomben auf Monte Carlo«, schrieb er am laufenden Meter, variierte geringfügig, nutzte geschickt Mehrfachverwertungen: Es war purer Broterwerb. »Ich kann nicht mehr«, klagte er allerdings 1931 in einem Brief, »wie bislang die besten Dinge, die ich zu sagen habe, für mich behalten und Romane für Dienstmädchen und Droschkenkutscher schreiben ...«

Reck-Malleczewen muß ein eklatanter Snob und Poseur gewesen sein, ein skurriler Imitator verflossenen Edelmannsattitüden bis in die inszenierten Körperhaltungen und die Garderobegepflogenheiten hinein. Nie ging er ohne Fliege, und man sah ihn über die Münchner Ludwigstraße auch im Tropenanzug eilen. Er beschäftigte bei aller finanziellen Unsicherheit nur die besten Schneider, Skiurlaube in St. Moritz waren ebenso *de rigueur* wie Hauspersonal, Sekretärin und opulente Diner-Einladungen. Ab 1933 lebte er dann sehr zurückgezogen, mit seiner zweiten

Frau und drei weiteren Töchtern, nach Gutsherrenart auf Gut Poing, wo er zu einer Art Ökofundamentalisten der ersten Stunde wurde, ein zorniger, wertkonservativer Kämpfer gegen Wachstumswahn, Industrialisierung und Landschaftszerstörung: Manche seiner naturschützerischen Polemiken, zum Beispiel gegen »die Überwertigkeit des vom Verbrennungsmotor vermittelten ständigen Ortswechsels«, lesen sich wie grünes Grundsatzprogramm. Das Naturpathos der Nazis allerdings fand er angesichts der gleichzeitigen technischen und militärischen Aufrüstung nur verlogen. Poing an der Alz muß ihm Zuflucht und Trost gewesen sein, liebevoll hat er diese Wahlheimat ausgemalt: »Ein Feldweg, vielfach gewunden und nicht unbeschwerlich, stellt vom nahen Chiemsee her die einzige Zufahrtsstraße dar, ein uraltes Steinkreuz aus Nagelfluh, halb versunken im Erdboden, steht am Feldrain... Umgeben von dem atlasblauen Geschmeide des Alzstroms liegt der Hof mit den bunten Mauerwappen und dem satten Rot des herbstlichen Weines wie ein kleines Juwel... Ein kleiner Hof tut sich auf, eine Köstlichkeit für sich zwischen den alten, ockerfarbenen Mauern mit der mächtigen Zypresse im Hintergrund. Zypressen bewachen den Ausgang zum blanken Fluß, der unmittelbar am Haus vorbei über bunte Kiesel fließt... Fernes Mittagsläuten klingt herüber von dem nächsten Hof, der sich weit versteckt hinter Fluß und Busch.«

Eigentlich klingt diese Idylle wie ein idealer Schauplatz der Inneren Emigration, ein feinsinniger Rückzugsort vor den degoutanten braunen Umtrieben, wie in solchen ländlichen Halbverstecken ja manche Schriftsteller, von Carossa bis Wiechert, vor der Hitlerei in Deckung gingen und sich mehr oder weniger still verhielten. Doch Reck regte sich auch im abseitigen Poing schrecklich auf, keine ländliche Friedsamkeit vermochte seinen Haß und seine Verachtung für Hitler, diesen »Unflat«, diesen »allergnädigsten Zigeunerprimas«, diesen »im Rinnstein gezeugten Bastard als großen Propheten« und seine »Herde böser Affen« zu besänftigen. Hier begann er 1936 mit dem »Tagebuch«, dem wir Brennglasschilderungen wie die folgenden von des Führers Erscheinung und Gebaren verdanken: *»Letzthin in Seebruck sah ich Herrn Hitler, bewacht von seinen vorausfahrenden*

Scharfschützen, beschirmt von den Panzerwänden seines Autos, langsam vorübergleiten, versulzt, verschlackt, ein teigiges Mondgesicht, in dem wie Rosinen zwei melancholische Jettaugen steckten. So traurig, so über die Maßen unbedeutend, so tief mißraten, daß noch vor dreißig Jahren, in den trübsten Zeiten des Wilhelminismus, diese Exkrementalvisage schon aus physiognomischen Gründen unmöglich gewesen wäre und sofort die Gehorsamsverweigerung … selbst des Portiers und der Reinemachefrau zur Folge gehabt hätte.«

Reck war Hitler in der »Kampfzeit« in der »Hauptstadt der Bewegung« auch einmal persönlich begegnet, in der Wohnung seines Freundes Clemens von Franckenstein, und hat dieses Treffen so bezeugt: »*1920 fand ich bei meinem Freunde … einen seltsamen Heiligen vor, der nach Angaben des Dieners Anton partout sich nicht hatte abweisen lassen und schon eine volle Stunde dort saß.* Er *war es, er selbst! … Gekommen war er, damals noch ein unbekannter Outsider, sozusagen* pleines carmagnoles, *hatte für diesen Besuch bei einem Unbekannten sich mit Reitgamaschen, Reitpeitsche, Schäferhund und Schlapphut ausstaffiert und wirkte auf diese Weise zwischen diesen Gobelins und diesen kühlen Marmorwänden wie ein Cowboy, der es für richtig befunden hatte, mit Lederhosen, Monstresporen und Coltrevolver sich auf den Stufen eines Barockaltars niederzulassen. So – damals noch hager und unscheinbar, sogar ein wenig verhungert – saß er da mit dem Gesicht eines stigmatisierten Oberkellners und fühlte sich durch die Anwesenheit eines leibhaftigen Herrn Baron ebenso beglückt wie gehemmt, wagte aus lauter Ehrfurcht gewissermaßen nur auf der Hälfte seines asketischen Allerwertesten zu sitzen … Vom Hundertsten ins Tausendste kommend, bestritt er die Unterhaltung durchaus allein, predigte dabei wie ein Divisionspfarrer und geriet … in unbewußter Erinnerung an die Akustik des Circus Krone dermaßen ins Schreien, daß schließlich Franckensteins Hauspersonal zusammenlief. Als er ging, saßen wir schweigend und in einer gewissen Ratlosigkeit uns gegenüber … mit jenem peinlichen Gefühl, das man haben mag, wenn der einzige Mitreisende, mit dem man ein Coupé geteilt hat, sich als Geistesgestörter erwies …«*

Natürlich spricht da ein Angehöriger der »besseren Kreise« angeekelt über einen subproletarischen Parvenü, aber an anderen Stellen seines Tagebuchs geht Recks Sezieren von Hitlers obskurer Persönlichkeit weit über den aristokratischen Degout hinaus, analysiert er scharfsinnig – und ehrlich verzweifelt – die Verblendungszustände der deutschen Nazianhängerschaft und sagt mit fast halluzinatorischer Genauigkeit das desaströse Finale voraus. Er sollte es nicht mehr erleben. Seine Tagebuchaufzeichnungen waren natürlich für die Schublade, aber um seine NS-Gegnerschaft machte er in Truchtlaching und Umgebung kein großes Geheimnis. Daß er Opfer eines Denunzianten wurde, steht fest, aus dem Dorf kam dieser Verräter aber wohl nicht. Mehrfach wurde er von der Gestapo verhört, ins Traunsteiner Arrestlokal gesteckt wegen Delikten wie Hitlergrußverweigerung und »Valutaverhöhnung«, aber auch der sehr viel gewichtigeren »Wehrkraftzersetzung«. Am 9. Januar 1945 transportierte man Reck aus dem Münchner Gestapogefängnis ins Konzentrationslager Dachau. Dort erkrankte der 60jährige bald und bekam einen Platz im Krankenblock, von wo in seine Baracke zurückzukehren er sich sehr fürchtete, denn dort grassierte der Flecktyphus, der über achtzig Prozent der älteren Gefangenen wegraffte. Ein überlebender holländischer Mithäftling ist Reck damals begegnet, einem »sehr armen alten Mann, sehr mager, äußerst nervös und völlig erschöpft«, der diesem Leidensgenossen dennoch, standesbewußt noch im Inferno, von seinem großen Gutsbesitz erzählte, von seiner Laufbahn als Kavallerieoffizier, seinen Verbindungen zum bayerischen Königshaus. »Es war beklagenswert, wie er da vor mir stand, vom Hunger geschwächt und zitternd vor Nervosität, in einer viel zu kurzen, grauen Leinenhose, in einer grünen italienischen Militärjacke, an der ein Ärmel fehlte ...« Friedrich Percyval Reck-Malleczewens Hoffnung, mit Hilfe seiner alten Medizinkenntnisse vielleicht als Hilfssanitäter im Dachauer Krankenblock überleben zu können, erfüllte sich nicht. Am 16. Februar starb er am Flecktyphus, zweieinhalb Monate später wurde das KZ Dachau von den Amerikanern befreit.

Das »Tagebuch eines Verzweifelten« wurde erstmals 1947 veröffentlicht, verschwand immer wieder aus dem Buchhandel, wurde neu entdeckt und stieß über die Jahre in Nachkriegsdeutschland auf unterschiedliche Resonanz. Während Hitler-Biograph Joachim Fest den »eifernden, wütenden Haß, das Gerichthalten über eine Zeit« schwer erträglich fand, bescheinigten liberale Demokraten wie Peter Härtling und ausgewiesene Altlinke wie Bernt Engelmann dem in mancher Hinsicht fraglos stockreaktioären Reck große schriftstellerische Qualitäten und eine »konsequent antinazistische Grundhaltung«. Das Buch aus Poing ist, bei manchem Vorbehalt, jedenfalls eine ungeheuer aufschlußreiche und fesselnde Lektüre, der britische *Guardian* und die *New York Times* rühmten den in Deutschland wieder mal fast vergessenen Autor für hohe Faszinationskraft und eine superbe Sprache. Bloß kaufen müßte man es halt nicht nur in London können, sondern auch in bayerischen Buchhandlungen.

VON TROSTBERG AUF DEN HÖGL – IM RUPERTIWINKEL

Wir bleiben noch etwas im Alztal, auch weil wir hier etwas vom Alltags- und Arbeitsgesicht der Ferienregion Chiemgau kennenlernen. Schon Friedrich Reck hat von Poing aus die geballte Industrieansiedlung in dieser Flußlandschaft mitbekommen und heftig bezetert, die Süddeutschen Kalkstickstoffwerke (SKW), einen großen Düngemittelproduzenten, und ein Karbidwerk im nahen Schalchen gab es bereit seit 1911, damals und noch lange Zeit ohne wirksame Wasser- und Emissionsschutzauflagen.

Unsereiner hat inzwischen das »Arbeitsplätze«-Argument dermaßen verinnerlicht, daß er sich nicht mehr traut, an diesem ländlichen Industrierevier, nicht gerade der Ruhrpott, aber doch eine massive Agglomeration von Produktions- und Gewerbestätten, von Folgebetrieben und Siedlungsgroßbauten, ästhetisch und naturkonservatorisch herumzumeckern. SKW hat inzwischen mit Degussa fusioniert, und der Düsseldorfer Chemieriese entwickelt in Trostberg ein »Bauchemie-Kompetenzentrum«; im nahen Traunreut, einer in den fünziger Jahren brandneu in die Wiese konzipierten Industriestadt, produzieren Bosch-Siemens Elektrogeräte, dazu kommen noch Papier- und Kartonagefabriken, Siloplastikfabrikation, »Alzmetall«, ein Edeka-Großhandelszentrum – insgesamt mehrere tausend Arbeitsplätze, welche die Region, etwas abseits der Touristenzentren, natürlich dringend nötig hat. Aber das schöne Mäandern der Alz findet hinter Altenmarkt ein jähes Ende, ab hier ist das Gewässer radikal begradigt, in Werkskanäle abgeleitet, Industriefluter bis in seine Mündungsgegend im »Ostbayerischen Chemiedreieck« um Burgkirchen, Gendorf, Burghausen.

Aber noch folgen wir den Krümmungen des pastoralen Oberlaufs, gondeln von Döging zum Weiler Apperting hinüber und biegen rechts nach Höllthal ab, mit Flußcafé und Bauernhofquartier; wir wollen aber unsere kalte Radlerhalbe ein paar Kilometer weiter trinken. Ein kleines Sträßchen führt durch Wald und Wiesen nach Massingmühle, von dort geht ein Sackgassenfahrweg rechts ab zum »Gasthaus Roiter«, ein paar Meter über dem Flußufer. Diese Einkehr, da sind wir uns ziemlich sicher, kennen wir, es müßte jetzt nur noch die Fährglocke im Küchenfenster bimmeln, »dann geht der, der grad Zeit hat, zum Fluß hinunter und besorgt die Überfahrt«. Das schlichte Gasthaus mit Fährbetrieb in den Alzwiesen, wo wir jetzt im weitläufigen Baumgarten sitzen, sieht genau so aus wie der Schauplatz von Ruth Rehmanns Roman »Die Schwaigerin«, sogar das Fährboot am Drahtseil, »vier m lang, flach wie eine Plette, nur vorn und hinten leicht aufgebogen«, ist wiederzuerkennen. »Der hintere Teil mit den beiden Sitzbrettern ist von einem Geländer umgeben. Eine über den vorderen Teil ragende Stange regiert das Steuerblatt... Das Fährboot erspart den Talbewohnern einen 5-km-Umweg über die Hochfläche zur Robender Brücke ins Dorf und zur Herrnberger Kirche... Bei den Fährbenutzern – Schulkinder, Kirchgänger, Pilzsammler – durfte kein fester Fährlohn erhoben werden. Was d' gern zahlst, sagte Anni, wenn sie nach dem Preis gefragt wurde.« Die »Robender Brücke« – das ist die Straßenbrücke nach Rabenden, das »Dorf« ist Altenmarkt, und der Herrnberger Klosterberg ist der von Baumburg, die Überfuhr ist auch dieselbe wie im Buch – ob allerdings die »Schwaigerin« Anni und die erzählende Zugereiste identische Vorbilder haben, muß offenbleiben. Es ist für den Leser jedenfalls Ruth Rehmanns Alztal-Roman (der zweite mit diesem Hintergrund nach »Die Leute im Tal«) wieder mal ein Buch gewesen, das einen auf eine bestimmte heimische Landschaft überhaupt erst neugierig gemacht hat. »Die Schwaigerin« ist ein geradlinig und etwas konventionell erzählter moderner »Heimatroman« des kritischen Spektrums, thematisch sehr spannend, und vor allem in den Widersprüchen und Fremdeleien zwischen städtischem und bäuerlichem Bewußtsein, von denen er erzählt, können wir uns mühelos wiedererkennen. Da geht es um die allgegenwärtigen Spannungsfelder Naturschutz gegen Naturnutzung, Landlebenschwärmerei gegen Landbesitz und harte Arbeit. Es geht um die komplizierte langjährige Freundschaft zwischen einer wortkargen Bäuerin mit ihrer einzigen Sorge »um 's Sach« und einer redegewandten Stadtperson mit den üblichen ästhetischen und ökobewußten Reizbarkeiten, wobei die Erzählerin zwar selbstkritisch dazulernt, die Fremdheit aber letztlich nicht aufheben kann. Es geht um die Brüchigkeit von ländlicher Tradition und Bauernleben in einer zunehmend von Wirtschaft und Gewerbe geprägten Strukturwandelwelt – und um die Bedrohtheit letzter Naturreserven inmitten reiner Nutzungsorientierung. »*Meine* Bucht!« schreit die Städterin, »sie machen mit *meine* Bucht kaputt!«, als wieder einmal die schweren Fahrzeuge zur Flußbegradigung nichts als eine Schlammwüste hinterlassen haben, »nicht ohne aufzufallen mit meiner hellen, angstgeschärften Frauenstimme, schriftdeutsch auch noch … Schaut euch doch den mittleren Flußabschnitt an, sage ich, und spüre schon, wie ich heiser werde vor lauter Anstrengung, den Filz murrender Stimmen zu durchdringen … 45 km Flußkorrektur, Betonbefestigung, Ableitung eines Werkskanals … Dafür haben wir drei Chemiewerke, deren Abwässer so giftig sind, daß alle paar Jahre wieder ein Fischsterben passiert … Was wäre denn aus euren Höfen geworden, wenn sie damit durchgekommen wären, drei Stauseen, jeder dreißig Hektar groß. Wo würde denn euer Vieh grasen, euer Getreide wachsen? … Misch dich nicht ein, sagt Annis gepanzerter Rücken. Was du ›meine Bucht‹ nennst, ist unser Land. Du hast hier kein Recht.«

Die heute über 80jährige Rheinländerin Ruth Rehmann ist trotzdem eine kämpferische Naturschützerin und trotzdem im Alztal, heute in Trostberg, geblieben. Ich habe sie einmal kurz auf einem Chiemgauer Bauernhoffest kennengelernt, eine schmale, drahtige Person in malerweißen Latzhosen, die Jahrzehnte jünger aussah. Ihre Bücher haben wesentlich weniger Patina angesetzt als die »Chiemgauer Geschichten« über jüngere Werktätige der hiesigen Industrieregion von Franz Xaver Kroetz, (ebenfalls in Alztal-Nachbarschaft, im Dorf Kirchberg bei Altenmarkt ansässig), typische Protokolliteratur aus der in den Siebzigern so heißgeliebten »Arbeitswelt«, die sich heute etwas überständig und recht langweilig liest.

Wir können mit unserem kleinen Auto die Fähre vom »Gasthaus Roiter« ans andere Alzufer leider nicht benutzen und müssen den Straßenumweg hinauf nach Baumburg nehmen. Die Klosterkirche ist der prächtigste barocke Sakralbau des Chiemgau, mit ihrem buntbemalten Chor sehr malerisch steil über dem rauschenden Flußwehr gelegen. Oben geraten wir in ein friedliches, grünbewachsenes Klostergeviert mit Bauerngärten und Brunnenbecken und der Stimmung eines bäuerlichen Wirtschaftshofs; das sehr gemütlich eingerichtete Bräustüberl lassen wir diesmal aus, die Kirche nicht.

Ein überwaltigender lichter Barockraum, und gleich links vom Portal sehen wir auf einem Rotmarmor-Epitaph die Dame, der wir diese ganze Festlichkeit zu verdanken haben: eine hübsche Person mit geschürzten Lippen, geblähten Nasenflügeln und sehr schönen Händen, die auf dem Arm eine riesige Spielzeugkirche trägt. Die Klostergründerin Gräfin Adelheid, hier in einer Darstellung des 15. Jahrhunderts, hätte sich im 11. Jahrhundert von Rechts wegen Gräfin von Megling-Frontenhausen-Marquartstein-Pütten-Sulzbach nennen können, denn sie schaffte es, sich in ihren dreißig Lebensjahren dreimal zu verheiraten, und besann sich schließlich auf dem Totenbett, eine fromme Stiftung zu tätigen. Auf dem Deckengemälde des Chorraums ist sie mit allen drei Ehemännern verewigt. Das große Fresko des Langhauses ist ein Fundstück für Fans dieser erzählfreudigen Kirchenmalerei, ein gewaltiger Bilderbogen aus dem Leben des heiligen Augustinus, der nichts ausläßt an abenteuerlichen Fährnissen und schließlicher Apotheose: stürmische Meerfahrten und mordlustige Türkenhorden, exotische Herrscher mit Papageien, Elefanten und

Palmbäumen, Mohren mit Krokodil, Teufelsversuchung und Irrlehrenbekämpfung; die Laster Eitelkeit, Spielsucht und Liederlichkeit sind durch Spiegel, Spielkarten und Musikinstrumente versinnbildlicht, und auch das Kind, welches das Meer mit einer Muschel ausschöpfen will, finden wir mit Hilfe des Opernglases.

Nach Trostberg müssen wir ein paar Kilometer auf der sehr verkehrsreichen Bundesstraße 304 fahren, an Firmengeländen, Mietskästen, Gewerbezonen vorbei, nicht gerade ein Augenfest. Aber für das Städtchen Trostberg, eigentlich ja ein Industriestandort, habe ich eine merkwürdige Vorliebe. Wir haben ja auf unserer kleinen Südosttour keine einzige Stadt berührt, nicht Miesbach, was kein großes Versäumnis ist, nicht das pittoreske Wasserburg, haben auch Rosenheim und Traunstein umfahren. Aber Trostberg muß sein – ich weiß nicht, was mich da so anheimelt. Vielleicht ist es das »Normale« des Kleinstadtalltags, das etwas Abseitige von den typischen Romantikrouten, das halb geschäftig, halb behäbig Typische eines altbayerischen Städtchens, jedenfalls gefällt es mir in Trostberg. Wenn man die Randzonen hinter sich hat und unterhalb der Altstadt parkt, dann hat man die sogenannte »Trostberger Orgel« vor Augen, eine Reihung überhöhter, schmaler Hausrückfronten mit hölzernen Laubengängen, wie Orgelpfeifen eben – wobei eine andere Deutung besagt, das gurgelnde »Georgel« aus den Aborten, die auf diesen Holzbalkonen untergebracht waren, sei für die Namensgebung verantwortlich. Über eine steile, gedeckte Treppe steigt man dann hoch zur Hauptstraße, die ganze Trostberger Altstadt besteht im Grunde aus einem einzigen Straßenzug, der sich verengt und platzartig erweitert, dem Nagelfluhuntergrund bergauf und bergab folgt in angenehmer Unregelmäßigkeit und bestückt ist mit sehr schönen, variantenreichen Blendgiebelfassaden. In der Mitte, auf einem Sockel mit altem Eisengeländer, die gotische Andreaskirche, mit einem ungewöhnlichen asymmetrischen Gewölbe im Inneren und einem besonders netten spätmittelalterlichen Weihnachtsrelief, vor dem ich schon manchmal eine Kerze angezündet habe. Auf der Hauptstraße und dem Vordermarkt ist in bekömmlicher Dichte und Überschaubarkeit versam-

Der Innenraum der Stiftskirche Baumburg

melt, was der Mensch so braucht, »Café Stinn« und »Buchhandlung Ursula Pfeifer«, eine richtig schöne bürgerliche Stadtwirtschaft namens »Pfaubräu«, Haushaltswarengeschäft und Papierladen, und Gott soll mich strafen, wenn ich solchen altmodischen, behaglichen Kleinstadtbummelsituationen jemals die widerlichen Einkaufszentren in den Gewerbegebieten vorziehen sollte (außer für Großgebinde billigen Katzenfutters einmal im Monat vielleicht). Und damit dann auch beitragen würde zur Misere des kleinen Fachhandels, der Verödung all unserer wunderbaren Altstädte, den mit Packpapier verklebten »Geschäftsaufgabe«-Schaufenstern, die sich häufen und häufen und einem jedes Mal ein bißchen den Hals zuschnüren. Mir macht jedenfalls das Einkaufen in den alteingesessenen Läden fremder Kleinstädte immer großes Vergnügen, und daheim habe ich dann Butterdosen, Frühstücksbrettchen oder Schreibtischunterlagen, die mich regelmäßig an früher mal besuchte Altstadtszenerien erinnern. So fahre ich aus Trostbergs wohltuendem Zentrum weiter mit einem zierlichen Milchaufschäumer, so was gehört sich ja im zeitgemäßen Haushalt, der mich nunmehr durch das ganze Salzkammergut und zurück begleiten wird.

Man ist in östlicher Richtung, nach Palling, bald wieder draußen im weiten Land und in einer besonders ruhigen, breit hingelagerten Bauerngegend, einem der stillsten Winkel des südlichen Oberbayern vielleicht. Keiner der Ortsnamen, Stöttling, Harpfetsham, Hörgassing, hat einen bekannten Klang, alles ist sehr friedlich und sich selbst überlassen. Wir geraten nun langsam in den Rupertiwinkel, Grenzland, altes salzburgisch-bayerisches Übergangsland; über 500 Jahre gehörte das Gebiet zum Fürstbistum Salzburg, bayerisch ist es erst seit 1816. Es ist ja auch benannt nach dem Salzburger Hausheiligen, und Salzburg ist für viele Einheimische die Metropole, nicht das wesentlich weiter entfernte München, wo man großstädtischen Belangen nachgeht. In Taching stoßen wir auf den gleichnamigen See, der nur durch einen schmalen Damm vom Waginger See getrennt ist, und hier ist wieder ein bißchen mehr los. Die beiden langgezogenen Rupertiseen mit ihren milden Wiesenufern gelten als die wärmsten bayerischen Gewässer und sind sehr beliebt für Baby- und Campingurlaube, was man ihnen streckenweise ansieht. Ein unvergleichlich anmutiger Punkt muß aber in jedem Fall aufgesucht werden. Das ist die einsam gelegene gotische Kapelle St. Koloman bei Tengling am Nordufer des Tachinger Sees, hoch über den doppelten Wassern und dem dunstigen Land, das sich dehnt bis zu den Reichenhaller Bergen. Um den Schnitzaltar des Rupertiwinkler Lokalmeisters Gordian Guckh zu betrachten, holt man sich den Schlüssel im Traumbauernhof nebenan. Er ist das einzige Altarwerk des Laufener Bildschnitzers und Malers, das in seiner Gesamtheit erhalten ist: von der Predella über Heiligengestalten und Reliefs bis zum goldenen Maßwerk des Gesprenges, ein Dekor, so zart wie Klöppelspitzen. Das ganze Ensemble von St. Koloman, der Übergang vom blaugoldenen Schimmern der gotischen Schnitzereien im dämmerigen Kapellenraum zum silbriggrünen Blitzen des Voralpenlands, wenn man dann wieder ins Freie tritt, macht es einen fast etwas duselig, so schön ist es, und wir werden uns den zweiten Gordian-Guckh-Altar in der Nähe, in St. Leonhard am Wonneberg, heute nicht ansehen, weil der Name »Wonneberg« viel besser hierher nach St. Koloman paßt.

Der Hauptort Waging dann ist ziemlich nervig, Urlaubergetriebe und üppiges Pensionsgewucher, und nachdem einer seiner zwei besonders prominenten Bürger, der selber einem Brezenknödel immer ähnlicher werdende Fernseh- und Prominentenkoch Alfons Schuhbeck, seinen Wirkungskreis aus dem »Kurhausstüberl« ans Münchner Platzl verlagert hat, ist Waging gnadenlos wieder zurückgeworfen auf das Image einer eher kleinbürgerlichen Planschsommerfrische. Den zweiten namhaften Waginger wird das nicht besonders bekümmern, den Bürgermeister Sepp Daxenberger nämlich, der immer noch das Unikat des einzigen grünen Ortsoberhaupts in Bayern darstellt und als solches sogar mit Zweidrittelmehrheit wiedergewählt wurde. Der vollbärtige gelernte Schmied und Biolandwirt, der im Fußballverein und bei den »Goaßlschnalzern« mittut, gern in Krachlederner und Janker auftritt, ist ein ausgefuchster Politprofi, medienbewußt und erfolgsorientiert, der nicht missioniert, sondern ge-

Waging am See

mächliche Überzeugungsarbeit leistet, der auch manchen konventionellen Bauern zugesteht, umweltschonend zu arbeiten, der gleichermaßen eine vernünftige Zufahrtsstaße und ein Biomassekraftwerk bauen läßt, einen Montessori-Kindergarten einrichtet und die Kommunalfinanzen saniert. Und daß ein Mannsbild wie Daxenberger in der ruralen Männergesellschaft Altbayerns besser vermittelbar ist als, sagen wir, die weiblichen Charismen von sowohl Claudia Roth als auch Angelika Beer, hat die grüne Landespartei begriffen und den Waginger unlängst zu ihrem Vorsitzenden gemacht.

Langsam nähern wir uns unserem letzten bayerischen Nachtquartier, morgen in aller Früh geht's nach Österreich hinüber. Wir könnten eher feudal im Waginger »Eichenhof« bleiben, der direkt am See liegt, und ebenfalls gourmetmäßig-edel, wenn auch nicht auf Schuhbeck-Höhen, im »Landhaus Tanner« zu Aglassing speisen. Sehr reich gesät sind die angenehmen Logis fürs einmalige Übernachten in dieser Gegend nicht – Familien- und Bauernhofquartiere gibt es dagegen reichlich. Wir haben uns dann das »Landhotel Seidl« in Holzhausen bei Teisendorf ausgesucht, weil es ruhig und mit schönem Gebirgsblick in einem kleinen Dorf liegt, viele Balkons und eine nette Terrasse hat und recht bequem ausgestattet ist. Aber einen Lieblingsabstecher möchten wir im Abendlicht nicht auslassen – die Tage sind ja lang und hell – und setzen unser kleines Gefährt noch mal bergwärts in Bewegung. In Teisendorf biegen wir hinüber auf die Straße nach Anger, lassen das reizvolle Wasserschloß Höglwörth und das auf einem Kamm aufgebaute Renommierdorf Anger diesmal rechts liegen und kurven bei der nächsten Gelegenheit die Serpentinenstraße links auf den Högl hinauf.

Der Högl ist einer dieser aussichtsreichen Inselberge, ein abwechslungsreicher, von Gehöften gesprenkelter Wald- und Wiesenrücken, der dem Hochgebirge direkt vor die Nase gesetzt ist, und alle seine Zwergsiedlungen haben »...högl« hinten drangehängt. In Kleinhögl zum Beispiel kann man das Auto stehenlassen und zu Fuß über Gschwendt oder Nesseltal nach Johannishögl hinüberlaufen, wo sich ein Kirchlein und ein alter Walmdachgasthof (auch mit Fremdenzimmern) zu einem ansehnlichen Zusammenstand gefügt haben. Von einer Bank ein paar Meter abseits hat man in der Tiefe auf einmal die ganze Stadt Salzburg im Blick, die schon ihre Lichter aufgesteckt hat: Airport-Landebahn, Walserfeld und vorstädtische Mooslandschaft vorm Untersberg, den Kirchenhügel von Gois, das Salzach-Band, den Festungsberg; diese Stadt übt eine saugende Macht auf uns aus, je öfter wir dort sind, desto mehr, und ein bißchen bedauern wir es schon, daß wir es auf der jetzigen Fahrt bei diesem Abendpanorama belassen.

Aber mein Lieblingplatz auf dem Högl ist die »Strobl-Alm«, fast auf der Höhe des unbedeutenden Gipfels, ebenfalls ein altes Wirtshaus mit vorgezogenem Walmdach und kleiner neugotischer Kapelle dabei, mit ein paar gellenden Pfauen als Haustieren und einem Geländergarten unter Bäumen, in einer dieser Fernblickskantenlagen, wo jeder meint, er könne losfliegen, mit großen Schwingenschlägen in den Einschnitt zwischen Lattengebirge und Untersberg segeln – und ist dieser Schneefetzen dahinten die Übergossene Alm? Da sitzen wir im Abendwind, der an der wie üblich ausgebreiteten Landkarte zerrt, an unserem Biergartentisch, und be-

Bei der Stroblalm…

schließen, daß wir morgen früh auf dem Weg nach Laufen an der Salzach, unserem Grenzübergang nach Österreich, noch ein paar Schritte in den nordisch ebenen Schönramer Filzen mit ihren Birkengruppen tun wollen. Und schielen doch immer wieder hinüber auf die Berchtesgadener Berge, deren Gipfel wir so gut kennen, nur ist das länger her. Und träumen uns dann beim Wein auf dem Högl, dieser kommoden Aussichtskanzel, doch zurück in jene hohen Lagen, die nur unter schönen Mühen zugänglich sind.

Zum Andenken an die Große Reibe

»Top 50« des Bayerischen Landesvermessungsamts ist ein gutes Computerprogramm. Ganz Bayern kann man da im Wandermaßstab 1:50000 auf dem Bildschirm abrollen lassen; alle möglichen Schikanen wie Schummerung, Höhenrelief und 3D-Ansicht gibt's auch. Da sitzt man also in seinem Schreibtischstuhl mit Pappbrille auf der Nase, und aus der Screen-Landkarte reckt sich einem die Schönfeldspitze entgegen wie das steile Backwerk, das Granatsplitter heißt. Und wenn man die Saugasse mit dem Mauszeiger entlangwandert, dann rechnet ein kleines Zählwerk jeden Höhenmeter nach.

Virtuelles Gebirge – lang her, daß man den schweißtreibenden Serpentinenanstieg zwischen Unter- und Oberlahner in den Knien und den Lungenflügeln gespürt hat. Ein faules Kind ist man gewesen, ein bequemer, bejahrterer Mensch geworden – aber dazwischen gab es die paar bewegten, drahtigen, luftigen Jahre des »Berg Heils«. Ich glaube, wir haben das wirklich auf erklommenen Gipfeln zueinander gesagt: »Berg Heil«, mit Handschlag und nur leichter Ironie. Gern im Berchtesgadner Land, denn dort stand einem die Familienwohnung als Talquartier zur Verfügung, mit ihren Schnitzvertikos und Fransenlampen und Ledersesseln aus Großonkels Zeiten – und aus ihrem Dämmer und etwas ältlich-staubigem Geruch rumpelten wir im Frühtau auf und davon, in unseren klobigen Meindl- und Lowastiefeln, zum ersten Schiff nach Bartholomä, zum Postbus an die Wimbachklamm. Tagelang würden wir oben bleiben, in der *anderen*, wilderen Welt, viele Etagen überm Alltag, in der *anderen* Zeit des langsamen Tritts und des zivilisatorischen Rückstands.

Das Bergsteigen war in den Sechzigern noch keineswegs ein Massenpläsier, und man konnte sich, nicht unerheblich für's Hoch-

Das Wimbachtal

gefühl, schon zünftig für was Besonderes halten, wenn die Schiffsbelegschaft auf dem Königssee der rein alpinistischen Morgenkundschaft das touristische Trompetensolo selbstredend ersparte, oder wenn man schnellen, bergwärts entschlossenen Schritts das wartende Sightseer-Fußvolk an der Wimbachklamm-Kasse hinter sich ließ.

Zu schnellen Angeberschritts, wie man rasch merkte: Tritt fassen, Atemrhythmus finden, langsamer werden. Den Rucksack aus khakifarbenem, verflecktem Tuch mit den filzgefütterten breiten Lederriemen auf den Schultern zurechtruckeln, Aranpullover und Schneehemd unter die Klappe zurren, es wird ein heißer Tag. Die dicken Wollstrümpfe auf die Knöchel hinunterschieben, die Knieschnallen (niemals rote Bändchen!) der kratzigen grauen Gabardinebundhosen aufmachen, Bandana falten und um die Schläfen binden, Labiosan kommt später auf die Lippen, wenn wir in der Fels- und Schneefelderzone sind. – Wir waren anders gekleidet auf unseren »Bergfahrten«, als es heute üblich ist. Kein knallbuntes Goretex, kein Fleece; verblichen, *jaded faded* und erdig waren unsere Farben: ausgewaschene Kleinkarohemden, angefilzte Wolle, manchmal sogar noch Popeline statt Nylon, die Regenkotzen schwarzgrün wie die »Bergmannderln«, die Salamander der Berchtesgadener Höhenlagen.

Der Anstieg durch die Schuttströme des Wimbachgries also zur »Großen Reibn« diesmal, der mehrtägigen Gebirgsumrundung des Königssees. Auf dem Weg zur Grieshütte überfallen einen Schroffheit und Unbändigkeit des Hochgebirges direkter als auf grünen Almpfaden: Gleich ist man zwischen Geröllhalden und schäumenden Wassern, zwischen urweltlichen Kalk- und Dolomitschichtungen, Findlingen und entwurzelten Baumriesen. Und bald sind – jedenfalls 1968 – die Wanderer winzig auseinandergelaufen: Wir sind allein mit unserem regelmäßigen Schnaufen, dem hellen Kalksplit-

Das Riemannhaus im Steinernen Meer

ter unter den Sohlen, den Silberdisteln ab und zu und dem hundstageblauen Himmel über den wildgezackten Palfelhörnern voraus. Die erste Rast dann auf einer grasigen Nase am Trischübelsattel, 1764 Meter sind wir jetzt hoch, am Hundstodgatterl, noch mal 400 Meter bergan, haben wir dann die Vegetationszone hinter uns gelassen, steigen seit geraumer Zeit nur noch durch Karren- und Schneefelder empor, aus denen uns manchmal ein Eiseshauch in die mittlerweile rotglühenden Gesichter weht. Am Ingolstädter Haus, schon zum österreichischen Pinzgau gehörend und unser erstes Nachtquartier, sind wir auf der Höhe des Steinernen Meers, jener wundersamen, weitläufigen Karstwüste, die mich in den damaligen Jahren hingerissen hat wie keine andere alpine Region.

Die Hütten... Wenn man jung und verliebt ist, was seinerzeit zutraf, bedeuten die Massenschlafräume, »Lager« genannt, mit ihren gefalteten »Fußende«-Kommißdecken, natürlich eine gewisse Härte.

Doch manchmal überläßt einem der Wirt eines seiner raren Zimmer, mit gerunzelter Stirn, denn für Jungbergsteiger gehört es sich nicht, verzärtelt und womöglich unzüchtig zu sein. (Und notfalls ist die Natur draußen weit und leer und hinreichend unübersichtlich.) Ob man sich vorm »Ingolstädter Haus« morgens draußen auf der Hausbank eiskalt aus einer Blechschüssel wäscht, beim Zähneputzen versonnen die Dießbachscharte hinunterspähend? Unser erster Gipfel: der Große Hundstod, ein leichter, aber sehr schöner Aussichtsberg. Berg Heil, und das Gipfelkreuzfoto habe ich noch – über die Jahre leuchtet mir meine rote Sonnenbrandnase entgegen. Dann die langen, vielfältigen, unerschöpflichen Querungen des Steinernen Meers – damals schon Klassiker, heute womöglich unerträglich überlaufen: Eichstätter Weg längs des Hollermaißhorns zur Ramseider Scharte, über die Schönfeldspitze zur Hochbrunnsulzen, am Toten Weib vorbei durch den Stuhlgraben ins Baumgartl, am Horizont allzeit Wildalmkirchl und Übergossene Alm… all dieser Namensklang bedeutete schon ein kleines Glück. Nirgendwo ist die deutsche Sprache ja phantasievoller als in ihren topographischen Benennungen, im Gebirge zumal, und man hätte sie dem überzeugten Niedersachsen Arno Schmidt entgegenhalten sollen, als er äußerte: »Here is my vote: Flachland.«

Nicht nur die Namen – die ganze leuchtende und weite, fremde und verrückte Landschaft über der Baumgrenze: dieses erstarrte Kalkmeer mit seinen Wellenbewegungen und Wogenkämmen, seinen Schlünden und Tiefenwirbeln aus blendendem Fels. Mit diesem Formenreichtum der ausgewaschenen Rinnen, Karren und Dolinen; und im Weitblick über diesen buckeligen Ozean aus Ramsaudolomit und Dachsteinkalk, wie ferne Inseln, die firnig-blauen Höhen der Zentralalpen, der Hohen Tauern. Das weiche Sausen in der Luft – abheben möchte man ständig. Levitation! Und manchmal scheint es nur die Klumpfußschwere der guten Meindl-Bergstiefel aus angerauhtem Nubukleder zu sein, welche einen am Boden hält.

Im Stuhlgraben und Baumgartl stiegen wir wieder in die Vegetationszone hinab, windstill, heiß ist es hier und harzig, unter den Zirben, fast schwarz die Nadeln, zimtbraun die Stämme, die blühenden Steingärten der Polsterpflanzen, so schön wie in einem botanischen Alpengarten angelegt. Und dann die recht zahmen, täppischen Murmeltiere um den Funtensee. Eines sehen wir, das jede Glockenblume einzeln zwischen die Pfoten nimmt und ihnen die blauen Blüten abbeißt. Abends im »Kärlinger Haus« singen wir dann mit bei »Bergvagabunden sind wir, ja wir« und »La Montanara«. Paßt schon…

Paßt auch, daß es auf dem Weg zur Wasseralm regnet, am nächsten Morgen. Die *andere* Gebigsstimmung, graugrün, alles tropft. Verhangenheit, nur Nahsicht, schräg steigende weiße Schwaden vor Wänden und Steilhängen. Man muß die Augen ohnehin auf dem Pfad halten, wegen der sehr unbeholfenen Bergmannderl, die bei Nässe scharenweise auf den Wegen herumkriechen. Der Freund geht voraus, man sieht im Nebel nicht mal bis zur nächsten Biegung, und ist schon verschluckt. Rascheln und Drippeln, allein in einer steilen, klammen Welt, kribbelig ist das und schön, da vorn, das muß der Schwarzsee sein, und der legendäre Tiefblick vom Halsköpfl auf den Königssee ist nur ein wabherndes Loch. Auf der damals noch unbewirtschafteten »Wasseralm«, dieser wunderschönen Holzhüttenunterkunft, sind wir, o Wunder, ganz für uns allein. Wir müssen Feuer gemacht haben, Kleider getrocknet, gelesen. Unterm Schindeldach auf der Hausbank gesessen, den Regenströmen und dem Brunnengluckern gelauscht haben; vielleicht haben wir ein paar der großblättrigen, stickstoffliebenden Pflanzen der »Lägerfluren« rund um die Almhütten bestimmt: Alpenampfer, Weißer Germer, Filziger Alpendost. Morgen ist unser letzter Tag in der Höhe…

Wir sind dann noch, an einem durch den Regen herrlich aufgefrischten Sommertag, die »Reibn« zu Ende gegangen bis zum Torrener Joch, durch die Röth über Kahlersberg und Schneibstein. Von der »Fischunkelalm« haben wir die Kuhglocken ins Landtal hinauf gehört und vom Kahlersberg weit ins unwegsame, latschenbewachsene Hagengebirge hineingeschaut, das hauptsächlich den Steinböcken und Gamsrudeln gehört. So viel gäbe es noch, was man sich erlaufen möchte, nur erlaufen kann, denn dieser ganze Kosmos bleibt, im glücklicherweise wenig bergbahnerschlossenen Berchtesgadener Land, jenen verschlossen, die nicht ihre Füße bemühen. Wir haben das ausgiebig getan und sind nicht schlecht stolz auf uns, beim fast rennenden Talabstieg vom Stahlhaus in die Zivilisationstiefen, erfüllt von einer Mischung aus schlenkrigem und zähledernem physischen Wohlgefühl, alle Sinne animiert und »auf der Höhe« – der Geruchssinn leider auch, denn ein Schaumbad haben wir jetzt nötig. Und dann vielleicht das Schwabenwirt-Kino. Und das nächste Mal? Teufelshörner? Torscharte und Hochkönig?

Dreiunddreißig Jahre später betrachte ich meine alten Schwarzweißpostkarten von Foto-Ammon, und sehe, wohin ich es überall *nicht* geschafft habe. Soll sich ja auch gründlich verändert haben: Hinter jedem Felsen könnte gleich ein Handy losdudeln, Mountainbiker und Bergjogger in Durastretch-Microhosen gehen mir auch aufs altmodische Gemüt. Und der Gletscher Übergossene Alm sei bloß noch ein Rudiment und verdiene seinen Namen längst nicht mehr, höre ich… Es gibt immer was zu meckern für den an Jahren fortgeschrittenen Mißgünstling, der die heute Jungen und Kernigen manchmal doch ganz schön sehnsüchtig beneidet um *ihre* taufrischen Höhenräusche. Aber, wie heißt die berühmte Sentenz, deren Trostgehalt sich immer mehr erschließt: Die Erinnerung ist das einzige Land, aus dem einen niemand vertreiben kann? Und in der Erinnerung leuchten die Berchtesgadener Berge herüber, als seien ihre kleiner gewordenen Firnfelder aus geschmolzenem Silber, als sei ihr heller Kalkfels übersponnen mit Gold.

Die beschriebene Bergtour ist eine Fünf-bis-Sechstagetour für trittsichere Bergwanderer mit entsprechender Ausrüstung, die sich aber vielfältig abkürzen und verlängern läßt.
Ausgangspunkt:
Haltestelle Wimbachklamm zwischen Berchtesgaden und Ramsau.

1. Tag:
Wimbachklamm – Trischübelsattel – Hundstodgatterl – Ingolstädter Haus (2119 m), 14 Betten, 83 Matratzenlager, ✆ 0043 / 6582 / 8353

2. Tag:
Ingolstädter Haus – Großer Hundstod – Eichstätter Weg – Riemannhaus (2177 m), 20 Betten, 120 Lager, ✆ 0043 / 6582 / 73300
3. Tag:
Riemannhaus – Schönfeldspitze – Hochbrunnsulzenscharte – Totes Weib – Stuhlgraben – Kärlinger Haus (1630 m), 48 Betten, 283 Lager, ✆ 08652 / 948837
4. Tag:
Kärlinger Haus – Viehkogel – Grünsee – Schwarzsee – Wasseralm in der Röth (nur Lager, kein Telefon)
5. Tag:
Wasseralm – Röthsteig – Landtal – Hochgschirrsattel – Kahlersberg – Schneibstein – Carl-von-Stahl-Haus (1736 m), 24 Betten, 70 Lager, ✆ 08652 / 2752
6. Tag:
Stahlhaus – Priesbergalm – Unterer Hirschenlauf – Gotzenalm – Regenalm – Kaunersteig – Königsseeabstieg (steil!) nach Salet.
Achtung auf letztes Schiff, keine Übernachtungsmöglichkeit!

Führer:
Alpenvereinsführer Zeller / Schöner: **Berchtesgadener Alpen**
Karten:
AV-Karten **1:25 000 Steinernes Meer** und **Hochkönig / Hagengebirge**
Topographische Karte **1: 50 000** des Bayerischen Landesvermessungsamts **Berchtesgadener Alpen**

Übernachtung im Tal,
wo nach den Hüttenentbehrungen vielleicht etwas Komfort erwünscht ist:
Stolls Hotel Alpina mit beheiztem Pool, Sauna/Solarium, großzügigem Park, ÜF pro Person 36 – 87 Euro.
Ulmenweg 14, 83471 Berchtesgaden, ✆ 08652/6590
www.stolls-hotel-alpina.de
Berghotel Rehlegg, mit guter Küche und Wellness-Zentrum, ÜF 51 bis 87 Euro,
Holzgasse 16-18, 83486 Ramsau, ✆ 08657/1214
www.hotel-rehlegg.de

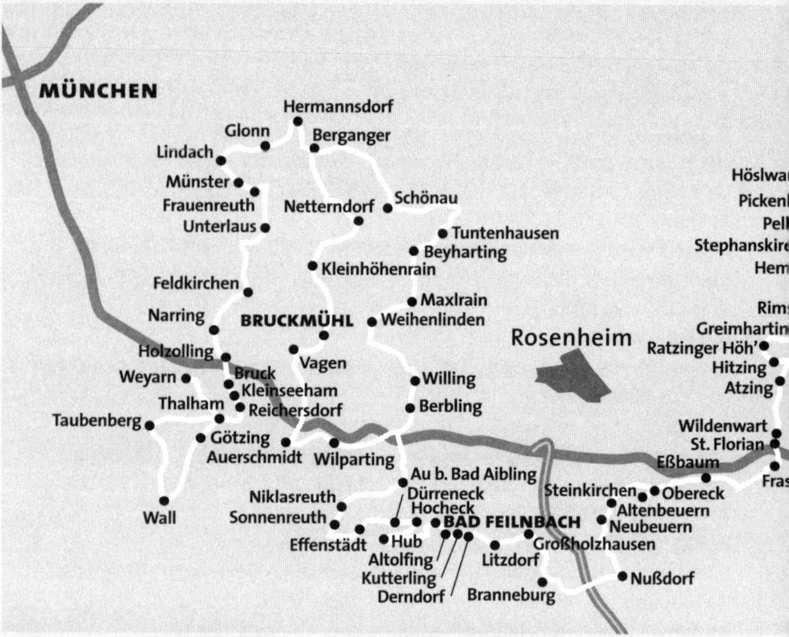

CHIEMGAU REISEHINWEISE ALLGEMEIN

Routenverlauf Zwei-Tage-Fahrt München zur österreichischen Grenze
(Die Strecke ist auch nicht entfernt linear, sondern ein abenteuerliches Zickzack: ich habe keine bessere Möglichkeit gefunden, um in zwei Tagen möglichst viel anzusehen)

1. Tag: München – Herrenchiemsee
München – Weyarn – Thalham – Taubenberg – Wall – Gotzing – Thalham – Reichersdorf – Kleinseeham – Bruck – Holzolling – Naring – Feldkirchen – Unterlaus – Frauenreuth – Münster – Lindach – Glonn – Hermannsdorf
(**Variante A:** Hermannsdorf – Netterndorf – Kleinhöhenrain – Bruckmühl – Vagen – Auerschmied – Wilparting – Au bei Bad Aibling)
(**Variante B:** Hermannsdorf – Berganger – Schönau – Tuntenhausen – Beyharting – Maxlrain – Weihenlinden – Willing – Berbling – Au bei Bad Aibling)
Au – Niklasreuth – Sonnenreuth – Effenstätt – Feilenberg – Dürreneck – Hocheck – Hub – Bad Feilnbach – Altofing – Kutterling – Derndorf – Litzldorf – Großholzhausen – Brannenburg – Nußdorf – Neubeuern – Altenbeuern – Obereck / Samerberg – Steinkirchen – Eßbaum – Achenthal – Grainbach – Frasdorf – St. Florian –

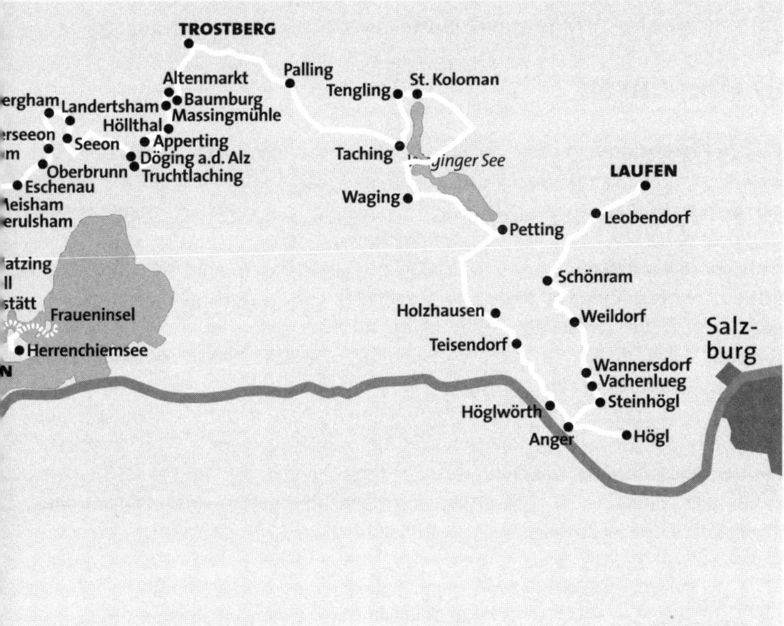

Wildenwart – Atzing – Zacking – Haimling – Hitzing – Ratzinger Höh' – Greimharting – Pinswang – Prien / Stock – Herrenchiemsee

2. Tag: Herrenchiemsee – Laufen an der Salzach

Herreninsel – Fraueninsel – Prien – Rimsting – Hochstätt – Zell – Natzing – Hemhof – Stephanskirchen – Pelham – Höslwang – Pickenbach – Aufham – Unterulsham – Meisham – Eschenau – Oberbrunn – Klosterseeon – Großbergham – Landertsham – Seeon – Döging an der Alz – Truchtlaching – Apperting – Höllthal – Massingmühle – Altenmarkt – Baumburg – Trostberg – Palling – Taching – Tengling – St. Koloman – Waging – Petting – Holzhausen bei Teisendorf (Ü) – Teisendorf – Höglwörth – Anger – Högl (Stroblalm) – Steinhögl – Vachenlueg – Wannersdorf – Weildorf – Schönram – Leobendorf – Laufen / Salzach

KARTEN:

Generalkarte **1: 200 000**, Großraumausgabe **Donau**, **München**, **Oberbayern**
Topographische Karte **1: 50 000**, Bayerisches Landesvermessungsamt München, Großblätter **Mangfallgebirge**, **München-Ost Ebersberg**, **Chiemsee**; Einzelblatt **Laufen**

ÜBERNACHTEN

Gasthof Mehringer, Miesbacher Str. 15, 83627 Warngau / Wall, ✆ 08025 / 1551 www.hotel-mehringer.de, alteingesessenes, eher sachliches Dorfgasthaus in ruhiger Ortschaft, gute Ausgangslage für die schöne Bauernhoflandschaft um den Taubenberg (ÜF ab 21 €, Apt. für zwei Personen 40 €).

Berghotel Aschbach, Aschbach 3, 83620 Feldkirchen-Westerham, ✆ 08063 / 80660, www.berghotel-aschbach.de, gepflegter Landgasthof gehobenerer Kategorie in herrlicher Aussichtslage (ÜF ab ca. 44 €).

Haflhof, Killistr. 6, 85658 Münster / Egmating, ✆ 08093 / 2314, www.haflhof.de, altes Dorfgasthaus in kleiner Ortschaft westlich Glonn, zu einem bequemen »Flair-Hotel« umgewandelt, sehr schöner, schattiger Biergarten, gute Küche, sehr gute Weine und Schnäpse, angenehme ruhige Spaziergangsgegend (ÜF ab ca. 45 €).

Landgasthof Schöne Aussicht, 83620 Kleinhöhenrain, ✆ 08063 / 8663, direkt neben der Dorfkirche an aussichtsreicher Hangkante gelegener bürgerlicher Ausflugsgasthof, günstige Lage für das Lena-Christ-Land um Glonn und den Bairer Winkel (ÜF ab 32 €).

Auch der **Gasthof Gröbmeyer** im kleinen Netterndorf, ✆ 08093 / 5337, ein paar Kilometer nördlich, hat ein paar Fremdenzimmer, und dort kocht die Wirtin besonders gut.

Gut Sonnenhausen, Sonnenhausen 2, 85625 Glonn, ✆ 08093 / 5777-0, www.sonnenhausen.de, farbenprächtiges Jugendstil-Gut mit Türmchen und Erkern, in ähnlicher Architektur und auch zum Öko-Empire der »Hermannsdorfer Landwerkstätten« gehörig. Eigentlich ein ziemlich ausgebuchtes Seminarhotel, mit geschmackvoll-schlichten, baubiologischen Zimmern (besonders schön die im Dachgeschoß), wenn man aber ca. eine Woche vorab anruft, lassen sich auch Einzel-Arrangements treffen (ÜF dann auf Anfrage).

Landgasthof Auerschmied, Auerschmied 2, 83737 Irschenberg, ✆ 08025 / 1380, www.auerschmied.de, ländliches Wirtshaus mit rustikalen Fremdenzimmern, in nettem, abgelegenem, mit Goldschmieden und Ateliers etwas künstlerisch angehauchten Dorf, in der zum Laufen und Radeln sehr schönen Voralpenlandschaft südlich des Irschenbergs (ÜF ab ca 26 €).

Rösler-Haus, Kogl 2-4, 83730 Fischbachau-Hundham, ✆ 08066 / 1601 (Christine Schmitt), eines der apartesten, individuellsten und kultiviertesten Logis im ganzen bayerischen Oberland, siehe S. 45f. (ÜF ab ca. 40 €).

Schloßwirt, Kirchplatz 1, 83098 Brannenburg, ✆ 08034 / 70710, www.schlosswirt.de, Traditionswirtshaus mit Künstlervergangenheit im alten Kern von Brannenburg, angenehme Gaststuben, Zimmer renoviert mit normalem Komfort (ÜF ab ca. 30 €).

Der **Samerberg**, wo man sehr gern über Nacht bliebe, hat zwar eine Menge schöner Bauernhofquartiere zu bieten, doch die sind auf den einmaligen Übernachtungsgast meist nicht so eingestellt. Mit Hotels / Pensionen sieht es dürftiger aus. Ein einfaches Gasthaus im Rustikalsstil ist das **Jägerhäusl**, Holzmann 18, ✆ 08032 / 8330, schöne Südterrasse (ÜF ab 19 €).

Die **Post** im Hauptort Törwang, ✆ 08032 / 8613, www.hotel-post-samerberg.de, (ÜF ab ca.30 €) ist im Jodelstil überladen und das **Duftbräu** im Talschluß, ✆ 08032 / 8226, (ÜF 23 €) auch im alpinen Einheitslook renoviert. www.duftbraeu.de

Landgasthaus Karner, Nußbaumstr. 6, 83112 Frasdorf, ✆ 08052 / 4071, www.landgasthof-karner.de, nobles Vier-Sterne-Quartier in denkmalgeschütztem Bauernhaus am Frasdorfer Ortsrand, Garten, Schwimmbad, Zimmer, prämiertes Restaurant – alles vom etwas aufgebrezelten Feinsten (ÜF ab ca. 50 €), auch teurere Suiten.

Posthotel Sachrang, Dorfstr. 7, 83229 Aschau / Sachrang, ✆ 08057 / 90580, www.posthotel-sachrang.de, seit kurzem stilvoll und mit edlem Geschmack renovierte uralte Herberge in dem Chiemgauer Bilderbuchdorf. Gepflegte Zimmer, ruhiger Garten, angenehme Gasträume, Küche regional mit Ambition, (ÜF ab ca. 40 €).

Wirt von Persdorf, Persdorf 3, 83083 Riedering / Simssee, ✆ 08036 / 8613, www.wirt-von-persdorf.de, behutsam modernisierte alte Bauernwirtschaft im schönen Buckelland zwischen Chiemsee und Simssee, Terrasse mit weitem Bergblick, verschiedene Stuben und Gewölbe, Küche mit heimischen Produkten, jahreszeitliche Karte, auch Vegetarisches. Alle Gästezimmer neu hergerichtet (ÜF ab 25 €, an Wochentagen mit Halbpension günstiger).

Schloßhotel Herrenchiemsee, 83209 Herrenchiemsee, ✆ 08051 / 62101, www.schlosshotel-herrenchiemsee.com, angejahrtes, etwas verblichenes aber von Lage und Tradition unschlagbares Inselhotel mit viel Atmosphäre *nach* dem täglichen Gästeansturm. Siehe S. 68 f. Eigener Privatstrand mit Steg an der Nordspitze (ÜF ab ca. 40 €).

Inselhotel zur Linde, Haus Nr. 1, 83256 Fraueninsel im Chiemsee, ✆ 08054 / 90366, www.inselhotel-zurlinde.de, Erstes Haus auf der Fraueninsel, gepflegtes Landhotel mit Countrystil-Komfort, auch alte Stuben mit Künstlerkolonie-Reminiszenzen, eigener kleiner Garten für Hausgäste (ÜF ab 55 €).

Etwas günstiger wohnt man beim **Inselwirt**, ✆ 08054 / 630, im uralten Gerichtsgebäude der Insel, mit Dachschrägen und direktem Seezugang (ÜF ab ca. 40 €).

Lambachhof, Lambach 8, 83358 Seebruck, ✆ 08667 / 87990, www.hotel-lambach.de, gediegenes Landhotel mit Tradition, am nicht sehr verbauten Westufer zwischen Gstadt und Seebruck gelegen, eigener Strand über die Straße, gepflegte, etwas bejahrte Räumlichkeiten, neues Wellness-Zentrum (ÜF ab ca. 45 €).

Der **Malerwinkel** direkt am See ist neueren Datums, bietet ebenfalls gehobenen

Komfort, ist mir aber zu dekoverliebt aufgeschnaast. ✆ 08667 / 88800 (ÜF ab ca. 46 €).

Zur schönen Aussicht, Kirchplatz 9, 83129 Höslwang, ✆ 08055 / 483, www.gasthaus-gehrlein.de, bürgerliches Dorfgasthaus, renoviert, Küche durchschnittlich, nur wegen der wirklich einmaligen Panoramalage hoch überm nördlichen Chiemgau und der Eggstätt / Hemhofer Seenplatte (ÜF ab ca. 30 €).

Landgasthof Griessee, Großbergham 16, 83119 Obing, ✆ 08624 / 2280, www.griessee.de, im Dekor etwas überständig sechzigerjahrehaft wirkender Lüftl-Landgasthof in ruhiger Lage nahe Seeon. Aber sehr freundliche Atmosphäre, sehr gute Küche, eigener Badesee mit Holzbadeanstalt, viele Stammgäste (ÜF ab ca. 25 €).

Kloster Seeon mit seinen alten, weitläufigen Räumlichkeiten ist heute Tagungsstätte und Kulturzentrum, selbst der Klosterwirt mit seinem schönem Gewölbekeller und der hölzernen Seeterrasse ist nur noch wochenends für normale Gäste zugänglich. Man kann aber in Seeon auch privat wohnen, während der Mozartwoche und anderer Kulturereignisse z. B. und zu tagungsfreien Zeiten. ✆ 08624 / 897-424, www.kloster-seeon.de (ÜF dann 47 €).

Eichenhof, Angerpoint 1, Waging am See, ✆ 08681 / 4030, www.hotel-eichenhof.de, schöne Quartiere im fernen Osten Oberbayerns, im Rupertiwinkel, gibt es nicht allzu reichlich. Der Eichenhof ist ein komfortables Country-Hotel mit eigenem Seezugang, Booten und Golfmöglichkeit, Landhausstil in voller Blüte aber bequem (ÜF ab 56 €).

Weitaus preiwerter, einfacher und »familienfreundlicher« geht es im Gasthof **Seehaus** zu, am kleinen Weitsee südlich des Waginger Sees gelegen, 83367 Petting, ✆ 08686 / 98810, www.gasthof-seehaus.de, hier kann man mit Balkon schon für 27 € übernachten, und Rehbraten oder Zander gibt es ab 11 €.

Landhotel Seidl, Holzhausen 1, 83317 Teisendorf, ✆ 08666 / 8010, www.landhotel.de, größeres, etwas kurhausartiges Hotel, ruhig in kleinem Dorf gelegen. Viele Holzbalkons, schöner Bergblick, Hallenbad und Wellnessbereich, großer Garten und Sonnenterrasse, Zimmer recht wohnlich (ÜF ab ca. 40 €).

Berggasthof Johannishögl, Johannishögl 3, 83451 Piding, ✆ 08656 / 397, www.berggasthof-johannishoegl.de, auf der Ostseite des landschaftlich schönen Bergrücken Högl gelegenes gemütliches Walmdachwirtshaus mitten in der Landschaft, mit kleiner Kirche dabei und Blick hinunter nach Salzburg, bayerische Küche, hausgemachte Kuchen, bürgerlicher Komfort (ÜF ab ca. 30 €).

Eine gepflegte Unterkunft mit hohem Komfort im Rupertiwinkel ist der **Hotel-Gasthof Moosleitner**, Wasserburger Str. 52, 83395 Freilassing, ✆ 08654 / 63060, www.moosleitner.com, am Rand der leider gar nicht schönen Stadt Freilassing. Besucher der nahen Salzburger Festspiele sind hier gern Stammgäste.

Berggasthöfe Chiemgau:

Berggasthof Sagberg, 900 m, Sagberg 2, 83112 Frasdorf, ✆ 08052 / 620, abgelegene Hochlage mit prächtigem Rundblick über Berge und Alpenvorland, einfache Zimmer (ÜF ab 20 €), nur teilweise mit Dusche / WC.
Gschwendtner-Hof, 823 m, Hintergschwendt 8, 83229 Aschau, ✆ 08052 / 4081, auf Hochplateau zwischen Chiemsee und Kampenwand gelegener schöner alter Gasthof, regionale Küche, (hier versteckten sich die Töchter des letzten bayerischen Königs auf ihrer Flucht vor der Räterepublik), Ferienwohnungen mit Balkon, Liegewiese, Sauna (ab 42 €).
Berggasthof Streichen, 810 m, Streichen 1, 83259 Schleching, ✆ 08649 / 265, an einem der pittoreskesten Plätze des ganzen Chiemgau kann man auch übernachten: in einem alten Mesnerhaus von 1435, das zur unmittelbar oberhalb gelegenen Streichenkapelle gehört, mit ihren Fresken und Schnitzaltären einer der schönsten und bedeutendsten gotischen Kirchenräume Bayerns. Dazu noch herrliche Aussichtslage mit Blick aufs Achental und den wegen seiner Pflanzenpracht geschützten Geigelstein, ein gemütlich in Wiesen und Kies verstreuter Biergarten, bodenständige bayerische Küche, niedrige uralte Wirtsstube. Die paar Fremdenzimmer haben nur Etagendusche (ÜF 16 – 18 €).

Urlaub auf dem Bauernhof

In den meisten Regionen des südöstlichen Oberbayern gibt es eine reiche Auswahl an zum Teil wunderschön gelegenen, denkmalgeschützten Bauernhöfen, wo die Quartiere und Ferienwohnungen in der Regel immer komfortabler werden. Üblicherweise sind die Vermieter auf etwas längere Urlaubszeiten eingestellt, Kurzaufenthalte sind aber häufig bei geringem Aufgeld möglich. Bebilderte Unterkunftsprospekte und Internet-Listen über die Fremdenverkehrsämter (und auch alle sonstigen Infos, Karten etc.)
Für **Miesbacher Region**, **Tegernseer Hinterland**, **Irschenberg** etc: über Tourismusregion Oberbayern, Bodenseestr. 113, 81243 München, ✆ 089 / 8292180, www.oberbayern-tourismus.de/regionen/tegernseertal
Ebenfalls für die **Miesbacher Gegend**, **Hundham**, **Fischbachau**, **Feilnbach**, **Auerberg** etc: Anbietergemeinschaft Miesbacher Alpenland, Bahnhofstr. 13, 83620 Feldkirchen-Westerham, ✆ 08063 / 81030. Die hervorragende Internetseite »Landleben« (www.urlaubaufdembauernhof.de) informiert ausführlich über viele Höfe dieser besonders lohnenden Gegend.
Für **Inntal**, **Samerberg**, **Rosenheimer Hinterland**: Kur- und Tourismusverband Wendelstein Rosenheimer Str. 5, 83098 Brannenburg, ✆ 08034 / 7710, www.

wendelstein-ist-inn.de, außerdem Tourist-Info Samerberg, Dorfplatz 3, 83122 Samerberg, www.samerberg.de
Für den **westlichen Chiemgau**: Chiemsee-Tourismus, Felden 10, 83233 Bernau / Chiemsee, www.mychiemsee.de
Für den **östlichen Chiemgau**, **Alztal** etc: Tourismusverband Chiemgau, Landratsamt, 83276 Traunstein, ✆ 0861 / 58223, www.chiemgau-tourismus.de
Für den **Rupertiwinkel**: Fremdenverkehrsverband Rupertiwinkel, Bahnhofstr. 2, 83395 Freilassing, ✆ 08654 / 2312, www.rupertiwinkel.de

Wie man an dieser Aufstellung sehen kann, ist das Tourismusgewerbe ein verwickeltes, teilweise überschneiden sich die Zuständigkeitsbereiche der konkurrierenden Fremdenverkehrsbüros, und jeder Ort hat meist noch seine eigene Adresse.
Für **Bauernhofurlaub in ganz Bayern**: Landesverband Urlaub auf dem Bauernhof in Bayern, Kaiser-Ludwig-Platz 2, 80336 München, ✆ 089 / 594312, www.uadby.de

Hier eine kleine subjektive Auswahl aufgrund von freier Einzellage, traditionellen Bauformen oder angenehmer Atmosphäre besonders reizvoller Bauernhöfe mit Vermietung:
In der reizvollen Haglandschaft südlich des Taubenbergs kann man z. B. auf dem **Draxlerhof**, Stillner 15 (✆ 08021 / 316) oder dem **Hof Vorderweidenau** (✆ 08025 / 2342) Quartier finden. Auf der Miesbacher Höh' in schöner Alleinlage finden sich u. a. die Anwesen **Grundnerhof** (✆ 08025 / 1224), **Schweinberghof** (✆ 08022 / 75930) und **Waldhof** (✆ 08025 / 8295). Auf der Anfahrt zum besonders idyllischen Auerberg liegt in Paulreuth bei Au der **Beifeichthof** der Familie Mayer mit oft ausgezeichneter Obstbrennerei (✆ 08064 / 660). Auf dem Auerberg ganz besonders schön und mit gemütlichen, nicht 0815-eingerichteten Ferienwohnungen der Biolandbetrieb **Grünberghof** (✆ 08028 / 601), außerdem z. B. der **Pfeifferhof** in Sonnenreuth (✆ 08025 / 6617), die Höfe **Kaltenbrunn** (✆ 08066 / 467), **Schnellsried** (✆ 08064 / 462), **Wetzelsberg** (✆ 08066 / 1430), **Kogl 3** (✆ 08066 / 1600). In schöner Panoramalage inmitten von Obstgärten liegt oberhalb von Au der besonders gepflegte Hof **Beim Berger** der jungen Familie Spann mit bequemen FeWos und eigener Brennerei. (✆ 08064 /3 29, www.beimberger.de)
Über Brannenburg in aussichtsreicher Alleinlage findet sich z. B. der **Altenburgerhof** (✆ 08034 / 8863). Mein Lieblingsgehöft am Samerberg ist der **Talerhof** bei Steinkirchen, ein Demeter-Hof mit traditioneller Fassade aus unverputzten »Bachkugeln«, umgeben von Wiesen und Obstgärten, mit zwei besonders angenehmen, schlicht-geschmackvollen Ferienwohnungen, mit Gewölbe und mit Balkon. (✆

08032 / 8202, www.talerhof-riedl.de). Einladend sind am Samerberg aber beispielsweise auch die traditionsreichen Höfe **Laberg 1** (✆ 08032 / 8266), **Moserhof** (✆ 08032 / 8739), **Feichtnhof** (✆ 08032 / 3216, www.feichtnhof.de), der **Huberhof** in Untereck mit Panoramablick (Tel. 08032/8266) und der **Unterwildenrieder Hof** (✆ 08032 / 8691) auf dem Weg nach Frasdorf hinunter, und etliche Urlaubsbauernhöfe mehr.

Hoch über dem Chiemseewestufer liegt am Ortsrand von Hittenkirchen der **Rederhof** (✆ 08051 / 2171) und im Weiler Giebing der **Lippschneiderhof** (✆ 08051 / 4683). Auf der besonders aussichtsreichen Ratzinger Höh finden wir den **Heißenhof** (✆ 08051 / 4123, www.heissenhof-online.de). Der Hof **Beim Fischer** in Eschenau (✆ 08056 / 1720) befindet sich im Landschaftschutzgebiet des etwas melancholischen Weitmooses, und der **Gabrielhof** in Seeon / Roitham ist ein schönes Beispiel einfach verputzter Chiemgauer Bauernhofarchitektur. In der Nähe von Truchtlaching, direkt an den Schleifen der Alz, mit eigenen Badestegen und Wiesen zum Fluß liegen die Gehöfte **Höllthal-Mühle** (✆ 08621 / 7493), **Apperting** (✆ 08667 / 83376) und **Niesgau 5** (✆ 08667 / 925). Und im Rupertiwinkel ist ein sehr schöner, breitgelagerter denkmalgeschützter Walmdachhof das Gehöft **Hochhorn**, in herrlicher Einzellage bei Neukirchen (✆ 08666 / 1591). Am Högl gibt es diverse Bauernhöfe mit Ferienangeboten, einen schönen Bergblick bietet z. B. der **Hinterreiterhof** in Lebloh 14 (✆ 08656 / 1379).

ESSEN UND TRINKEN

Berggasthof Taubenberg, Taubenberg 13, 83627 Warngau, ✆ 08020 / 1705, www.taubenberg.de, schönes verwittertes Holzbauernhaus hoch auf dem Taubenberg mit prächtigster Rundsicht; dem konsequent biologisch wirtschaftenden Gasthof (nur Wochenenden ganztags geöffnet) ist ein Naturland-Agrarbetrieb angegliedert mit Limousin-Rinderzucht, Schwäbisch-Hällischen Schweinen, Schwarzkopfschafen, Gemüsezucht etc. Produkte wie Biokuchen und -würste kann man auch mitnehmen, frisches Fleisch bester Ökoqualität vorbestellen. Schöner einstündiger Rundweg zur Kapelle Nüchternbrunn.

Gotzinger Trommel, Gotzing, 83629 Weyarn, ✆ 08020 / 1728, gemütliches altmodisches Dorfwirtshaus mit bodenständiger Küche, schöne Umgebung zum Wandern und Radeln, 2 km westlich in altem Gehöft das »Kunstkabinett Zehenthof« (✆ 08020 / 840) mit wechselnden Ausstellungen. Mo/ Di Ruhetag.

Gasthof Goldenes Tal, Naring 19, 83629 Weyarn, ✆ 08063 / 328, in der hübschen Auenlandschaft des etwas abseitigen Goldenen Tals gelegener größerer Ausflugsgasthof mit guter bayerischer Küche, z. B Bärlauchcremesuppe, Spanferkel, Forelle oder Tellerfleisch. Mo Abend und Di Ruhetag.

Beim ebenfalls gelobten **Kreuzmair** in Holzolling, Westerhamer Str. 12, ✆ 08063 / 324, Mo/Di Ruhetag, finde ich die Preise für die zugegeben gute regionale Küche etwas sehr kernig.

Fentbach ein paar Kilometer westlich hat mit dem **Gasthof Lindl** ein putziges kleines Dorfwirtshaus mit bayerisch-österreichischen Spezialitäten. Mitterkirchner Str. 1, 83629 Fentbach, ✆ 08020 / 260, Mi Ruhetag.

Der **Gasthof Bruckmühle**, Mühlthal 3, bei Weyarn, ✆ 08020 / 20224, Mo/Di Ruhetag, kocht ebenfalls steirisch-österreichisch.

Hermannsdorfer Schweinsbräu, Hermannsdorf 7, 85625 Glonn, ✆ 08093 / 909445, www.hermannsdorfer.de, das Restaurant in einer mit viel Glas und Balkenwerk umgebauten großen Scheune profitiert von der erstklassigen Naturbelassenheit der Öko-Lebensmittel aus den Hermannsdorfer Landwerkstätten. Ausgezeichnete, anspruchsvolle regionale Gourmet-Küche von Thomas Thielemann (zwei Hauben bei Gault-Millau), auch Kaffee/Kuchen und Brotzeiten am Wochenende, ziemlich kostspielig. Der dito nicht gerade preiswerte, aber sehr verführerische »Hofmarkt« auf dem Hermannsdorfer Gelände hat täglich außer So/Mo geöffnet und schließt während der Mittagsstunden.

Café Bauer, Schloßstraße 20, Wildenholzen bei Glonn, ✆ 08093 / 1418, ein kurioser Ort für Preisbewußte, uriges Gasthaus mit Biergarten in der Wiese, das riesige Sahnetorten, Obstkuchen, Schokoladentorten zu sehr günstigen Preisen fabriziert, aber auch die Brotzeiten sind nicht teuer. Lustig gemischtes Publikum aus schwänzenden Schülern, Rentnern, Wanderern. Der Spitzname »Café Hennadreck«, sehr unbeliebt bei den Betreibern, aber unausrottbar, deutet nicht auf hygienische Verhältnisse hin. Do/Fr Ruhetag.

Im **Bairer Winkel**, dieser anmutigen Auf- und Ab-Landschaft im Süden von Glonn mit vielen verstreuten Weilern, läßt sich mancherorts bodenständig und zu nicht überhöhten Preisen einkehren. So im **Gasthaus Gröbmeyer**, mit Metzgerei und ein paar Fremdenzimmern, Lindenstr. 3, 85625 Netterndorf, ✆ 08093 / 5337, wo die Wirtin eine begeisterte Köchin ist.

Solide und mit vielen Einheimischen speist man auch im breiten, unverputzten Haustein-Gasthaus des **Stahuber** in Thal 3, 83620 Großhöhenrain, ✆ 08063 / 9668, (ebenfalls Übernachtungsmöglichkeit ab 21 €) oder in der verwinkelten Stube und im Biergarten des **Landgasthofs Mühle** in 83052 Unterholzham, ✆ 08062 / 1369, www.holzham.de.

In der **Naturland-Hofkäserei von Leonhard Neuner** in Stroblberg 1, 85625 Baiern, ✆ 08093 / 1015, kann man recht feine Rohmilchkäse verschiedenster Sorten ab Hof kaufen (möglichst nach telefonischer Anmeldung), es gibt sie auch in der Metzgerei Gröbmeyer.

Gasthof Post, Rotterstr. 2, 83140 Ostermünchen, ✆ 08067 / 90800, www.peppikalteis.de, in der Ortschaft nördlich von Tuntenhausen, von wo Lena Christs Rumplhanni zu eigenen gastronomischen Abenteuern nach München aufbrach, wird heute feine Gourmetküche serviert. Das traditionsreiche Metzgerei-Dorfwirtshaus unterliegt einer in Bayern nicht untypischen Zweiteilung: Schweinsbraten, Kalbsbrust, Ente, Hausmacherwürste in der gut erhaltenen Wirtsstube mit dem Stammtisch und den Einheimischen; Edelküche im modern verglasten »Salettl«, wo der Junior Joseph Kalteis, bei ersten Adressen wie Schuhbeck, Ederer und Haas ausgebildet, Entenleberknödel und sautierte Gambas in weißer Trüffelsauce oder Karrée vom schottischen Salzwiesenlamm auftischt. Mo/Di Ruhetag, in der alten Wirtsstube auch mittags warme Küche, im »Salettl« ab 18 Uhr.

Landgasthof Weihenlinden, Lindenstr. 45, 83052 Weihenlinden, ✆ 08062/8670, www.landgasthof-weihenlinden.de, schöner barocker Klostergasthof unter hohen Bäumen, schattiger Garten, abwechslungreiche Küche von vielfältigen Eintöpfen zu bayerischer Festtagssuppe und Spanferkelrollbraten, aber auch hausgemachte Ravioli und gute Fischgerichte. Köstliche Desserts wie Haferflockeneis auf Birnenpüree, Zitronentarte oder Mohr im Hemd. Gute Weinauswahl. Mo Ruhetag.

Mir gefällt es in der Weihenlindener Klosterruhe besser als in der hochbeliebten **Schloßwirtschaft Maxlrain**, Freiung 1, 83104 Maxlrain, ✆ 08061/8342, ebenfalls mit phantasievoller regionaler Küche, wo mir der Biergarten zu beengt ist und zu nah an der verkehrsreichen Straße liegt. Mo/Di Ruhetag.

Brunnerwirt, Wiechs, 83075 Bad Feilnbach, ✆ 8066/905525, www.brunnerwirt.de, noch ein Meisterkoch, der sich hinter einer schlichten Adresse, in nicht sonderlich attraktivem Bauwerk verbirgt. Thomas Jonas hat im Münchner »Tantris« gekocht und serviert zu tragbaren Preisen Schmankerl wie Artischocken-Ziegenfrischkäse-Terrine, Flußkrebse mit Perigord-Trüffeln, aber auch Deftigeres in bester Qualität wie Bayerische Flugente, Waller auf Butterwirsing, Saures Lüngerl oder Schweinekrustenbraten. Auch mittags geöffnet, und Fremdenzimmer für 45 €, Di/Mi Ruhetag.

Aumannwirt, Altofing, 83075 Bad Feilnbach, ✆ 08066/456, sehr angenehme, stocknormale Einheimischen-Wirtschaft mit Biergarten und schöner alter Innenvertäfelung. Besser als stocknormal ist die gute, sorgsam zubereitete Hausmannskost: Tiroler Speckknödelsuppe, Tiroler Knödel mit Spinat und Käse, Pfifferlinge, Wildschweinbraten, Schweinsbraten oder Zwetschgenstrudel: alles prima. Selbstgemachter Birnen- und Apfelsaft. Mo Ruhetag.

Um Bad Feilnbach liegt eines der größten bayerischen Obstanbaugebiete, besonders reizvoll natürlich zur Blütezeit im Frühjahr. Zahllose **Privat- und Bauernbrennereien** stellen Obstschnäpse her. Mehrfach mit Gold und Silber prämiert wurden in dieser Region z. B. die Apfel-, Williams-, Renekloden-, Quittenbrände von

Christian Eder, Hocheckstr. 25, Bad Feilnbach, (Naturlandhof, auch Urlaubsunterkunft, ✆ 08066 / 545), aber auch die Schnäpse von Balthasar Höfer, Schwarzlackstr. 50, Litzldorf, Josef und Marlene Kaffl, Kufsteiner Str. 10, Bad Feilnbach und von Nikolaus von Hardmuth, Steinreb 1, Bad Feilnbach, schnitten in letzter Zeit gut ab.

Gasthaus Höß, Aiblinger Str. 30, Litzldorf, 83075 Bad Feilnbach, ✆ 08066 / 355, gestandenes Dorfwirtshaus mit eigener Metzgerei und Landwirtschaft, kleiner Biergarten am Bach. Gute regionale Küche, z. B. Tafelspitzbrühe mit Kräuterpfannkuchen, Schweinsbraten in Dunkelbiersoße mit Semmelknödel, Schwammerlrostbraten, zum Dessert sehr guter Kaiserschmarrn, Zwetschgencremeeis oder Topfenknödel auf heißen Waldbeeren. Mo Ruhetag.

Mumei's Schoppenstube, Kogl 2 – 4, 83730 Fischbachau-Hundham, ✆ 08066 / 1601, winziges kerzenbeschienenes Lokal auf dem Gartengelände des schönen Rösler-Hauses (siehe S. 45f.), jeden Abend nur ein Gericht, das jener bestimmt, der als erster reserviert, alle von köstlicher Qualität: Tafelspitz, Böfflamott, Rahmfilet, Szegediner Gulasch etc. Anständige offene Weine, nicht zu teuer, ganz besondere Atmosphäre.

Auers Schloßwirtschaft, Rosenheimer Str. 8, 83115 Neubeuern, ✆ 08035 / 2669, www.auers-schlosswirtschaft.de, ungewöhnlich ansehnliche, schlicht eingerichtete, großzügige Räume, jüngeres Team, das phantasievoll und unkonventionell kocht, südlicher Einschlag, gute Fisch- Fleisch- und Gemüsegerichte, je nach Saison, Biergarten, nahe am Inn. Mo Ruhetag.

Alpenhof, Hauptstr. 31, 83112 Frasdorf, ✆ 08052 / 2295, recht aufwendiges Gourmetrestaurant »mit bayerischer Kraft und italienischem Schwung«, vielfach prämiert, raffinierte Küche, auch mittags. Mo/Di Ruhetag.

Wer ca. 120 € für ein Menü berappen kann und will, dem sei hier auch die Telefonnummer zum Reservieren in Heinz Winklers unweit gelegener Aschauer **Residenz**, einem der ultimativen deutschen Freßtempel, mitgeteilt: ✆ 08052 / 17990, www.residenz-heinz-winkler.de

Gasthaus Hirzinger, Endorfer Str. 13, 83803 Riedering-Söllhuben, ✆ 08036 / 1266, mitten im hochgelegenen Kirchdorf Söllhuben zwischen Simssee und Chiemsee freuen wir uns nun endlich wieder über einen Dorfgasthof von guter, alter Art und ohne Feinschmecker-Überdrehtheiten. Der »Hirzinger« ist ein massiger, traditioneller »Itakerhof«, geschmiedete Fenstergitter, Bogenfenster, saalartig hohe Räume. Die weitläufige Gaststube mit Kachelofen, großen gescheuerten Holztischen, Umlaufbänken könnte ohne größeres Räumen Schauplatz eines Filmgeschehens von 1920 sein. Traditionelle bayerische Küche. Beliebt das Dunkle Weißbier, speziell für den Hirzinger von Unertl / Haag gebraut. Di Ruhetag.

Schloßwirtschaft Wildenwart, Dorfplatz, 83112 Wildenwart, ✆ 08051 / 2756, schöne, alte dunkelgetäfelte Wirtsstube, Schießscheiben, Holzbänke, Ofen und altmodische Tischdecken. Gute bayerische Saisonküche, viel Fisch und Wild, ein Genuß der Apfel-Kaiserschmarrn. Auch wochentags Mittagstisch. Kleiner Biergarten auf dem Dorfplatz vorm Wittelsbacher Schloß. Mo/Di Ruhetag.

Brandlwirt, Hemhof, **Kramerwirt**, Hemhof, **Mayerwirt**, Hemhof-Stephanskirchen, drei sehr urige Wirtschaften im Ort Hemhof am Langbürgner See und Schloßsee. Bei »der Berta« (Brandl) im Dorfkern gibt es in der sehr alten, nachgedunkelten Tafern-Stube mit schiefem Boden nur Brotzeiten, Kuchen und Kaßler Ripperl, Mi und Sa ab 19 Uhr, So ab 15 Uhr. Telefon hat's nicht. Der »Kramerwirt« am Ledererberg 5 ist eine etwas alternative Beizn mit Garten, alter Stube und Kabarett/Kleinkunstprogramm sehr unterschiedlicher Qualität. Das »Gasthaus Mayer« mit altem Bundwerkstadel liegt schön oberhalb des Schloßssees in Stephanskirchen, serviert aber auch hauptsächlich Kuchen und Brotzeiten.

S'kleine Wirtshaus, Stetten 12, 83358 Seebruck, ✆ 08056 / 454, von jungem Wirtspaar betriebenes abgelegenes Dorfgasthaus südlich von Seebruck im Hinterland, regionale bayerische Küche verfeinert, Fisch-, Lamm. Wildspezialitäten, recht nett und nicht allzu feinschmeckerisch abgedreht. So ab 11 Uhr, sonst ab 18 Uhr, Mo/Di Ruhetag.

Vivarium, Schönbrunner Str. 1, 83129 Höslwang, ✆ 08055 / 8270, ebenfalls ein jüngeres Unternehmen im schöngelegenen Dorf Höslwang, Café und leichte phantasievolle Küche, auch Vollwertgerichte, sonnige Terrasse. Geöffnet ab 17 Uhr, So ab 11 Uhr, Mo Ruhetag

Kontrastprogramm in der Nähe von Höslwang bietet das Gasthaus Angstl in Sonnering 3, ✆ 08055 / 8731, mit »grüabiger« altmodischer Wirtsstube und der Spezialität Schweinshaxn, sehr beliebt, aber angeblich auch mal versalzen.

Zum Koreaner, Kapellenstr.3, 83132 Aindorf, ✆ 08624 / 829854, wer im oberbayerischen Hinterland einmal Bae Chu Kimchi, Bibim Bab oder Bulgogi speisen will, der kann das bei einer koreanischen Ärztin (mit Praxis in Altötting) und begeisterten Wochenendköchin auf diesem alten Nordchiemgauer Bauernhof. Fernöstliche Stammgäste schwören auf die hohe Qualität und konzessionslose Echtheit dieser Küche. Nur Fr/Sa/So ab 18 Uhr.

Nachdem in **Seeon** die traditionsreichen Gewölbe des **Klosterwirts** nunmehr hauptsächlich den Tagungsgästen vorbehalten sind, bleibt uns in dieser Ecke der angenehme Landgasthof Griessee (s. »Übernachten«) oder der behäbige **Alte Wirt** in Seeon-Dorf, mit seinen dicken Ecktürmen und solider bayerischer Küche. ✆ 08624 / 1567, Mi Ruhetag. Das **Rauchhaus** ist ein äußerlich pittoreskes altes Bauernhaus, innen etwas sehr verwinkelt tropfenkerzen-mittelalterlich-höhlenhaft. Recht gute Küche mit mediterranem Einschlag. ✆ 08624 / 829922, www.rauchhaus-seeon.de

Gasthof zur Post, Chiemseestr. 2, 83376 Truchtlaching, ✆ 08667/809236, immer und ewig kehrte man in Truchtlaching beim **Neuwirt** direkt am Alzufer auf die klassischen Forellen ein, jetzt gibt es seit einiger Zeit dieses sehr ansehnlich renovierte helle Restaurant in der Dorfmitte mit guter bayerisch/französischer Saisonküche aus frischen Zutaten der Region. Nette Atmosphäre. Schattiger Biergarten mit Maibaum. Mi Ruhetag.

Bräustübl Baumburg, Baumburg 12, 83352 Altenmarkt, im Klosterbezirk hoch über der Alz gelegen, schöner Terrassengarten zum Fluß. Im Inneren sehr schöne Stuben mit Täfelung, Standuhr, alten Holztischen und genau passenden Wirtshausstühlen. Küche eine Mischung aus italienischen Nudelgerichten, Salaten und altbayerisch-Traditionellem. Warme Küche durchgehend, kein Ruhetag.

Pfaubräu, Hauptstr.2, 83308 Trostberg, ein klassisches spätmittelalterliches Bürgerhaus auf breitem Quadersockel, weiße Fensterlaibungen, Erker, Terrasse zum Kleinstadtgetriebe um Brunnen und Kirchplatz: das Pfaubräu ist eines der seltenen noch erhalten gutbürgerlichen Stadtwirtshäuser mit Tradition und einfach-solider bayerischer Küche, auch schöne gewachsene Innenräume, z. B. Gewölbestuben. Kein Ruhetag, warme Küche mittags und abends.

Landhaus Tanner, Aglassing 1, 83329 Waging am See, ✆ 08681/69750, nochmal ein Edel-Cuisinier im fernen oberbayerischen Osten, in den Fußspuren des Wagingers Alfons Schuhbeck, bei dem der junge Franz Tanner auch am Herd stand. »Hummerterrine auf Gurken-Sauerkraut-Nudeln«, Saibling im Einweckglas mit grünem Spargel gegart, Entenstopfleber auf Kürbis-Chutney mit Kastanien-Trüffelölschaum«; jedenfalls kommt man so ins bayerische Fernsehen, und Lothar Matthäus war auch schon da. Interieurs neubayerisch-niedlich. Di Ruhetag.

Im Seegarten der **Fischzucht Kneidl** in Waging-Angerpoint (✆ 08681/45378) gibt es sehr viel preiswerter frischen und geräucherten Fisch aus dem Waginger See. Als anspruchsvolle Feinschmeckeradresse im Rupertigau würde ich die **Lohmayr Stub'n** in 83451 Piding, schon fast an der österreichischen Grenze, nördlich von Reichenhall, vorziehen. (Salzburger Str. 13, ✆ 08651/714478). Schönes altes Bauernhaus im Dorfkern, neben phantasievoller Gourmetküche ohne ChiChi – im vormaligen Lokal der Herren Schwab und Antwort, dem Reichenhaller »Kirchbergschlössl«, war sie michelin-besternt – auch hervorragend zubereitete bürgerliche Wirtshausküche. 30 € für das viergängige Delikatessen-Menü sehr günstig. Di/Mi Ruhetag

Braugasthof Tittmoning, Am Stadtplatz 35, 84529 Tittmoning, ✆ 08683/891411, lohnt einen Abstecher nordwärts vom Waginger See. Am einzigartigen historischen Stadtplatz, einem Musterbeispiel des Inn-Salzach-Baustils, gelegenes großzügig-gutbürgerliches Stadtwirtshaus, vorbildlich renoviert, mit dunkler Täfelung, langen Tischen, breiten Bogenfenstern und mit guter bayerisch-österreichi-

scher Küche, Braten, Zander, Topfenstrudel mit Zwetschkenröster, die Preise sind sogar familienfreundlich. Mi Ruhetag.
Man sollte auch mal in die verschlafenen Seitengassen der Tittmoninger Altstadt hineinspazieren, und trifft dann z. B. in der Entengasse 16 auf das freundliche **Café im alten Bäckerhaus** oder stellt fest, daß man in diesem stillen, mittelalterlichen Straßenzug auch eine Ferienwohnung mieten kann (✆ 089 / 428390)
Klosterwirt Höglwörth, Höglwörther Str. 21, 83454 Anger, ✆ 08656 / 255, immer noch ein bezauberndes Idyll, das Höglwörter Ensemble aus Wasserschloß mit Zwiebelturm vor der Waldkulisse des Teisenbergs (Privatbesitz, aber die sehr schön stuckierte Schloßkapelle kann angesehen werden), dem bräunlichen Moorsee drumherum, der sogar einen Badeplatz aufweist, und dem Klosterwirt am Seeufer mit seinem besonders schönen Kastaniengarten und bayerischer Küche. Di Ruhetag.
Berggasthof Stroblalm, Stroblalmstr. 14, 83454 Anger / Högl, ✆ 08656/278, es geht immer noch etwas weiter und höher auf der gewundenen Straße den Högl hinauf, bis man bei diesem Landgasthaus mit der phantastischen Aussicht angelangt ist. Bayerische Küche, selbstgebackene Kuchen und eigene Obstbrände. Von den Gartentischen am Holzgeländer trennt man sich schwer. Di Ruhetag.

KUNST UND KULTUR

Kleinhelfendorf, zwischen Feldkirchen und Glonn, hat eine prächtig stuckierte Pfarrkirche aus dem frühen Barock von Konstantin Pader. Einzigartig ist aber vor allem die Friedhofskapelle am Ortsrand, in welcher lebensgroß und sehr drastisch-theatralisch die Marter des Hl. Emmeram dargestellt ist. Die Figurengruppe mit den messerschwingenden Schergen auf Augenhöhe ist ein echter Kinderschreck! Denen sagt man besser nicht, daß der Legende nach dem Gefesselten auf dem Steinblock die Arme und Beine abgehackt wurden.
Lohnend ist auch die **Wallfahrtskirche Maria Altenburg** bei Moosach, ein paar Kilometer nördlich von Glonn, figuren- und formenreich barockisierte Gotik, beschauliche Alleinlage auf einem Hügel.
Zwei Kleinkunstbühnen des Münchner Südostens erfreuen sich großer Beliebtheit, auch bei den Stars der bayerischen Kabarett- und Musikszene: das **Alte Kino** in Ebersberg, Eberhardstr. 3, 85560 Ebersberg, ✆ 08092 / 20255, www.alteskino.de. (jeweils mittwochs auch wirklich gute Filmauswahl)
Ferner die Gastwirtschaft-mit-Bühne **Hinterholzer** in 83104 Hohenthann, in der sich ab 18 Uhr auch angenehm einkehren läßt. So/Mo Ruhetag, www.kleinkunstbuehne-hohenthann.de.
Die Stadt **Miesbach**, 10 Kilometer südlich von Weyarn, hat kein historisches

romantisches Gesicht, aber ein ganz besonderes Kulturzentrum aufzuweisen. Der ehemals brauereieigene **Waitzinger Keller** ist eine aparte Mischung aus tief in den Feld gegrabenen Gewölben (heute angenehm warm und trocken) und einem prächtigen Jugendstil-Festsaal mit Goldstuck, farbigen Glaskunst-Fenstern und Art-Nouveau-Lüstern. Hier finden öfters interessante Ausstellungen statt (wie über den berühmten Miesbacher Neue-Sachlichkeit-Künstler Christian Schad). Infos www.miesbach.de

In der Kirchgasse zu Miesbach liegt ein weinlaubbewachsenes bäuerliches Haus mit ovalem Madonnenbild; hier finden wir das **Musikhaus Winkler**, eine ausgezeichnete Adresse für die »echte« bayerische Volksmusik, die im Oberland und dem Chiemgau eine besonders reiche Tradition hat: Die Fischbachauer Sängerinnen, die Riederinger Sänger, der Röpfl Dreigesang, der rebellische Kraudn Sepp aus Gaißach, das Kreuther Klarinettentrio, Waakirchener Sänger oder Wildenwarter Dreigesang – von diesen Klassikern altbayerischen Originalklangs bis zum neuesten Biermösl-Album »Räuber und Gendarm« reicht das umfangreiche Alben-Repertoire bei Winkler, vor allem aber bietet man Musikinstrumente und jede Menge Noten für die Volksmusik an. Die Beratung in diesem Musikanten-Treffpunkt ist freundlich und kennerisch, und natürlich weiß man, wo im Umland Hoagartn mit Stubnmusi oder Wirtshausfeste mit temperamentvoller Tanzlmusi stattfinden.

Fischbachau liegt ein kurzes Stück südlich unserer Route, wer aber das schöne Ensemble aus der auffälligen Basilika St. Martin und der zierlichen Friedhofskirche Mariä Schutz nicht kennt, sollte diese Sakralbauten nicht versäumen. Das Martinsmünster, in strengen romanischen Bauformen, ist im Inneren ein einziger Bilderbogen barocker Fresken, wunderschön die Mondsichelmadonna im Seitenschiff. Mariä Schutz zeigt (nur in der Karwoche) das seltene theatralische, mit bunten Leuchtkugeln verzierte Bühnenbild eines »Heiligen Grabes«. Immer zu sehen sind die spätgotischen Reliefs des Marientodes und der Schutzmantelmadonna, unter deren Goldumhang eine Unmenge Menschenvolks Zuflucht gesucht hat: Gekrönte, Ritter, Bischöfe, vornehme Damen – arme Leute sieht man nicht.

Die Wallfahrtskapelle **Birkenstein**, ein paar Kilometer östlich in engem Gebirgstal, ist wie Altötting noch in gnadenspendendem Hochbetrieb. Oft verstopfen Pilgerbusse die schmale Straße, der von Gold förmlich explodiererende kleine Kapellenraum ist häufig überfüllt. Das winkelige Kirchlein ist eine Nachbildung des »Heiligen Hauses« von Nazareth, im angefügten ehemaligen Eremitenhaus nistet heutzutage der Devotionalienhandel. Wem die heiligmäßige Umtriebigkeit von Birkenstein zu viel ist, der kann sich über Feilnbach ins meist leere Kirchlein »Maria Morgenstern« von **Lippertskirchen**, unten im flachen Moosland, flüchten, eine zauberhaft anmutige Rokokokirche mit schwungvollen Altären, sparsamem

Stuck und einem zarten, spätgotischen Gnadenbild Mariä, vor dem man gegebenenfalls seine Anliegen allein und ungestört loswerden kann.

Wilhelm Leibls originales Atelier aus dem Bauernhaus in Kutterling ist im **Heimatmuseum von Bad Aibling** aufgebaut, samt Kachelofen, Vertäfelung, Staffelei, Tisch zum Farbanreiben, Lederhose, Tabakspfeife und Charivari mit Hirschgrandln. Eine Merkwürdigkeit ist der vom Maler hochgeschätzte »Sprechapparat« mit Leibls kratzig konservierter Stimme. Weil im Kölner Wallraf-Richartz-Museum kein Platz für dieses ganze Ensemble gewesen war, vermachte es der Kölner Bürgermeister von 1937, Konrad Adenauer mit Namen, persönlich der Leiblschen Wahlheimat. Wilhelm-Leibl-Platz 2, 83043 Bad Aibling, ✆ 08061/90800, zum Erfragen der wie bei allen Heimatmuseen überaus komplizierten Öffnungszeiten. Führungen nach Vereinbarung.

Das **Lindenkino**, Lindenstr. 8, ✆ 08061/37635, www.lindenkino.de, ist eines der ältesten Lichtspielhäuser Bayerns, ein richtig generöser Kinosaal, mit Liebe betrieben und gutem ambitionierten Programm.

Eine Rarität stellt die **Bad Aiblinger Opernbühne** dar, ein fröhlich drauflos musizierendes Amateur-Ensemble, das immer wieder beachtlich gute Rezensionen bekommt. Georg Hermansdorfer heißt der Initiator, der ständig Unentdecktes und selten Gespieltes aus der Opern- und Singspielliteratur, von Cimarosa und Gluck bis Bizet und Dvorak, ausgräbt und meist selbst einrichtet und übersetzt, denn publikumsfreundlich singt man alles auf deutsch. Die hochbeliebten Aufführungen, seit 1979 haben sich die Zuschauerzahlen verdreifacht, finden in der ehemaligen Reithalle von Schloß Maxlrain statt, zur Zeit wird Jacques Offenbachs »Fantasio« geprobt. www.opernbuehne-badaibling.de, Kontakt und Kartenbestellungen: Elisabeth Nikolitsch, Sindlhausen, 83104 Tuntenhausen, ✆ 08065/301

Die darstellende Kunst im Rosenheimer Raum hat Tradition. In **Flintsbach**, dem südlichen Nachbarort von Brannenburg im Inntal, spielt im historischen Komödienstadel das zweitälteste **Volkstheater** Deutschlands auf. Seit 1675 gibt es diese Laienspielbühne, die von den »Schenkelklopfern« des Klischee-Bauerntheaters nichts wissen will. Man spielt Ludwig Thoma, Lena-Christ-Adaptionen, Molnar, auch mal den Klassiker »Der Holledauer Schimmel« und ist stolz auf einen Gästebucheintrag von Franz Xaver Kroetz, der diese Dorfbühne »sakrischbrutal guad« fand. Karten- und Infotelefon ✆ 08034/8333, www.flintsbach.de

Die ganz hohe Kunst wird überm Inn, in Neubeuern, einstudiert. 1967 gründete Enoch zu Guttenberg die **Chorgemeinschaft Neubeuern** und machte aus einer ländlichen Liedertafel einen der gefragtesten klassischen Chöre der letzten Jahrzehnte, namentlich für Bach-Vokalwerke, aber auch für Musik des 19. und 20. Jahrhunderts. Die puristischen Kritikerstimmen, die den Guttenberg'schen Interpretationen von der Matthäuspassion bis Brahms allzu flammendes Pathos, die ungebremste Expressivität eines »leidenschaftlichen Bekenntnismusikers« ankreideten, sind leiser geworden, seitdem die Neubeurer z. B. auch in der Weihestätte des Wiener Musikvereinssaals Triumphe feierten. »Endlich mal wieder der Griff an die Kehle«, schrieb Joachim Kaiser über Guttenbergs Matthäuspassion. Für unsereinen, als laienhafter CD-Hörer auch schwer überwältigt vom Neubeurer Bach, kommt als Sympathiefaktor noch dazu, daß sich dieser Dirigent wie kaum einer passioniert für ökologisch orientierte Politik engagiert, als Mitbegründer des BUND und von »Artist For Nature« sehr viele Aufführungen in den Dienst der Naturbewahrung stellt. Leider kann man Enoch zu Guttenberg und die Chorgemeinschaft Neubeuern an ihrem Stamm- und Wohnort nur noch selten hören, eher noch auf Herrenchiemsee, wo Guttenberg seit einigen Jahren klassische Sommerfestspiele leitet. Ab Frühjahr 2003 ist bei FARAO-records eine Neuaufnahme der Matthäuspassion erhältlich. Und falls jemand mitsingen möchte: Altstimmen und Tenöre werden zur Verstärkung noch gesucht. Chorgemeinschaft Neubeuern, Am Gasteig 7, 83115 Neubeuern, ✆ 08035 / 1031, www.chorgemeinschaft.de.

In **Rosenheim** hat sich der **Lokschuppen** in den vergangenen Jahren zu einem überregionalen Anziehungspunkt gemausert. Die zum Ausstellungsort umgebaute, mit Architektenpreisen versehene halbrunde Lokomotiven-Remise hat mit ihren großen, hochprofessionell inszenierten historischen Ausstellungen, namentlich über die Kelten und die Römer ein Bayern Hunderttausende in die Kreisstadt gezogen. Aber auch kleinere Exhibitionen, über Mumien oder Tibet, den Inn oder die Dientzenhofer-Familie sind fast immer sehenswert. Rathausstraße 24, 83022 Rosenheim, ✆ 08031 / 365-9032, www.kuko.de.

Interessante Ausstellungen der Moderne auch in der **Städtischen Galerie**, Max-Bram-Platz 2, ✆ 08031 / 361447, www.rosenheim.de, zur Neuen Sachlichkeit z. B. und über die Arbeit namhafter Bilderbuchkünstler.

Das **Stadtmuseum** im schönen alten »Mittertor«, Ludwigsplatz 26, ✆ 08031 / 798994, hat eine gut gemachte Abteilung zu NS-Diktatur, Judenverfolgung und Nachkriegszeit.

Der **Max-Joseph-Platz** im Zentrum ist eine weitläufige, lebendige »Gute Stube«, mit vielen Cafés und Lokalen, in klassischer Inn-Salzach-Bauweise. In Nr. 32 die freundliche Buchhandlung Bensegger, um die Ecke in der Heiliggeiststr. 2b die Buchhandlung Förg, ein Ableger des Rosenheimer Verlagshauses, in beiden kann man u. a. brauchbare Regionalia finden. Wobei mir ein Buchladen lieber ist, der *nicht* als Werbegag mit »Siegfried und Roy« und echtem sibirischem Tiger aufwartet – und das ist der erstere.

In **Endorf** hat unter vielen Mühen und Plagen **Marias Kino** überlebt. Doris Dörrie hat über die ländliche Kino-Verrückte Maria Stadler ihren ersten Film »Ob's stürmt oder schneit« gedreht, die sich 1953 mit 220 000 Mark verschuldet hatte, um sich den Traum von einem richtig großen Filmtheater in Endorf zu erfüllen. Die dann über Jahrzehnte ihr Ein-Frau-Unternehmen ganz allein schmiß: als Vorführerin, Platzanweiserin, Buchhalterin, Putzfrau in Personalunion und auch die Zeiten des großen Kinosterbens überstand, indem sie für ihre Kur-Lichtspiele, in denen sich zeitweise ein Dutzend Zuschauer auf 450 Plätzen verteilten, auch mal hungerte und bettelte. 1994 starb die Kino-Marie mit achtzig Jahren – und das Kino steht dank der Gemeinde und des Vereins »Kultur im Kino«, für seine Arbeit vielfach preisgekrönt, heute noch als netter blaßgrüner Fünfzigerjahrebau da, samt Lichtbogenprojektor aus den ersten Nachkriegsjahren und zeigt neben Kleinkunstveranstaltungen eine gute Mischung aus Publikumsfilmen und anspruchsvollem Programm. Eisenbartlinger Weg. 4, 89093 Bad Endorf, ✆ 08053 / 9318, www.mariaskino.innnet.de

Für die **Hauptattraktionen am See** hier nur in Kürze die wichtigsten Angaben, Genaueres bei den oben genannten Touristenämtern:
Römermuseum Bedaium, Römerstr.3, 83358 Seebruck, ✆ 08667 / 7503, www.bedaium.de
Neues Schloß Herrenchiemsee, 83209 Herrenchiemsee, ✆ 08051 / 688799 und **Museum im Alten Schloß** Herrenchiemsee, ✆ 08051 / 68870, www.herrenchiemsee.de
Torhalle Frauenchiemsee (mit Fresken der Karolingerzeit und Wechselausstellungen), Haus Nr. 41, 83256 Frauenchiemsee, ✆ 08054 / 7256.
Für das **Benediktinerinnenkloster** mit seinen diversen Seminarprogrammen: Abtei Frauenwörth, Frau Scholastica McQueen OSB, 83256 Frauenchiemsee, ✆ 08054 / 7644. Für klösterliche Einkehrtage und herkömmliche Exerzitien im Kleinen Gästehaus am See ist Sr Clara Jung OSB, ✆ 08054 / 907145 zuständig.
Galerie im Alten Rathaus (ständige Ausstellung etlicher Gemälde der »Chiemseemaler« des 19. und frühen 20. Jhdts.), Alte Rathausstr. 22, 83209 Prien, ✆ 08051 / 92928 und **Heimatmuseum Prien**, Valdagnoplatz 2, ✆ 08051 / 690540 www.prien-chiemsee und www.prien.de
Prien ist sehr umtriebig und verkehrsreich, leider toben die Autos auch um die schöne Architektur der **Pfarrkirche** mit den Bogenumgängen und der beigesellten Allerseelenkapelle herum. Imposantes Deckengemälde des Großmeisters Johann Baptist Zimmermann, dramatisch die Seeschlacht von Lepanto darstellend. Etwas ruhiger ist es im alten Ortsteil **Gries**, einige schöne Handwerkshäuser und Straßenbilder. Das Kirchlein St. Jakobus von **Urschalling**, südwestlich außerhalb von Prien auf einem Moränenhang gelegen, wird einem nie langweilig, auch wenn man's schon oftmals betrachtet hat. Ein bayerisches Unikum, über und über mit

mittelalterlichen Fresken ausgemalt, die frühesten aus dem 12. Jahrhundert. Die Hölle als aufgerissener Rachen eines Ungeheuers, in dem die nackten Menschlein schmachten; die Hl. Dreifaltigkeit als drei zusammengenähte Gestalten in einem gemeinsamen Gewand, der »Lebende Hängende Jüngling«, der laut Legende quicklebendig wochenlang am Galgenstrick hing, bis seine Unschuld bewiesen war.

Im Norden/Osten des Sees:

Im Dorf **Pavolding** bei Seeon sieht man schon weithin die überlebensgroßen Eisenmänner des Bildhauers Heinrich Kirchner in den Himmel ragen: dunkle, archaische Riesen, die Hände nach oben gestreckt, betend, warnend, flehend oder beschwörend, man weiß es nicht genau. Kirchner, schon lange international renommiert, hatte sich über Jahrzehnte den Fischerhof in Pavolding als Atelier und Domizil hergerichtet; alle seine Bronzeskulpturen goß er eigenhändig. Er liegt auf der Fraueninseln begraben.

In **Klosterseeon** finden neben den diversen Tagungen und Seminaren auch regelmäßig klassische Konzerte (wie die alljährliche Mozartwoche), Ausstellungen und auch sehr lohnende Volksmusikveranstaltungen statt. Im Zusammenhang damit auch touristische Pauschalangebote Infos: Kloster Seeon, Kultur- und Bildungszentrum des Bezirks Oberbayern, Klosterweg 1, 83370 Seeon, ✆ 08624/8970, www.kloster-seeon.de.

Die Dorfkirche von **Rabenden**, ein paar Kilometer nördlich, sollte man keinesfalls versäumen: der spätgotische Schnitzaltar des Meisters von Rabenden ist einer der bedeutendesten Bayerns. Sehenswert auch der Friedhof mit den vielen schmiedeeisernen Grabkreuzen und das höhergelegene gotische Kirchlein von **St. Wolfgang**, in der Richtung Altenmarkt.

Trostberg hat eines der opulentesten und liebevollsten **Heimatmuseen** des Chiemgau aufzuweisen, Stuben über Stuben lebendig inszenierter alter Wohnkultur, bürgerlich und bäuerlich, Erinnerungen an die wichtige Tuchmacher-Vergangenheit der Stadt, auch soziale Aspekte der Industrialisierung etc: Schedling 7–11, 83308 Trostberg, ✆ 08621/645261 oder 80113 (Stadt).

Ich würde ja bei den meist dürftigen und verzwickten Öffnungszeiten von Museen in der Provinz immer versuchen, Besichtigungstermine einzeln zu vereinbaren. Öfters trifft man dann auf begeisterte Lokalhistoriker und Heimatpfleger, die sich ausgesprochen freuen über das Interesse an ihren Schätzen.

In **Sondermoning**, abseits nordöstlich des Sees bei Chieming gelegen, steht noch einmal eine Dorfkirche mit schönem gotischem Flügelaltar, ganz ursprünglich erhalten, im Gegensatz zum Altar der Kirche von **St. Leonhard am Wonneberg**, ein Stück östlich bei Waging gelegen, wo zwar die donauschulartigen Tafelbilder des

Meisters Gordian Guckh sehr hochrangig sind, der Altaraufbau aber neugotisch. Dafür hat man in Wonneberg sehr schöne Fresken freigelegt.
Im versponnenen Landschlößchen **Winkl bei Grabenstätt**, heute nach einem Brand sehr demoliert, verbrachte Franziska Gräfin von Reventlow von 1903 bis 1909 immer wieder lange Sommerwochen mit ihrem Kind und wechselnden Geliebten. In ihren Tagebüchern ist das Flair dieser Künstlersommerfrische um die Jahrhundertwende stimmungsvoll bewahrt: »Morgens Grabenstätt ... bei der Waschfrau mit Limonade gefeiert. Nachmittags Hagenau, mit der Mutter Strohbandeln gedreht, im Stroh gesessen und Kaffee getrunken. Mit den Kindern eine ganz wilde Expedition an den See, durch Moor und Wasser ... Die Leute ringsum hören alle mit dem Mähen auf und starren und starren wie die Frau Gräfin wie ein Storch durchs Wasser stieg ...« Schwammerln kochen, Kartoffeln und Buttermilch, Tausendundeinenacht vorlesen, Bilder von Fröschen und Igeln (»abscheulich!«) malen, Sonnenbrands-Bootsfahrten und frühe Radtouren, »Schwüle zum Zerplatzen« und »Gräfin, du wirst alle Jahr schener« sagen die Einheimischen. Eine Partie »durchs Schilfrohr mit dem Schifferkahn zum See« dürfte allerdings heute streng verboten sein, denn die ganzen flachen, sumpfigen Zonen des rapide verlandenden Achendeltas und der Hagenauer Bucht sind als Naturschutzgebiete und Vogelfreistätten schwer geschützt.

Im Süden des Sees

Hier liegen alle die ausgeuferten Touristenorte, aber eine Fahrt das Priental aufwärts nach **Sachrang** ist dennoch lohnend, wegen des reizvollen Ortsbilds, der recht prächtig türkis-golden schimmernden Dorfkirche, der knallbunt volkstümlichen Ölbergkapelle und des kleinen **Museums für den »Müllner Peter«** im alten Schulhaus, dieses dörfliche Multitalent aus napoleonischer Zeit, der sich als Heilkundiger, Astronom, Apotheker, Kirchenmusiker, Pädagoge hervortat und dessen Liebesleben hinreichend tragisch verlief, um Stoff für einen Roman und einen spannenden Fernsehdreiteiler »Sachrang – Eine Chronik aus den Bergen« zu liefern. Museum geöffnet Sa/So 14–17 Uhr, von Sachrang aus schöne sonnige Hochplateau-Spazierwege mit Kaiser-Blick hinüber nach Tirol. www.sachrang.de
Landschaftlich weniger reizvoll, aber kulturhistorisch noch interessanter ist die Fahrt ins Tal der Tiroler Achen hinauf (neuerdings bemüht man sich hier mit dem »Ökomodell Achental« grenzübergreifend um sanfte und nachhaltige Tourismusformen) nach Schleching, und von dort ein winziges Bergsträßchen hinauf zum Parkplatz der **Streichenkapelle**. Es würde sich auch jeder Fußanmarsch zu diesem Juwel gotischer Kirchenbaukunst lohnen, das zudem herrlich gelegen ist. Überreiche Innenausstattung mit Fresken und Altären, dennoch wunderbar ein-

heitlicher Gesamteindruck. Nebenan das schöne Berggasthaus Streichen (siehe Übernachten). Zwischen Unterwössen und Schleching an der Talstraße der empfehlenswerte Gasthof **Zellerwand** mit guter Küche und einer Gaststube, die seit 150 Jahren fast überhaupt nicht verändert wurde. Schon über der Tiroler Grenze, etwas unterhalb der Straße, der wildromantisch eingezwängte Gasthof **Klobenstein** mit kleinem Garten neben einer Wallfahrtskapelle. Gute Brotzeiten, österreichischer Kaffee, dito Weine. ✆ 0043 / 664 / 5138178.

Im alten Dorfkern des recht freundlichen **Übersee**, einem Ort den die Autobahn vom Chiemseeufer trennt, steht das **Exterhaus**, ein sehr stimmungsvoll konserviertes Malerdomzil und Atelier mit schönem bäuerlichen Garten. Im Inneren die originale Ausstattung aus dem frühen 20. Jahrhundert und eine Reihe der farbenfrohen, atmosphäreschwirrenden Sommergemälde des Spätimpressionisten Julius Exter, die teilweise wirklich schön sind. Exter-Kunsthaus, Blumenweg 5, 83236 Übersee, ✆ 08642 / 895083 – Ich bin dort schon zweimal vergeblich vorm Gartentor gestanden, denn das kleine Museum hat nur während der Sommermonate, nur von Di – So, nur von 17 – 19 Uhr geöffnet. Im Alten Schloß Herrenchiemsee kann man seit kurzem noch mehr von Exters Werken ansehen. www.uebersee.com

Ein Naturpavillon des Landesbundes für Vogelschutz informiert ausführlich über die empfindlichen Ökosysteme der umgebenden Moorlandschaften und des Achen-Deltas.

Für Fans der international populären, teuren Freizeit- und Edelklamotten-Marke »chiemsee«: In der Greimelstraße 28 liegt das factory outlet »chiemsee seconds« mit günstigen Angeboten. ✆ 08642 / 5349, Mo, Mi, Fr. 16.30 – 18 Uhr

Im Süden von Übersee die schönen renaturierten **Kendlmühlfilze** mit etlichen Spazierwegen und daraus aufragend der eiszeitliche Inselrücken **Westerbuchberg**, mit dem ausgezeichneten Gasthof »Alpenhof« oben bei dem Kirchlein. Gute Küche *und* Panorama, das ist ja eher selten. www.alpenhof-chiemgau.de

In und bei **Siegsdorf** gibt es zwei Museen zur Vorgeschichte, das **Mammutheum** (mit Kindern gewiß ein Treffer), in Alzing an der Landstraße von Bergen nach Siegsdorf, und das **Naturkunde-Museum Siegsdorf**, Auenstr. 2, 83313 Siegsdorf, die beide die sensationellen Mammut- und Urtierfunde dieser Region dokumentieren, mit vielen Original-Skeletten und Nachbildungen, beide lebendig und spannend gestaltet. www.mammutheum.de und www.museum-siegsdorf.de. Auf eine Brotzeit oder die berühmten Bratkartoffeln kann man im Siegsdorfer Ortsteil St. Johann einkehren, im sehr urtümlichen und bei Einheimischen beliebten »Gasthof Mesnewirt«. Mi Ruhetag

Am Zentrum der Kreisstadt **Traunstein**, www.traunstein.de fährt man als Durchreisender gern vorbei, dabei ist es dort zum Herumspazieren recht angenehm.

Zumindest den freundlich neugestalteten Laubengang-Stadtplatz mit seinen Cafés (**Stadtcafé Oswald** oder die Kaffeespezialitätenbar **Fendesi**) und der Traditionsbuchhandlung **Stifel** lohnt es sich aufzusuchen, die Stiegen zur Kleine-Leute-Unterstadt mit ihren (heute) malerischen Salinenhäusern hinabzusteigen, vielleicht einen Blick ins Spielzeugmuseum in einem der ältesten Bürgerhäuser zu tun – und die ziemlich neuangebrachte Gedenktafel am Haus Schaumburgerstraße 4 anzusehen, für den lange mißliebigen **Thomas Bernhard**,der hier ein paar unerfreuliche Kinderjahre verbrachte (siehe »Ein Kind«) und sich mit einer seiner üblichen Schimpftiraden revanchierte: »Blöd wie die Schafe scharen sich die Kleinkrämer um die Kirche und blöken sich tagaus, tagein zu Tode …« In der Stadtbücherei kann man sich für eine kundige Thomas-Bernhard-Führung anmelden: ✆ 0861 / 164480

Bergbaumuseum Achthal, Achthal bei Teisendorf, ✆ 08666 / 7149 oder 7379, www.teisendorf.de/bergbaumuseum. Dieser Platz, in einem schattigen Tal gelegen, das man leicht übersieht, gefällt mir besonders. Ein mit viel Phantasie und Sorgfalt konzipiertes Museum in einem alten Industriegebäude für eine versunkene harte Arbeitswelt, viel interessanter als die üblichen Schaubergwerke, und auch ein Erinnerung an versunkenes Alltagsdesign aus Gußeisen: Wegweiser, Zäune, Balkons, Öfen, Brunnen, Geländer …

Schloß Höglwörth bei Anger: das ehemalige kleine Augustinerchorherrenstift liegt hinreißend schön im Wasser und ist im Privatbesitz der Brauerei Wieninger. Den katzenkopfgepflasterten, efeubewachsenen Innenhof mit dem gluckernden Marmorbrunnen kann man aber betreten und ebenso die Klosterkirche mit ihrem zarten grüngoldenen Rocaillestuck des Benedikt Zöpf. Der schöne alte Walmdachgasthof von **Vachenlueg** (die Ruinen der früheren Burg sind spurlos abgetragen), ein paar Kilometer nördlich an den Högl-Ausläufern sucht derzeit neue Betreiber, was hoffentlich klappt, denn er hatte immer große historische Bedeutung als Taverne auf den alten Erz- und Eisenstraßen.

Wie man überall im Rupertiwinkel die jahrhundertealte salzburgische Vergangenheit spürt, so auch bei Anblick des romantischen Schlößchens **Seehaus** am kleinen **Weidsee** bei Petting. Der berühmte Salzburger Fürstbischof Wolf Dietrich von Raitenau machte es im 17. Jahrhundert seiner langjährigen Geliebten Salome Alt zum Geschenk, und es muß heute fast noch im Originalzustand erhalten sein, ist aber in unzugänglichem Privatbesitz.

Bevor wir in **Laufen** die Salzachgrenze nach Österreich überqueren, sollten wir wenigstens einen kleinen Bummel durch diese verwinkelte alte Stadt machen: durch die Schloßstraße zum Marienplatz, der Durchblick zur Brücke wurde erst 1901 geöffnet. Dann weiter durch die Rottmayrstraße (nach dem berühmten Laufener Barockmaler) zur Stiftskirche mit dem gewaltigen Buckeldach, die älteste

gotische Hallenkirche Süddeutschlands. Sehr schöner Raum mit spätgotischen Tafelbildern, eine Besonderheit der krumme und buckelige Laubenumgang mit den in den Boden eingelassenen Grabtafeln von Adeligen und Bürgern.
Im ehemaligen Kapuzinerkloster von Laufen ist seit einigen Jahren die **Bayerische Akademie für Naturschutz und Landschaftspflege** (mit Gästehaus) untergebracht, ihr Programm für Kurse, Symposien, Exkursionen ist sehr detailliert und kann unter www.anl.de angesehen und gebucht werden. – Halbwegs auf der farbenfrohen Gußeisenbrücke, die direkt aus dem Altstadtkern die Salzach überspannt, ist man dann schon in Österreich. www.stadtlaufen.de

Der oberbayerische Südosten ist besonders reich mit ländlichen **Sommerfestivals** für Klassisches und weniger Klassisches gesegnet, hier die wichtigsten: Überregional erfolgreich und mit z. T. hevorragenden Kritiken bedacht. Das **Internationale Musikfestival Chiemgau** auf **Gut Immling**, vom Baßbariton Ludwig Baumann mitten auf dem platten Land gegründet, Aufführungen in der Reithalle des Gestüts, von »Operwelt« als »glückliches Zusammenspiel von 1a-Naturlage, großer Musikdramatik und bedingungslosem Einsatz« gerühmt. 2003 mißt man sich mit »Hofmanns Erzählungen« und »Don Giovanni« direkt mit dem nicht allzu fernen Salzburg. Infos und Karten: ✆ 08055 / 904080, www.immling-musikfestival.de.
Bedeutende Interpreten treten beim Aschauer **Kammermusikfestival »festivo«** des Bratschisten Johannes Erkes auf, so das Ensemble Sandor Vegh, das Kronos-Quartett, die Cellisten Anja Lechner und Heinrich Schiff. Die Künstler schätzen bei diesem intimen und nicht kommerzorientierten Festival besonders die tüftelige und ernsthafte Workshop-Atmosphäre. Aufführungsorte Schloß Hohenaschau und das schöne Landschlößchen Hartmannsberg bei Hemhof. Infos unter www.festivo.de oder unter ✆ 08052 / 904941 (Touristinfo Aschau).
In der **Herrenchiemseer** Spiegelgalerie führt Enoch zu Guttenberg im Sommer 2003 u.a.Mahlers Vierte und eine Brucknermesse auf, die **Festspiele am Hof Ludwigs II.** sind das jüngste unter den anspruchsvollen Klassikfestivals der Region. Karten und Infos unter ✆ 08051 / 965550 oder www.festspiele-herrenchiemsee.de.
Im Inntal, gleich hinter der bayerischen Grenze bei Nußdorf, finden im Tiroler Passionsspielort **Erl** seit ein paar Jahren die hochgerühmten **Tiroler Festspiele** des internationalen Stardirigenten **Gustav Kuhn** statt, dessen eigenwillige Interpretationen von Wager-Opern im dortigen Passionspielhaus in der Musikwelt Furore machten. 2003 kann man in Erl den gesamten »Ring« hören. Infos unter ✆ 0043 / 512 / 578888 oder www.tiroler-festspiele.at

LEKTÜRE

Hier gerate ich schon bei den **Kunstreiseführern**, die ich regelmäßig benütze, in Verlegenheit, denn kaum einer ist derzeit im Buchhandel lieferbar, obwohl man meinen sollte, daß Kompendien für derart beliebte bayerische Regionen eigentlich stets greifbare Standardwerke sein sollten. Ich nenne sie trotzdem, weil ich sie sehr gut und nützlich finde und man sie antiquarisch und in Bibliotheken auftreiben kann:

- Alexander von Reitzenstein: reclam-Kunstführer Bayern, reclam 1974
- Gerhard Eckert: Dumont Kunstreiseführer Oberbayern, dumont 1980
- Herbert Schindler. Reisen in Oberbayern, Prestel 1985
- Herbert Schindler: Berchtesgadener Land und Rupertiwinkel, Prestel 1989
- Dumont Kunstreiseführer Berchtesgadener Land und Rupertiwinkel
- Lillian Schacherl: Der Chiemgau, Prestel 1982

regulär im Buchhandel erhältlich sind:

- Lillian Schacherl. Oberbayern, Prestel 2000 (gegenüber dem obengenannten hervorragend detaillierten und liebevoll erzählten Chiemgau-Guide nur noch wenige sehr verschlankte Kapitel über diese Region)
- Lydia Dewiel: Dumont Kunstreiseführer Chiemgau, dumont 1993, ein Dumontführer von gewohnter Qualität und Ausführlichkeit, aber das Programm ist mittlerweile sehr lückenhaft.
- Ilka von Vignau: Tegernsee, Schliersee, Leitzachtal, Prestel 1992, auch nur noch ein Relikt der früher so viele europäische Gegenden in aller Ausführlichkeit beschreibenden Prestel-Reisebücher.

Wanderführer (vor allem für Bergtouren)

- Heinrich Bauregger: Chiemgau. Rother Wanderführer, Bergverlag Rother 2001
- Kompaß-Wanderbuch Chiemgau, Bayerisches Inntal, Kompaß Verlag 2001

Literatur:

- Lena Christ: Erinnerungen einer Überflüssigen / Rumplhanni / Madam Bäurin, List 2002
- Günter Goepfert: Das Leben der Lena Christ, Ehrenwirth, antiqu. *Es ist mir zwar ein Rätsel, wie man diese drei Romane/Berichte, die in meiner Ausgabe ungefähr 550 Seiten umfassen, auf 249 Seiten untergebracht hat, und außerdem fehlt der spannende historische Roman »Mathias Bichler«, aber immerhin ist damit wieder ein Sammelband von Lena Christ zu haben. Trotzdem empfehle ich*

die fast tausendseitige einbändige Werkausgabe des Süddeutschen Verlags aus den Siebzigern dringend. Wie die Biographie nur noch antiquarisch erhältlich.

- Carl Amery: Die Wallfahrer, List 1987. *Den umwerfenden Tuntenhausen-Roman gibt es zum Glück noch, sogar in einer gebundenen Ausgabe.*
- Gerhard Polt: Circus Maximus. Das gesammelte Werk. Kein & Aber, Zürich, 2002. *Sehr gutes Reisebegleitbuch für Bayerntouren aller Art, denn auch der gedruckte Polt, und hier ist er komplett, gibt uns abgründige Einblicke in das Wesen des gegenwartsbayerischen Menschen. Außerdem lebt er am Schliersee, und da kommen wir fast vorbei.*
- Gerhard Ruhmer: Der Leibl-Kreis und die Reine Malerei, Rosenheimer 1984 (antiqu.). *Großformatiger, opulenter Bildband über den Meister und seinen Malerzirkel, aber auch sehr gut geschriebene biographische Hintergrundtexte.*
- Uwe Dick: Monolog eines Radfahrers, Hörbuch edition rotkehlchen Tittmoning 2001. *Der wortgewaltige, manchmal etwas zu selbstverliebt überschäumend sprachspielerische Uwe Dick hat einige Jahre in einem Holzhaus hoch über Brannenburg am Inn gewohnt und ist von dort aus mit seinem Rennrad viel an diesem Fluß unterwegs gewesen. Dabei hat er die Autofahrer kennengelernt, und dieses Buch ist eine flammende Polemik gegen den Gashebel. Da kriegen auch wir in unserem kleinen, kriechenden PKW ein sauschlechtes Gewissen und beschließen, uns die Streckenerfahrungen dieser Fahrt nächstes Mal aber wirklich fürs Radl nutzbar zu machen.*
- Hugo von Hofmannsthal / Ottonie Gräfin Degenfeld: Briefwechsel, S. Fischer 1986, antiqu. *Gilt als die persönlichste von Hofmannsthals zahllosen Korrespondenzen, und der Genius loci von Neubeuern und Hinterhör ist an vielen Stellen präsent.*
- Rupert Hacker: Ludwig II. in Augenzeugenberichten, dtv antiqu.
- Hans F. Nöhbauer: Auf den Spuren Ludwigs II., Prestel 1995
- Franz Herre: Ludwig II., Heyne TB 1994
- Robert Holzschuh: Das verlorene Paradies Ludwigs II., Eichborn 2001. *Kleine Auswahl aus den Fluten von Ludwig-Büchern, zu Herrenchiemsee, vielleicht im Schloßhotel zu lesen oder am hoteleigenen Strand. Von erschreckender Kraßheit die Zeugenberichte, »Auf den Spuren« ist ein schön gemachtes Paperback über die vielen bayerischen Ludwig-Reminiszenzen-Orte, auch abgelegenere als die überlaufenen Königsschlösser. Franz Herres Buch ist eine ältere, solide Biographie, und der letztgenannteTitel fußt auf spät entdeckten geheimen Briefen Ludwigs, aus denen seine erotischen Präferenzen überdeutlich werden.*
- Friedrich Reck: Tagebuch eines Verzweifelten, Eichborn, Andere Bibliothek 1994. *Auch antiquarisch nicht mehr leicht greifbar, dieses enorm wichtige, enorm eigenwillige Anti-Hitler-Zeugenbuch aus Poing an der Alz.*

- Ruth Rehmann: Die Leute im Tal, dtv 1989
- dieselbe: Die Schwaigerin, dtv 1992, Hanser 1987. *Solide erzählte, kritische Gegenwartsromane aus einer halb bäuerlichen, halb industriellen ländlichen Umbruchswelt mit dem Hintergrund des Alztals bei Trostberg. Farbig, nachvollziehbar, machen neugierig auf diese Region.*
- Isabella Nadolny: Ein Baum wächst übers Dach
- dieselbe: Seehamer Tagebuch. *Das ist eigentlich so eine Art mittelprächtiger leichthändiger Damenliteratur, mit der ich wenig anfangen kann, aber wegen des Chieminger Lokalkolorits und weil sich das alles locker wegliest, habe ich doch beide Bändchen gepackt. Gut bei Schnupfen.*
- Franziska Gräfin zu Reventlow: Tagebücher 1895-1910, Langen-Müller 1971, antiqu. *Das ist überhaupt keine Damenliteratur, ganz im Gegenteil, und auch wenn man eigentlich nur über die Stellen über die Grabenstätter Sommerfrischenaufenthalte der Gräfin sucht, bleibt man immer wieder hängen an ihrer ungenierten, unverblümten, lebendigen Erzählweise, an der Sinnlichkeit ihrer Wahrnehmungen, ob Männer- oder Landschaftsglück, auch an ihrer, zumindest fallweisen, Selbstironie. Und ist bewegt von der Zerrissenheit und Traurigkeit dieses »intensiven« Lebens. Bloß die Schwärmerei für ihr Kind ist etwas quälend, auch am Chiemsee.*

Einen der Vorzüge des südlichen Oberbayern (weiter nördlich ist das leider anders) finde ich, daß die Kühe dort noch großräumig auf die Wiesen und Weiden hinausgelassen werden, daß man das Braun- oder Fleckvieh, das so sehr zu dieser Landschaft gehört, noch vielerorts bei seiner in sich ruhenden Seinsweise beobachten kann. Dazu, bevor wir nach Österreich kommen, ein würdig abschließendes, geradezu zen-meditatives bayerisches Kuh-Gedicht von Franz Ringseis:

Kia im Reng

Die Kia lieng regungslos im Gros
und störn si net am Renga
ois betatns grod irgndwos
dees wo mir net vastenga

A oanzige von eana steht
aufd Seitn ganz alloa
und woaß no net, wos sois jetz toa
si hileng oda net

… vielleicht erstreckte sich das Paradies vom Wallersee bis nach Thalgau und Mondsee hinüber, auf der anderen Seite bis ans Innviertel hin, soweit man es halt auf einer Tageswanderung durchmessen konnte …

Kapitel 2:
SALZKAMMERGUT

AUF SOMMERFRISCHE

Die Dialoge in diesen Filmen gingen etwa folgendermaßen: »Oh, wenn mir jemand gesagt hätte, daß ich einmal mit der berühmten Bettina Bertoni schwimmen gehen würde…!« Im Hintergrund waren die jodelnden Wiener Sängerknaben in ein Schiffsheck gepackt, der Kirchtum von St. Wolfgang ragte übers Wasser, und die Regie lag in den Händen von Franz Antel oder Zwetschi Marischka. Im österreichischen TV-Nachmittagsprogramm laufen sie in einer Art Endlosschleife, die unterirdischen Salzkammergut-Klamotten der Fünfziger/Sechziger Jahre, die »Außer Rand und Band am Wolfgangsee«, »Kleiner Schwindel am Wolfgangsee«, »Happy End am Attersee« oder, vollendet hirnrissig, »Im singenden Rößl am See« hießen. Das Salzkammergut muß seinerzeit pausenlos von Jupiterlampen angestrahlt gewesen sein und die Hotelbars voller Knattermimen namens Gunther Philipp, Joe Stöckl oder Elma Karlowa. Ab und zu bleibt man aber vor diesen Streifen hängen, weil da das Triumph-Cabrio des Hauptdarstellers auf einer unglaublich leeren, gepflasterten Chaussee unterwegs ist, weil vor den spalierbewachsenen Jausenstationen noch verblaßte rotweißgestreifte Sonnenschirme herumstehen, und weil St. Gilgen und Mondsee fast wie richtige Dörfer aussehen und nicht wie der übliche Zweitwohnungs- und Großhotelmatsch.

Heute betrachtet man also Wolfgangsee-Kulissen der Sechziger mit Wehmut, damals allerdings war das Gewässer nicht besonders angesehen – jedenfalls bei jenen Erwachsenen, hinter denen man auf der Rückbank des ersten familieneigenen Gebrauchtwagens herumruckelte. Das ganze Salzkammergut galt denen als leicht peinliche Kitschecke. Das Operettenschmalz und die ganze k.u.k.-Seligkeit, also nee… Weshalb wir an Bad Ischl immer vorbeigerauscht sind. Diese Kaisermanöver- und Erzherzog-Johann-Schmachtfetzen mit Hannerl Matz oder Wolf Albach-Retty – und dann gab es noch einen Wirtschaftswunderkapitän namens »Salzbaron Adi Vogel«, samt Gattin Winnie Markus, deren Luxusleben auf Schloß Fuschl in *Film & Frau* zu besichtigen war. Alles zu mißbilligen, und im Grunde

Der Wolfgangsee mit dem Weißen Rössl
St. Wolfgang
SALZKAMMERGUT

war auch die Landschaft zu nockerlhaft, zu liab. Ich muß damals, vielleicht zwölfjährig, meinen Mund gehalten haben, denn für einen Tag in Schloß Fuschl hätte ich insgeheim mein Seelenheil verwettet, und »Ich wär ja so gerne gebliiieben, im Weißen Rößl am See« fand ich auch toll.

Es war damals noch nicht so im Blick, auch nicht in dem meiner bildungsbürgerlich-linkslastigen Erzieher, daß sich das Salzkammergut genauso mit auch von ihnen verehrten Notablen, mit Freud und Karl Kraus, mit Hofmannsthal und Schnitzler, mit Ernst Fischer und Robert Neumann, in Verbindung bringen ließ. Der ganze Mythos um das austriakische Fin de siècle und seine Vorläufer- und Folgejahrzehnte, um Habsburg-Mitteleuopa und Wiener Moderne, alles ja mit ausgeprägten Dependancen im Salzkammergut, war noch weit vorm Erblühen. Das nachmalig so heißgeliebte »Altösterreichische« hatte nur in Opas Kino Konjunktur, nicht in den Feuilletons. Es waren die Jahre, als der Charme schönbrunngelber Sommervillenarchitektur noch keineswegs wiederentdeckt war und »Verschnörkeltes« in großem Stil demoliert wurde.

Das Wort »Sommerfrische« hatte ebenfalls keinen guten Klang. Das tönte piefig und knauserig und deutsch, nach steinschweren klammen Federbetten und Fliegenfänger überm Frühstückstisch, nach Brennesseln und Blutegelweihern. Inzwischen ist, wie wir wissen, die Sommerfrische

Blick von der alten Terrasse des Weißen Rößl

wieder ein Kultbegriff geworden, ein nostalgischer Inbegriff des Schlichten, Diskreten – des hochzivilisierten Understatements. Und entsprechend ist die Neugier gewachsen nach dieser Tradition des sommerlichen Ausrastens, nach Schnitzbalkon und Hollerstrauch, zu der das Wort »Urlaub« paßt wie die Faust aufs Auge. Das Salzkammergut war, zumindest in Mitteleuropa, so etwas wie die Wiege der Sommerfrische, jener Sack-und-Pack-Verlagerung der urbanen Gesellschaft in die »spinatgrüne Erhabenheit«, wie Heimito von Doderer einmal das österreichische Bergland verspottete. In keinem anderen Landstrich haben sie sich seit dem frühen 19. Jahrhundert dermaßen geballt, der Adel und die Intellektuellen, das Großbürgertum und die Bohème, Künstler, Geldmacher, Adabeis, wie an den Gestaden und in den Tälern zwischen Salzburg und Gmunden, Aussee und St. Gilgen. Genügend friedsamer bukolischer Raum war dennoch für jeden einzelnen vorhanden im damals noch so wunderbar weitläufigen, unbebauten Rund.

Zum Glück ist es noch nicht ganz vorbei mit dieser tradierten Lebensform von Sommermuße und ländlicher Beschaulichkeit. Fast klandestin und etwas nischenhaft hat eine unauffällige Sommerfrischenkultur in manchen Winkeln ganz passabel überlebt. Andernorts ist sie freilich bloß noch ein Phantom, ein *paradise lost*, das wir höchstens in den Büchern und Bildern, Briefen und Geschichten jener Begünstigten auffinden, die ein paar Generationen vor unserer Golfplatz- und Gewerbegebiet-Ära im Salzkammergut wandeln durften.

Dieses Auffinden allerdings, dieses Wegtauchen in eine Vorzeit aus Bücherseiten, kann im Salzkammergut – sagen wir, auf einer regengeschützten Altausseer Holzveranda, in einer Sommerwiese mit Höllengebirgsblick – eine Intensität entwickeln, daß uns die Zeiten, die damalige, von der wir lesen, und die eigene Realzeit, dunstig ineinander verschwimmen und uns unser etwas dürftiger Nachgeborenenstatus eigentlich ganz wurscht wird. In unserem Bücherstoß ist alles noch da, lebt und leuchtet und vibriert und füllt uns den Kopf und verschleiert uns manchmal gnädig den Blick für zeitgenössische Augenplagen. Lesend im Salzkammergut, von denen, die vor uns hier in den Regen träumten oder in die Sonnenglut, geraten wir immer wieder in jene schwebend-euphorische, alltagsferne Absenz, die ja eigentlich der Sinn und das Glück jeden Reisens ist.

IN DEN FLACHGAU

Thomas Bernhard hat uns eine Empfehlung vorgegeben. Er befand das Salzkammergut, in dem er ja auch randständig beheimatet war, »eine kalte, unfreundliche Gegend, vernichtend für jeden, der länger bleibt«, jedoch immerhin »herrlich für ein paar Tage«. Vier Tage im Frühsommer also hinein nach Österreich (die werden uns nicht vernichten), auf dem Rücksitz ein Bücherrucksack, der auch für die dreifache Dauer reicht, und hinüber ins rotweißrote Land schleichen wir uns in einer nicht so prominenten Ecke, bei Laufen über die Salzach in den Flachgau. Die buntbemalte gußeiserne Brücke des Jugendstils sieht mit ihren Adlerapplikationen eher spielzeughaft als imperial aus. Und schon hier überm Grenzfluß sehen wir eine literarische Figur am Geländer lehnen, eine Gestalt jüngeren Datums, wenn auch selbst gerade von schwerster Alterungs- und Lebenssinnkrise umdüstert. Es ist Sten Nadolnys inzwischen mittelbejahrter und speckbeschwerter Ole Reuter aus dem Roman »Er oder ich« von 1999, jener ehemals taugenichtsfreie Ole Reuter, der in seiner und unserer Jugend mit einer »Netzkarte« durch Deutschland gondelte und uns ein leuchtendes Vorbild für die Vergnügungen provinziellen Reisens wurde. Jetzt steht er auf dieser Salzachbrücke und will sich umbringen. Im Buch klingt es so, als hätten die trüben Laufener Kleinstadtwahrnehmungen zu diesem Entschluß zumindest beigetragen: »Gasthaus zur Bahn. Wanderung ins Stadtzentrum. Alte Wagenräder und Gartenzwerge als Grundausstattung jeden Hauses. Am Giebel des Postamtes predigt ein Heiliger mehreren Pinguinen und einem Wolf.« Zum Glück verpassen ihm seine Schutzengel ein Brechmittel und verhindern so den Suizid, aber auch danach fühlt er sich in Laufen nicht gut: »Der Magen eine gallige Pfütze, darunter stechende

Blähungen, hinter den Augen ein Schwelbrand... ein treibendes Wrack, leider unsinkbar.« Solche Jammerlappen-Zustände kommen einem nicht ganz unbekannt vor – drum vielleicht geht es einem so, daß man sich die Laufener Brücke nie mehr ohne Ole Reuter wird denken können.

Ins österreichische Bruderland ohne Grenzpolizei, ohne Schranken. Oberndorf heißt es über dem Fluß, ist berühmt für die langvergangene Zeit der Salzflößerei und das erstmalige Erklingen von »Stille Nacht«, und außer der doppelzwiebeligen Wallfahrtskirche Maria Bühel auf einer Anhöhe gibt's nicht viel zu sehen. Noch nicht existent ist glücklicherweise das 72-Millionen-Event-Projekt eines Lamprechtshausener Immobilienhändler, das sich »Stille-Nacht-Welt« nennen soll und mit »Stille-Nacht-Musical« und ganzjährigem »Weihnachtswunder«-Merchandising eine Million Touristen, vor allem aus Übersee, zu »bündeln« wünscht. – Den soliden alten Gebietsnamen »Flachgau« hat man vor kurzem bereits hochoffiziell abgeschafft und die Gegend in »Salzburger Seenland« umgetauft, den lahmenden Fremdenverkehrsziffern aufzuhelfen. Flach ist es nicht, aber von der früheren Hinterlandstille einer hügeligen Bauerngegend ist auch viel dahin. »Verhüttelung« heißt der schöne österreichische Terminus für den landfressenden Häuslbau, und hier im Salzburger Einzugsbereich hüttelt es reichlich. Am angenehmsten fährt sich die kurvige Strecke von Weitwörth nördlich des Haunsbergs entlang hinüber zum Obertrumer See. Leider ist auch dieses sanfte Gewässer weitgehend mit neueren Heimstätten verstellt, und ein Trost ist eigentlich nur der gewaltige alte »Braugasthof Sigl« in Obertrum – ein relikthafter Überlebender, der einen ahnen läßt, wie schön in den Dorfkernen dereinst die breiten Häuser mit den Korbbogentüren, den gekalkten Laibungen und geschmiedeten Gittern der Fenster, den tiefgezogenen Krüppelwalmdächern zueinander gestanden haben mögen, wie eine Herde großer, ruhiger Tiere vielleicht.

In Klosterort Mattsee, zwischen zwei Seeufer gelagert, ist man dann schnell. Die Bucht im Bereich des alten Schlosses und des Kollegiatsstifts hat mich bisher jedesmal in gute Laune versetzt. Immer wenn ich da war:

kobaltblaue Frische am Mattsee, kleine Schaumkronen, flinke Wellenbögen, schaukelnde Boote, sanftes Flappen ans Ufer und der unwiderstehliche Wassergeruch, den man so schätzt, wenn man aus trockenen Gegenden kommt. Und das schöne Drumherum dieser Bucht: der schlank überhöhte Kirchturm mit Staffelungen und Volutenbögen von fast höfischer Eleganz, der baumumstandene Kubus des mittelalterlichen Mauerschlosses, seine diagonal rotweiß gestreiften Holzläden, Obstgärten, Staketenzäune, die traditionelle, überkuppelte hölzerne Strandbadanlage, verwitterte Bretterstege am Wasser – zumindest seewärts ist Mattsee eine Augenweide. Das Stift gehörte über Jahrhunderte zum bayerischen Bistum Passau und war den mächtigen Salzburger Fürstbischöfen immer ein Dorn im Auge. Zu Ende des Zweiten Weltkriegs fand sich hier vorübergehend eine Weltsehenswürdigkeit: die ungarische Stephanskrone samt Kronjuwelen nämlich, leider auch der faschistische ungarische Pfeilkreuzler-Regimechef, der hierher geflohen war und von den Amerikanern in Mattsee gefangengesetzt wurde. Ein paar unerfreuliche zeitgeschichtliche Mattseer Begebenheiten weiß der Salzburger Publizist Karl-Markus Gauß in seinem höchst lesenswerten Journalband »Mit mir, ohne mich« zu berichten: Der Ort tat sich beim nationalsozialistischen Putsch von 1934 mit Vehemenz hervor, und bereits 1921 verscheuchte man Arnold Schönberg für alle Zeit. Der hatte hier mit seiner Familie harmonische Ferien verbracht und hätte sich Mattsee sehr gern als Dauersommerfrische erkoren. Weil es ihm so gut gefallen hatte, gedachte der berühmte Komponist, Mattsee mit einem Walzerabend zu erfreuen. Stattdessen erhielt er einen Brief vom Gemeinderat, er solle unverzüglich Beweisdokumente beibringen, daß er kein Jude sei, oder aber sich schleunigst verabschieden. Schönberg verließ Mattsee auf Nimmerwiedersehen – und der Ort hat für sein sommerliches Kulturspektakel heute nur mehr den weniger bedeutenden Diabelli vorzuweisen. Mit solchen jüdisch-österreichischen Geschichten – Geschichten von Anhänglichkeit und rüder Austreibung, von Haß und Ressentiment, aber auch von zeitweilig selbstverständlich glücklicher Zugehörigkeit und Vermengung, von brennendem Heimweh, zweifelnder Rückkehr und durchaus nicht immer gelungener Versöhnung – ist der Boden um die Salzburger Seen förmlich getränkt: Es gibt wohl kein an der Oberfläche idyllesattes, ländliches Ferienrevier, an dem die Zeitgeschichte so flagrant nachzuvollziehen ist, an dem die Decke zur unrühmlichen Vergangenheit so dünn ist, allerorts im Salzkammergut werden wir ihr begegnen.

Im formellen Rokokogarten des Stiftskellers ist es dann wieder unverfänglich nett, und auch auf einem Uferspaziergang zu Schnabelspitze und Weyerbucht erinnert an Arnold Schönberg nichts.

Wir haben Glück mit unserem schäfchenwolkigen Junitag und fahren mit angenehmen See- und Bergaussichten um das Nordufer des Mattsees herum nach Gebertsham. Lassen wir das Auto außerhalb des winzigen, schön eingewachsenen Wiesendorfs überm See stehen, ein bescheidenes Schild, »Flügelaltar 150 m«, weist uns den Weg, und schlendern wir durch die Höfe abwärts zur kleinen Dorfkapelle mit dem Zwiebeldachreiter.

Ein einfacher, gotischer Raum, ohne, o Wunder, alle Zutaten späterer Epochen, eine kleine Empore mit Maßwerkschablonen, übergroße Fresken des hl. Christophorus und des hl. Sebastian – der Kindsträger scheint einem wie immer die freundliche Seite der katholischen Mythologie zu versinnbildlichen, der pfeildurchbohrte Märtyrer die grausige. Im Chor

Der Flügelaltar in Gebertsham

dann noch ein Schnitzaltar des Meisters mit dem Mickymaus-Namen, Gordian Guckh, ganz späte Gotik des frühen 16. Jahrhunderts »von erregtestem Ausdruck«, wie mein kunstgeschichtlicher Begleiter, Prestelband-Schindler, anmerkt. Im Menschengewimmel auf dem Kalvarienberg auch wild aussehende Figuren mit Dreschflegeln und Stöcken, ein Ritter in schwarzer Rüstung; man hat diese Figuren als Hinweise auf die damals tobenden Bauernkriege gedeutet. Auf den Tafeln der Predella und der Flügel rotflammendes Gewittergewölk, Hintergrundlandschaften, deren kahle und fransige Bäume an die Donauschule erinnern. Filigranes goldenes Astwerk rahmt diese Darstellungen; die obersten Fialen sind nach innen gebogen, damit sie nicht an die Chordecke stoßen.

Durch Kuckucksnelken- und Wiesenschaumkrautgründe erreichen wir die größere Straße über Köstendorf nach Neumarkt am Wallersee. Am Weg liegt eine Erfindung jüngster Zeit, die wir uns sparen, zumal wir nicht in Kinderbegleitung sind. »Schaudorf Schleedorf« nennt sich dieses gutgemeinte Projekt, das sich um Balance bemüht zwischen traditioneller Dorflebenskonservierung und der leider doch etwas disney-haften Zurschaustellung derselben. Es zieht uns nicht besonders in die »Käsewelt«, samt »unvergeßlichem Dolby-Surround-Käsekino«, auch wenn da das größte Biokäsesortiment Österreichs gehandelt wird, samt Baseballkappen und Käsewelt-Jogginghosen. Auch die »1. Salzburger Schaubäckerei zum Mitgestalten von Gebäck« muß nicht sein, nicht das »Puppenfenster« (»mit der Schaudorfkarte in Bewegung zu versetzen«) und nicht das »Museum Agrikultur« mit einem »lebenden Baum« voller Tierpräparate, »welche gesondert beleuchtet werden können«. »Trachtendesignermode von Mothwurf« aus »strapatzfähigen Stoffen« treibt uns ebenfalls nicht zur Maßschneiderei Wimmer, auch wenn diese schon ausweislich die »Siebenbürgnerblaskapelle Munderfing« komplett eingekleidet hat.

Was sie sich nur immer einfallen lassen, die agilen Vermarktungsherrschaften der im Alpenraum ja überall etwas darbenden Fremdenverkehrsregionen. Diese Fun- und Lustbarkeitsstrategen, die sich so sehr fürchten, das Publikum bleibe ihnen weg, wenn sie einander an Gags nicht übertrumpfen. Bei Nußdorf am Haunsberg denkt man über ein SounTopia mit 1500 Parkplätzen nach, samt »Reise ins Innere einer Stradivari«, die ehrwürdige Sigl-Brauerei von Obertrum preist ihre »neue Flaschengeneration, die mit geballter Faust für unbändigen Partyspaß im Lande kämpft«, und eine Seewirtevereinigung setzt immerhin auf »Qualitätsorientierte Fischoffensive«. Es ist schon wahr, daß die Bauernexistenz im Flachgau »ka g'mahte Wiesn« ist, bei minderen Hofgrößen um die 15 Hektar und der ständig kränkelnden Milchviehwirtschaft, wiewohl das Land Salzburg stolz ist auf die größte Biobauerndichte Europas. Das Standbein Tourismus und Bauernhofurlaub ist in der Region unverzichtbar, Vermarktungs-»Nischen« werden dringend gesucht. Aber muß in diesen Nischen denn die Werbetrommel immer gleich so furchtbar scheppern? Es soll ja nicht mehr so zugehen wie in Karl Kraus' Glosse »Pfleget den Fremdenverkehr«, in welcher er »elende Telephone« und »verschweinte Züge« beklagt und das »österreichische Antlitz« verkörpert sieht in der »Visage eines schwitzenden Hoteliers, der überall Hand anlegt, sich unaufhörlich vor leeren Tischen verbeugt und Leben in die Bude bringt, indem er die Kaisersemmeln auswechselt«. Aber daß man heute in jeder Unterkunft in römisch ausgepinselten Wellnesskellern schwitzen können muß, und daß der Hotelier statt Semmeln dauernd die Stimmungsmusik-MCs auswechselt, das haben wir doch auch nicht gewollt?!

Auf dem Tannberg, ein kleines Sträßchen bringt uns steil hinan, herrscht unter der Woche summende Stille. In der einfachen Ausflugswirtschaft ist man der einzige Gast, erfreut sich an einer hausgemachten »Möhlspäs« und am phänomenalen Rundblick über die silbrigen Flachgauer Seen hin zu Gaisberg, Untersberg, Watzmann und der unverwechselbaren Hammelsnase des Schafbergs. Zeitverlorenheit: Carl Zuckmayer ist ihr im Dorf Köstendorf begegnet: »... ich kam über die hohe Leite vom Tannberg herunter, es läutete eben Mittag, und da merkte ich gleich, hier war alles Erdenkliche – Sonne und Schatten, Tag und Nacht, Schmeißfliegen, Wirtshaus, Kirchenuhr, Telegraphendrähte, aber keine Zeit. Woran ich das merkte, kann ich kaum erklären. Ich hörte die Glocken läuten, ich roch, daß es im Pfarrhaus schmalzgebackene Apfelspalten gab. Ich sah den silbernen Wasserstrahl aus einem Brunnrohr laufen, ich sah, daß das Postamt geschlossen war. In einiger Entfernung stand mit gespreizten Beinen ein alter Mann und hackte Holz. Er war so weit entfernt, daß ich ihn zuschlagen und die Scheiter auseinanderfallen sah, bevor der Hall seiner Axt in mein Ohr drang, und ich mußte denken, daß man gerade darin, in diesem klaffenden Spalt zwischen den Wahrnehmungen, der Zeit eine Falle stellen könne und sie darin einfangen wir eine fahrlässige Maus.«

Irgendwie ist das meiner Generation entgangen, daß der gern als sentimentalischer Hauruckdramatiker belächelte Zuckmayer so schöne Prosa geschrieben hat. Wir sind auf dem Weg nach Henndorf, seiner heiß-

Blick vom Tannberg

geliebten Wahlheimat, bis der »Anschluß« auch ihn von dort verjagte, und die er in seinen Memoiren pries: »... wir lebten einmal im Paradies, und es macht keinen Unterschied, ob es zwölfeinhalb Jahre dauerte oder so lange wie man braucht, um die Augen zu schließen und wiederaufzuschlagen.«

Zurückgekehrt ist er, der Versöhnliche, der mit aller Welt Freundschaft Suchende, nach der Emigration trotzdem nicht.

DIE WIESMÜHL UND DAS GREISSLERTRAUMA – CARL ZUCKMAYER UND THOMAS BERNHARD AM WALLERSEE

Henndorf oberhalb des Wallersees, das selbstredend mit Zuckmayers unbezahlbarem »Paradies«-Spruch seine touristischen Einrichtungen bewirbt, ist heute kein Platz mehr, an dem man bleiben möchte. Umschnürt von vorortsmäßiger Wüstenrot-Bebauung, zersägt von einer Rasertrasse, die täglich 16000 Autos, ein Gutteil davon schwere Laster, durch den Ortskern treibt – es bedarf einiger Phantasie, die verschlafene, in sich geschlossene Dorfwelt am Wallersee zurückzurufen, die sich für zwei denkbar gegensätzliche Autoren wie Zuckmayer und Thomas Bernhard erklärtermaßen mit unvergessenen Glückszuständen verband. Carl Zuckmayer hatte das Haus Wiesmühl, ein romantisches, aber baufälliges Mühlengebäude zwischen Dorf und See 1926 von den reich fließenden Tantiemen für seinen »Fröhlichen Weinberg« erworben. Nach der Machtergreifung 1933 übersiedelte der Autor mit Frau und zwei Töchtern von Berlin vollzeitlich in sein Flachgauer Haus – und wunderte sich im Rückblick über die Blauäugigkeit seiner »Halb-Emigration«: »Ich kriege heute noch eine Gänsehaut, wenn ich bedenke, daß wir *fünf* Jahre sozusagen im Scheinwerferbereich des Obersalzbergs, in Greifweite der ›Österreichischen Legion‹ (Anm.: die sehr aktiven Untergrundnazis im österreichischen Ständestaat), in Prügelnähe von Dachau gesessen haben und auch noch Stücke geschrieben und Feste gefeiert haben …«

Es waren in der Tat arbeitsreiche und an Geselligkeit und Festivitäten geradezu überbordende Jahre. Ich habe sie schon oft und nicht ganz neidlos gelesen, Zuckmayers Schilderungen wunderbarer Sommer voller Freundesglück und Naturseligkeit, Albernheit und Zecherei, voll Mozart und Blasmusik, voll Wildbachrauschen und Barockschloß-Highlife – Lebensfülle pur. Helle Nächte, die kein Ende nahmen, und die finstere Gewitterfront noch weit weg: »Ich lebte ja in der trottelhaften Vorstellung, daß wir immer so weiter in der Wiesmühl herumsumpern würden.« Herumsumpern: Das waren zum Beispiel die dreieinhalbstündigen Fußwanderungen vom Wallersee in den Salzburger Festspielglanz der Ära Max Reinhardt, über »die Straß«, den Heuberg, den verwachsenen Jägersteig zum alten Kastanienwirtshaus »Daxlueg« – »da sehe ich plötzlich Salzburg, von einem flimmernden Dunst berieselt, zusammengefaßt«. Dann hörte man Toscanini oder Bruno Walter oder Lotte Lehmann – und ging schließlich mit den Künstlern in den kerzenbeleuchteten Salons und Sälen von Max Reinhardts Wohnsitz Schloß Leopoldskron zu Tisch. »Bei Champagner und Kaviar verstand sich der Revolutionär mit dem Monarchisten ausgezeichnet… obwohl oder weil jeder wußte, daß er dem Griff der Politik nach seinem Hals und seinem Leben nicht werde entgehen können. Es war ein wenig wie in Versailles vorm Tag der Bastille…«

Bevorzugte Gäste hielt Max Reinhardt gerne mit »Sie bleiben doch noch ein Stündchen« bis zum Morgenlicht in der Bibliothek zurück, »diesem bezaubernden Raum über der barocken Galerie, bei altem Cognac und schweren Importzigarren«, schöne Frauen waren auch dabei; und das waren dann die Stunden »der Anekdote, der inspirierten Einfälle, der Parodie«. Dann frühstückte man Gulasch und Bier, mit Thornton Wilder oder Erich Maria Remarque zum Beispiel in der Bahnhofswirtschaft, und oft fuhr noch eine ganze Bagage mit raus an den See, »wo man sofort durch den taufeuchten Wald zu meiner einsam gelegenen Badehütte hinunterging, um dort zu schwimmen und zu tauchen…«

Carl Zuckmayers Haus in Henndorf

Max Reinhardt mit Gästen auf der Terrasse von Schloß Leopoldskron 1927: Heinz Harald, Einar Nilson, Tilly Losch, Mr. Ziegler, Rudolf Kommer, Hugo von Hofmannsthal, Rosamund Pinchot, Lili Darvas, Helen Thimig, Miss Ziegler, Harald Kreutzberg, Wladimir Sokoloff, Hugo und Hermann Thimig, Paul Hartmann

Die Gästeliste der bäuerlichen Wiesmühl liest sich wie das Goldene Buch einer bedeutenden Metropole: Stefan Zweig und die Thomas-Mann-Familie waren zu Gast, Mary Wigman und Joseph Roth, Hans Albers und Marlene Dietrich, Emil Jannings und Franz Werfel samt Alma, Gerhart Hauptmann, aber auch der später hingerichtete 20.-Juli-Protagonist Helmuth Graf Moltke, und Ödön von Horvath schrieb wochenlang in der Zuckmayerschen Gästehütte an seinen späten Stücken. Ein verwirrendes Amalgam von im »Dritten Reich« durchaus Wohlgelittenen mit Verfolgten und Emigranten, für welche die Wiesmühl und ihr stets hilfsbereiter Besitzer häufig ein erster Anlaufpunkt war. Es ist wohl nur zu erklären mit dem grundgenerösen, weltbürgerlichen und freundschaftsbegabten Naturell dieses Gastgebers, des »Wiesmüllers«, der sich auch mit der Henndorfer Einwohnerschaft bestens vertrug, den »Prangerschützen« eine bestickte Vereinsfahne stiftete und am Stammtisch im Gasthof Moser mit Verve in die lokalen Gstanzln »Überführn, überführn, schreit die kla Fischerdirn« einstimmte.

Dazwischen immer wieder konzentrierte Arbeit in der Badehütte mit Diwan und Klappbrett zum Schreiben, weite, kontemplative Wanderungen, allein mit den Hunden, ins stille Waldgebirge östlich des Sees, zu der Lieblingswaldwiese am Aussichtsberg Zifanken, Tiere beobachten, träumen, »ach, des Himmels flache Schale lastet auf der Erde schwer / und es ball'n sich kolossale Wolkenfäuste ringsumher«, mit der Vorahnung der Zerbrechlichkeit dieses ganzen Lebensglücks: »Diesen Fuchs, diesen Waldrand, die wirst du immer haben, wo du auch hingehst.«

Gegangen werden mußte dann bald. Beim Einmarsch der Nazis war Zuckmayer in Wien, erlebte die Nacht nach Hitlers Heldenplatzauftritt als einen Horror des entgleisenden Pöbels und konnte von seiner Frau nur mit Mühe davon abgehalten werden, in die Wiesmühl zurückzukehren und seine geliebte Heimstatt mit einem alten Armeerevolver zu verteidigen. Der mütterlicherseits jüdischstämmige und verbotene Autor mußte schnellstens außer Landes – die Emigration ging ihren mühseligen und gewundenen Gang, bis auf die »Farm in den grünen Bergen« in Vermont, New England. Am zurückgelassenen Hausstand der Wiesmühl bereicherten sich freimütig auch die Henndorfer, und das Auto wurde ein Ordonnanzfahrzeug der SS. – Nach dem Krieg wurde die Wiesmühl restituiert, aber Zuckmayer verkaufte sie rasch, ein Vorgang der vom *Salzburger Volksblatt* mit komplettem Unverständnis und übler Häme kommentiert wurde: Zuckmayers einst »lichterloh brennende Liebe zu Henndorf« habe sich in »sang- und klanglose Abkehr verwandelt«, und der Autor, warum nur?, habe »sich nach Westen abgesetzt«. So dasselbe Blatt, das 1938 die Beschlagnahme dieses »Sammelpunktes jüdischer und freimaurerischer Literatur« bejubelt hatte.

1970 ist er noch mal zurückgekehrt aus der Schweiz, von zahllosen Abordnungen empfangen, seine während der braunen Jahre eingemottete Vereinsfahne wurde ihm stolz vorgeführt, ein Ehrenring überreicht, und er konnte den »Carl-Zuckmayer-Weg« zur Wiesmühl in Augenschein nehmen, was dem Siebziger eher ein mulmiges Gefühl verschaffte, »als blicke man auf seinen eigenen Grabstein«. Er hat dann wacker getrunken und gefeiert mit seinen Henndorfern und ein launiges, braves Büchlein über diese Rückkehr verfaßt, »Henndorfer Pastorale«, mit der Quintessenz, er kenne keinen Haß. In Erinnerung bleibt einem eher ein wehmütiger Satz wie dieser: »Mein Herz hängt an jenem Haus im Dorf. Nicht weil es mir gehört, sondern weil ich ihm gehört habe, ihm und dem Grase und den rauschenden Wasser … es war vollendet wie ein Traum, und es verschwand wie ein Traum.«

Ja, natürlich gibt es in Henndorf heute Zuckmayer-Memorabilien-Orte, und es gibt eine wöchentliche Kulturwanderung »Auf Zuckmayers Spuren«, bei welcher man von außen die noch ziemlich unveränderte Wiesmühl, Fenning 3, betrachtet, inzwischen keineswegs mehr in idyllischer Alleinlage, den dito nicht mehr einsamen Wallerseestrand, wo seine Hütte stand, und die Gaststube des Moserbräu, die noch ein schönes, altmodisches Cachet aufweist, wiewohl die Lastwagen fast durchs Fenster fahren. Inbegriffen ist die »Zuckmayer-Jause«: Speck, Schwarzbrot, Mondseer Käse, Bier und Doppelstamperl Obstler. Sie ist im Werk verbürgt als echte Dichter-Zehr. Um diesen von den Feuilletons gern geschmähten Autor aber über seine Schmausegewohnheiten hinaus kennenzulernen, von seiner besten Seite, seinen Sprachwitz, seine Menschenkenntnis, seine Ungeniertheit und sein Gespür, sollte man zum Doppelobstler in seiner Stammtischecke, oder vielleicht im Kastaniengarten des »Gasthaus Fischtagging«, Zuckmayers Lieblinseinkehr bei seinen Seewanderungen, *ein* Buch herausziehen: die erst unlängst erschienenen »Geheimprotokolle« für den CIA-Vorläufer aus der Zeit des Zweiten Weltkriegs. Das sind kürzere oder längere Dossiers von seiner Hand über in NS-Deutschland verbliebene, ihm meist wohlbekannte Künstler und Geistesmenschen. Die Mischung aus Witz und Fairness, aus (meistens) psychologischer Scharfsicht und wie hingeworfener, nonchalanter literarischer Porträtkunst (»Ich liebe diese alte Sau«, schrieb er über den Spezi Emil Jannings, bevor er ein selten farbiges, schillerndes Porträt des NS-Superstars liefert) ist ein hohes Vergnügen, vom zeitgeschichtlich-dokumentarischen Wert ganz zu schweigen.

Carl Zuckmayer mit seinen Hunden unterwegs am Wallersee

Als die Familie Zuckmayer 1938 den Wallersee verlassen mußte, war Thomas Bernhard sieben Jahre alt. Seekirchen am Südufer hat sich womöglich noch mehr verwandelt als Henndorf, eine ausgeuferte Agglomeration, verkehrs- und gewerbereich. Westlich des Orts liegen die beiden Weiler Wimm und Hipping, bedeutsame Plätze für den kleinen Thomas Bernhard, der nach dem chaotischen Herumgeschubstwerden seiner frühen Kindheit und den beengten Wiener Großstadtjahren dort ein wenig zur Ruhe und zu einem annähernd normalen ländlichen Bubenleben kam. Ins »Mirtlbauernhäusl« zu Wimm waren die Großeltern samt Enkel mit einem Leiterwagerl eingezogen. Eine Holzkate, die uns auf heutigen Bildern herzig erscheinen will, damals aber ein Arme-Leute-Quartier war, »aus Eisenbahnschwellen gezimmert und lustig anzuschauen«, wie Bernhard sich im grandiosen Autobiographieband »Ein Kind« erinnerte, kaum heizbar, voller Mäuse, mit Außenabort. Der Großvater, jener ewig erfolglose, mit seinem manischen Schreibzwang die ganze Familie knechtende Johannes Freumbichler, stammte aus einer Henndorfer Sippschaft, mit der er freilich überworfen und als deklassierter Sonderling in die Heimatgegend zurückgekehrt war. Wie der Enkel Thomas diesem hochfahrenden und herrischen, kirchenfeindlichen und antibürgerlichen Heimatschriftsteller (nicht völkisch genug für den braunen Zeitgeist) ergeben war, ist bekannt. »Mein Großvater errettete mich aus der Stumpfheit und dem öden Gestank der Erdentragödie.« Stundenlang schweiften die beiden durch die Flachgauer Landschaft, der Großvater in denkbar unbäuerlichem weißen Leinenanzug und Panamahut, dozierend und philosophierend, der Enkel mit Redeverbot belegt, außer er stellte gescheite Fragen.

Den kümmerlichen Lebensunterhalt verdienten die Frauen. Die Mutter, in ständig wechselnden subalternen Jobs, war meist abwesend, Hauptsache, sie schickte die existenzsichernden Geldanweisungen. Die Großmutter, die ihre erste Familie für den genialischen Freumbichler verlassen hatte, von diesem aber nicht geheiratet wurde, verdingte sich auf dem nahe gelegenen Hippingergut, wo sie Kinder hütete, Wäsche wusch, die Näharbeiten erledigte und ins Mirtlhäusl Naturalien wie Schmalztöpfe und

Zwiebelzöpfe heimbrachte, den Dichtersmann zu ernähren, der täglich ab dem Morgengrauen in einer mit Lederriemen umgeschnallten Pferdedecke über seiner sakrosankten, kaum je von der Außenwelt wahrgenommenen Sätzeschmiederei brütete.

»Wir alle waren fortwährend auf dem Drahtseil und drohten ununterbrochen abzustürzen, tödlich«, heißt es in »Ein Kind«. »Insofern waren wir eine seiltanzende Zirkusfamilie, die sich niemals und auch nicht einen Augenblick gestattete, von dem Seil herunterzusteigen, und deren Übungen von Tag zu Tag schwieriger wurden.«

Die Abwesenheit der durch eigenes Unglück furchterregend gewordenen Mutter – und das Unglück war eben wesentlich dieser uneheliche, ungewollte Sohn – muß für das Kind Thomas Bernhard ein einziges Aufatmen gewesen sein. Es gibt in »Ein Kind« erschreckende Schilderungen ihrer Furienhaftigkeit, dieser Prügeleien mit dem Ochsenziemer, der auf dem Küchenkasten bereitlag und, schlimmer noch, ihrer rituellen Verfluchungen: Du bist mein ganzes Unglück, dich soll der Teufel holen! Du hast mein Leben zerstört! Du bist mein Tod! Du bist ein Nichts! Du bist

Thomas Bernhard mit seiner Mutter in Seekirchen 1936

Thomas Bernhard in Seekirchen 1938

nichts wert! Dazu das nachgetragene Verständnis des Sohns: Sie konnte ja nicht anders, *ich liebte meine Mutter aus ganzem Herzen, und umgekehrt liebte meine Mutter auch mich wenigstens in dem gleichen Maße,* sie hat ja nicht *mich* gemeint mit den wilden Schlägen und den schlimmen Worten, sondern den Mann, der sie verlassen hatte, ich hatte *das gleiche Gesicht.* – Es gibt ein erhellendes Foto zu dieser destruktiv verstrickten Mutter-Sohn-Beziehung: Da sitzen die beiden im Lichtgeflimmer einer Wallersee-Sommerwiese einander zugeneigt, die Mutter im fröhlichen Dirndl mit Puffärmeln, das Kind mit einem Blumenstrauß im Arm, und trotzdem spiegelt das Foto nichts als Unlust und Bitterkeit, der trotzig vorgestülpte Mund, der traurige Blick des Buben, die mehr als verhärmten, scharfen Gesichtszüge der noch jungen Frau, vielleicht ihren ständigen »furchtbaren Kopfschmerzen« zuzuschreiben, ihre böse und ratlose Mimik.

Ein anderes Bild läßt uns dann endlich glauben, daß die Seekirchener Zeit für dieses Kind eine glückliche Zeit war: Allein ist es darauf zu sehen, barfuß und mit baumelnden Beinen auf einem Steg, in einer kurzen Lederhose und einem Wolljöppchen mit Herzflecken auf den Ellenbogen, im Gesicht so ein selig-verschmitztes Kleinbubengrinsen, daß es den Betrachter geradezu befreit.

»Hier war mein Paradies« – auf dem Hippinghof nämlich, wo der kleine Thomas wohlgelitten war, wo der gleichaltrige »Hippinger Hansi« sein bester Kumpan wurde. Bevor »die besten Topfenpalatschinken, die ich jemals gegessen habe«, in großen »Wuchtelpfannen« aufgetischt wurden, versammelten sich am Abend »an die zwanzig Dienstboten, die sich alle auf einer die ganze Stube entlangführenden jahrhundertealten Holzbank wuschen, die sich auf dieser Bank die pomadisierten Haare kämmten oder auch nur dasaßen und schauten«. Das waren noch herrschaftliche Großbauernexistenzen damals, die Begräbnisrituale allerdings nahm der kleine Bernhard schon mit scharfem Blick fürs Makabre wahr: »Die aufgebahrten Toten hatten entstellte Gesichter, von ausgeflossenem und dann vertrocknetem Blut sehr oft verunstaltet. Es nützte oft nichts, das Kinn an den übrigen Kopf zu binden, es blieb unten, und der Beobachter starrte in die finstere Mundhöhle.« Bildhaft im Gedächtnis blieb ihm auch das einer Beisetzung folgende Würstlsuppenessen: »Zwei Wiener Würstl in einer Rindssuppe mit Nudeln waren der absolute Höhepunkt... Die Verwandten hatten ihren eigenen Tisch, alle saßen sie schwarz eingezwängt in ihren nach Naphtalin stinkenden Kleidern und löffelten mit größtem Genuß die Suppe aus, wobei die weißen Nudeln sehr oft an ihren schwarzen Jacken hängenblieben, weil sie zu lang waren.«

Vielleicht stammten die klebrigen Nudeln aus dem Gemischtwarenladen der »Rosa-Tant'« unterhalb der Henndorfer Kirche, einem anderen Schauplatz vertiefter Neugier für den kleinen Bernhard. Heute logiert an dieser Stelle ein geheimnisloser Spar-Markt, aber damals muß es eine merkwürdig riechende, kunterbunte Kaufladenwelt gewesen sein, »mit Zuckerhut und so«, großen hölzernen Stellagen und vor allem dem Privileg für den Sechsjährigen, ab zu selbst irgendwelche Haushalts- oder Kolonialwaren »über den Budel« verkaufen zu dürfen, wofür er sogar in Kauf nahm, mit der »grauenhaften alternden Tante« in einem Bett zu übernachten, »alle Fenster zu, bummfest, ein feuchtes, muffiges Loch«. In diesem Tante-Rosa-Laden habe er sein »Greißler-Trauma« abgekriegt, erzählte Thomas Bernhard als hochprominenter Autor später, da hatte das lange vorhandene Gedankenspiel mit der Berufswahl des Greißlers, des Lebensmittelkramers, seine Ursache, wofür er ja im legendären Salzburger »Keller« tatsächlich in die Lehre ging.

Als junger Mann machte er sich schon bereit, beim Trödler Regale und Schubladenkästen für einen eigenen Laden auszusuchen, und es war nicht zuletzt Carl Zuckmayer, der eine »Gemischtwarenhandlung Thomas Bernhard« verhinderte. Indem er 1952 seine Beziehungen beim *Demokratischen Volksblatt* in Salzburg spielen ließ, brachte er den Jüngling, den er seit dessen Kindheit kannte, als freien Autor für Gerichtsreportagen und Lokalstückchen unter und setzte ihn so auf einen gänzlich anderen Weg.

Anno 1938 war Schluß mit der Wallersee-Kindheit. Der einmalige staatspreisgekrönte Erfolg eines großväterlichen Romans, »Philomena Ellenhub«, in eben jener Gegend angesiedelt, war ein Strohfeuer gewesen. Die Mutter hatte einen Stiefvater, den Friseurgehilfen Fabjan, geheiratet, welcher fortan in der Pflicht war, die weiter wachsende Seiltänzerfamilie zu ernähren. Nur in Traunstein/Hitler-Deutschland fand sich eine Anstellung, so daß nichts als die Übersiedlung blieb. Achtjährig bereits strebte der dort sehr unglückliche Thomas Bernhard mit einem Fahrrad zurück ins Salzburgische, aber die fluchtartige Exkursion endete mit einem Crash. Seinen geliebten, despotischen Henndorfer Großvater aber hat er in so ziemlich allen scheiternden Künstlerfiguren seines Werks verewigt.

MONDSEELAND

Auf kleinen Bauernhof-Verbindungsstraßen über Altenthan, Berg, Haslach gondeln wir zur Idylle Sighartstein hinüber. Das Schloß dort ließe man uns besichtigen, wenn wir glaubhaft zwanzig Millionen Dollar in der Hinterhand hätten, um über Sotheby's die nette Domäne zu erwerben, Wohnbereich 2300 Quadratmeter, dreißig Schlafzimmer, siebzig Hektar Park. Das gesamte Inventar ist inklusive, darunter ein Felsenhallenbad, ein Mausoleum für zwölf Särge und die Jagdtrophäensammlung des bisherigen Hausherrn, eines gewissen Kommerzialrats Arnold Henhapl, den man

mal in weißen Lederhosen im Fernsehen bestaunen konnte, wie er zwischen ausgestopften Löwen, Straußen, Krokodilen, zwischen Büffelköpfen und Zebrafellen stand und sprach: »Hier sehn's a bissi was aus B.C.« – einen in British Columbia selbstgeschossenen Schwarzbären nämlich. Der »sehr persönliche Geschmack« des Schloßherrn, so formulierte es ein Sotheby's-Repräsentant vorsichtig, stelle bei Verkaufsverhandlungen immer wieder »ein gewisses Problem dar«.

Im schönen, schattigen Gastgarten der Schloßwirtschaft, ein angenehm bürgerlicher Barockbau genügend weit unterhalb dieser merkwürdigen Feudal-Immobilie, gönnen wir uns jetzt lieber bloß ein vegetarisches Stranitzl mit Früchten. Ein angenehmer Wanderweg ginge von hier über Kollmannsroid und Brunnkehrer auf die Anhöhe von Sommerholz mit frei stehender Georgskapelle, hoch über dem nächsten Gewässer, dem Zeller- oder Irrsee. Um mit dem Auto dorthin zu gelangen, müssen wir leider noch mal auf die scheußlich B1 zurück und nach Irrsdorf hinüberbiegen.

Dieser Weg allerdings beschert uns noch mal ein künstlerisches Unikum, nämlich die wunderbare geschnitzte Doppeltür der Irrsdorfer Kirche. Da stehen sich auf den Türflügeln von 1408 in herrlichen faltenreichen Gewändern des Weichen Stils die hl. Maria und Elisabeth gegenüber, strecken einander ihre hochgewölbten schwangeren Bäuche entgegen, und in denen sitzen kleinwinzig Jesus Christus und Johannes der Täufer. Daß wir uns dem Mondseeland nähern, merken wir am ersten Hochaltar von Meinrad Guggenbichler, dem größten Barockbildhauer Oberösterreichs, dessen bewegte Plastik die ganze Region prägt.

Am Irrsee angekommen, entscheiden wir uns für das kleine Sträßchen, nicht für den Durchgangsverkehr gedacht, auf der Westseite, was zwar ein etwas unfreundlicher Akt gegenüber den dort Ansässigen ist, andererseits liegen dort eine Reihe angenehmer Badeplätze und viele der Einzelhöfe direkt am See, Wildenegg, Steininger oder Ederbauer heißen sie, vermieten Zimmer und Ferienwohnungen.

Die Gestade des Irrsees sind ein Flecken im Salzburger Umland, wo man sich die klassische Sommerfrische noch recht gut vorstellen kann. Die Bauwut hat sich hier sehr zurückgehalten, es ist ein milder, bäuerlicher See mit freundlichen Wald- und Wiesenhängen drumherum. Und weil's hier noch schön ist, haben sich auch etliche Kunst- und Medienmenschen gut versteckt und ohne Getöse etabliert, Herrschaften von jenem Schlag vielleicht, die mit einem unvergeßlichen Hans-Moser-Spruch von sich sagen könnten: »Ich bin kein Protz, aber ich bin situiert.« Otto Schenk zum Beispiel, der Opernsänger Eberhard Waechter, die Schauspielerin und Ökokämpferin Barbara Rütting, der Mime Karl Merkatz – und anläßlich der Salzburger Festpiele treffen sich immer wieder Theater- und Musikleute an diesem noch immer etwas geheimtiphaften, ruhigen Gewässer. Die Urlaubsbauernhöfe, von denen es auch im Hinterland mit Aussichtslage etliche gibt, sind oft noch ansehnliche traditionsreiche Anwesen ohne allzuviel Aufputz, und es finden sich ein paar gute, solide Einheimischen-Landgasthöfe mit altmodischen Stuben und ohne Chichi, wie den »Gasthof mit Fleischerei Langwallner«, der sich neuerdings nicht ganz nachvollziehbar »Wirt z'Zell« nennt, gegenüber der Kirche des Hauptortes Zell oder den »Gutsgasthof Oberhofen« in einem schönen gelben Barockbau neben der Kirche, die wiederum mit einem Guggenbichler-Altar bestückt ist.

Am Irrsee also wäre des Bleibens nicht übel, aber wir wollen uns ja auch hineinstürzen, nach Jahren wieder mal, ins richtig pralle, postkartenbunte, Highlight-Salzkammergut. In Mondsee geht's damit los, und wenn man im Ortskern mit seinen farbigen Prachtfassaden angelangt ist, stolpert man in die ersten Touristenbusladungen. Falls es sich um US- oder Fernostreisende handelt, dann sind diese vermutlich auf einer sogenannten »Sound of Music«-Tour. In jenen Weltgegenden ist die Mondseer Kirche unbegreiflichen Massen von Trappfamilien-Mythomanen als Verehelichungsschauplatz von Julie Andrews und Christopher Plummer in der

Die Putti in der Stiftskirche Mondsee

Der Marktplatz mit Stiftskirche in Mondsee in den 50er Jahren

Musical-Schmonzette bekannt, und ebensolche Heerscharen buchen *four breathtaking hours!* den Bus-Roundtrip auf Spuren des Machwerks. Das sind dann Menschen, die auf einer uns ganz unbekannten Schiene durchs Salzburgische rutschen, ihren grundfalschen Movie-Bildern hinterher, denn kaum einer der Hollywoodschauplätze hat mit der authentischen Geschichte der Trapp-Familie auch nur das mindeste zu tun. – Uns ist Zuckersüßes in Mondsee mal wieder verwehrt, denn das angeblich so leckermäulige »Café Frauenschuh« hat Ruhetag, wieder keine Dobostorte oder Esterhazy-Schnitte – und auf dem Parkplatz renommieren zwei schilfleinengekleidete Herren mit ihren Anglergroßtaten: *Waaßt no, wie I den ersten Hecht da aus der Bucht außatan hab. Zehn Kilo warn's leicht, waaßt eh, heerst?*

Mondsee hat eine bedeutende Geschichte aufzuweisen: Pfahlbautenkultur, prähistorische Funde, das älteste Benediktinerkloster Österreichs. Hell und prächtig steht die doppeltürmige Barockfassade der Stiftskirche im Zentrum, und weil's der Hauptort der Region ist, gibt es im kühlen gotischen Schiff gleich fünf Altäre des Guggenbichler, ausdrucksstark, figurenreich, »von strotzender Kraft und verinnerlichter Gebärde«, schwärmt mein Kunstführer. Als Hauptwerk gilt der puttenübersäte Corpus-Christi-Altar mit seinen säulenstemmenden »Kindln« – Babyspeck-Altar wäre auch passend. Der Künstler hatte selber sieben Kinder und hat sich offensichtlich gern noch eine Menge dazugeschnitzt.

Etwas abseits liegt die sogenannte Strindbergvilla, passenderweise in der Strindbergstraße, die eigentlich des Dichters Schwiegerpapa, dem schwerreichen Chefredakteur und Regierungsrat Friedrich Uhl aus Wien, gehörte. Hier verbrachte der skandinavische Autor anno 1893 Sommertage, die man nur als hochgradig meschugge bezeichnen kann; Dietmar Grieser hat sie in »Nachsommertraum im Salzkammergut« überliefert.

Die eher wilhelminisch-schwerfällige als sommerfrischenleichte Ziegelvilla beherbergt heute ein Therapiezentrum und weist eine Gedenktafel an Strindbergs Aufenthalt auf. Zu Fin-de-siècle-Tagen galt sie als Schatzkästlein, das sogar im »Baedeker« stand: derart reichhaltig waren die

Preziosen – antike Möbel und Statuen, Fayencen, Standuhren, Porzellan und Nippes –, die der fanatische Sammler Friedrich Uhl in ihren Repräsentationsräumen aufgehäuft hatte.

In dieses Prunkambiente also wurde der 44jährige neue Schwiegersohn August Strindberg eingeladen, der trotz Erfolgen mit seinem Roman »Das rote Zimmer« und auf der Bühne mit »Fräulein Julie« am Hungertuch nagte. Der Willkommensbrief der Schwiegermama läßt auf einige hysterische Verstiegenheit schließen: »Liebes, aus dem Herzen meines Kindes entsprossenes Sohnerl … Komm in unser wie auch Dein Heim. Dein neuer Papa hat Sehnsucht nach Deinem Genie, ich nach Deinem so blutig zerschlagenen Herzen.« Strindberg muß damals schon reichlich strapaziert gewesen sein durch die erst sieben Wochen währende Chaosehe mit der zickigen und verzogenen 21jährigen Frida Uhl – bereits nach dieser kurzen Zeit gingen die Jungverheirateten einander dermaßen auf die Nerven, daß sie nur getrennt leben konnten. *Er* fühlte sich »mit einem Plagegeist eingesperrt«, mit »einem Vampir, der sich festgezurrt hatte auf seiner Seele«, und »hätte in Ruhe mit angesehen, wie ein Hafenstrolch sie vergewaltigt«; *sie* trampelte auf seinem empfindlichen Ego herum. Dann wieder versöhnten sie sich physisch ostentativ bis zum öffentlichen Ärgernis, tauschten derart passionierte Küsse, daß die Polizei sie verwarnte, und Briefe voller »Ich-liebe-Dich-so-unsäglich«-Glut, bis zum nächsten Haßausbruch: »Dein Fleisch begehrt den Mann, und Deine Seele stößt ihn zurück, Du Amazone! …«

Nicht gerade Turteltäubchen-Voraussetzungen für einen Schwiegereltern-Antrittsbesuch. Zumal die junge Ehefrau erst gar nicht zu erscheinen geruhte, denn auch die Uhlschen Familienverhältnisse waren, gelinde gesagt, ungemütlich. Frida haßte und fürchtete ihren großbourgeoisen Vater, der sie im Kleinkindalter mutterseelenallein mit einer Amme in dem feudalen Mondsee-Landsitz hatte aufwachsen lassen. Die Ehe der Eltern war schon lange zerrüttet. Die Mutter wies, wie Strindberg in seinem Erinnerungsbuch »Kloster« schrieb, alle Kennzeichen einer »religiösen Fanatikerin« auf.

Strindberg saß also am Mondsee allein in der Bredouille. Keine Frau, zunächst auch kein Schwiegerpapa. Hielt man ihn für einen Hungerleider und Erbschleicher? Sollte er, der Mittvierziger, »wieder ein Kind werden, aufgepfropft auf eine Familie, die nicht mal eine war«? Dann tauchte nach Tagen endlich der große Friedrich Uhl auf, von einer Beratungssitzung mit Kaiser Franz Joseph in Bad Ischl, gab sich jovial und gutmütig, erforschte aber schnell des Schwiegersohns finanzielle Notlage: »Hast du ein gesichertes Einkommen?« – »Keine Zeitung will meine Artikel drucken« – »Dann schreib' so, daß sie gedruckt werden«. Strindberg, der mit Fridas rosa Spitzenunterrock unterm Kopfkissen schläft, fühlt sich unter größter Pression, seine Frau rückt, trotz massiver Brandbriefe nicht an. Schließlich brennt er durch, in Panik, rennt einfach in die Landschaft davon, unter Zurücklassung von Überrock, Hut und Gepäck, »ich schüttelte das Kinderkostüm ab«, und wurde in einem Dorfwirtshaus (wahrscheinlich Thalgau) »bei Wein und Tabak sehr lustig«. Von dort nimmt er erleichtert die Bahn nach Berlin, auf Nimmerwiedersehen.

Derweil ist Frida endlich doch mit einer anderen Lokalbahn im Anzuge. In der Mondseevilla herrscht helle Aufregung, Fußgänger haben einen Fremden »mit fliegendem Blondhaar« durch die Felder stürmen sehen. Ist August ins Wasser gegangen? Wälder und See waren ergebnislos abgesucht worden, und Fridas Ankunft gestaltet sich dramatisch: »Vater steht vor dem Haus, bei den Rosen. Sein Pincenez hängt ganz tief auf der breiten Nase. Keine Begrüßung, nur die Frage: Wo ist dein Mann? Bei euch … stammle ich« – so steht es in ihrem Memoirenbuch »Lieb, Leid und Zeit«. Der Vater knallt ihr noch an den Kopf: »Du begreifst nicht, daß du ein Genie geheiratet hast, du Idiotin!« – dann reist Frida Strindberg wieder ab aus dem Elternhaus, nicht ohne im väterlichen »Fischzimmer« einen Packen Forellenfliegen als Abschiedsgeschenk deponiert zu haben.

Die Horrorehe von Frida und August Strindberg tobte noch einige Jahre weiter, nie mehr am Mondsee, dafür zeitweilig im ebenfalls sehr romantischen Clamtal in Oberösterreich, bis es zum endgültigen Bruch kam. Frida Strindberg schlug sich als Journalistin und Übersetzerin durch, bekam noch einen Sohn von Frank Wedekind und lebte lange Jahre im Bohemienmilieu. Ihr letztes Jahrzehnt verbrachte sie allein in der Mondseevilla, ließ das Haus verwildern und hielt zahllose Hunde, in den Augen der Einheimischen eine leicht irre Eigenbrödlerin, geizig und mißtrauisch. 1942 ist sie dort gestorben – weil es unter den Nachkommen Streit ums Erbe gab, reichte es nicht mal für einen Grabstein. Erst seit einigen Jahren hat die Gemeinde ihr Grab unter Obhut genommen, und die »Strindbergvilla« ist heute Programmpunkt des »Kulturwanderwegs 1«.

Wir halten nun aber auf die Senkrechten der Drachenwand zu, den See in südöstlicher Richtung umkurvend. Statt der Bundesstraße, die eine Raserstrecke ist, können wir nach der Abzweigung zum Badeplatz »Schwarzindien« auch die etwas gemütlichere kurvige Landstraße parallel nehmen. Seit 1879 hat der Badestrand diesen sonderlichen Namen, als man in den Tagen vornehmer Blässe dort erstmals eine Sonnenbadtherapie installierte: für die Hautfarbe der ungewohnt Gebräunten konnten die Einheimischen nur solch exotische Assoziation angemessen finden. Golfplätze liegen am Weg und die Wiesen der sogenannten »Wasserlos«, der flachen See-Ebene. Im Vorbeifahren hoffen wir, daß es hier nicht zum geplanten Gigahotel in Fußballstadiongröße kommen wird und loben uns die behagliche »Drachenwand« am Bergfuß in Gries. Ein traditionelles, blaßgelbes Krüppelwalmdachhaus mit Salettl und Gastgarten, ein überschaubarer freundlicher Familienbetrieb mit sieben angenehmen, nicht überteuerten Zimmern – und einer tadellosen austriakischen Hausmacherküche, auf deren Backhendl und Salatteller, Eierschwammerlrisotto, Saiblinge, Wildgerichte und Topfenknödl nicht nur wir uns immer wieder freuen. Zuweilen hockt hier auch unter Kastanien die Wiener Schauspielerin Julia Stemberger und bespricht mit ihrem Mann, dem Geiger Christian Altenburger, Details des alljährlich von diesen beiden geleiteten Mondseefestivals.

Wenn's schon nachmittags nach drei Uhr ist, lohnt es sich auch, von Scharfling, wo die Straße auf einen Sattel zum Wolfgangsee hinüber ansteigt, ins winzige Oberburgau hinüberzubiegen, zum »Holzingerbauer«. Wermutsropfen vielleicht, daß Helmut Kohl, der sich in Jahrzehnten St. Gilgener Sommerurlaubs offenbar durch die ganze Region gemampft hat (gern Fotos hinterlassend: »Bundeskanzler Kohl ist Stammgast bei Verwöhnhotelier Mattheus Graspointner«) auch diese Mostschenkenidylle bereits heimgesucht hat. Wieder so ein klassischer Walmdachbauernhof mit Holzgeschossen und Gitterfenstern, im Inneren mehrere urige Kachelofenstuben. An sommerlichen Frühabenden sitzt es sich wunderbar an der Hausmauer oder unter Mostbirn- und -apfelbäumen. Es gibt selbstgebrannte Schnäpse und Mehlspeisen, Schweinsbraten mit »Kruspl«, »Stelzen«, Hausbrot, hausgemachten Erdäpfel- oder Topfenkäs. Unter den Obstbäumen fällt uns eine Anekdote des am unfernen Irrsee heimischen Theaterstars Otto Schenk ein, mal im Radio gehört in Schenks nöligem Wiener Tonfall und unvergessen: Er sei ein trübes, schwermütiges Kind gewesen, und seiner Mutter habe dieser Umstand Sorgen bereitet. Ich weiß net, der Bub is immer so melancholisch, habe sie beim Abendessen dem Vater unterbreitet, was solle man bloß machen? Der Vater habe ihn, von solchen Seelenfeinheiten überfordert, etwas ratlos ins Auge gefaßt und folgenden, von ihm, Otto Schenk, dann zeitlebens mit Gewinn beherzigten Rat erteilt: »Iiß an Opfe!«

Über den Scharflingsattel, vorbei am neugotischen Türmchenschloß Hüttenstein, nähern wir uns der nächsten, vermutlich berühmtesten Salzkammergut-Badewanne, dem Wolfgangsee. Wir tun dies aber durch ein verstecktes Hintertürl. Indem wir bei der Ortschaft Winkl – noch kein Wasser in Sicht – einem unscheinbaren dunkelgrünen Schild nach »Fürberg« links abbiegend folgen und uns einem ganz schmalen Stichweg anvertrauen. Durch dämmerigen Mischwald rumpeln wir, und dann stehen wir an einer smaragdgrünen, abgelegenen Bucht: keine Straße, keine Autos mehr; ein kurzer Fußweg entlang des Wassers bringt uns zum weißgrün herüberleuchtenden »Gasthof Fürberg« am Dampfersteg, wo wir's für heute gut sein lassen wollen.

SALZKAMMERGUT-HERZLAND: AM WOLFGANGSEE

Die Baulichkeiten des alteingesessenen Hotels sind – mit Maßen – restauriert und nicht mehr so ganz traumverwunschen, die Zimmer im Gästehaus etwas biederer Siebziger-Jahre-Standard. Aber sie haben einen Balkon zum abendlichen See, und der liegt uns ruhig und glatt direkt vor der Nase, wenn wir jetzt unsere Bücher auspacken, die Füße hochlegen und eine Zigarette anstecken – und zum Beispiel über Richard Beer-Hofmanns Aufenthalt 1896 an unserem Nachtquartier nachlesen. Beer-Hofmann war ein heute ziemlich vergessener Poet des »Jung-Wien«-Kreises um Arthur Schnitzler, Hugo von Hofmannsthal und Hermann Bahr, ein junger jüdischer Herr aus Brünn, von Stand und ohne Geldsorgen. Karl Kraus hat sich in seinem giftigen Jung-Wien-Essay »Die demolirte Litteratur« vor Häme ausgeschüttet über Beer-Hofmans Gigerlhaftigkeit, sein Dandytum und seine Wertschätzung perfekten Stylings: »Diesem Autor, der seit Jahren an der dritten Zeile einer Novelle arbeitet, weil er jedes Wort in mehreren Toiletten überlegt, liefert ein persischer Tuchfabrikant die besten Stoffe… Ein gut gelegter Faltenwurf ist ihm Erlebnis, und wenn er spricht, wendet er peinliche Sorgfalt daran, seine Oberlippe decorativ zu verwerthen… Ferne dem lärmenden Treiben, sitzt er stundenlang vor dem Spiegel: – enfin seul mit seiner Cravatte!« Aber immerhin hat dieser Fant aus besseren Kreisen ein ganz einfaches Ladenmädchen geehelicht und seiner heißgeliebten Paula Lissy über Jahrzehnte die Treue gehalten (seine Standes- und Professionsgenossen, auch sein bester Freund Schnitzler, pflegten ihre »süßen Mädl« aus dem Volk eher passager zu benutzen), bis sie, 1939 auf der Flucht vor den Nazis, in Zürich vor Entkräftung starb. In »Paula – ein Fragment« hat er ihr ein rührendes Denkmal gesetzt, Dokument einer nachhaltigen und geglückten ehelichen Allianz – ein veritables Gegenbild zum Strindbergschen Hauen und Stechen. Im damals noch ganz schlichten »Landgasthaus Fürberg« verbrachten die beiden ihren ersten Liebessommer: »Am frühen Nachmittag, ehe noch aus Sankt Gilgen Sommergäste ins Wirtshaus kommen, sind wir

St. Gilgen am Wolfgangsee

schon auf einem kleinen Wiesenhang abseits, der sanft zum Ufer sich senkt, hinab begleitet von einer dichtverwachsenen Hecke aus reichblühendem, weißdoldigen Holler, dornigen Berberitzen mit noch hellgelben Blütentrauben und wilden Rosen, die mit den Spitzen ihrer überhängenden Zweige schon ins Wasser des Sees tauchen. Wenn wir vom Wirtshaus zum Hang hinübergehen, darf ich meinen alten, blau-grün schottischen weichen Plaid und mein Lodencape hinübertragen. Aber das übrige trägt sie selbst, denn es schickt sich nicht, findet sie, daß ich den weißen, hochgefüllten Daunenpolster, den die Wirtin uns geliehen, trage, oder den grellroten Sonnenschirm mit der breiten, buntbedruckten Blumenborte, den wir drüben in Sankt Gilgen gekauft haben … Den Plaid breiten wir auf der Wiese aus, sie achtet darauf, daß es nie die gleiche Stelle wie tags zuvor ist, damit die niedergedrückten Halme und Blumen sich wieder aufrichten können… Sie kniet nieder und schüttelt den Polster locker. Ich liege, gelehnt an eine niedere Bodenwelle, ein paar Schritte abseits, neben mir auf dem Rasen ein Buch. Sie lächelt mir zu: Du mußt wirklich lesen, ich schlaf ruhiger, wenn ich weiß, daß du liest!«

Solche stillen Wiesen, oder auch felsige Badeplätze im Wald, lassen sich um die Fürberger Bucht auch 105 Jahre später noch finden – obwohl es heute wohl etwas Erstaunen hervorriefe, wenn Gäste ihre Plumeaus ins

Grüne mitschleifen würden. Jedenfalls ahnt man in Fürberg an einem Frühsommerabend noch nichts vom notorischen Wolfgangsee-Rummel, das spielt sich alles »um die Ecke«, hinter der in den See ragenden Felsennase der Falkensteiner Wand, ab. Und auch der Uferfußweg in Richtung des recht ausgeuferten und verbauten St.Gilgen ist mindestens bis zum »Brunnwinkl« ein friedsames Abendpläsier. Daß diese romantisch eingewachsene Gruppierung alter Häuser so wunderbar intakt geblieben ist – mit verwitterten Holzzäunen und Buschwerk, mit Bauerngärten, Spalieren, Hausbänken und dunkel gegerbten Fensterläden –, ist einer Familie mit berühmtem Namen zu danken, die seit mehr als einem Jahrhundert in ihren »Fünf Häusern am See« die Sommerfrische verbringt: der Sippe von Frisch.

Zum Glück ist ihr berühmtester Sprößling, der spätere Naturwissenschaftler und Nobelpreisträger Karl von Frisch, als Baby 1886 nicht gebraten und verspeist worden, wie es der Schweizer Dichter Gottfried Keller in einem etwas grenzwertig scherzhaften Brief der Mutter vorgeschlagen hatte: »Auf Ihr Kindchen freue ich mich, das wird gewiß ein allerliebstes Tierchen! Wenn es ordentlich genährt ist, so wollen wir's braten und essen, wenn ich nach Wien komme, mit einem schönen Kartoffelsalat und kleinen Zwiebeln und Gewürznägelein. Auch eine halbe Zitrone tut man dran!« Ein Gericht, so kommentierte Kellers Biograph Adolf Muschg, »zu dem verborgene Tränen das Salz liefern mußten«.

Hinter Kellers, des genialen und hoch unterhaltsamen Briefeschreibers, schwarzem Humor steckte eine Menge Bitterkeit. Wie so oft in seinem unerfüllten Liebesleben war dem Dichter mit der kurzbeinigen Mißgestalt auch im Falle der angeschwärmten Marie Exner, dann verheiratete von Frisch, nur resignative Ironie geblieben. Mit Marie und ihrem Bruder Adolf Exner, beide in den Dreißigern, hatte der Mittfünfziger Gottfried Keller einen Feriensommer im »Gasthof Reischl« in See am Mondsee verbracht, glückliche Wochen, auf die er auch im einsamen Greisenalter immer wieder rekurrierte: »Wollen wir nicht nächstes Jahr wieder an den Mondsee gehen, nur zwei oder drei Wochen? Es war doch sehr vergnügt dort... Ein Jagdgewehr könnte ich auch mitbringen und würde versprechen, Euch anderen nicht höher in die Beine zu schießen, als Eure geschmierten Stiefel reichen.«

Doch Marie Exner hatte längst den Wiener Chirurgen Hans von Frisch geheiratet und 1882, nach einem Sommeraufenthalt in der Mühle von Brunnwinkl, den ganzen Besitz als Familiensommerfrische gekauft. Der alte und kranke Gottfried Keller ist dorthin nie mehr gefahren, trotz etwas zwiespältiger Einladung der »verehrten, braven Frau Professorin«: »Wenn Sie auch 's Rheumatisl im Rücken haben und keine Zähne im Munde, wie Sie einmal geschrieben, das macht gar nichts. In meiner Pflege gedeihen die ältesten Herren prachtvoll.« Nein danke: »Ihr Wolfgangsee wäre ein schöner Schlupfwinkel, aber ich kann so weit nicht reisen...« Widerwillig pflegen ließ der alte, kranke Gottfried Keller sich am Zürichsee von »einer Person, die mir von milden Frauen oktroyiert worden ist und Köchin, Haushälterin, Ausläuferin und alles zusammen vorstellen soll« – und schrieb seine spielerischen, komischen Briefe bis zum Tod, diese verdeckt tieftraurigen Episteln, geprägt von »subtilen Formen der Selbstzurücknahme, von zu höchster Anmut erzogenem, aber unheilbar wirkendem Witz auf eigene Kosten«, so Adolf Muschg.

Im Brunnwinkl war das Leben jedenfalls schöner. Dort muß sich jener großfamiliäre altösterreichische Sommerfrischencharme in Reinkultur entfaltet haben, dem wir heutzutage nostalgisch hinterherschnüffeln. Fast 95jährig hat der Bienenforscher und Nobelpreisträger Karl von Frisch 1980 die Geschichte dieses salzburgischen Domizils aufgeschrieben: »Fünf Häuser am See – Werden und Wesen eines Sommersitzes« heißt das leider kaum noch greifbare Büchlein. Da war die eigene Familie, da waren in den vier anderen Häusern die lustigen Onkel, Brüder der Mutter, viele Naturwissenschaftler und Ärzte; die Familie des berühmten Doktors Theodor Billroth lebte in freundschaftlicher Nähe; selbstverständlich bekannt war man mit anderen namhaften St. Gilgener Sommerfrischlern wie Johannes Brahms und Marie von Ebner-Eschenbach. Tagsüber wurde getobt – alle Kinder lernten schon früh schwimmen – um Stege und

Bootshäuser, auf dem Trampolin im Wasser, auf den Plättenbooten »Traunerl« oder »Seelentränker«, in den unerschöpflichen Wäldern. Abends wurde Haydn musiziert und selbstverfaßtes Laientheater aufgeführt. Gutes Schmausen war wichtig und eine leichthändige Plauderkultur – Ingeborg Bachmann hat diese sich wohl immer ähnelnde Lebensform in »Malina« beschrieben: »Bei den Altenwyls wird man, so lange sie leben, noch Zwetschkenröster essen, Kaisererdäpfel und Husarenbraten, es wird kein fließendes Wasser geben und keine Zentralheizung, das Leinen der Handtücher wird handgewebt sein, und im Haus wird es eine Konversation geben, was nicht mit ›Gesprächen‹, ›Diskussionen‹ zu verwechseln, sondern eine untergehende Abart von schwerelosem Aneinandervorbeireden ist, das jeden gut verdauen läßt und bei guter Laune hält.«

Heutigen Komfortstandards hätte auch die Brunnwinkl-Seinsweise keinesfalls genügt. Elektrisches Licht wurde erst in den zwanziger Jahren installiert, die Kühlung funktionierte mit selbsterzeugten Eiszapfen im Keller, fließendes Wasser kam erst nach dem Zweiten Weltkrieg in die Häuser – man hatte ja den See, auch noch bei herbstlichen Abhärtungstemperaturen von kaum über zehn Grad. Haus- und Wildgetier war überall zugange: ein weißer Esel zum Beispiel oder ein zahmer Specht, und die unendliche Menagerie von Insekten, Schmetterlingen und anderer Kleinfauna, lebend und aufgespießt, mit welcher der junge Karl seinen zoologischen Forschertrieb ausbildete. »Karl, a Viech«, pflegten die anderen ihm zuzurufen, wenn was Interessantes durchs Gelände krauchte. So wurde schließlich aus dem Brunnwinkl-Karl der weltberühmte »Bienen-Frisch«. In der österreichischen Familienbucht begann der Student der Münchner Universität seine Experimente (gutmütige Cousinen und Freundinnen assistierten ihm, indem sie sich stundenlang nicht vom Fleck rührten und Bienen zählten), mit welchen ihm zunächst der Nachweis gelang, daß Bienen keineswegs farbenblind sind; später entschlüsselte er als Wissenschaftler die Duftlenkung des Bienenflugs.

Den Anschluß an NS-Deutschland begrüßte Karl von Frisch zunächst – aus dem simplen Grund, daß nun keine Zollhürde mehr den Transport von Bienenvölkern und wissenschaftlichem Gerät zwischen München und dem Wolfgangsee erschwerte. Dann aber sollte auch er einen »Ariernachweis« erbringen. Seine Großmutter war Jüdin gewesen, weswegen die Nazis ihn zunächst in Pension schicken wollten, dann aber darauf verzichteten, weil seine Forschungen für die Landwirtschaft zu wichtig waren. Karl von Frisch zog sich in den Brunnwinkl zurück, wo er die Tanzsprache, mit der Bienen sich untereinander verständigen, entdeckte – jene forscherische Leistung, die ihm den Nobelpreis einbrachte. 1982 ist er gestorben; die »fünf Häuser am See« sehen, noch immer in Familienbesitz und höchst behutsam modernisiert, fast noch so aus wie hundert Jahre zuvor.

Ein ganz anderes St. Gilgen als der Kohl-kongeniale feiste Fremdenverkehrsort mit seiner Siebziger-Jahre-Durchschnittshotel- und Siedlungshäusl-Anmutung, in dessen aufgeputztem Zentrum sich der Besucher bloß »Na, servus« denkt und gleich wieder davonmöchte. Kaum zu glauben, daß hier mal der puristische Adolf Loos seine Ferien verbracht hat, daß St. Gilgen die Lieblingssommerfrische des literarischen »Prager Kreises« mit Leo Perutz und Alfred Polgar war, und daß die so hellsichtige und später gern als tantenhaft unterschätze epische Erzählerin Marie von Ebner-Eschenbach alljährlich wiederkehrte.

Im »Café Dallmann« liegt entschieden Kohlsches Flair in der Luft, obwohl der Altkanzler ja angeblich nach Frau Hannelores Tod nicht mehr nach St. Gilgen reist. Keine Gefahr also, daß hier, wie dreißig Sommer lang, hereingerauscht wird, Leibwächter und Bürgermeister im Schlepptau, und am polierten Ecktisch vor den spitzigen Zierpalmen das favorisierte Zimteis gespachtelt wird. Buntgeflammte Polsterbänke und Panoramascheiben, ausladende Backwarenvitrinen, der ganze formlose Biedersinn der Kohl-Ära ist hier so präsent wie in den klobigen Hotels jener Jahre, die man heutzutage, o Jammer und Not, partout nicht mehr vollkriegt, auch nicht mit noch so vielen »Mozartkugel-Seminaren« oder »Mozart-Ball-Courses«, auch auf japanisch offeriert.

Dabei ist die Wolfgangsee-Szenerie von St. Gilgen aus wahrlich betörend. Unglaublich wohlgeformt, wie sich da über der jetzt blaumetallischen Seefläche die Hänge von Zwölferhorn, Bleckwand und Sparber in einer einzigen parallelen Wellenbewegung emporschwingen, ihre Gipfel wie gestockte Wogenkämme. Phantasievolle Schöpfung, offenbar in Rokoko-Laune. Ein Landschaftsrelief wie aus Stuck geformt, so bogig bewegt, voller Krümmungen, Schnörkel und Voluten, gehüllt in sanften grünen Pelz. Wie von einem verspielten Riesenkind hingeknetet – »das mache ich jetzt wie nirgendwo anders« – die schafsnasigen Berge, die stürzenden Wände, und hier noch ein gewagter Vorsprung und dort noch eine überraschende Kurve... Bilderbuch-, nein Kinderbuchlandschaft, ein bißchen niedlich und überaus bezaubernd.

Am nächsten Morgen befahren wir den See, von unserem Fürberger Dampfersteg aus. An der Reling von Süßwasserschiffen ist es immer angenehm, und für die Agglomeration St. Wolfgang sind wir gewappnet, den gelinden Schock, den einem dieses Gemeinwesen versetzt, haben wir schon vor ein paar Jahren verdaut. Leider steht nur hier der absolut gran-

Die Madonna im Hochaltar von St. Wolfgang

diose Pacher-Altar, und den wollen wir auch diesmal nicht versäumen, das würde uns nachher leid tun. Also mit Scheuklappen durch den zu Schanden betonierten Ramsch- und Rummelort, am Zweiklassenetablissement des »Weißen Rößl« vorbei, wo man die Tagesausflugs-Pachulkes auf einer Massenterrasse streng von den besseren Hausgästen auf der »Kaiserterrasse« trennt, vorbei an all den buntgetünchten Fassaden und Ladenfronten des Bus- und Billigtourismus, gegen die sich die verbliebenen Barockfassaden kaum noch behaupten können, in den Dämmer des gotischen Kirchenraumes, in welchem zwar auch Gedrängel herrscht, aber doch ein leidlich respektvoll abgedämpftes. Dem Pacher-Altar allein gegenüberzustehen, das wäre zuviel verlangt: »Man braucht durchaus kein Österreicher zu sein, um diesem Altar für immer zu verfallen«, heißt es zu Recht in einem Oberösterreich-Kunstführer. »Er ist für die Welt bestimmt, und er gehört der Welt.«

Und da steht die Welt auch ziemlich versunken in ein fünfhundert Jahre altes Mirakel, wandert mit den Blicken, manchmal mit Operngläsern, diese goldschimmernde Auftürmung ab, vom Gesprenge zum Schrein, zu den diskreten und dennoch so leuchtenden Farben der Flügelgemälde. Die Schnitzfiguration des Schreins, die Marienkrönung darstellend, früher nur, wie bei einem Wandelaltar üblich, an höchsten Feiertagen sichtbar, ist jetzt stets geöffnet, so daß sich das Schauen automatisch zunächst auf diese zentralen Gestalten richtet: auf den Glanz der Faltengewänder, auf Marias elegant geneigten Kopf mit den fließenden Locken, auf den vollbärtigen Christus und die Unzahl stoffraffender, vom Blatt singender, Posaune blasender Assistenzengel. An den Seiten die hochindividualistisch porträtierten Heiligen Benedikt und Wolfgang, wie so oft bei Michael Pacher, dem gleichermaßen genialen Schnitzer wie Maler, mit deutlich »sprechenden Händen« versehen: des Kirchenfürsten Benedikt schmale, segnende Gelehrtenfinger, des Eremiten Wolfgang kräftige, zupackende Knotenhände. Immer wieder staunt man bei den großen Meistern der spätgotischen Holzbildhauerei, welch großartige Menschencharakterisierer sie waren, wie es ihnen gelungen ist, Mimik und

Befinden ihrer Zeitgenossen hochlebendig sozusagen »einzufrieren«, hochfahrende Arroganz oder ergebene Bitterkeit, versonnene Insichgekehrtheit oder manchmal auch jugendliche Koketterie – wie beim taufrischen und munteren St. Wolfganger Schreinwächter Georg, der sich die Kappe über seinem Kringelhaar wie in einem Windstoß festhält.

Noch lieber als Pachers skulpturale Geniestreiche besehe ich mir aber seine gemalten Tafeln. Sechzehn sind es in St. Wolfgang; nicht alle sind bei einem Wandelaltar auf einmal zu betrachten (dafür bedarf es eines Bildbands oder vermutlich einer Kirchenführung), nicht alle sind gesichert nur von Michael Pachers Hand. Aber was für eine Detailfülle, was für Typenansammlungen in welch aufregend verschachtelten Gewölbeperspektiven! Mantegna hat der Brunecker Pacher bewundert, die Camera degli Sposi in Mantua gekannt, aber seine Malerei ist gotisch, »nördlich«, von einem kühl beobachtenden Realismus, auch mit allerhand grotesken und kuriosen Unterströmungen. Das Alltägliche ist immer präsent: der kurzsichtige Apostel mit der Klemmbrille, die zwei Viehhändler, die bei Christi Tempelaustreibung eilfertig ihren Ochsen davontreiben, die Herumsteher bei der Auferstehung des Lazarus, die sich pikiert die Nase zuhalten, und bei Christi Geburt sind einige jüngere Engel vom vielen Herumflattern so ermattet, daß sie sich auf den Dachbalken des Stalls ein wenig ausruhen müssen. Ewig könnte man Gesichter studieren: die bleiche, peinlich berührte Ehebrecherin, den konzentriert mit seinem Silbermesserchen operierenden Hohepriester bei der Beschneidung, den baß erstaunten Petrus bei der Wasser-Wein-Verwandlung. Nicht daß diese Kunst unernst wäre – sie ist nur zutiefst individuell, lebensnah, eine Idee melancholisch und wahrhaftig.

Jedenfalls kommen die anderen, ebenfalls hochbedeutenden Werke in St. Wolfgangs Kirche wie immer zu kurz: der überreiche Doppelaltar des Barockkünstlers Thomas Schwanthaler – dabei ist zum Beispiel seine Heilige Familie wirklich wunderschön – und die zahlreichen Kunstwerke des uns nun schon länger bekannten Meinrad Guggenbichler, auch hier wieder übersät mit reizenden feisten Babies.

Etwas betäubt treten wir hinaus auf den Arkadengang um die Kirche mit dem freien Seeblick und kehren dann noch kurz in der barock bemalten »Konditorei und Lebzelterei Wallner« auf eine Melange ein, ein gediegener St. Wolfganger Traditionsbetrieb, der sich über die Jahre gehalten hat und in dem sich zum Beispiel der Literatenkreis um die Schriftsteller Hilde Spiel und Alexander Lernet-Holenia gern mit Freunden traf.

»UND WIE IMMER DER LERNET« – LITERARISCHE UND ANDERE PROMINENZ AM WOLFGANGSEE

»Und abends beim Wallner sitzt die Fakultät, und es ist ganz nett und gemütlich-ländlich-literarisch«, korrespondierte Hilde Spiel aus ihrem St. Wolfganger Sommerhaus, oder: »Hier andererseits befinden sich Hans Habe und Leo Perutz und wie immer der Lernet. Und statt nach Meersalz riecht es nach Cyclamen.«

Wie immer der Lernet... Sehr, sehr spät hat man in St. Wolfgang dem Schriftsteller Alexander Lernet-Holenia, diesem »prolongierten Enfant terrible«, ein Denkmal gebaut, das von Günter Nenning mit dem ironischen Kommentar eingeweiht wurde, heute sei in den Tourismusorten ja wohl auf neugroßdeutsch »upgrading« durch Kultur angesagt, und selbst der »schwierige Herr« Lernet kriege jetzt seinen Kostplatz beim Fremdenverkehr. Zu seinen Lebzeiten in St. Wolfgang hat er jedenfalls überwiegend Fäusteballen und Zähneknirschen ausgelöst. Er war ein notorischer Querulant, Wutpinkel und Prozeßhansl, der freigiebig Watschen verteilte, wenn Autofahrer oder kleine Buben seine Wege behinderten, der gegen Bebauungspläne und Finanzbehörden und Radarüberwachung vor Gericht ging, der gegen den ganzen »Unfug der Prosperität« wetterte und gegen die »lebenshungrigen Gelsenkirchener« in ihren »lächerlichen Trachten«, selbst hingegen im Schlafrock die Trafik zum Zeitungsholen aufzusuchen pflegte und in der »Imbißstube Furian« gewohnheitsmäßig knauserig nur »Knödel mit Saft« bestellte. Am meisten Verdruß erregte in der Gemeinde sein Gedicht »Hochwasser im Salzkammergut«, im Wiener

Alexander Lernet-Holenia

Forum veröffentlicht. Auszug: »Es regnet tagelang und nächtlang. / Die Zimmer stehen leer. Die Autobusse / aus Tölz und Berchtesgaden bleiben aus. / ... Im seichten Wasser, zwischen Treibholz und / Orangenschalen, schaukelt ein Kondom. / Der Bürgermeister, selbstverständlich Ö / VP und Landtagspräsident, hat's selbst- / verständlich unbenützt und wie es dem / Gesetz entspricht, nach dem er angetreten, / hineingeworfen, nur damit man glaubt, / an diesem Orte wäre etwas los.«

In St. Wolfgang war man nicht amüsiert, aber ebenso freigiebig legte sich Alexander Lernet-Holenia, dem man nachsagte, er sei ein illegitimer Erzherzogsprößling gewesen (jedenfalls durfte er fast umsonst in einer Wohnung der Wiener Hofburg residieren), mit der habsburgischen Nachkommenschaft an und auf der anderen Seite mit der progressiven Literaturfraktion des Grazer Forums Stadtpark. Mit experimentellen Texten hatte er es nicht, dieser übriggebliebene altösterreichische Grandseigneur, der Mann mit dem Monokel, dieser streitsüchtige Exzentriker mit all seinen Marotten, eine, wenn auch mißliebige, allseits bekannte St. Wolfganger Institution, wenn er tagelang mit seinem kleinen Hund in einem Ruderboot auf dem See zu treiben pflegte und keiner wußte: Dichtet er oder döst er bloß?

1902, da war Alexander Lernet fünf Jahre alt, hatte seine Mutter, die verwitwete Baronin Sidonie Boynebrugk-Stettfeld, geborene Holenia, die Villa in der Margaretenstraße am Westrand von St. Wolfgang, ein paar Meter vom Seeufer entfernt, erworben. Die Baronin ließ auf dem weitläufigen Grund Linden und Kastanien, Buchen, Eschen, Ahorn, Birnbäume und Fichten in Hülle und Fülle anpflanzen; das Areal entwickelte sich im Lauf der Jahre zu einem wunderbaren, schattigen Naturpark. Seit 1926 war der Landsitz Lernet-Holenias fester Wohnort. Seine Romane – von sehr unterschiedlicher Qualität, etwas windige, mondäne Salonkolportage steht da neben formstrengen, poetischen altösterreichischen Erzählungen wie »Der Baron Bagge«, »Beide Sizilien«, »Der Graf Luna« – wurden ab den dreißiger Jahren sehr erfolgreich. Lernet-Holenias Verhalten während der NS-Zeit hat man niemals ernsthaft inkriminiert. Zwar ließ er als alter Kavallerieoffizier anfangs gewisse Sympathien für »die Nation« erkennen, doch sein Buch »Mars im Widder« gilt mit seiner Abkehr von jeglicher Kriegsromantik als einziger österreichischer Widerstandsroman und wurde von Goebbels mit sicherem Instinkt verboten. Lernets Einstellung zu allem »Völkischen« war vorwiegend sarkastisch und defätistisch, »beim Film« überwinterte er den Krieg als nicht übel bezahlter Chefdramaturg der Heeresfilmdienststelle, wurde aber niemals Parteimitglied und ließ sich zu keiner einzigen Hitler-Huldigung herab wie so viele seiner Kollegen.

In der Nachkriegszeit hatte er zunächst noch eine große Anhängerschaft, doch dann gerieten seine rückwärtsgewandte Thematik, sein capricenhaftes Interesse an einer untergegangenen donaumonarchischen Welt, seine sanft antiquierte, elegante Sprache zunehmend in Mißkredit. Die österreichische Moderne verachtete ihn als fossilen, reaktionären

Snob, dabei war er, wie Hilde Spiel schrieb, allenfalls das Paradox eines »rebellischen Konservativen«, der deutlicher als viele andere Scham und Ekel über Österreichs NS-Rolle artikuliert hatte und ein entschiedener Verfechter der Entnazifizierung war, dazu mit einem Talent zu Selbstironie und ungenierter bohemehafter Kauzigkeit versehen. Heute, im Rahmen der geradezu schwärmerischen Hinwendung zu Habsburg-Mythen und kakanischer Belle Époque, erlebt auch Alexander Lernet-Holenia eine vorsichtige Renaissance; einige der Romane des 1982 Verstorbenen sind seit kurzem wieder lieferbar und mit Respekt und Neugier aufgenommen worden. Es scheint wieder eine Geneigtheit zu geben zu Lernets Welt, wie seine Wolfgangsee-Nachbarin Hilde Spiel sie ausgemalt hat: »Eine Welt der stillen großen Räume des Landadels, in denen die Sonne durch herabgelassene Jalousien auf Kirschholzmöbel scheint, vor dem Haus die bemooste Gartenmauer, der verwaschene Stein-Neptun, die silbrige Fontäne; eine Welt der grüngoldenen Salons und blutigen Schlachtfelder, auf denen die starren, reichbestickten Embleme des Kaiserreichs blitzen; eine Welt, an der die Melancholie der ungarischen Tiefebene ebenso teilhat wie das Walddunkel der Karpaten …«

Ganz so erlesen ging es in Lernets eigener Seevilla wohl nicht zu; der Lebensstil mit seiner Frau Eva klingt eher etwas gammelig-skurril. In den Interieurs gab es kaum Bücherregale, keine Literatenbibliothek, keinen Schreibtisch mit Korrespondenz- oder Manuskriptstößen. Dafür lagen über Jahrzehnte die immergleichen adelsgenealogischen Nachschlagewerke und verstaubten Atlanten am gleichen Platz herum. Ebensowenig wurden jemals die geblümten Gardinen abgehängt oder der altersschwache Kühlschrank abgeschafft, und stets griffbereit waren die Trittleitern fürs Glühbirnenwechseln und die Petroleumlampen im Falle der bei jedem Gewitter zusammenbrechenden Stromversorgung. Lernets Lieblingsplatz war ein alter Lederfauteuil im Erker der immer etwas zu kühlen Villa: »Nichts behaglicher, als hier zu sitzen, zu rauchen, Bonbons zu essen und dem Rauschen der Laubwerks rundum und dem Anschlagen des Regens an die Fenster zu lauschen.«

Hilde Spiel 1939 in England

Nichts ist mehr mit Laubwerkrauschen. Vergeblich sucht der heutige Besucher die stimmungsvolle Schriftstellerdomäne mit dem Landhaus im italienischen Stil, die Baumriesen des großzügigen Privatparks, den kiesbestreuten Platz mit den weißen Korbmöbeln. Was er vorfindet, ist Kahlschlag und eine Klotz-Anlage mit Eigentumswohnungen, die sich allerdings mit schönstem Zynismus »Lernet-Park« nennt. Es war wiederum Hilde Spiel, die Nachbarin in ihrem »Haus am Bach«, welche die barbarische Abholzungs- und Parzellierungsaktion durch die Erben nach Lernets Tod in ihren Erinnerungen »Welche Welt ist meine Welt?« tieftraurig festgehalten hat, einen radikalen Zerstörungsakt als Gipfelpunkt zunehmender Verschandelung (»das nackte Betonelend starrt uns ins Gesicht«), der sie zum zweiten Mal in ihrem Leben aus dem geliebten St. Wolfgang vertrieb. »Wann immer wir gezweifelt hatten, wo wir hingehören, ob es London wäre oder Wien, hier fühlten wir uns in jedem Fall zu Hause, wenn wir im Lernetschen Bootshaus in der Sonne lagen und gelegentlich ins Wasser sprangen, um triefend auf die heißen, morschen Bretter zurückzukehren, wenn wir bei Regen in der Bauernstube Schach und Karten spielten, wenn wir zur Gastwirtschaft ›Aschinger‹ hinaufstiegen und sich der schönste Anblick darbot auf den See …«

Schon als 23jährige schrieb Hilde Spiel im austrofaschistischen Ständestaat von 1934, für eine linkslastige jüdische »Kaffeehausliteratin«eine zwar bereits prekäre, doch noch bewohnbare Heimat, ihren nicht sonderlich bedeutenden, aber charmanten Sommerlieberoman »Verwirrung am Wolfgangsee«, der die Atmosphäre der Zwischenkriegssommer im Salzkammergut – bis zur Schwimmkostüm- und Ferienmode von damals (schwere Schuhe mit geschlitzten Zungen, bauschiges Bauernkleid, weißer Regenmantel) – farbig vergegenwärtigt. Nicht lange danach ging sie, die außerordentlich heimatliebende, die völlig assimilierte, ihre jüdische Herkunft weitgehend ignorierende Österreicherin (»Ich will in dieses Österreich eingewickelt sein, wo immer ich auch bin«), mit ihrem Mann Peter de Mendelssohn in die Emigration nach London. Ihre beiden Memoirenbände »Die hellen und die finsteren Zeiten« und »Welche Welt ist meine Welt?« gehören zu den aufschlußreichsten, lesenswertesten Zeitzeugnissen, die ich kenne. Nirgendwo erfährt man so viel über das seelische Hin- und Hergerissensein, das die Emigration bedeutete, über die sprunghaften oder unübersichtlich mäandernden Lebenswege, die sie den Betroffenen auferlegte, über den Kulturbetrieb der Vorkriegszeit und der Zweiten Republik. Klug und detailfreudig geschrieben sind diese Erinnerungen und nebenbei gewürzt von viel Persönlichem, auch spannendem Klatsch. Hilde Spiels Haus in St. Wolfgang, wohin sie nach dem Krieg zunächst vorsichtig tastend, dann mit der Heimkehr von London nach Wien als Dauerresidentin (»mit Fangarmen an den Ursprung zurückgeholt«) zurückkehrte, hieß wohl mit einiger Berechtigung »der grüne Salon am Dittelbach«. Mit wem pflegte die Schriftstellerin und Feuilletonistin nicht alles Umgang: mit Hermann Kesten und Robert Neumann, mit Heimito von Doderer, Franz Theodor Csokor, Fritz Kortner,

Marcel Reich-Ranicki… Höchst unharmonisch muß allerdings ein Salonabend mit Elias Canetti verlaufen sein, der ja wohl eine überwältigende Arroganz an den Tag legen konnte und mit seiner Behauptung, wer für Geld schreibe, bringe a priori nichts Ordentliches zustande, die übrigen literarischen Gäste zu Zorngebrüll provozierte. Hilde Spiel hatte ein markantes Faible für einen bestimmten Typus schwieriger austriakischer Altherren, mit oder ohne Monokel, mit oder ohne kleinem Adelspräfix (»Edler von«, »Ritter von«), herrisch, von jähzornigem Temperament, stur und hochmütig. Zu dieser Sorte von Hausfreunden zählte auch Heimito von Doderer, dem die Emigrantin Hilde Spiel weiß Gott seine höchst dubiose Rolle während der NS-Zeit, samt früher NSdAP-Mitgliedschaft, verübeln hätte können. Aber weil sie die »Strudlhofstiege« als den Wien-Roman schlechthin über alle Maßen schätzte, entwickelte sich eine überraschend ressentimentlose Freundschaft. – Ein anderer Gast am Dittelbach war Ingeborg Bachmann, über die Hilde Spiel brieflich etwas spitzig schrieb: »Im Moment ist Inge Bachmann da, sie hat den Großen Österreichischen Staatspreis bekommen. Ich bin nicht ganz sicher, daß sie ihn verdient… Sie las eine Geschichte vor, ›Simultan‹, sehr reizend, aber doch nicht ganz ernst zu nehmen…« Selbst Thomas Bernhard, der sich so gern in seinem Ohlsdorfer Haus verbarrikadierte, war gelegentlich am Dittelbach zu Besuch, verweigerte sich aber offenbar nachdrücklich dem Telefon. »Es ist hoffnungslos«, schrieb ihm Hilde Spiel, »Du tust es nicht. Dabei glaube ich Dir sogar, daß Du mich ganz gut leiden kannst. Aber nicht gut genug, um Dich zu überwinden und mich einfach mal spontan anzurufen…« Immerhin wanderten die beiden in den achtziger Jahren gemeinsam über den Friedhof von Bad Ischl, einig in dem Gefühl, »daß es gut sei zu wissen, wo man zur Ruhe gebettet wird«, ein »Erlebnis von makabrer Gemütlichkeit«; und nur einige Jahre später lagen beide an den von ihnen selbst vorgesehenen Grabstätten: Bernhard in Grinzing, Spiel in Ischl.

Ein blumengießender Dauergast im »Haus am Bach« war offenbar der Schriftsteller Julian Schutting, der in seinem Prosabuch »Wasserfarben«

eine Wolfgangsee-Apotheose post festum geschrieben hat. Ein Buch des Nachhalls, ein Itinerar der Sehnsucht, welches »in Worten aufhebt«, was für den Beschreibenden in der Wirklichkeit nicht mehr existiert: Hochsommerwiesen voller Arnikasterne und Wiesenbocksbart, die Hand, die durch die Halme fährt, »als wären sie Wasser«, von der Sonne aufgeheizte Badestege, auf die man sich tropfend und mit blauen Fingernägeln drückt, das Innenleben alter Bootshäuser mit Spinnenweben und Wittergebälk und Wassergeruch, die »Jausenstation Aschinger« am Schafberghang hoch überm See, ein obstbaumbeschatteter Wirtsgarten, in dem die Seele des Schreibenden ekstatisch förmlich in den Himmel fliegt. Nicht jedermanns Sache, diese rollende, etwas hymnische Prosa, das Bennsche Bonmot über die »Gräserbewisperer« fällt einem ab und an ein und der boshafte Thomas Bernhard (»Jetzt is ja wieder modern, jed's Bleamerl beschreiben. Bis einer beim Gartentor is, sind schon dreißig Seiten rum«). Aber wenn man sich selber gerade in dieser Landschaft umtut, gefällt einem diese ziselierende Hingewandtheit dann doch irgendwie.

Eine Perle des Wolfgangsees ist den seinerzeitigen Haus-am-Bach-Feriengästen nicht mehr vor Augen gekommen: »Scalaria – the event resort« nennt sich eine elfstöckige postmoderne Auftürmung, von nächtens illuminierten Glaspyramiden überkrönt, direkt hinter der Kirche, mit welcher St. Wolfgang endgültig in Disneyworld-Las Vegas-Zonen angekommen scheint. Beschreiben wir diese »location« in den rätselvollen Worten ihrer Werbetexter: »Eine neuartige Dienstleistung schenkt ›Scalaria – the event resort‹ das Glück, zu einer modernen Galerie der Sinne zu reifen. Hochwertige und einzigartige COMPANY-EVENTS und transparente sowie spektakuläre PRODUCT SHOWS durchfluten die emotionsgeladenen Räume mit dem Erfolg globaler Unternehmen.« Noch Fragen?

Wer in diesem Hotel anreist, bevorzugt werden »CEOs«, »PCOs«, VIPs und Global Player, aber es darf auch die Aufsichtsratsitzung von »Intersport-Bründl«, Kaprun, sein, der wird beknallt mit »Wow-Effekten«, mit »Hochämtern der Verblüffung«, wird begrüßt von »bodypainted girls« im UV-beleuchteten Entrée, dem schweben beim Dinner mit »fesselnder

Trommelshow« im Drehbühnenrestaurant »Circus Circus« Trapezartisten fast in die Suppenschüssel, der nimmt seine Drinks fackelbeleuchtet in der »Mystic Underworld«, einem künstlich in den Untergrund gekloppten Felsenlabyrinth, wobei ein »Showmixer« unermüdlich Eiswürfel hinterrücks durch die Beine in die Gläser wirft – und vom See her nähert sich womöglich der »Spirit of the Lake« in einer Wolke von Theaternebel, oder es »entsteigt den Booten eine Hundertschaft Mönche und bildet die Kulisse für wirbelnde, hymnische Drum-Acts«. Klar, daß hier die Zimmermädchen »crew member für housekeeping« heißen. Schließlich will man mit Convention Centers in Dubai, Vegas, Hongkong konkurrieren und nicht etwa mit dem vergleichsweise geradezu sympathisch zurückgebliebenen »Weißen Rößl«. »Die Schauplätze früherer Heimatfilme und Wallfahrer sind eben nicht genug für diejenigen, die mit VISA die Welt bezahlen«, hält den murrenden Einheimischen die Hotel-PR entgegen – und so sollen sie sich gefälligst abfinden mit einem Future-orientated-global-consumer-Österreich gleich jenseits ihrer Gartenzäune, wo sich im Wasserflugzeug herbeigeschaffte Großkopfete wie Siemens-Boß Heinrich von Pierer, Porsche-Chef Wendelin Wiedeking und der Red-Bull-General Manager zu Reinhard Fendrich und DJ Ötzi finden. Und wo sich auch die schwarzblauen Regierungs-Granden gern verlustierten, samt »Umhänggläsern mit eingeritzten Namen«: eine protzige neu-österreichische Gemengelage oder »Mischkulanz«, wie man hier sagt, bei der zumindest dem nicht habituellen VISA-User mit Macht die »Grausbirnen aufsteigen« wollen, wie man hier ebenfalls sagt.

Fliehen wir die Uferstraße westwärts von dannen nach Ried und suchen Frieden auf der Terrasse des »Landgasthof Lachsen«, einem Hafen der Tradition und Gediegenheit, wo die jadegrünen oder quecksilbernen Wellen an eine weite Seewiese lappen und wo man (ganz ohne Drum-Acts) mit einer sehr ehrbaren Fisch-, Wild- oder Schwammerlküche beköstigt wird. Bei einer Reinanke oder einem Saibling und zwei, drei begleitenden Kamptaler Achteln können wir dann endlich wieder abtauchen in einen tröstlichen Zustand der Zeitverlorenheit, während uns ein sachter

Gina Kaus 1935

Wasserwind um die Nase fächelt und das Südufer im Punktflirren des Mittagslichts verschwimmt. Können uns jetzt wieder eher »eingewickelt« fühlen in jenes taggeträumte, nie ganz realitätssynchrone Österreich, dem Hilde Spiel ihr Lebtag verfallen war und das auch uns als nachbarliche Gäste jedesmal wieder einspinnt in seine vergangenheitsgesättigte Magie. Sie könne eigentlich nur an Orten leben, »wo was gewesen ist«, hat Ingeborg Bachmann mal gesagt, und es ist unser Glück auch noch heute, daß im Salzkammergut die Membran zum »Gewesenen« so hauchzart und transparent ist.

Vom Südufer flimmert, nebst zahlreichen Campingplätzen, das Dörfchen Zinkenbach herüber. Nicht immer gestaltete sich die Salzkammergut-Sommerfrische in braver, großfamiliärer Beschaulichkeit. In Zinkenbach stand die luxuriöse und extravagante »Villa Koritschoner«, in den zwanziger Jahren eher mit schillerndem Großstadtsumpf als mit blitzblanker Ländlichkeit zu assoziieren. Sie gehörte der damals über 40jährigen

Alfred Polgar

Frieda Koritschoner, einer exaltierten Salonschlange mit erheblichem erotischem Aplomb und vielen Männergeschichten, der die Eierköpfe aus dem Wiener »Café Central« reihenweise zu Füßen lagen, allen voran der geniale Alfred Polgar. Ebenfalls kein ausgesprochen artiges Mädchen war ihr Hausgast Gina Kaus, Autorin, Bellezza, Libertine mit wildbewegtem Liebesleben, welcher ihr Freund und Confidant, der in seinen Formulierungen auch nicht immer mit dem Florett zielende Karl Kraus, das Etikett »Va-Gina Kaus« verliehen hatte. – Im Sommer tummelte sich in Villa und Park Koritschoner also munter die Wiener Kaffeehausgesellschaft, die Theaterstars Max Pallenberg und Fritzi Massary waren auch darunter, und verlagerte ihre Usancen vermutlich ziemlich ungebrochen ins Grüne: »Unklare Naturen«, hat Polgar, häufiger Zinkenbacher Hausgast, sein eigenes »Central«-Milieu charakterisiert, »ihre schwankenden Einzelstimmen können der Stütze des Chors nicht entbehren«. Alle »kennen, lieben und geringschätzen einander … Der richtige Centralist führt das Privatleben der anderen und treibt mit dem eigenen keine Hehlerei. Das schafft eine Sphäre schwebender Gemütlichkeit, in der jegliche Prüderie welkt und abstirbt.« Gina Kaus erinnerte sich in ihren Memoiren »Von Wien nach Hollywood« an solch einen Wolfgangsee-Sommer: »Frieda tat immer etwas, um ihren Kreis in Atem zu halten. Zwei Jahre lang war sie angeblich tuberkulös gewesen, das hatte sie dann aufgegeben. Einen Sommer lang amüsierte sie alle damit, daß sie sich taufen ließ, täglich zum Pfarrer ging... Sie war völlig unmoralisch: sie las jedermanns Briefe und erzählte dem einen, was der andere über ihn gesagt hatte. Jeder verzieh ihr alles, als sei sie ein Kind.«

Verheiratet war Frieda mit dem zehn Jahre jüngeren Spekulanten (»Kriegs- und Inflationsgewinner«, schreibt Kaus unwirsch) Julius Koritschoner, einem schwerreichen Geschäftemacher und Morphinisten, der nicht nur seine Ehefrau, sondern auch etliche Freundinnen rauschgiftabhängig gemacht hatte. Eines Morgens, so Kaus, war das Gastgeberpaar plötzlich verschwunden. »Wir bleiben, so lange das Personal bleibt«, beschlossen die irritierten Hausgäste. »Nach drei Tagen kamen die Koritschoners zurück, ohne sich auch nur zu entschuldigen. Ich nehme an, das Rauschgift war ihnen ausgegangen, sie hatten sich in St. Wolfgang keines beschaffen können und waren nach Wien gefahren, um sich dort damit zu versorgen.« Die Koritschoners, die sich kurz darauf scheiden ließen, gingen nicht viel später beide sehr melodramatisch zu Grunde: Er verschwand im Bosporus, in den er sich, an der Börse falliert, in angeblich suizidaler Absicht gestürzt hatte. Frieda, so berichtet Gina Kaus, spritzte sich eines Tages »unter lebhaftem Protest ihrer anwesenden Freunde eine Dosis Morphium durch die Kleider. Sie war eine schlampige Frau und nahm sich niemals die Mühe, die Injektionsnadel zu desinfizieren, bekam eine Blutvergiftung und starb unter furchtbaren Qualen.«

Zinkenbach Babylon – etwa zehn Jahre später, 1937, bekam Polgar, den wir uns doch immer als einen leisen, diskreten, jedem Rummel abholden Menschen vorstellen, es am Wolfgangsee mit einer anderen großen Mondänen zu tun, mit einem der Superstars aller Zeiten, mit Marlene Dietrich nämlich. Im Sommer '37, kam die Diva mit der »Normandie« über den Atlantik gereist, etwas Alte Welt zu schnuppern, mit Unmengen von »grauen Elefanten«, wie sie ihre Schrankkoffer nannte, und mit ergebener und abhängiger Entourage aus Ehemann, Tochter, Hausfreundin, Geliebtem, Leibwächtern, Personal und Hund. Alfred Polgar wünschte sie in Österreich zu treffen, weil er ihre Biographie schreiben sollte. Exquisiten Geschmack bewies sie damit, denn Polgars nur vom Umfang her »kleine« Prosa gehörte und gehört zum Erlesensten, zum gleichzeitig Federleichtesten und Schneidendsten, was je im essayistischen Genre fabriziert wurde. »Was sind Sie für ein Meister, Großmeister A. P.!«, schrieb ihm Hermann Broch einmal. »Ich weiß niemanden in der ganzen Literatur, der das kann, was eben Sie allein können: Tiefseefische an der Oberfläche fangen.« Vielleicht hat Marlene Dietrich auch Polgars Verdikt über ihre ungleich dürftigere Konkurrentin »im Reich«, die läppische Lilian Harvey, gefallen: »Filigrantrampel« – kann man's schöner sagen? Der Dietrich-Tross etablierte sich jedenfalls in einem ohne Zweifel urigen und goldigen Bauernhäusl oberhalb von St. Gilgen, und gelegentlich kamen Star und Biograph dort (»ein alter Kasten ohne Spur von Villa... Nicht der kleinste Breughel hing an den von Ofenruß geschwärzten Wänden, nicht einmal ein Segantini«) oder, feudaler, in Salzburg zusammen. Ein für Polgar schmeichelhafter, aber auch schwieriger Brotjob, den er leise seufzend kommentierte: »Die paarmal Beisammensein mit der D. waren nett, aber anstrengend und, dies vor allem, völlig unergiebig.« Kein Wunder, daß er »das D-Buch« als »eine bittre, schwere Arbeit« empfand, die auf ihm lastete »wie eine schwere Krankheit... Es passiert mir beim Schreiben zu häufig, daß ich, des trocknen Tones satt, in eine ironische Einstellung zum Thema hineinrutsche... Ob Marlene gefallen wird, was ich da mache, ist fraglich.« Wir werden es nicht erfahren: »Marlene. Bild einer berühmten Zeitgenossin« wurde niemals veröffentlicht.

Leider. Denn die biographischen Gebirge, die nach ihrem Tod über Marlene Dietrich erschienen, sind überwiegend schwer verdauliche Monsterwerke. Immerhin können wir uns aus dem rachsüchtigen, heuchlerisch einfühlsamen Kompendium ihrer Tochter Maria Riva und aus der kolportagehaften Lebensgeschichte des Amerikaners Donald Spoto einiges über Marlene Dietrichs Wolfgangsee-Sommer zusammenreimen, der keinesfalls konventionell verlief. Die Staffage war heidimäßig gesamtälplerisch: Geranienbalkons und Herzerl-Fensterläden, rotkariertes Bettzeug, Kuckucksuhr und eigens abgestellte Milchkuh im Stall. In Salzburg waren alle mit Trachtenjankern und Lederhosen, Sepplhüten und Dirndln eingekleidet worden; die Lodenpelerinen mußten farblich zum Packard passen. »Meine Mutter war die schönste Milchmagd aller Zeiten«, schreibt Maria Riva, die als dicklicher Teenie heimlich »Vom Winde verweht« verschlang, während ihr, wie durch ihre ganze Tochterexistenz, das erotische Karussell um ihre ziemlich unersättliche Mama nicht verborgen blieb. Die treu ergebene, tablettensüchtige Hausfreundin Tamara Matul war wohl gleichermaßen Marlenes Geliebte wie die ihres Ehemanns Rudolf »Papilein« Sieber; dazu ließ Dietrich ihren damaligen Lover Douglas Fairbanks jr. aus Hollywood ins Salzburgische nachkommen und traf sich darüber hinaus mit dem österreichischen Schauspieler-Beau Hans Jaray, verschwand immer wieder nach Salzburg zu den Festspielen, nach London, Paris, Venedig, wo ihr schließlich die nächste Liebschaft, Erich Maria Remarque, über den Weg lief. Für alle kochte die große Femme fatale deftig und bodenständig (die Tochter wurde immer dicker), stemmte Maßkrüge, unterstützte die stockende Geburt eines Kalbes mit ihrer Flasche Blue-Grass-Gesichtsöl von Elizabeth Arden und wühlte sich dann wieder in Knize-Seide, Satin und Marabu durch die internationalen Morgenzeitungen, freilich nicht durch den *Stürmer* des so nahe liegenden, so verdüsterten Heimatlandes, der passend zu des abtrünnigen Stars Österreich-Besuch schmierte, Marlene Dietrich habe so viele Jahre bei den »Kinojuden von Hollywood« verbracht, daß ihr Charakter nun völlig undeutsch geworden sei.

Es war der letzte »undeutsche« Sommer am Wolfgangsee. Der Duke of Windsor, als britischer König abgedankt, logierte wochenlang im »Landhaus Appesbach« (heute ein nobles Landhotel), wo er auf Wallis Simsons

Scheidung wartete, um nach der Eheschließung nichts Eiligeres zu tun zu haben, als dem verehrten Hitler auf dem Berghof seine Aufwartung zu machen. Im Sommer drauf gab es kein österreichisches Salzkammergut mehr, war alles »Ostmark«, waren die *einen* in alle Winde verstreut (als eine der ersten Maßnahmen nach dem Anschluß wurde Juden das Trachtentragen verboten) und die *anderen* eingerückt in die arisierten Landhäuser und Ansitze, enthusiastisch begrüßt von schon längst NS-gläubigen Bevölkerungsmassen. Endlich durften die heimlich gehüteten Hakenkreuzfahnen auf die Dächer, »Kraft durch Freude«-Urlauberkontingente sorgten für ungebrochene Tourismusblüte, endlich war Schluß mit überschlauer Entartung und Asphaltliteratur, und nationalsozialistische Dichtersmänner wie Bruno Brehm konnten ihr Organ erdonnern lassen: »Wir wollen des Einzugs des Führers gedenken, dem ein gehetztes, von Fieber geschütteltes Land aus ganzer Inbrunst entgegenjauchzte. Mit ernstem Gesicht stand er aufrecht in seinem Wagen ... so einfach und deutsch! Uns allen war der Jubel versagt ... denn es gibt ein Glück, das nicht Wort noch Ausdruck finden kann, ein Glück, das nicht lachen, nur schluchzen kann ... Es knatterten und dröhnten die motorisierten und gepanzerten Truppen aus dem Reiche, im blauen Himmel schwärmten die Flieger, und dann kamen unsere Bataillone heran und zogen frei und leicht dahin ...«

So tönte nun österreichische Prosa. Nicht einmal Deutschland selbst hatte während der NS-Zeit so viele Opfer, Exilierte, Vertriebene aus der literarischen Welt aufzuweisen wie Österreich. Ein neues »Lexikon der österreichischen Exilliteratur« von 750 Seiten gibt Auskunft über die Massenverfolgung und Austreibung der Intelligenz, die auch die Seeufer des Salzkammerguts radikal von all jenen entleerte, die sie über ein knappes Jahrhundert so immens bereichert hatten. Sogar Ralph Benatzky, der Autor des »Weißen Rößl«, mußte mit seiner jüdischen Ehefrau Melanie Hoffmann die Stätte seiner Triumphe räumen und in ein Exil gehen, das ihn seelisch zerbrach. Emil Jannings freilich durfte bleiben und wurde auf seinem luxuriösen Bauernhof in Gschwendt am Südufer des Wolfgangsees nun nicht mehr von Marlene Dietrich und Carl Zuckmayer, sondern von Joseph Goebbels besucht. Der Reichspropagandaminister notierte am 25. Juli 1938 in sein Tagebuch: »Fahrt über den Wolfgangsee. Herrlich. Zu Jannings Besitzung, die ein richtiges Paradies ist. Wie ein Fürst wohnt er hier.«

Die Vertriebenen gingen unterdessen durch alle Torturen des Exils, von denen der Identitätsverlust und das quälende Heimweh nicht die geringsten waren. »Darling, ich möchte Dir so gern von uns erzählen«, schrieb Polgar aus New York an eine Freundin, »aber unser Leben ist so klein geworden. Man sieht's kaum noch.« Und Jean Amery, der Teile seiner Kind-

Die Hitlerjugend in Österreich

heit in einer Bad Ischler Fremdenpension verbracht hatte (und der für seinen Suizid im Alter schließlich nach Salzburg zurückkehrte), vermerkte in seinem höchst eindrucksvollen Emigrationsaufsatz »Wieviel Heimat braucht der Mensch?«: »Das echte Heimweh war nicht Selbstmitleid, sondern Selbstzerstörung. Es bestand in der stückweisen Demontierung unserer Vergangenheit, was nicht abgehen konnte ohne Selbstverachtung und Haß gegen das verlorene Ich… Wir hatten nicht das Land verloren, sondern mußten erkennen, daß es niemals unser Besitz gewesen war. Für uns war, was mit diesem Land und seinen Menschen zusammenhing, ein Lebensmißverständnis.« Hermann Broch schrieb kurz vor seinem Tod aus Princeton: »Ich habe das Gefühl, daß ich zehnmal besser arbeiten würde, wenn ich wieder einen richtigen Berg sehen könnte… Es ist vor allem und ganz intensiv die Sehnsucht nach dem Alpengeruch, nach einer Bergwiese im Winter, ja sogar nach dieser merkwürdigen Föhn-Atmosphäre…« Broch ist in den Staaten gestorben, ohne die Alpen wiedergesehen zu haben. Und in einem Brief Friedrich Torbergs aus den USA, 1946 schon, als viele der Emigranten Care-Pakete in die hungernde Exheimat schickten, heißt es: »Du ahnst nicht, wie ich Dich um die drei Zauberwochen in St. Wolfgang beneide. Und wenn Dir solcher Neid vielleicht grotesk vorkommt, so wolle bedenken, daß ich Dir zwar ein bisserl was zum Essen schicken kann, aber Du mir nicht das kleinste bisserl Salzkammergut.«

Gina Kaus, die in Beverly Hills ihr Auskommen als Drehbuchautorin gefunden hatte, ist ein einziges Mal zurückgekehrt an den Wolfgangsee, 1948, ganz kurz, und dann nie wieder. Einer ihrer Freunde hat über diesen Besuch notiert: »Wir gingen auf einer Wiese bei St. Wolfgang spazieren, im Anblick der tiefgrünen Wälder und Berge, einer Landschaft, die Gina von Kindheit her nahe am Herzen lag. Plötzlich blieb sie stehen und las aus einem Gedichtband Lernets: ›…immer, wenn einer fortgeht, ist / er für immer fort! Ach, der Wald nicht der Wald mehr, ach / nicht dein Haus mehr dein Haus! / und in dem, was dir gehört, / bist du ich weiß nicht wer / immer, wenn einer wiederkehrt / kennt ihn keiner mehr.‹

Gina las diese Zeilen sehr leise und wiederholte sie immer wieder.« –Vielleicht hat Kaus auch geahnt, was eine der größten Kränkungen für die heimkehrwilligen Exilierten bedeuten sollte: wie wenig sie im Nachkriegsösterreich wirklich vermißt wurden, wie unenthusiastisch man ihre Wiedereingliederung betrieb. Jean Amery hat es so formuliert: »Wir sind nicht erwünscht, wir sind eine Verlegenheit.«

»SOPHIENS DOPPELBLICK« – ISCHLER VERGÄNGLICHKEITEN

Strobl am Ostufer des Wolfgangsees ist eine recht ausgefranste Siedlung, wo uns allerdings ein kleiner Uferspaziergang entlang des steilen Bürgelsteins einen schönen letzten Seeblick gestattet. Der 18jährige Hugo von Hofmannsthal hat hier 1892 ein Gelegenheitsgedicht für das örtliche Feuerwehrfest verfaßt, das auch mal den Blick übers Sommergästemilieu hinaus auf die einheimische Bevölkerung richtet: Auf »... dies Strobl aller derer, / Die stets bleiben, wenn wir gehen.« Jene immer noch armen, von den Rekreationsgebräuchen der Oberklasse wenig profitierenden Landbewohner, das war dem Großbürgersohn klar, die »nicht nach Duft und Grazie schauen / Sondern nach dem kümmerlichen / Wachstum ihrer magren Ähren... / Die den Sturm, den wilden, schönen / Fürchten, denn er könnte Funken / Werfen in die trocknen Scheunen...«

Im Moment ist keine Gefahr des Blitzeinschlags gegeben, denn es hat ein lauer dünnfädiger Regen eingesetzt, einer von diesen Schnürlvorhängen über dem Land, für die das Salzkammergut berühmt ist und denen man mit mindestens soviel Stoizismus zu begegnen hat wie den Wettern an Irlands Westküste. Graugrün und dampfig liegen die Hügel und Kuhweiden hinter den tropfenperlenden Scheiben, während wir auf der ruhigeren Nebenstraße über Rußbach auf Bad Ischl zurollen.

Ich weiß nicht genau, warum, aber Ischl (»Bad« sagt kein Mensch) löst bei mir immer das Gegenteil der hierorts vielbesungenen Champagnerleichtigkeit aus; in dieser operettenverstrickten Kurstadt, die ja nicht un-

Elisabethbrücke und Hotel Elisabeth in Bad Ischl

ansehnlich ist und allerhand kaisergelbe Grandezza bewahrt hat, war es mir stets etwas trist ums Gemüt. Die Landschaft zieht sich hier zusammen und wird engräumiger, der Ort, auf den ersten Blick ein verkehrsreiches, etwas biederes Mittelzentrum, liegt eingemuldet in einer Talsenke. Komisch, daß so viele legendäre Kurorte Mitteleuropas, Karlsbad, Wildbad, Baden-Baden auch, auf einer Art topographischen Tauchstation liegen, wo jeder Blick, der sich in die Weite richten möchte, an waldigen Mugeln hängen bleibt. Ich habe nie begriffen, warum Kaiser Franz Josef ausgerechnet das Nest unterhalb von Jainzen und Siriuskogel zur Wahlheimat von, man glaubt es nicht, 83 seiner 86 Lebenssommer erkoren hat und damit Tout Vienne der imperialen Epoche, soweit es dies pekuniär ermöglichen konnte, ins Trauntal hinterherzog.

Da lehnt man im Regen am Eisengeländer der hochberühmten Traun-Esplanade, an der zu Kaisers Zeiten ein parfümiertes, taftknisterndes Geschiebe der eleganten Welt herrschte wie auf dem hauptstädtischen Ringstraßen-Corso. »Übermut und Leichtsinn«, ein einziges »Plaudern, Flirten, Lachen, Lästern« unter Bräuningzinken und Kolowrathöhe? – Beschnittene Bäumchen und städtische Ruhebänke, Kugellampen im Standardnostalgiedesign, ein dürftiges, kanalisiertes Stadtflüßchen mit schnurgeraden Kunstböschungen, eine Milchschnittepackung hat sich zwischen den aufgeschütteten Steinbrocken verfangen. Kein Seepanorama, keine Fernvedute, sondern gleich gegenüber eine pingelige Aufreihung beamtenhafter Villen, manche schmucklos, manche schnörkeliger, wie Klötzchen auf immergleichen Abstand gesetzt. Ein Kurgastpaar im wasserfesten Wanderdreß walzt eingehängt durch den Kies. Müde, etwas überalterte Badeort-Fadesse wie überall, von Noblesse und Weltläufigkeit kein Hauch – und hier war mal über rauschende Jahrzehnte die Herzkammer eines Weltreichs? »Aus dem Musikpavillon der Esplanade … erklingt kein Vormittagskonzert der Kurkapelle André Hummer, kein Divertissement aus dem ›Rastelbinder‹, im Esplanade-Café … erholen sich keine vom Spaziergang ermüdeten Advokaten und Industriellen und Kunstmäzene, es mopsen sich keine Kinder an der Hand ihrer Gouvernanten, es wandeln keine Vertreter des Geisteslebens gebärdenreich diskutierend nebeneinander her, es ist vorbei mit der Esplanade, vorbei mit allem, was einstmals Ischl war, mit seiner einmaligen Struktur und Atmosphäre, es ist vorbei«. (Friedrich Torberg in der »Tante Jolesch«)

Es gibt im heutigen Ischl kein einziges veritables Grandhotel mehr, »Elisabeth« und »Post« sind Apartmenthäuser, das »Austria« wurde zum Heimatmuseum umgemodelt, die »Rudolfshöhe« (»Lawn-Tennis, Croquet, grande Salle à manger, Lese-, Musik- und Billardsalons«) ist längst abgerissen. Das prächtige Theater, in dem Nestroy als »Schnoferl« auftrat und Schnitzlers »Anatol«-Szenen ersten Skandal machten, das der Kaiser einmal mitten in der Vorstellung verließ, weil ihm die Jungtragödin Adele Sandrock mißfiel, diese hochrangige, hocherfolgreiche Bühne (»Mir scheint, da braut sich eine Abendkassa zusammen«, pflegte sich der Direktor bei aufziehendem Schlechtwetter zu freuen), nennt sich heute »Lehár-Lichtspiele und besitzt immerhin noch einen ungewöhnlich schönen, plüschigen Zuschauerraum. Geblieben ist das überdimensionierte k.u.k. Post & Telegrafenamt am Auböckplatz, ein Musterbeispiel »aerarischer Einheitsarchitektur«; geblieben sind im Stadtbild manche schönbrunngelben Häuserensembles mit Schmiedeeisenbalkons oder den klassischen verglasten Veranden; geblieben sind, stark verändert, die zwei Traditionscafés »Zauner« (vormals »Walther«) und »Ramsauer«.

Das Café Ramsauer in Bad Ischl, um 1900

Dort hinein, in ruhige, sachliche Kaffeehausatmosphäre mit vielen Zeitungen, setze ich mich bedeutend lieber als in das weitaus prominentere Zaunerische Neorokoko, wo es meistens hektisch zugeht, die Bedienung von schwankender Freundlichkeit ist und für die zweifellos zu Recht weltberühmten Zuckerbäckereien auch grandios abkassiert wird. Oder ist ein Extra-Euro für den Klacks Schlagobers auf der heißen Schokolade nicht ein wenig räuberisch? Zum alten »Ramsauer« pflegte den gehfaulen Johann Strauß sein einziger regelmäßiger Ischler Spaziergang zu führen, aufs »Jausnen« und Tarockieren mit dem Schauspieler Alexander Girardi (»Servus, Xandl«) und manchmal auch mit Johannes Brahms oder Anton Bruckner. »Ischl, Ischl, Ischl, ein Klavier hinter jedem Gebüschl«, lautete der Spottvers auf die Komponistenballung im 19. Jahrhundert,

Giacomo Meyerbeer, Franz von Suppé, Carl Millöcker und der Pianofabrikant Bösendorfer standen dito in den Fremdenbüchern. Der Neutöner Anton von Webern freilich, der sich im Sommer 1908 seine Brötchen als zweiter Kapellmeister des Kurorchesters verdienen mußte, jammerte: »Meine Tätigkeit ist schrecklich! Aus der Welt mit solchem Dreck!« Und im 20. Jahrhundert waren es dann hauptsächlich die Operettenmaestros der bloß noch »silbernen« Ära, die Ischl bevölkerten: neben dem ansässig gewordenen Lokalmatador Franz Lehár auch Oscar Straus (der immerhin die melancholische Filmmusik zu Ophüls' wunderbarem »Reigen« schrieb), Emmerich Kalman, Leo Fall, Robert Stolz – »Operettenkönige wie Seifen- und Gummikönige mit tantiemenfunkelndem Blick«, lästerte Karl Kraus, »solche, von denen die Welt noch manches Pusztaliebchen zu erwarten hat.«

Beim »Ramsauer« läßt sich gut verschnaufen, bevor wir uns einige Ischler Interieurs antun wollen, die uns auf etwas atemverschlagende und beklemmende Weise zurückführen in die »große Zeit« dieses Ortes, die eben nicht nur eine charme- und glanzvolle, sondern auch auch eine stickige, protzige, erstarrte Epoche war und deren Niedergang uns nach unserer strapaziösen Besichtigungstour sonderbar einleuchtend und nur noch minder bedauernswert erscheint. Beginnen wir, falls uns die Warteschlangen nicht gleich wieder davontreiben, mit der Behausung Seiner Majestät, der »Kaiservilla« jenseits des Ischl-Flüßchens. Man weiß, was einen dort vor allem erwartet: Geweihe über Geweihe, Gamskrucken, Eberköpfe, ausgestopfte Vögel – tausende von Jagdtrophäen, alle Wände voll mit Gehörn, statt mit Gemälden. Die akribische Buchführung der kaiserlichen Schießwütigkeit gibt uns erschöpfende Auskunft über die wahnwitzigen Erlegquoten: Über 50000 Stück Wild fielen Franz Josephs höchstpersönlichen Gewehrläufen zum Opfer, in den Ischler Wäldern allein über 2000 Gemsen, über 1400 Hirsche, mehr als 600 Auerhähne, nur sechs Haselhühner, 18000 Fasane, dazu unzählige Wildsauen, Niederwild, Steinadler... Als sein kleiner Sohn, der später durch Freitod dahingegangene Erzherzog Rudolph, mit *neun* Jahren seinen ersten Hirsch totschoß, schickte ihm der Vater ein denkwürdiges Telegramm – in der Kaiservilla zu studieren: »Waidmannsheil. Ich gratuliere zum Hirsch. Habe eine ungeheure Freude.«

Die knickrigen, von ehernem Verzichtsethos geprägten Wohnräume dieses allerhöchsten Staatsbeamten überraschen einen nicht weiter: Alles Herzblut, alle Passion dieses Monarchen galten der vermaledeiten Jagd. Der verblaßte Lederstuhl mit dem nachgedunkelten Fleck, wo sein Haupt nach dem Essen ruhte, der Bilderrahmen mit den von Frau Schratt gesammelten vierblättrigen Kleeblättern, das soldatische Eisenbett, der eigenhändig abgestaubte, stets penibel sortierte Schreibtisch; das Manifest »An meine Völker«, das den Ersten Weltkrieg und den Sturz der Donaumonarchie initiierte, am 28. Juli 1914 hier ausgefertigt, liegt drauf.

Kaiser Franz Joseph schießt einen Hirsch. Kronprinz Rudolf schaut zu.

Ihre apostolische Majestät, die Kaiserin Sisi, pflegte ihre Manien wie üblich auf Abstand. Mit ihrem Gefolge, zu welchem laut Ischler Cur-Liste von 1870 die k.k. Hofdamen Karoline Gräfin Hunyadi und Miss Mary Throckmorton, der Obersthofmeister k.k. wirkl. geheime Rath Franz Freiherr von Nopesa, die Ehrenstifsdame Ida von Ferentzy, »Vorleserin Ihrer Majestät«, aber auch der k.k. Kammerthürhüter Franz Fischer und die für die komplizierte Pflege von Sisis aberwitzigen Haarmassen unerläßliche Frau Fanny Feifalik, k.k. Kammerfriseurin, gehörten, residierte sie abseits im (immer noch wunderschönen) englischen Landschaftspark in ihrem »Marmorschlössl« (heute Fotomuseum), hetzte ihre Untergebenen allmorgendlich im Stechschritt auf den Jainzen oder auch mal zu einer Gewalttour übers ganze Tote Gebirge und amüsierte sich mit hundsgemeinen Spottgedichten auf ihre ohne Zweifel gemütlichere, Guglhupf servierende Rivalin Katharina Schratt, die sie selbst, zur Entlastung ihrer Person, dem kaiserlichen Gemahl quasi zugeführt hatte: »Sie schnürt den Bauch sich ins Korsett, / daß alle Fugen krachen / hält sich gerade wie ein Brett / und äfft noch andre Sachen / im Häuschen der Geranien / wo alles fein und glatt / dünkt sie sich gleich Titanien / die arme dicke Schratt.« Und wir können wieder mal nicht anders, als die harsche Häme, die eisenharte Selbstkasteiung der historischen Elisabeth in Beziehung zu setzen zu den pappsüßen »Sisi«-Filmen. Da gibt es ja auch Ischler Szenen, in welchen Romy Schneiders Piepsstimmchen säuselt: »Geh nur mit offenen Augen durch den Wald, hat Papili immer gesagt...«

Im »Häuschen der Geranien«, der »Villa Schratt« ist heute ein Zwei-Hauben-Restaurant einquartiert, zu dem wir über die Kreuternstraße und den Dammweg an der Ischl entlangspazieren können, ein »feines«, diskretes Refugium (mit einigen Fremdenzimmern) auch heute noch. Monströser wird es dann wieder in der »Villa Haenel-Pancera« in der Kaltenbachstraße, einer historistischen Bizarrerie, die einen förmlich erschlägt mit ihrem angehäuften großbourgeoisen Sammelgut, ihrem enthemmten Stileklektizismus (komplett der Nachwelt überlassen von einem schwerreichen Kohlentransportanlagenbauer und seiner klavierspielenden Gattin). Empire-Salon, Louis-quinze-Salon, Renaissance-Speisezimmer und als Höhepunkt der »maurische Rauchsalon«, eine Art Zwerg-Alhambra in buntem Gips und Stuck. Wenn man sich in dieser überbordenden Kunstgrotte noch Orientzigarettenschwaden dazu denkt, ringt man vollends nach Luft. Aber auch im Draußen, in der sogenannten freien Natur, war man in jenen theatralischen Zeiten nicht geschützt vor Kitschinszenierung und betulicher Übermöblierung. Unzählig waren rund ums Ischl der Kaiserzeit die Zierpavillons und Aussichtswarten, die Gußeisenbänke und Schnitzunterstände, mit welchen sich Adel und Bürgertum die gebirglerische Wildnis zum Wandelgang anbequemten (viele ließen sich auch vom einheimischen Berufsstand der »Sesselträger« herumwuchten). Die meisten dieser Spazierziele zum »Jö, schön!-Rufen« (so der österreichische Kulturhistoriker Wolfgang Kos) mit den Gartenlaube-Namensgebungen sind verschwunden: »Sophiens Doppelblick« und »Sterzens Abendsitz« kann man noch aufsuchen, aber »Lauras Morgenröte« und »Cäciliens Harmonie« sind ebenso versunken wie »Batthyanys Ermunterung«, »Malfattis Himmel« und »Eleonorens Einsamkeit«. Da fällt einem wieder mal Polgar ein, der irgendwann schrieb, »Natur« sei nur dort zu finden, wo Sommerfrische nicht ist, nämlich im Winter, Sommerfrische hingegen sei das Gegenteil von Natur, nämlich »was ganz Zuwideres«.

Wer noch nicht genug hat von Fin-de-Siècle-Formendelirien, von Plüsch und Plunder des Makartstils, der darf natürlich auf die Lehár-Villa am Traunkai nicht verzichten, bis ins letzte Detail unverändert konserviert seit des Maestros Tod und, inklusive des Muffelgeruchs, eine ultimative Zeitreise zurück ins strotzend überdekorierte, »repräsentative« Wohngefühl der Jahrhundertwende. Lehár war ja eine Epochenüberdauerer; die »Lustige Witwe« stammt von 1905, er starb, was einen verblüfft, erst 1948, in einer ganz anderen Zeit. – Wandert man durch die drei Etagen seines Hauses, ist es offenbar ganz unvermeidlich, daß im Hirn einige Schaltungen knacken und einem die »unsterblichen Melodien« im Kopf herumschwaden: Wilja, o Wilja, du Waldmägdelein… Dein ist mein ganzes Herz… Hast du dort oben vergessen, auf mich… Lippen schweigen,

Franz Lehár auf der Esplanade in Bad Ischl

flüstern Geigen... etc.pp. Schrecklich pastose Soße, in der man da versinkt, eine Art musikalischer Buttercreme, aber wie diese leider auch g'schleckig, und man ist mit seinem einknickenden Widerstand, seinen empfänglichen Nerven für den Lehárschen Schmusesound wenigstens in der guten Gesellschaft von Adorno, der über »Dein ist mein ganzes Herz« schrieb: »Wir kommen unter Autos, weil wir's unachtsam summen, beim Einschlafen verwirrt es sich mit den Bildern unserer Begierde ...«

In der Lehár-Villa ist buchstäblich kein Quadratzentimeter ohne Nippes, Trouvaillen, Memorabilien: Geschenkpokal des Zaren, ungarische Lorbeerkränze, Ballspenden und Programmzettel, Chinoiserien und Schnitzmadonnen, Brokatfauteuils, schwere Portieren und Zimmerpalmen, Zinnteller und Samtdraperien, böhmisches Goldglas und venezianische Lüster – man fühlt sich wie unter einer Glasglocke des Abgelebten und Verblichenen. Im Schlafzimmer das prunkvolle Louis-seize-Bett, in dem der 78jährige an einem Magenleiden starb, daneben sein letzter Notizzettel: »Wien verlangen, für 489.« Noch einen Monat vor seinem Tod hatte er die Ärzte angefleht: »Sie müssen mich ganz geschwind gesund machen, ich hab' bis jetzt ja nur Blechmusik geschrieben.«

Da tut er einem dann leid, der alt und siech gewordene »Andrew Lloyd Webber seiner Zeit«, und man bemüht sich um etwas Verständnis für sein Arrangement mit dem NS-Regime, seine ranschmeißerischen Geburtstagsgrüße an diverse Nazigrößen, eine Anpassung, die ihm, mitsamt seiner jüdischen Ehefrau Sophie Paschkis, die Emigration ersparte. »Die lustige Witwe« war Hitlers Lieblingsoperette, was einen ja einigermaßen wundert angesichts von Texten wie »JouJou, Loulou, FrouFrou, die lassen mich vergessen das teure Vaterland«, und immerhin soll sich Lehár um Schutz und Schonung für berühmte jüdische Operettenlibrettisten bemüht haben.

Ergebnislos, wie wir wissen. Operetten waren im Anschlußösterreich natürlich weiterhin höchst populär, aber die erheblichen jüdischen Anteile an diesen Erfolgen wurden ab 1938 radikal geleugnet und eliminiert. Lehárs Nachbar am Traunkai, sein glorioser Interpret Richard Tauber, mußte 1938 ebenso ins Exil gehen wie Emmerich Kalmán und Oscar Straus, wie der ebenfalls in Ischl heimische Textautor von »Gräfin Mariza« und »Viktoria und ihr Husar«, Alfred Grünwald. Ganz furchtbar war das Los von Dr. Fritz Löhner-Beda, dem Librettisten von Lehárs »Land des Lächelns«, aber auch Autor ewiger deutscher Schlagerschmankerln wie »Ausgerechnet Bananen«, »Was machst du mit dem Knie, lieber Hans« und »Ich hab mein Herz in Heidelberg verloren«, dem in Ischl zeitweilig die »Villa Schratt« gehört hatte. Löhner-Beda, ein Entertainmentstar der Zwanziger und Dreißiger, ein *Simplizissimus*-Satiriker und sehr bewußt engagierter Jude und Demokrat, wurde 1938 nach Buchenwald verschleppt, wo man ihm zu allen Qualen zumutete, den Text des zynischen »Buchenwald-Lieds« zu schreiben: »O Buchenwald, ich kann dich nicht vergessen / Weil du mein Schicksal bist / Wer dich verließ, der kann es erst ermessen / Wie wundervoll die Freiheit ist!« – ein obrigkeitsverordneter Trauermarsch. Im Oktober 1942 kam der fast 60jährige Dr. Löhner-Beda nach Auschwitz, wo er, noch arbeitsfähig, in den Produktionsstätten der IG-Farben in Monowitz eingesetzt wurde. Die Umstände seines Todes sind bezeugt: Fünf IG-Farben-Direktoren besichtigten eines Tages das Arbeitslager, einer von ihnen, welcher, wurde nie zweifelsfrei ermittelt, deutete auf den sich dahinschleppenden Löhner-Beda und sagte zu seinem SS-Begleiter: »Dieser Jude könnte auch etwas schneller arbeiten – wer nicht mehr arbeiten kann, soll in die Gaskammer.« Das war das Todesurteil. Der »Land des Lächelns«-Librettist wurde aus seiner Arbeitsgruppe herausgeholt und derartig getreten und geprügelt, daß er kurz darauf in seiner Baracke starb.

Wir stehen vor der goldbeschrifteten klassizistischen Lehár-Villa, blicken in den steinigen Untergrund der flach dahinfließenden Traun, und es wundert uns nachgerade nicht mehr, daß ein anderer Zweig der nationalsozialistischen Tötungsmaschinerie den höhnischen Tarnnamen »Bad Ischl« erhielt: die Transporte von »lebensunwertem Leben« nach Schloß Hartheim bei Linz, wo im Rahmen der »Euthanasie-Aktionen« über 18000 Menschen in den Gaskammern ermordet wurden.

Wie wohlaufgehoben, wie entspannt und sicher sich die jüdische Bevölkerung der franziskojosephinischen Ära und auch noch der Ersten Republik bei ihren Land-Séjours gerade in Bad Ischl gefühlt hatte, wissen wir von Friedrich Torberg. »Daß Struktur und Atmosphäre überwiegend jüdisch geprägt waren, bedarf keiner Unterstreichung mehr«, schreibt er in »Die Tante Jolesch« – die nachbarliche Patronage des Habsburgermonarchen, zu dessen Untugenden der Antisemitismus jedenfalls *nicht* zählte, mag da eine Rolle gespielt haben. – Erinnern wir uns mit Torberg, der sein höchst erfolgreiches Anekdoten- und Erinnerungsbuch über die versunkene und vernichtete altösterreichisch-jüdische Melange lange nach seiner eigenen Emigration schrieb, an glücklichere Ischler Tage, als jüdische wie nichtjüdische Wiener Familien »mit Wirtschaft« in die dortige Sommerfrische (»Seh ma si in Iischl?«) zu fahren pflegten. Unter Einschluß der Köchin und zahlreicher Körbe und »Ungetüme von braunen oder grünen Rohrplattenkoffern« bezog man meist von Juni bis September die sommerlichen Räumlichkeiten, die eigene Villa oder die gemietete Wohnung, das Bauernhausquartier oder die Pensionszimmer. Die Haushaltung »am Land« sollte der städtischen möglichst wenig nachstehen, also mußte alles mit: Kaffeeservice, Silber und Salatbesteck, Bettzeug, Matratzen, Besen und

Staubtücher, Spiel- und Sportzeug, Jagdgewehre, »Studienmaterial für den Ältesten«, der vielleicht noch für die Matura büffeln mußte, Kanarienvogel und Croquetspiel. »Menagieren« nannte man das, wie sich die Burgtheaterschauspielerin Rosa Albach-Retty erinnerte. Sofort schickte man dann an den in Wiener Kanzleien, Arztpraxen, Kontoren arbeitsam zurückgebliebenen Familienvater (er tauchte üblicherweise nur an den Wochenenden auf), das obligate »Wohlbehalten-eingetroffen«-Telegramm, so Torberg. Und dann setzte das monatelange hedonistische, einlullende Gleichmaß der Sommerfrische ein, mit dem »Morgentrunk« auf der Esplanade, wo die urbanen Jungherren im Holzknechtkostüm als »Gigerln in Verbauerung« herumpromenierten, die städtischen Bellezzas in grob geflochtenen Strohhüten mit nickenden Spielhahnfedern. Fräulein Körmendy und Fräulein Löwenstamm verabredeten ihre Promenaden: »Also, was is? Geht's ihr nachmittags am Nussensee? – Wenn's so bleibt, ja, sonst selbstredend zum Zauner…« Vielleicht bekam man Erziehungsmaßnahmen anläßlich geplanter Ausflüge mit, vom Dichter Peter Altenberg notiert: »Das Annerl bleibt mit der Bonne zu Hause, der Karl war vorgestern schlimm, bleibt auch zu Hause, mein Onkel bittet für ihn, er geht mit…« Ferienkleinkram, Beschaulichkeit, Nervenberuhigung bis zur milden Verblödung. Robert Musil schrieb 1921 eine Ansichtskarte über den »geradezu dichterischen Grad von Imbezillität«, den er in der Sommerfrische erreicht habe, und signierte plastisch: »Es grüßt herzlich Ihr Muh-Muhsil.«

»Obwohl die Sommerfrische von einer homogenen und eifrig interaktiven Gesellschaft besiedelt war: es war eher ein gepflegtes Nebeneinander«, schrieb der Kulturpublizist Wolfgang Kos. »Man schaute einander vor allem beim Dasein zu, halb gelangweilt, aber stets zu Spott bereit. Der Umgang diente vor allem dazu, sich selber in der Prestige-Pyramide zu positionieren. Die Frage der Stammgäste, wer denn heuer da sei, meinte eigentlich: Sind die Richtigen da? Die in vielen Saisonorten wöchentlich edierten Gästelisten funktionierten wie Aufforderungen zu einem Suchspiel: Man konnte mit spekulativen Flirts, Bridgepartien und Spötteleien beginnen, bevor man einander noch ansichtig wurde.«

Mit Liebeleien, Affären und Herzensverschlingungen aller Art war es in der Sommerfrische im allgemeinen dürftiger bestellt, als uns der Mythos glauben machen möchte, meint Wolfgang Kos. »Typischer dürften die Erfahrungen sommerlicher Langweile gewesen sein. Die Ehepaare waren wochenlang voneinander getrennt, wobei für den in der Stadt ausharrenden Gatten ein Techtelmechtel sicher leichter zu arrangieren war als für die Gattin im Sommerquartier.« Die saß, wenngleich vielleicht wenigstens nicht mehr ins Korsett geschnürt, sondern im frei wallenden Reformkleid, an der Table d'hote oder beim Lawn Tennis, bei Bootspartie oder Salongeselligkeit rundum beäugt »im sozialen Glashaus«. Und trotz solcher Erschwernisse müssen zumindest die Bäume im Kaltenbachtal einige heiße »Pantscherln« gesehen haben, wie wir in Arthur Schnitzlers Tagebüchern und Briefen nachlesen können, dieses berühmten Dauergastes der »Pension Leopold«, der seine notorische Schürzenjägerei natürlich auch in den Ischler Sommern nicht bleiben ließ.

»UND WIE BEHAGT IHNEN DAS NEUE BICYCLE?« – DER SOMMERFRISCHLER ARTHUR SCHNITZLER

Wenn man, wie es mir gegangen ist, dem Schriftsteller Arthur Schnitzler in allzu jugendlichem Alter verfällt, nämlich als 14/15jährige Unschuld 2000 Dünndruckseiten Erzählprosa rauschartig verschlingt, dazu die Bühnenstücke »Anatol«, »Das Weite Land«, den »Reigen« – dann kann einen das eine Zeitlang etwas ungut prägen: mit einer Verzagtheit und Desillusioniertheit vor der Zeit, bezüglich der Raubtiernatur menschlicher Liebesbeziehungen, mit einem frühreifen, wenn auch denkbar praxisfernen Bescheidwissen über die Beliebigkeit und flüchtige Romantikferne männlicher Triebstruktur – Schnitzler läßt einem keine sentimentalen Trugbilder über die Liebe.

Schnitzler ist mir mein ganzes Leseleben lang einer der unwiderstehlichsten, größte Sogwirkung entfaltenden Autoren geblieben. Ich weiß nicht, wie oft ich die sachlich-todtraurige Geschichte von »Frau Berta

Bad Ischl zu Schnitzlers Zeiten

Garlan« gelesen habe, »Dr. Gräsler, Badearzt«, »Fräulein Else«, »Casanovas Heimfahrt« oder »Spiel im Morgengrauen«, und wenigstens einmal den etwas umständlichen, explizit mit den Fragen von jüdischer Identität und Antisemitismus befaßten Konversationsroman »Der Weg ins Freie«, »Therese«, den Briefwechsel mit der von Ferne geliebten, klugen, unglücklichen Olga Waissnix. Wie oft ich den Ophüls-Film und den »Reigen« auf der Bühne gesehen, Luc Bondys »Weite Land«-Verfilmung betrachtet habe. Es gibt makellosere große Schriftsteller – in seinen schwächeren Texten ist Schnitzler nicht unanfällig für Schwulst und Fin-de-siècle-Parfüm, aber es gibt keinen, der den kalten, wahrhaftigen Blick auf erotische Getriebenheit und ihre Destruktionswirkung derart verführerisch mit Atmosphäre und Kolorit zu umschleiern versteht. Man versinkt in jener donaumonarchischen Spätzeit mit ihren raschelnden Mantillen, ihrem Gardeleutnant-Sporengeklirr, den Vorstadtbeisln, Tennisplatzvillen, Sommerfrische-Landpartien und Separées; man lauscht dem eleganten Näselwienerisch der Salonkonversationen hinterher und riecht die Lindenblüten im Prater oder der Hinterbrühl. Und wenn man den ganzen wunderbaren Wiener Schmäh wegläßt, dann ist da immer noch die nackte Wahrheit über den widersprüchlichen, verwickelten und heillosen Umgang von Männern und Frauen mit Libido und Leidenschaft, scharfsichtig und ungeschönt, »sezierend, ganz auf die Nerven fixiert« (Michael Skasa) und heute so ins Mark treffend wie vor hundert Jahren.

In Ischl hat Arthur Schnitzler viele Sommer verbracht, vor allem während seiner stark verlängerten Junggesellenjahre. 1897, als Arzt von 35 Jahren, benutzte er seinen Literatenfreund Richard Beer-Hofmann als Quartiermacher: »Eine Bitte an Sie. Wenn sie dieser Tage einmal gar nichts zu tun haben..., so gehen Sie zum Leopold. Wir brauchen vom 1. Juli an zwei Zimmer. Und zwar: Mama ein großes, so gelegen, wie das, was sie in früheren Jahren hatte ... Ich ein kleineres Zimmer, nur nicht sonnig! Blick auf Wald oder Wiesen ... aber ja nicht nebenan! Nur keines von den ekelhaften weißen Gschnaszimmern zu 10 fl., die Herr Leopold vor zwei Jahren erfunden hat... Bitte schaun Sie doch im Vorüberradeln das Zimmer an, ob nicht alles wackelt, was in diesem Wirtshaus immer vorauszusetzen ist. Herzlichst Ihr Arthur.«

»Der Leopold«, die bereits erwähnte, durchaus feudale »Pension Ludwigshöhe«, war trotz bemängelter Wackeligkeit Schnitzlers bevorzugtes Retiro in Ischl. Sie lag im Grünen, eine der letzten Baulichkeiten im Ortsteil Kaltenbach auf dem Weg nach Lauffen, und besaß den Vorzug, daß man schnell im Wald verschwinden konnte. Aus Schnitzlers Sommerfrische-Tagebüchern, z.B. 1897: » Mit Y. im Wald. Sie erzählt mir ihre Lebensgeschichte... Dann viele Küsse.« – »...bei Risa allein im Zimmer, unerhörte Zärtlichkeiten, ich log sie viel an, war aber so entzückt, daß es beinah wahr war.« – »Nach dem Souper mit Y. eine Viertelstd. auf dunklen Bänken heftig... in der Früh 2mal pfeifend an ihrem Zimmer vorbei – beim 2. Mal erschien sie – ich rasch hinein, sperre ab und nehme sie mir. – Muss natürlich gleich wieder fort.« – »Risa.- Verbrachte einen wunderbaren Nachm. mit ihr im Wald; in ganz tödtlichen Zärtlichkeiten. Ich erklärte, daß wir uns doch nicht heir. könnten, da weder sie noch ich zur Treue – aber wir sollten eine Zeitlang miteinander verleben.« – »Mit Y ...

Nm.waren wir zusammen; es war ein heißer, schöner Nachmittag. Kam mir auf die Bahn nach, mit ›Thränen‹ im Aug.« – »Vormittags einen Sprung bei Else S., die mir rasch sagt, dass sie mich nie geliebt habe, sondern einen ganz andern in mir.« – »Aus Salzburg hab ich noch von Y. einen Brief bekommen, etwas affectirt.«

So geht das zur Sache und dahin, Jahr für Jahr, zwei Sommer drauf: 31.8. »Abends eine junge Frau H.S. im Wald angesprochen etc.« –1.9.« Mit H.S. im Wald, wo es geschah.« 4.9. »Ebenso.«– 6.9. »In der Früh kam Frau Joh. Fr. an, am Abend ging ich mit ihr auf der einsamen Straße hinter der Pension spazieren und besaß sie.« – 9.9. »Von beiden Frauen belästigt.«

Die dauerhafteren Liebschaften in Wien, die es natürlich auch stets gab, erhielten derweil feurige Sehnsuchtsepisteln: »Mein einziges und theures Engerl«, wurden von dem »Mißtrauens-Virtuosen« Schnitzler aber auch mit schriftlichen Eifersuchtsausbrüchen traktiert (mit Untreue kannte er sich aus, und die Inkonsequenz seines Verhaltens war ihm, kühl und detachiert, vollkommen bewußt). Bis in die Ischler Sommervakanz drangen sie nie vor, mit Ausnahme der Burgschauspielerin und zeitweiligen enervierenden Mätresse Adele Sandrock: »... Dilly erwartete mich in einem riesengroßen Hotelzimmer, von Briefen umgeben etc... Ich empfand womöglich noch weniger, als ich erwartet hatte. – Etwas Sinnlichkeit, große Leere, tauber Schmerz.« Immer wieder lesen wir in Schnitzlers Selbstzeugnissen von solcher tiefen Niedergeschlagheit (»bin ganz herunter«, ein »ganz vernichtetes Subjekt«), von Überdruß und Depression (»Leer, traurig. – Heut hab ich sogar geweint – in Anzenau!«). Das alte Elend des Don Juan, der dem »odor di femmina« zeitlebens ruhelos nachjagt, daß nach jeder Triebbefriedigung der »cafard« auf dem Fuße folgt, »Katzenjammer, Trübe, Ekel, nach dem Durst, sich in Genuß zu verlieren« (Ulrich Weinzierl in seiner Schnitzler-Skizze). »Geh, bleib bei mir. Wer weiß ob wir morgen noch's Leben haben«, sagt im »Reigen« das Freudenmädchen zum Soldaten. Nur keine »Lücken im Liebesreigen, lieber Überschneidungen, Parallelführungen als Pausen, verschlingende Leere« (Weinzierl). Und es ist ja das Grundthema von Schnitzlers Leben und

Arthur Schnitzler nach einer Radtour

Werk, daß einzig die rastlos betriebene Sexualität (er hat im Tagebuch über seine Verkehrs- und Orgasmusfrequenz zahlenmäßig exakt Buch geführt) den Tod zu verdrängen helfe – »die keuchenden Athemzüge einer Liebe, die sich vor dem Sterben fürchtet«. Es bleibt uns manches schleierhaft an diesem rücksichtslosen Roué, der sich andererseits in seiner Literatur einfühlsam und empathisch in die weibliche Psyche versenken konnte wie kaum ein anderer. Es bleibt uns außerdem ein Rätsel, wenn wir Porträtfotos von Schnitzler besehen, was an diesem etwas kurzbeinigen und schmerbäuchigen Herrn mit dem wolligen Weihnachtsmannbart die physische Attraktion war, welche die Frauen scharenweise in seine Arme trieb.

Auf seinen Radlerfotos sieht er meist besonders ungünstig aus, in »Pumphosen aus tegethoffblauem Tricot-Stoffe, wie sie die »Dreßordnung des Wiener Bicycle-Clubs« nahelegte, in »diamantschwarzen Strümpfen«, wozu sich »hierzu Strumpfbänder aus schwarzem Seidengummiband« empfahlen. Schnitzler hat sich gewiß nicht penibel an solche Vorschriften gehalten, aber das »Bicycle« war ihm nebst der Weiblichkeit die andere hochbedeutende Herzenssache seiner Ferientage – »der Strohhalm, mit dem ich mich an die Lebensfreude klammere«, schrieb er 1893 an Theodor Herzl. Der Arzt/Schriftsteller, der zu Pferde nie eine gute Figur gemacht hatte, muß per Radl durch die salzburgisch-oberösterreichisch-bayerischen Landstriche getobt sein, daß es nur so rauschte, unbenommen aller »Pneumaticmalheurs«, aller Stürze in »Koth und Staub«. Die Tagebücher bezeugen beachtliche Touren: »Bic. Traunkirchen, Bic. Hallstatt, Bic. nach Gmunden und retour nach Ebensee, Bic. mit Salten zum Königssee...« Nach Art eines glühenden Enthusiasten versuchte er alle seine stubenhockerischen Freunde ebenfalls zum Veloziped zu missionieren: »Wie behagt Ihnen das neue Bicycle?« fragt er bohrend bei Richard Beer-Hofmann nach, »wissen Sie, daß Sie noch im Herbst Bic. fahren lernen wollen?« Beer-Hofmann wollte keineswegs: »Lieber Arthur! Holen Sie mich *nicht* zum Bicycle ab! Nicht nur Bahr, auch ich schaudere davor zurück!« Fünf Jahre dauerte es, bis Beer-Hofmann seine ersten Schlängeltouren auf dem Zweirad vollbrachte. Er, der Dandy, ließ sich von Freund Arthur nach Bad Ischl/Eglmoos 22, lieber ganz andere Dinge anliefern: »Lieber Arthur, bitte bringen Sie mir ein Flacon Parfüm mit, es ist bei Weiße am Mehlmarkt erhältlich, der Name ist, glaube ich, ›Neomir de Phare‹... Lieber Arthur, ich brauche ein Cachenez, welches so groß ist, daß man es falten und als Schärpe binden kann. Es soll ganz *schwarz* sein und zwar *schwerer, weicher, matter* Seidenstoff, nicht Atlas, vielleicht brokatartig...«

Am hochklassigen Gesellschaftsleben nahm Schnitzler bei seinen Kaltenbacher Aufenthalten wenig Anteil: »Ins Ischler Treiben rühr ich mich gar nicht hinein – Esplanade kenn ich nicht.« Er schrieb viel in seinem Pensionszimmer, wechselnd gestimmt: »Bin wieder ganz gottverlassen und über die Schwächlichkeit meines Ausdrucks in einer unverhältnismäßigen Niedergeschlagenheit« Aber auch: »Nachm. ›Ltn. Gustl‹ vollendet, in der Empfindung, dass es ein Meisterwerk.« Und dann war da der Pensionsalltag, der ihm auf die Nerven ging: »Heute gießt es seit dem Morgen, ich sitze auf der gedeckten Veranda, las Brandes und werde... gestört durch die herumsitzenden und quatschenden Sommerteppen und

-teppinnen, von denen einige zu der von mir nicht geliebten Art der ›lustigen Juden‹ gehören ...« Und die Wald- und Gebirgslandschaft lag vor der Tür, welcher Schnitzler mit eigentlich überraschend tiefer Liebe zugetan war: »Der Natur stehe ich in Wirklichkeit herzlicher, ja, das ist das Wort, herzlicher gegenüber als allem anderen auf der Welt, und ich glaube sehr, daß ich aus Landschaften und einer Luft, die mich umgab, mehr Glück oder wenigstens Beruhigung empfangen habe als aus Symphonien, Frauen und Bildern.« Aber auch da wieder keine Eindeutigkeit, sondern Brüche, Skepsis, Zweifelhaftigkeit. So heißt es in einer anderen Briefstelle aus dem Salzburgischen: »Ich habe selten noch das reine Empfinden: Oh, die schöne Mondnacht – oh, der herrliche Wasserfall – nein, bei mir geht folgendes vor: – Natürlich, die gewisse Mondnacht – natürlich, der gewisse Wasserfall... Und wenn abends die Glocken klingen, die gewisse Abendstimmung kommt, da werd ich nervös und murmle... ja ja... ich weiß schon, ich weiß schon!«

Schnitzler, der sich jahrzehntelang mit chronischen Ohrgeräuschen herumplagte, ist früh gealtert und sieht schon auf Bildern aus seinem sechsten Lebensjahrzehnt manchmal aus wie ein resignierter Greis. Mit 45 Jahren verschenkte er sein Bicycle, weil es ihm keine Freude mehr machte. »Es ist positiv eine Krankheit, an der ich leide; generell gehört sie zu derselben, an der Menschen laboriren, die in jedem Gesicht den Totenkopf sehen«, hatte er noch nicht mal 30jährig in einem Brief vermerkt. Sein amouröses Leben blieb aktiv bis ins hohe Alter, wenn sich dann auch die Tagebucheinträge häuften: »Melancholie, Melancholie, Melancholie« – »Allein, allein, allein« – »Jede Nacht ist ein tiefer Abgrund.« – Uns nachgeborenen, endlos faszinierten Lesern seiner Werke und seiner Selbstzeugnisse geht freilich ein Tagebucheintrag besonders ans Herz, in dem er sich über das akribische Aufbewahren seiner Diarien und Briefe Gedanken macht: »... als könnt es mich von der quälenden inneren Einsamkeit befreien, wenn ich jenseits des Grabs Freunde wüßte.« Es wäre einem recht, Arthur Schnitzler könnte posthum Bescheid darüber wissen, wie viele er von diesen hat.

KNOCHENARBEIT – AM DUNKLEN SEE VON HALLSTATT

Hubert von Goisern machte sich sehr malerisch in einer Zille auf dem Hallstätter See. Da gab es mal ein Fernsehporträt, an das ich denken muß, während mich auf der Weiterreise in meinem Gefährt sein elegischer Ohrwurm »Heeast as nit, wia die Zeit vageht…« umtönt. In Lederwams und urtümlichem Filzhut stakte der Sänger übers tintenfarbene Wasser; einen großen Hund im hölzernen Bootsheck dabei, Nebelfetzen verschleierten die Felslehnen, eine dekorativ archaische, nordisch-schwermütige Szenerie.

Der Hallstätter See ist der »andere«, der »Gegen«-See unter den ansonsten hellen, buntgesprenkelten, freundlichen Gewässern des Salzkammerguts. Mit einem Fjord wird er immer wieder verglichen, und wie ein solcher liegt er tief eingesägt, schattig versenkt zwischen den Steilhängen der Dachstein-Ausläufer Sarstein und Plassen, Zwölferkogel und Hirlatzwand. Ein tiefes, dunkeltöniges Gewässer, bildschön, aber ernst und streng.

Wenn's die Zeit hergibt, sollten wir vom Goisern-Steeg das Schiff oder für die zwei Stationen nach Hallstatt die Lokalbahn nehmen. Das verschafft uns den Genuß, vom Bahnhof zum Ort übers Wasser zu setzen. Langsam gleiten wir auf das einzigartige Dorf zu, das sich in unmöglicher Steillage an die Felsen klammert wie ein gekalktes Treppennest der Cinque-Terre; hier aber sind es breitgieblige, buntverputzte Walmdachbürgerhäuser, die sich übereinanderschachteln und -türmen wie aus einem altmodischen Spielzeugbaukasten ausgekippt. Die Vedute von Hallstatt ist eine romantische Ikone von Weltruf, der »schönste Seeort der Welt« laut Alexander von Humboldt, unzählige Male gemalt und abgelichtet, seit einigen Jahren Unesco-Weltkulturerbe und naturgemäß manchmal arg überlaufen.

Ich habe Hallstatt immer an verhangenen, einigermaßen entvölkerten Tagen erlebt, Tagen, an denen der See nicht smaragdgrün leuchtete, sondern in einer dunklen Schieferfarbe zwischen die Felslehnen gespannt lag,

Der Hallstätter See

an denen man allein die »bedeckte Stiege« zum Kirchhof emporstieg, die schindelgedeckten Hausdächer in der Steilheit unter sich zurücklassend, wie den See, die eingezwängten winzigen Hausgärten, die Obstspaliere, die Schuppen und Stadel aus tiefdunklem Holz. Leere, graublaue Tage ohne Wind in dieser Wasser-Waldhang-Wolkensenke, wattige Gedämpftheit, in der man seinen Schritten und Schnaufern nachhorchte, einem Katzenschrei, einer Radiostimme aus einem offenstehenden Fenster in einer steinalten Modermauer. Tage, an denen sich der jahrhundertelangen Schwere des Daseins an diesem kräftezehrenden Lebensort in der Senkrechten nachsinnen ließ, in dieser komplizierten Menschenheimat, die einer strengen, unwirtlichen Landschaft abgetrotzt wurde.

Es gab und gibt am Hallstätter See keine »Villegiatur«, keinen Raum für tändelnde, städtische Sommerhauskultur, zu wenige Sonnenstunden für ferienhafte Leichtigkeit. Hallstatt ist die ernste, dunkle Herzkammer des Salzkammerguts, der »harte Kern« einer weichen und sanften Gegend, ein Ort, an dem es allzeit um Schwerarbeit und Lebenskampf ging, ums Wühlen und Graben im harten, harten Gestein. Denn hier war er tief drinnen verborgen, der Rohstoff, das Lebenselixier, der Namensgeber der gesamten Region: das Salz.

Man muß einmal die Steilhänge zu Fuß hinaufgestiegen sein vom Marktplatz zum Salzberg (heute führt eine bequeme Standseilbahn in die Höhe), 520 Höhenmeter über dem Seeniveau, um die Fron der »Kernweiber« zu ermessen, die diesen Weg bis ins Jahr 1890 viermal täglich nahmen, gekrümmt unter ihren vollgetürmten Kraxen mit dem »Kern«, den salzhaltigen Steinbrocken. Immer wieder waren es auch Hochschwangere, die sich so mühten, den dürftigen Salinenlohn etwas aufzubessern, ihre Neugeborenen, so registrieren es die Pfarrmatrikel, überlebten manchmal nicht einen Tag. Bereits zur Hallstatt-Zeit – diese Eisenzeitepoche ab 800 v. Chr. wurde bekanntlich nach den erstaunlichen, umfänglichen Gräberfeldfunden hoch über Hallstatt benannt – waren es nach neueren archäologischen Erkenntnissen Frauen und Kinder, die im Salzberg die absolute Knochenarbeit verrichteten. Während man in den Grabstätten der Männer und Krieger reichlich Tongefäße fürs Totenproviant und sogar Spanferkelüberreste fand, entdeckte man in den ärmlich ausgestatteten Gräbern der Frauen und Kinder nur Skelette mit gravierenden Abnutzungserscheinungen an den oberen Halswirbeln – vom Schleppen schwerster Lasten bis zum mutmaßlich frühen Tod.

Im »nassen« Salzabbau, als man die Sole durch Wassereinleitung in die Stollensysteme auslaugte und sie anschließend in gewaltigen Sudpfannen unter aberwitzigem Holzverbrauch verdampfte, bis das feste Salz übrigblieb, klingen die Arbeitsplatzbezeichnungen der Salzarbeiter auch nicht gerade nach Schonjobs: Eisenwürcher und Wasserknechte, Püttenrüster und Radgeherinnen, Widzieher, Pfieselknechte und Salzhackerinnen, Stoßer und Weittrager malochten im »Haselgebirge« (dem salzhaltigen Kalkstein) für das allmächtige kaiserliche Kammergut, die habsburgische Dependance und Monopolherrschaft mit ihren heute noch prächtigen Amtsgebäuden, den »Kammerhöfen« in Aussee oder Gmunden. Wer über Salz verfügte, war in früheren Jahrhunderten in der Position heutiger Ölscheichs. Nicht nur als Nahrungsmittel, vor allem als einziger Stoff zum Konservieren von Naturalien war es so wertvoll wie Gold, ein Grundstoff der Zivilisation, ein unermeßlich wichtiges Tausch- und Handelsgut und infolgedessen ein Anlaß für Spekulation und Monopolisierung, für Dumpingpreisgestaltung und Kriegsführung und natürlich auch für gnadenlose Ausbeutung, denn Armut der Abhängigen hob schon damals die Rentabilität.

1809 entrüstete sich der Reiseschriftsteller Johann Eduard Mader über das »empörendste Schauspiel menschlichen Elends« im Salzkammergut, erlebte die Schwerarbeiter in den Sudhäusern als ein Heer »bleicher, hohlwangiger, leichenähnlicher Menschen, die fast ganz nackt arbeiten und in Wachen zu sechs Stunden einander ablösen, da die Sudarbeit Tag und Nacht ununterbrochen fortdauert«. Der Lohn der Salzherren (reich wurden außer dem kaiserlichen Kammergut nur einige geschickte Subunternehmer und Zwischenhändler, die »Hallinger« oder »Salzfertiger«) langte meist nur für die Ernährung mit »Schottensuppe«, saurer Milch mit vergorenem Kleiebrot. Es wurde viel gebettelt im Salzkammergut, dem »kai-

Hallstatt am See

serlichen Brod« zum Trotz, und wenn das Kammergut seinen Untergebenen auch Krankenversorgung und eine Pension zugestand, so blieben die dafür erforderlichen 40 Dienstjahre doch ein Ausnahmefall: die mußten erst überlebt werden.

Die Kontrolle des Salzamtes war lückenlos und unentrinnbar. Nur mit behördlichem Paß durfte man in die Täler einreisen; das Amt hatte die Gerichtsbarkeit inne und Verfügungsgewalt über das Leben seiner Untergebenen bis ins letzte Detail. Wegen des immensen Holzbedarfs für die Salzsiederei durften Dächer nur mit billigen Brettern gedeckt, Ställe nie aus Rundholz gezimmert sein, das Erdgeschoß mußte gemauert werden. Das Salzamt erschwerte auch die Eheschließungen enorm, als der Arbeitsmarkt gesättigt war, mit der Begründung, aus Arme-Leute-Ehen würden ja doch nur Bettler und Diebe hervorgehen, und schob seine Arbeitskräfte in der Region nach Belieben herum, je nach anfallendem Bedarf. Für die Abtransporte des Salzes auf dem Wasserweg, der stellenweise gefährlich reißenden Traun mit ihren »grausenvollen Katarrhakten«, verwandte man auf den Salzzillen vorzugsweise Nichtschwimmer: Die blieben aus Angst auf Gedeih und Verderb bei dem kostbaren Handelsgut, statt im Absprung das eigene Leben zu retten.

Das Salzbergwerk von Hallstatt, das älteste der Welt, ist auch heute noch für die Aktiengesellschaft der »Salinen Austria« in Betrieb; die Lagerstätten werden ein paar weitere hundert Jahre vorhalten. Wenige Angestellte arbeiten heute computergesteuert mit neuzeitlicher Bohrsondentechnik im Berg. Nur ein Zehntel der Produktion kommt als Speisesalz (»Bad Ischler Gustosalze«) in den Verkauf, der größte Teil wird als Grundstoff für die chemische Industrie, als »Biosaxon«-Viehsalz und vor allem als Glatteisstreusalz (»Eisvogel-Auftausalz«) vermarktet; die riesigen Sudpfannen in der Saline Ebensee, deren schwarzer Dampf ehedem das Tageslicht verfinsterte, sind durch hochmoderne Thermokompressionsverfahren ersetzt. Zweites Standbein der Salinen AG ist die Tourismusinfrastruktur: Das betagte Schaubergwerk nahe dem mittelalterlichen Rudolfsturm hoch über Hallstatt hat man jüngst mit vielen Millionen

Euro in einen Erlebniszirkus namens »Salzwelten« umgestaltet – wie man dergleichen halt heute aufzieht: multimedial, mystisch, möglichst computerspiel-kompatibel. Man kann sich die magischen Klangteppiche vorstellen, die farbigen Projektionen, die »hallstattzeitlichen Objekte in dreidimensionalem Blow-up« sowie »Megarutsche« und »Zwergwerk«. Abgründiger und anstrengender in die Finsternis der prähistorischen und mittelalterlichen Bergwerksschichten absteigen läßt es sich bei mindestens vierstündigen Sonderführungen nur auf Voranmeldung, die Teilnehmer müssen überduchschnittlich gut zu Fuß und besser nicht von Platzangst befallen sein.

Dem »Mann im Salz«, eine Art Ötzi-Vorläufer, der sich im Spätbarock in der Mine anfand, »im Salz geselcht, gelb und hart«, eine Eisenzeitmumie, »wie ein Stockfisch, unverwest und breitgeschlagen«, hat man damals in der geweihten Erde des Hallstätter Friedhofs kein Plätzchen gegönnt, denn er war ja ein Heide. Und noch der Bergrat Johann Georg Ramsauer, der 1846 auf eigene Faust mit den Ausgrabungen am so hochbedeutenden Gräberfeld im Hochtal am Salzberg begann, hatte es nicht leicht, mit seinen Funden ernst genommen zu werden. Heute ist nur ein kleiner Teil der rund 20000 prähistorischen Grabbeigaben im Hallstätter Museum zu betrachten, »Lappenbeile«, »Antennendolche« und Tongefäße, Fibeln und Tierfiguren, der Löwenanteil wanderte ins Wiener Naturhistorische Museum. Und auch die neugierigen Sommerfrischler des 19. Jahrhunderts, die gelegentlich von Ischl aus bei den Grabungen kiebitzten, steckten sich gern mal einen 2500 Jahre alten »Klapperbecher« oder eine Halbmondfibel als Souvenir ein.

Im Sommer bevor der äußerst kinderreiche und deshalb stets klamme Bergrat Ramsauer den ersten Spatenstich setzte, war ein kinderloser, und dies heftig betrauernder, knapp 40jähriger Gast im »Grünen Baum« am Marktplatz abgestiegen. Adalbert Stifter war mit seiner nur sehr lau geschätzten Gattin Amalie nach Hallstatt gekommen, um den berühmten Dachstein-Forscher Friedrich Simony zu treffen, mit dem er aus Wien bekannt war. Die wissenschaftliche Werkstatt des Geographen und Geologen

Simony, der gerade die erste Winterbesteigung des Hohen Dachstein absolviert hatte, wird den detailversessenen Sammler Stifter begeistert haben. Da herrschte, in einem großen Gasthofzimmer, ein männlich-naturforscherisches Arbeitschaos, das vermutlich wohnlicher war als Frau Amaliens, der Exputzmacherin und Schoßhündchen-Hüterin adrettes Ehenest daheim in Wien. »Gesteinsproben, Zeichenrequisiten und geologische Instrumente lagen zwischen Landschaftsskizzen, Meßschnüren, Geologenhammer, Barometern und Petrefakten ...« (D. Grieser). Jahre später jedenfalls benutzte Adalbert Stifter viele Charakteristika des Naturforschers Simony als Vorbild für seine »Nachsommer«-Erzählerfigur Heinrich Drendorf, wobei der leibhaftige Simony wohl um einiges vitaler war als der vor Arno Schmidt böse veräppelte »Nachsommer«-Protagonist des »anaeroben Dahinlebens«, ein »peinlich geputzter, verständiger und ehrbarer Tischplattensammler«, ein«ordentlicher Gesell« von »pasteurisiertem Gemüt«, »schon mit 20 der vollkommene Rentier« ... Arno Schmidt war ein hochamüsanter, aber auch etwas ungerechter Stifter-Nörgler, denn wie sich Tragik und das Lebensdebakel dieses »sanften Unmenschen« überall untergründig in seinem Werk bemerkbar machten, hat er weitgehend recht ungerührt unterschlagen.

Die verschattete, gründämmerige Szenerie des Hallstätter Sees muß für Stifter, in dessen Prosa allenthalben »die langen Schatten« seiner eigenen, tiefunglücklichen Disposition fallen, wie W.G. Sebald schrieb, jedenfalls eine seiner Seelenlandschaften gewesen sein. Wir können uns diesen »melancholischen und morosen Menschen« wie in der Erzählung »Feldblumen« vorstellen, an einem offenen Fenster des »Grünen Baum« stehend (heute noch derselbe alte Gasthof), die Stirn ans Fensterkreuz gelehnt: »Der letzte Abend verklomm auf den Bergeshäuptern, und an ihren schwarzen Wänden hing bereits die Nacht. ›Ist Ihnen unwohl?‹ fragte eine ... Stimme hinter mir. ›Nichts ist mir‹, antwortete ich, ›aber ihr tut mir alle zu sehr weh.‹«

In der Gaststube des »Grünen Baum«, bei einem vergleichsweise kargen Tafelspitz, müssen wir daran denken, daß sich Adalbert Stifter, dieser

Poet der stillen Askese, der einsichtsvollen Entsagung, aus seiner tiefgründigen Lebensangst, seiner verhärteten Verzweiflung buchstäblich zu Tode gefressen und getrunken hat. Die pathologische Exzessivität seiner Eßgewohnheiten, die nur noch einer desparaten Suchtmechanik – »der Hunger ist ein reißend Tier« – gehorchten, ist bekannt: sechs Mahlzeiten mindestens pro Tag, Gabelfrühstück und Jause inbegriffen, Suppe, Rindfleisch, Taube, Spargel, manchmal auf einen Sitz, an manchen Tagen verspeiste das Ehepaar Stifter auch zwei ganze fette Enten, dazu flossen das Bier und die Weinlieferungen von ungefähr 600 Litern pro Jahr, über 20 Jahre durchgehend. In seinen letzten Lebensjahren verfiel Stifter mehr und mehr wegen einer Leberzirrhose, der Rasiermesserschnitt quer durch die Kehle, den sich der an schwersten Depressionen leidende Dichter im Januar 1868 schließlich beibrachte, war nicht so sehr die Todesursache wie »Zehrfieber infolge chronischer Leberatrophie«.

Es muß großer Druck zusammengekommen sein bei diesem schweren, auch gesellschaftlich schwerfälligen, ziemlich untröstlichen Menschen. Der schockartig frühe Tod des Vaters (aus Trauer wollte der 12jährige »sich erhungern!«), die Zurückweisungen, Verwirrungen, Fehlentscheidungen in der Liebe, eine jahrzehntelange Ehefron mit der dezidiert falschen Frau, einer halben Analphabetin, die sich erklärtermaßen kein bißchen für ihres Mannes Schriftstellerei, sondern für Seidenstickerei, Raupenzucht und die Hündchen Muffi und Putzi interessierte. Dazu ein halbes Leben die unablässigen materiellen Existenzkämpfe, Gläubiger und Pfändungen im Genick, später dann, einigermaßen arriviert, zur schweren Schreibarbeit die Kehrseite eines zwanghaften Höheren-Beamten-Daseins in der Provinz, mit tausenderlei lästigen Vereinsposten und Repräsentationspflichten – statt einem ersehnten freien Künstlerleben, wozu aber, selber verstrickt in die ganze Immobilität und Enge, Mut und Initiative fehlten. »Ich habe so viel Heu, Schuhnägel, Korkstücke und Besenstiele in meinem Kopf«, schrieb er einmal seinem Verleger über sein eingezwängtes, ungelebtes Leben, dessen innere Einsamkeit wohl unerträglich war, beklagt sich über »gegenstandslose Angst, Gemütsschwäche bis zum lauten Weinen, ein Sandkorn bringt die größte Aufregung oder plötzlichen Zorn oder ungemeine Betrübnis ...«.

Heute läßt sich Stifter schwerlich noch als biedermeierlicher Käfer-und-Blumen-Idylliker mißverstehen, zu gut weiß man, daß sein manchmal unerträglich »positives« Besingen des »sanften Gesetzes«, des Kleinen, Heimeligen, Wohlgefügten eine notvolle Beschwörung, ein einziger Kraftakt war, sich die stets drohende »fürchterliche Wendung des Dinge« vom Leibe, das alptraumhafte Innere in Schach zu halten. Und einer, der die liebe Sonne so beschreibt: »... eine scharfgeschnittene Scheibe aus wallendem, blähendem Metalle, so glotzt sie aus dem Schlund«, klingt nicht eben nach lauschigem Lesebuchonkel.

Dennoch: »Bergkristall« habe ich als schullektüre-geschädigte Pennälerin gehaßt. Öde! Lahm! Altväterisch! Stifter-Lektüre und frühes Jugendalter sind wahrscheinlich weitgehend inkompatibel. Seine »himmlischen Langsamkeiten«, wie sie Handke bewunderte, seine »Kunst zarter und schwerfälliger Landschaftsschilderung«, die selbst Arno Schmidt anerkannte, bedürfen schon einigen Sitzfleisches. Im Dachstein-Land, wo Stifter jenes Erlebnis hatte, das die winterliche Geschichte von Konrad und Sanna anregte, lese ich »Bergkristall« zögernd noch einmal und bin dann zumindest begeistert von eisigen Landschaften wie dieser:

»Es lagen Platten da, die mit Schnee bedeckt waren, an deren beiden Seitenwänden aber das glatte grünliche Eis sichtbar war, es lagen Hügel da, die wie zusammengeschobener Schaum aussahen, an deren Seiten es aber matt nach einwärts flimmerte und glänzte, als wären Balken und Stangen von Edelsteinen durcheinandergeworfen worden, es lagen ferner gerundete Kugeln da, die ganz mit Schnee umhüllt waren, es standen Platten und andere Körper auch schief oder gerade aufwärts, so hoch wie der Kirchturm in Gschaid oder auch Häuser. In einigen waren Höhlen eingefressen, durch die man mit einem Arm durchfahren konnte, mit einem Kopfe, mit einem Körper, mit einem ganzen großen Wagen voll Heu. Alle diese Stücke waren zusammen – oder emporgedrängt und starrten, so daß sie oft Dächer bildeten oder Überhänge, über deren Ränder sich der Schnee herüberlegte und herabgriff wie lange weiße Tatzen.«

Im scharf eingeschnittenen Echerntal, gleich südlich von Hallstatt, waren Adalbert Stifter bei einer Wanderung mit Friedrich Simony zum Wasserfall Waldbachstrub nach einem schweren Regenguß die beiden Kinder begegnet, die er in seiner Erzählung schließlich in die Gletscherzone transferierte. »Ein pausbäckiges Kinderpaar mit riesigen Filzhüten auf den kleinen Köpfen und mit regendurchtränkten Grastüchern überm Rücken trat hinter den Steinblöcken hervor, uns Erdbeeren zum Kauf anbietend.« Wandersmänner und Bergbauernkinder kamen ins Gespräch, Stifter zahlte die Walderdbeeren, ließ sie aber die Kleinen selber essen und war zutiefst gerührt. Die Erzählung »vom lieblichen frisch pulsierenden Menschenleben« in der »grauenhaft prächtigen, starren, todeskalten Umrahmung«, die nur ein paar Monate später fertig war, hieß zunächst »Der heilige Abend« und hat natürlich ein Happy-End.

Die im Flockentreiben der Firnzone verirrten Konrad und Sanna, denen es »in der Stille, die herrschte, war, als sollten sie den Schnee hören, der auf ihre Wimpern fiel«, wären knapp 170 Jahre später womöglich Snowboarder-Kids im »Freestyler-Funpark« auf dem Dachsteingletscher, umdröhnt von »stylischer Beschallung, die die nötigen Vibes für fette Airtime liefert«, und ihre »Obstacles« wären nicht mehr die von Stifter ge-

Blick auf den Hohen Dachstein mit Hallstätter Gletscher

schilderten formidablen Eisauftürmungen, sondern »Quarterpipes« und »Kicker« und »Tabletops«, »geshaped von Bernd Mandlberger«.

Derartige Jump&Bump-Bespielung des ewigen Eises mag man ja noch ganz erheiternd finden, weniger schon, wie erbärmlich der lukrative Wintersport seit der Seilbahnerbauung auf der Ennstalseite den Dachsteingletschern zusetzt. »Rußpartikelablagerungen der Dieselaggregate für die Stromerzeugung, der Motoren für die Liftanlagen, der Pistenbullys und Pistentaxis überzogen den Gletscher mit einer schwarzen, schmierigen Schicht. Stürze von Skifahrern führten bereits zu Anfragen über Reinigungsprobleme der Kleidungen«, berichtete ein Lokalmagazin. »Diese ölig-rußige Substanz versickert im Karst des Dachstein und tritt irgendwann im Quellbereich Hallstatt aus.« Ohnehin sind die riesigen Schneefelder des 19. Jahrhunderts, wie überall in den Gletscherzonen der Alpen, ja nur noch rudimentär vorhanden. Der Schladminger Gletscher ist seit Simonys Tagen auf ein Drittel geschrumpft, und natürlich wird der Schwund vorangehen, »wenn das Klimaoptimum anhält und die Verschmutzung des Gletschers fortschreitet«.

Man könnte es mit des Zivilisationsskeptikers Stifter »ins Kosmische ausgeweitetem Pessimismus« (Sebald) halten, mit dessen, so Sebald in einem brillanten Stifter-Essay weiter, früher »diagnostischen Einsicht in die entropische Tendenz aller natürlichen Systeme«. Auf einer »für seine Zeit erstaunlichen Einsicht in die Funktionszusammenhänge von Natur- und Wirtschaftsgeschichte« fußten Stifters sich heute rasant bewahrheitenden Ahnungen, »es könne morgen schon alles verloren sein … die grüne Natur, ja selbst die Berge in ihrer Pracht und Herrlichkeit und vielleicht auch die schöne freundliche Erde, die uns so fest gegründet und für Ewigkeiten gebaut erscheint…«

Vanitas-Ort Hallstatt, hier kommt man um alle möglichen Endlichkeitssinniereien offenbar nicht herum. Auch den berühmten Friedhof, hoch über dem Schwemmkegel, auf dem sich die prächtigsten Häuser um den Marktplatz drängeln, hat Stifter aufgesucht. Das Weltunikum der Schädelstätte ist heute Hallstatts hauptsächliche Touristenattraktion. Eine komplette Gruft ist vollgepackt wie in einem Kaufmannsladen, mit ordentlich geschichteten Knochenstapeln, darüber ganze Stellagen überhäuft mit Totenschädeln. Nun sind solche Karner, Gebeinhäuser, in der Nachbarschaft alter Kirchen, in katholischen Gegenden ja nicht eben selten; die Spezialität der Hallstätter Sammlung besteht darin, daß die Schädel allesamt mit den Namen der Verstorbenen und ihren Lebensdaten beschriftet und vor allem mit zarten Blumenranken, Efeuzweigen oder Rosenkränzlein, Trollblumen und Kuckucksnelken bemalt sind. Das ergibt in der Tat einen Gänsehauteffekt: die frische Rosenblüte direkt über der leeren Augenhöhle, der Inbegriff des Lebensfrühlings plaziert auf kaltem, hartem Totenknochen. Diese bleiche Halbkugel war bis 1932 Adolf Grill, jene in ihren Erdentagen von 1872 bis 1959 Fani Egger, die neben ihrem Mann Johann lagern darf, die Familie Binder ist ebenfalls nebeneinander geschichtet... Man weiß nicht, wie einem wird, gafft man selbst als noch blutvoll Wandelnder die Toten an, oder starren diese aus Hunderten von Skelettaugen nicht viel bohrender zurück: Denk es, o Mensch...?

Natürlich war die Ursache für das wohlgefüllte Beinhaus, daß der Hallstätter Friedhofsgrund stets zu knapp war, den Verstorbenen länger als einige Jahre Totenruhe in der Erde zu gönnen; man mußte die Gerippe ausgraben um den Nachfolgern Platz zu schaffen. Christoph Ransmayr hat mit »Die ersten Jahre der Ewigkeit« eine anrührende Reportage über die Knochenarbeit eines der letzten Hallstätter Totengräbers geschrieben – aber ich würde, Memento mori hin oder her, das Tor zur Michaelskapelle nunmehr irgendwann fest schließen und Fani Egger, Georg Schlager, Karl Trausner und allen anderen für den Rest der Ewigkeit ein »Ruhet in Frieden« gönnen.

Manche wünschen sich gar kein stilles Requiescat, wie der vormalige Resident auf dem düsteren Schloß Grub, das man von der Friedhofsmauer, seit Jahren verrammelt und leerstehend, am unbebauten waldigen Ostufer liegen sieht. Auch er paßt zum abgründigen Hallstätter See, dieser angeblich despotische und ausschweifende Salzverweser Christoph Eyssel von Eysselsberg, der in der zum Makabren neigenden Zeit des

Das Beinhaus in Hallstatt

Spätbarock das ausgefallene Testament hinterließ, sein Leichnam solle alle 50 Jahre an seinem Todestag wieder aus dem Grab geholt und über den See zu seiner Uferburg gerudert werden. Immerhin 200 Jahre hielt man sich an diese Verfügung, denn der Schloßherr hatte der Kirche gutes Geld gespendet. – Das goldene Leuchten in diesem Sakralraum können wir jetzt auch gut brauchen, ein wenig Himmelslicht aus Blattgold nach einer Überdosis Morbidität.

Der Glanz des Hallstätter Schnitzaltars verdankt sich einer allzu prunkenden Neuvergoldung des späten 19. Jahrhunderts, dennoch ist er einer von Österreichs schönsten. Das nahezu quadratische gotische Kirchenschiff mit seinem Sternrippengewölbe ist zweigeteilt: ein »Doppel-Sanktuarium«, die eine Hälfte den Bürgern, die andere den Knappen vorbehalten, ihnen war auch der spätgotische Marienaltar zugedacht. Nur mit dem unvergleichlichen Pacher-Meisterwerk in St. Wolfgang kann er nicht konkurrieren; es ist kantiger, ländlicher, weniger raffiniert, was der in Oberösterreich tätige Schnitzer Lienhart Astl für Hallstatt schuf, aber trotzdem ein wunderbares, detailreiches Erzählbildwerk aus einem Guß. Als heiter und handfest empfindet es der Betrachter, mit seinen lausbubenhaften Engeln, dem kugelbauchigen Jesulein, dem gelassenen, freundlichen Halblächeln auf den bäuerlichen Mienen von Maria, Katharina und Barbara, der Patronin aller Bergleute. Ums Haar wäre das ganze ragende Kunstwerk, wie an die 1400 andere gotische Altäre allein in Oberösterreich, 1799 zu Brennholz und »Spreißelwerk« zerhackt worden, das Ersuchen von Hallstätter Honoratioren bei der Landesregierung lag bereits vor. Zu unserem Glück wollte seinerzeit bloß niemand die Abbruchkosten tragen.

Ein letzter Tiefblick auf den See – übers Wasser zieht eine »Fuhr«, wie die hölzernen Zillen in Hallstatt heißen, die laut Julian Schutting aussehen wie ein »Zwischending aus Gondel und Waschtrog«. Dünne Wolkenbänke hängen vor den Felswänden – das malerische Weltkulturerbe Hallstatt hat heutzutage derart massive wirtschaftliche Probleme, daß die *Linzer Zeitung* unlängst schon über das »sterbende Dorf« berichtete: Der gesamte Ort, mit nur mehr 947 Einwohnern, sei »von Verfall und Aussterben bedroht«. Schuld daran sind, neben dem Personalabbau und Wegfall der Salinen-Gewerbesteuern, nicht zuletzt wir En-passant-Tagesgäste, 650 000 jährlich an der Zahl, denen aber nur 60 000 Übernachtungen gegenüberstehen. Es gibt keinen Bäcker mehr am Ort, und wegen jeder Schraube muß man nach Goisern chauffieren. Die wunderschönen historischen Salzfertigerhäuser am Marktplatz sind zur Entkernung und zur Zusammenlegung für ein Altenpflegezentrum vorgesehen, und händeringend sinnt die Gemeinde auf vermeintlich »visionäre« Attraktionen, worunter sie sich neben dem üblichen Großhotelneubau auch eine »Manager-Akademie«, eine Art »Moulin Rouge« oder ein Spielcasino im ehemaligen Salinengebäude vorstellen könnte.

Vielleicht übernachten wir das nächste Mal im »Grünen Baum«, aber heute tun auch wir Hallstatt den Tort des Weiterziehens, des Abschieds vom dunklen See an. Unser nächstes Ziel (wir könnten es auch von Goisern direkt ansteuern) wollen wir durch das waldige, unverbaute Tal der Koppentraun über den Koppenpaß erreichen. Eine leere, schluchtige Gegend, bei der man ein wenig das Gefühl hat, »aus der Welt« zu geraten, ins Verborgene, in ein »ganz anderes Tal«. Auf dieser Route tauchen sie am schönsten und unvermutetsten über den Baumwipfeln auf, die Vorboten unseres und so vieler anderer Sehnsuchtswinkels im Salzkammergut, unverwechselbar ihre helleuchtenden Felsauftürmungen: *Der Loser! Die Trisselwand!* Und in uns breitet sich wärmend die Empfindung des ANKOMMENS aus. Gleich sind wir da, in jenem nicht ganz erklärlich auratischen, lichten, bekömmlichen Talkessel, dieser inselhaften Seelenlandschaft, der »Mitte Österreichs«, einem Ort der rätselhaften Befriedung und Entspanntheit: Ausseer Land, eine Viertelstunde noch!

»JENE SIND NICHT ZU HOCH, UND DIESER IST NICHT ZU LIEBLICH« – IM AUSSEER LAND

Es muß eine spezifische Anfälligkeit geben für das Ausseer Ziehen, ein leichtes Krankheitsbild, das glücklicherweise weit entfernt ist von epidemieartiger Verbreitung. Auf manchen springt der Virus über, bei der ersten Jause im »Gasthof Veit« in Gößl am Grundlsee, beim ersten Obertressener Spaziergang, bei der ersten Rast auf den Uferfelsen der Altausseer Seewiese. Andere bleiben achselzuckend uninfiziert, ja ja, ist ja zugegeben nett hier, gebirglerisch ansehnlich, aber man muß ja nicht gleich *fiebern* vor Stimmigkeits- und Aufgehobenheitsgefühl...

Jakob Wassermann, langjähriger Altausssseer Resident, hat für seine Person fast staunend »eine in höchstem Maß übersinnliche Bindung, eine konstitutionelle Übereinstimmung mit der Landschaft« festgestellt, »eine magische Influenz des Gesteins, des Minerals, des Wassers und der Luft, von erneuernder und umwandelnder Wirkung«.

Und auch Friedrich Torberg, der es erst spät im Leben, nach langen, wirren Jahren der Emigration, zu einem Retiro in seiner geliebten Altausseer Kindheitslandschaft brachte, hat den sogartigen Zauber dieser Gemarkung nicht wirklich entschlüsselt: »Es war tatsächlich die Landschaft, die mich augenblicks gefangen nahm und mich mit einem nie gekannten Wohlgefühl erfüllte… Die Berge ›liegen‹ nicht einfach am See, sie umfassen und umhegen ihn, sie bilden beinahe eine Art Festung, in der man sich wohlig und geborgen fühlt… Die selbstverständliche Ausgewogenheit der Landschaft; die Balance zwischen dem Pathos der Berge und der Sanftmut des Sees, jene sind nicht zu hoch (wie etwa in der Schweiz) und dieser nicht zu lieblich (wie so viele andere im Salzkammergut); die vornehme Distanz, mit der sich vom Gegenhorizont her der Dachsteingletscher in die Kette aus Hängen und Gipfeln hereinhebt, bitte sehr, wir haben auch ewigen Schnee, wir machen nur kein Aufhebens davon…«

Unzählig waren und sind die wortmächtigen Literaten, die Künstler und Geistesmenschen, welche die sehr übersichtliche, lieblich grüne Ausseer Enklave zwischen den Felsbarrrieren von Dachstein und Totem Gebirge, die kühlen Wasser von Grundl- und Altausseer See zu ihrem höchstpersönlichen Wunderland erwählten. Aber wenn's um die faßliche Begründung für die Magie dieser ganz besonderen Wahlheimat ging, gerieten sie offenbar alle mehr oder weniger ins Stammeln. »Bin sehr er-

Blick auf den Loser bei Altaussee

holt und wohl«, schrieb Hofmannsthal aus einem seiner ewig verlängerten Obertressener Sommer, »so sitze ich hier auf meiner Bank, darüber den Himmel zwischen Bäumen hereinleuchtend, und bin, ich muß es mir gestehen, wo ich von allen Orten am liebsten bin, am meisten ich selber.«

Vielleicht sitzen wir Nachkömmlinge auf den Ausseer Wegen und Stegen ja nur einem immer weiter verschleppten Mythos auf, wenn wir zu spüren meinen, das »Andere«, das Nischenhafte dieser Landschaft habe auch uns gepackt, aber wir ergeben uns dieser schwebenden Mystifikation leichten Herzens. Wir befinden uns in einer langen Reihe von auswärtigen Aussee-Affizierten, und die Gegenliebe der Eingewurzelten zu Frischverliebten hält sich durchaus in Grenzen – angebiedert an das Wohlwollen der Fremden hat sich dieser Landstrich noch nie.

Ein vollends verschontes Ästhetenreservat ist natürlich auch das Ausseer Land, der kleine steirische Anteil des Salzkammguts, längst nicht mehr. Die Randbezirke von Bad Aussee, dem größeren Hauptort, sind zerfranst von moderner Infrastruktur und Häuslbau wie überall, die Mitte von Altaussee besteht aus einem großen Loch mit Drachenflieger-Großparkplatz und betonierter Kurhausscheußlichkeit, und die Grundlsee-Gestade verunziert eine aufdringliche Ferienclubhausssiedlung. Doch solche Unerfreulichkeiten vertun sich in der Wahrnehmung erstaunlich schnell. Denn im Grunde bewegt man sich durch dieses Ländchen ganz perplex über seine ausnahmehafte Intaktheit: So *viele* schöne alte Holzhäuser! *So viele* wunderbare Bauern- und Obstgärten, welch befriedigend in Ruhe gelassene, augentröstende Kulturlandschaft! Das erste Mal im Ausseer Land ist man ganz einfach erfüllt von einem elementaren Dankbarkeitsgefühl: daß es eben doch möglich ist, alpenländischen Siedlungsgebieten mit Bedacht und Zurückhaltung ihren gewachsenen Zauber und ihr traditionelles Gesicht zu belassen, daß einem als Reisenden mit zentraleuropäischen Vorlieben endlich mal das ewige innere Ächzen erspart bleibt über die grobschlächtige Verunstaltung überall.

Hier blickt man vergleichsweise richtig erlöst in die Runde, irgendwo von den Anhöhen am besten, von Lupitsch oder Lerchenreith, Obertressen oder Posern. Eine gesprenkelte, von ländlicher Zivilisation geformte, sanftgrün schattierte Senke, in die man da schaut, Riesenspielzeugsblick. Und über dieser gefälligen, kleinteiligen Menschenzone, eine Etage höher, die Wildnis der Vertikalen, der schrundigen Kalkwände, der weiten, karstigen Verlassenheitswelt, die Totes Gebirge heißt und »so fremdartig wirkt, als sei sie in einer längst vergessenen Nacht vom alten Mond herabgestürzt«, schrieb der Ausseer Autor Herbert Zand. In der Mittagsrichtung, ferner und fast unwirklich im Himmelsblau schwebend, die blendenden Gletscherfelder des Schneekönigs, des Hohen Dachstein, der uns aus der Altausseer Perspektive immer am unirdischsten und geheimnisvollsten erscheint.

Den verengten Nahblick, wenn wir zum Beispiel in Ober- oder Untertressen, in den Altausseer Ortsteilen Fischerndorf, Reith oder Puchen herumschlendern, entzücken dann die Ausseer Hausbauformen. Holz, fast immer Holz, in den eingebrannten dunklen Beiztönen, die nur die Gebirgssonne und der Alpenfrost von Jahrzehnten hervorbringen: schwarzbraun wie Moorerde, schokoladenfarben, rot wie ein Fuchsfell. Darin sitzend, ohne Laibung, bündig mit den Bohlen und Brettern, gras- oder moosgrün gestrichene Fensterrahmen. Die Sprossenfenster werden nach außen aufgestoßen und mit kleinen Eisenhaken festgestellt, diese offenstehenden Glasscheiben sehen leicht und transparent wie Insektenflügel aus und verleihen den verwitterten Fassaden oft etwas Verspieltes, Spiegelndes, ins Freie Schwingendes.

Es gibt Unterschiede zwischen den ursprünglichen, einfachen Bergbauernhäusern und den seit der Mitte des 19. Jahrhunderts entstandenen Sommerfrischedomizilen der anspruchsvolleren Zuzügler. Das »Brückl«, ein hölzerner Wind- und Wettervorbau am Eingang, typisch für alle Ausseer Baulichkeiten, wurde von den Sommergästen gern zu einer verglasten Veranda modifiziert: ein Raum für den Regen und für kühlere Übergangstage, Korbmöbel und Plaids, ein paar Blumentöpfe und unbedeutendere Aquarelle, Fleckerlteppiche und vielleicht ein halbhohes Bücherregal, viel durchwühlt nach Zerstreuung, während der nicht eben sel-

Ein typisches Altausseer Haus

tenen Ausseer Niesel- und Pladderperioden. Auch die Ausseer Villen sind meist alles andere als protzig, eher zierlich und zurückhaltend, von harmonischen Proportionen und in Giebel- und Dachformen, Farben und Materialien ideal angepaßt an die traditionelle Bauernarchitektur der Region. Ja, und drumherum die Gärten … Holzzäune, hinter denen jetzt im Juni der Fingerhut blüht und der erste Rittersporn, Türkenbund und Akelei, Campanula, Paeonien und Knittermohn umstehen Salat- und Kohlrabibeete, und sehr viele Häuser sind von Clematis, Kletterrosen oder Jelängerjelieber zugewuchert oder mit schönen symmetrischen Obstspalieren versehen. Man erblickt beim Herumschlendern manche Gartenszenerien, wie man sie schätzt: lang nicht mehr gestrichene, abblätternde Klapptische, auf denen eine blaurandige Emailschüssel voller Erdbeeren steht, eine flechtenüberzogene, geschwungene Bank im Schatten hoher Laubbäume, eine trotz Tischklammern verrutschte, sonnenverblichene Paisley-Tischdecke, auf der bäuchlings ein Taschenbuch liegengeblieben ist, manchmal auch kleinere Privatparks durch die Hecken, weite Wiesenhänge, das Schilf eines Teichs. *Sommerfrische*, hier haben sich ihre Stimmungen und Bilder über die Zeiten bewahrt, die ruhigen Rituale hiesiger Vakanzen sind auch im Sommerhaus später, drittes Jahrtausend, kaum anders als vor Generationen.

Der heutige Fremdling, der da etwas neidvoll zwischen anmutigen Privatdomänen herumspaziert, findet zum Glück nicht schwer ein temporäres Obdach, was er sich aber vorsorglich besser schon zu Hause besorgt. Zwar ist der Tourismus hier nicht rummelig und erschlagend, aber es gibt doch eine Menge Stammgäste, die während der Saison in ihren vertrauten Quartieren vorgemerkt sind. Uns zieht es wie immer privat nach Altaussee, da sind die Möglichkeiten reichlich, am Seeufer in Fischerndorf, in den flachen Wiesen von Puchen oder oberhalb des Ortskerns in Posern, Reith oder Richtung Lichtersberg. Manche der alteingewurzelten Altausseer Familien vermieten schon seit Generationen an Gäste, so die Familie Pucher, Puchen 44, in ihrem traditionellen Haus mit Glasveranda und Bibliothek, von wo uns Richard Beer-Hofmann eine stimmungsvolle Herbstmorgen-Beschreibung aus dem Jahre 1935 hinterlassen hat, melancholisch und abschiedsschwer, sieben handgeschriebene Blätter, die ihm wichtig genug waren, daß er sie in die amerikanische Emigration mitnahm. Auch die »Villa Sochor«, Fischerndorf 67, ist eine gediegen altmodische Fremdenpension mit langer Geschichte: seit dem 19. Jahrhundert in Familienbesitz, seit die Sippe des »k.u.k-Hofrats Dr. Eduard Sochor von Friedrichsthal, Generaldirektor der Carl-Ludwig-Bahn und Reichsratsabgeordneter aus Wien« hier die Sommerfrische verbrachte.

Wer den Vier-Sterne-Komfort größerer Hotels vorzieht, wird sich im »Hotel am See« (auch »Seewirt« genannt) oder in der mit allen Luxusstandards versehenen »Seevilla« einmieten wollen. Der »Seewirt«, nahe der Kirche, ist etwas knarziger und patinierter, hat aber eine unschlagbar schöne Seeterrasse, gute Küche und eher die Atmosphäre gestriger Gesellschaftsräume und Speisesäle bewahrt. Die Zimmer – keine Balkons, sondern verglaste Wintergärten – sind mit altmodischem Paradebettencharme möbliert, und im 7000 Quadratmeter großen Hotelpark am

See kann man im Holzveranda-Seehaus ein großzügig modernisiertes Apartment beziehen. Das Nobelhotel »Seevilla«, ebenfalls direkt am Ufer, ist ein Stück weit Nostalgiefälschung. Noch vor zehn Jahren ein auffallend fader, moderner 0815-Betonklotz, kein Ruhmesblatt fürs Ortsbild, hat man ihm nun mit viel kaisergelber Farbe, dunkelgrünen Spalieren und Sprossen die Illusion von Jahrhundertwendeliebenswürdigkeit aufgepappt. Im »Brahms-Café« hockt eine vollbärtige Komponistenpuppe am Flügel (Brahms hat im Vorläuferbau ein Klavierquintett uraufgeführt), und man kann sich in sogenannten »Literaturzimmern« einquartieren, mit Lesesessel und Genius-loci-mäßigen »Bücherkoffern« ausgestattet, je nach gusto »Friedrich Torberg«, »Barbara Frischmuth« oder »Jakob Wassermann«. Marcel Reich-Ranicki scheint derlei Bemühungen zu schätzen, denn er erholt sich gern in der »Seevilla«.

Man könnte aber auch annehmlich im Bad Ausseer Umland oder am Grundlsee logieren. Im »Gasthof Veit« in Gößl zum Beispiel, einem Inbild von altem Dorfwirtshaus zwischen Wiesen und Bauernhäusern, von jeher hochbeliebt bei den sommerfrischendelnden Theaterleuten rund um den Grundlsee, mit seinem schattigen Garten, seinen winkeligen Stuben und der gepflegten Regionalküche, die deftige Sonderlichkeiten namens »Almraunggerln« und »Eschbonkoh« auftischt. Oder man traut sich doch mal in die altehrwürdige »Wasnerin«, ein irgendwie gluckhennenhaft gemütlich aussehendes Landhotel des frühen 20. Jahrhunderts mit behäbigem Dachgebirge im freien Wiesengelände des Plateau Lerchenreith, 360-Grad-Rundblick zu allen Eis- und Felsriesen, heute leider etwas vom Golfplatz bedrängt. Torberg hat diese Einkehr, deren patinierte Räumlichkeiten seit Vorkriegstagen keine nennenswerte Renovierung erfahren zu haben scheinen, in seinem berühmtem Heimwehgedicht aus dem amerikanischen Exil verewigt – mittlerweile eine Art Altausseer Lokalhymne: »Ach, wie war ich aller Richtung / sommerlich vertrautes Kind! Ach, wie war mir Wald und Lichtung / Bach und Mulde wohlgesinnt!... Treibt's mich heut zum See? Zur Klause? / Treibt's mich auf die Blaa-Alm hin?/Wird's beim Fischer eine Jause? / Wird's ein Gang zur Wasnerin?...«

»Gelten noch die alten Strecken?« Aber ja. Wer immer sich in Altaussee akkomodiert, seine Reisetasche auf einen Pensionszimmerboden fallen gelassen hat, tut das, was alle tun, was alle immer getan haben: Er watschelt die etwa zweistündige Promenade rund um den See ab. Und denkt sich beiseite, daß bei den Herrschaften, denen man, diskret grüßend, auf diesem vortrefflich schönen Rundgang begegnet, eine gewisse Soigniertheit nicht zu übersehen ist, ein überdurchschnittlicher Anteil an »Gebildete-Stände«-Erscheinungen, oft dezent und dunkelfarben trachtelnd, und unvermeidlich hört man Thomas Bernhard (in »Elisabeth II«) zetern: »Ich verstehe gar nicht, daß es Leute gegeben hat, die sich freiwillig in Altaussee angesiedelt haben. Schriftsteller, Komponisten, Komödianten, dieses ganze Gesindel hat sich dort angekauft, vor der Jahrhundertwende und danach. Kaum haben die Leute Geld, kaufen sie diese scheußlichen alten Häuser, gehen in Dirndlkleidern herum und in Lederhosen und machen sich mit Fleischhauern und Holzhackern gemein.«

Es muß ja was dran sein, an den Überanpassungsgesten der Bedeutenden und Gewappelten, die sie angeblich im Ausseer Land vollziehen, um dort auch mal bei der Feuerwehr mittun zu dürfen, um ein handgeschneidertes Trachtenteil nach monatelangem Warten zu ergattern. »Mediengewaltige Redakteure befällt würgende Enttäuschung«, so schrieb der aus Aussee stammende Publizist und Autor Alfred Komarek, »wenn jene Zeilen, die sie für die ›Alpenpost‹ geschrieben haben, aus Platzmangel nicht erscheinen, und manch ein Mächtiger nickte nur demütig, wenn er erfuhr, daß er zwar über Österreich verfügen könne, nicht aber über den Ausseer Tennisplatz.« Ohne Zweifel ballt sich im Ausseer Land auch heute noch einige Namhaftigkeit verschiedenster Provenienz: Der aus Altaussee gebürtige Klaus Maria Brandauer ist eine Dauerikone wie die ebenfalls einheimische Schriftstellerin Barbara Frischmuth; zu den regelmäßigen Residenten zählen zum Beispiel Stardirigent Nikolaus Harnoncourt (der pikanterweise vom Regionalheiligen, dem Erzherzog Johann, abstammt), Exminister und Salinenboss Hannes Androsch, der bundesdeutsche Wirtschaftsführer Dieter Hundt, Burgtheaterdirektor Klaus Bachler, Regisseur

Hans Neuenfels, die Mimen Romuald Pekny und Elisabeth Orth, Joachim Fuchsberger wie Günther Nenning, dazu jede Menge Adel, ORF- und sonstige Medienmenschen. Daß so viel kumuliertes VIP-»Gesindel« – die »Wienerseer« heißen die zugereisten Großstädter im Ortsjargon – offenbar kaum einem zuviel wird, muß an der obwaltenden Diskretion des Umgangs, einem gepflegt ländlich-sittlichen, unauffälligen, bloß nicht auftrumpfenden Nebeneinander liegen; sich als Show-Heini zu gebärden, wäre im Ausseer Land hochgradig unpassend, ehern regiert seit altersher das Understatement.

»WIR SITZEN AUF DEM GELÄNDER VON EINEM BAUERNGARTEN UND REDEN MITEINANDER« – SCHRIFTSTELLER UM DEN ALTAUSSEER SEE

Die in sich ruhende Märchenschönheit des Altausseer Sees würde jeder Wichtigtuerei ohnehin still den Wind aus den Segeln nehmen. Zwischen Bergwald und Felsen eingesenkt, fast ganz ohne Bebauung, leuchtend und spiegelglatt im Sonnenschein, zum Fürchten schwarzblau und schlundartig bei Sturm und Regen, kann man ihn sehr wohl als Heimstatt von allerlei feenhaften Mulm- und Wasserwesen imaginieren, wie das die ortsansässige Barbara Frischmuth in ihrem Altausseer Roman »Die Mystifikationen der Sophie Silber« getan hat. Leider ein Buch, das ähnlich verquast ist, wie sein Titel klingt, und dessen Mischung aus verspielter Mythomanie (die Hauptfee trägt den schwer erträglichen Namen »Amaryllis Sternwieser«) und Alltagsfrauenkram überwiegend nervtötend ist. Eher enervierend leider auch die meisten dicken Bücher von Jakob Wassermann, vor dessen hinreißender Villa, hoch hinter Bäumen überm See gelegen, wir jetzt verharren. Reich-Ranicki war in Rezensentenhochform, als er über die seinerzeit höchst populären »redselig-moralisierenden« Romane Wassermanns vermerkte: »Den Generalbaß seiner oft feierlichen und jedenfalls bemüht würdigen Epik bildet das unüberhörbare Rascheln schwerer Halbseide.« Dennoch war er hochgeschätzt, auch persönlich als Freund

Schriftsteller tauchen ihre Federkiele in den Altausseersee. Federzeichnung nach Raoul Auernheimer. Von links: Wassermann, Hofmannsthal, Auernheimer, Schnitzler

und Kollege von seinen Zeitgenossen, und zumindest seine fränkischen Romane »Caspar Hauser«, »Das Gänsemännchen«, »Die Juden von Zirndorf« haben viel Kolorit und auch einige historische Schmökerspannung.

Jakob Wassermanns Weg als deutscher Jude aus Fürth auf die Höhen von Fin-de-siècle-Bestsellerruhm, in die elitären Literatenkreise von »Jung-Wien«, zum exquisiten Villenbesitz an einem der schönsten österreichischen Gewässer war wahrlich kein leichter und sein Ende, in eben jenem eleganten Landhaus an der Seepromenade, sehr traurig. Nach Altaussee war er 1896 aufgrund eines Feuilletons des jungen Hugo von Hofmannsthal, »Das Dorf im Gebirge«, gekommen, mit dem Fahrrad von München, wo er für den *Simplizissimus* arbeitete. Der impressionistische Wohlklang des »Loris«-Textes muß ihn damals, wie viele städtische Leser, berückt haben: »Im Juni sind die Leute aus der Stadt gekommen und wohnen alle in den großen Stuben. Die Bauern und ihre Weiber schlafen in den Dachkammern, die voll alten Pferdegeschirrs hängen, voll verstaubten Schlittengeschirrs mit raschelnden gelben Glöckchen daran, alter Winterjoppen, alter Steinschloßgewehre und unförmlicher rostblinder Sägen … nichts ist in den Stuben zurückgeblieben als der Geruch von Keller mit großen Rahmeimern und altem Holz, der sich aus dem Innern des

Hauses durch die kleinen Fenster zieht und in unsichtbaren Säulen säuerlich und kühl über den Köpfen der blaßroten Malven bis gegen die großen Apfelbäume hin schwebt... Die Frauen aus der Stadt hängen ihre großen Gartenhüte und ihre bunten Sonnenschirme an die Geweihe, in der Schlinge eines Rosenkranzes befestigen sie das Bild einer Schauspielerin...«

Wassermann verschaute sich wie Hofmannsthal in das Ausseer Land, wie andere Wiener Literaten der Jahrhundertwende: Leopold von Andrian, Theodor Herzl und Raoul Auernheimer, auch Schnitzler kam vorbei, und es entstanden jene entspannten, halb sommerträgen, halb arbeitsintensiven kreativen Land-Cercles, wie sie Hofmannsthal in einem Brief an Otto Brahm geschildert hat: »Wir wohnen alle in verschiedenen kleinen Häusern an der Berglehne über dem dunklen kleine See, essen und nachtmahlen bald bei dem einen, bald bei dem anderen, lesen zusammen englische Gedichte... mittag fahren wir im Boot hinaus und baden, bis tief in die sternenhellen Nächte gehen wir spazieren oder sitzen auf dem Geländer von einem Bauerngarten und reden miteinander.«

Hofmannsthal pflegte mit Begeisterung in winzigen Bauernhäusern, Obertressen 14 (der heutige »Gasthof Stieger«) und Obertressen 6, zu logieren: »...ich liebe das Primitive sehr, liebe eine flackernde Kerze, ein dünnes Schindeldach, auf das der Regen trommelt, eine enge Holztreppe, eine schiefe Dachkammer, wie diese, in der ich seit acht Sommern schlafe und die kein Bedienter ohne Naserümpfen acceptieren würde... eine gute Schutzwehr gegen das Sociale, denn der Sommer ist meine eigentliche Arbeitszeit.« Sein Schreibkontor hatte er freilich im »Ramgut« des Baron Oppenheimer, etwas unterhalb, mit schallschützenden Doppeltüren und sonstigem gepolsterten Komfort.

Die Villa am Seeufer, Fischerndorf 48, die Jakob Wassermann 1923 dank der Bürgschaft eines befreundeten Wiener Bankdirektors von Leopold von Andrian erwerben konnte, war für Altausseer Verhältnisse immer besonders distinguiert. Zuvor war der Schriftsteller, wie die meisten Sommergäste, durch zahlreiche private Mietquartiere gezogen (die »Fieltschvilla« hoch überm Ort in Fischerndorf, die heute Klaus Maria Brandauer bewohnt, gehörte auch dazu) – das noble, geräumige Domizil am See sollte nun zum Dauerwohnsitz avancieren, ein Heim, »das ihm so viel mehr bedeuten sollte als nur die Wohnung, nur Werkstatt. Kaum ein von Vorvätern ererbtes Gut ist je so geliebt worden, wie Wassermann dieses Haus, diesen Garten geliebt hat.« Dietmar Grieser hat in seinem schönen Buch »Nachsommertraum im Salzkammergut« den von Gästen bezeugten, wortkarg ritualisierten Schriftstelleralltag dortselbst geschildert: »Man frühstückt zwischen halb neun und neun. Dann kommt der Jakob, sagt nichts, schaut freundlich, ißt und trinkt, schiebt schnell das Tischtuch fort und legt zwei Patiencen. Sodann steht er auf und geht zur Arbeit. Zwischen halb zwölf und zwölf erscheint er wieder zerstruwwelt und verwühlt... Man fährt mit dem Rodelschlitten die Hänge hinterm Haus hinunter oder geht über den gefrorenen See. Er sagt nichts, sondern sinnt und denkt und atmet. Zwischen ein und halb zwei Uhr wird gegessen. Er ißt mit Freude, aber schrecklich schnell, die Kinder reden, er schaut zuweilen freundlich von einem zum anderen. Nach dem schwarzen Kaffee legt er drei Patiencen... Zum Tee erscheint er schon völlig in die Arbeit eingesponnen, sagt nichts, verschwindet wieder... Das Abendessen verzehrt er mit gewaltigem Appetit, und wieder redet er nichts. Kaum ist er fertig, wandern wir ins große Wohnzimmer. Dort setzt er sich behaglich an den Tisch und legt Patiencen bis zum Schlafengehen.«

Zu Wassermanns Altausseer Behagen bedurfte es neben Maulfaulheit und Kartenlegen noch anderer etwas marottenhafter Voraussetzungen. Er vernachlässigte offenbar mit Gusto sein Äußeres: Nur »grünlich schimmernde Röcke« fanden sein Gefallen, und »auch die besten Anzüge sind schon am ersten Tag wegen irgendeines Malheurs jeder Frische bar«, beschwerte sich die Gemahlin; seine Strubbelhaare bearbeitete er »an jedem Unort mit einem nicht ganz geheuren Taschenkämmchen«. Er war ungemein lustvoll verfressen, und vor allem Erdbeeren und Birnen waren ihm offenbar für seine schreiberische Produktion so unverzichtbar wie Schiller die faulen Äpfel in der Schreibtischschublade. Die Birnen des Herbstes plazierte er in langen Reihen auf die noch nicht geheizten Kachelöfen und »prüfte und verspeiste sie täglich nach dem Grad ihrer Reife. Fehlten im Frühsommer einmal die Erdbeeren, konnte er traurig werden wie ein Kind.«

Über zehn Jahre dauerte das versponnene Altausseer Wohlleben an, dann wendeten sich die Dinge zum Tragischen. In der wirtschaftlichen Krisenzeit zu Beginn der dreißiger Jahre gingen die Verkaufszahlen von Wassermanns Büchern in Deutschland massiv zurück. Vollends prekär wurde die Finanzlage nach der Machtergreifung der Nazis, die natürlich auch des Juden Wassermanns Werke auf ihre Scheiterhaufen schmissen. Zigtausende Mark Schulden hatten sich beim Verleger Samuel Fischer angehäuft, zwei Drittel aller Einkünfte mußte der Schriftsteller ohnehin an seine Exfrau abtreten. Jakob Wassermann starb 60jährig in der Silvesternacht 1933/34 an Herzversagen – es steht wohl außer Zweifel, daß der schwer Zuckerkranke in den Freitod ging, indem er auf die lebensnotwendige Insulinspritze verzichtete. Man bestattete ihn auf dem unmittelbar benachbarten Altausseer Dorffriedhof, der Familienbesitz mußte zwangsversteigert werden. Frau Martha, geborene Karlweis, wanderte mit den Kindern zunächst in die Schweiz, dann nach Argentinien aus.

Dem Kollegen Robert Neumann, ebenfalls ein Altaussee-Habitué, oblag es, sich um die hinterlassene Schriftstellerbibliothek zu kümmern. »Die Bibliothek ersteigerte billigst der Bruder des Gastwirts, ohne Gegenbieter in dem winterlich verlassenen Dorf, mit dem Plan, das ›en gros‹ Gekaufte ›en detail‹ weiterzuverkaufen. Als ich davon hörte, holte ich Franz Werfel ab, der damals gerade in Ischl war, und wir fuhren hin. Der neue Besitzer hatte die Bücher in einer Vorratskammer untergebracht. Auf den Brettern, auf denen Konserven, Mehl, Zucker, Käse gewohnt hatten, wohnte nun Wassermanns Bibliothek – einschließlich prachtvoller alter Bücher, einschließlich ungezählter handschriftlich gewidmeter seiner Kollegen; auch unsere Bücher fanden wir darunter, Werfel und ich.« Die Démarche der beiden Autoren blieb erfolglos – ihr Interesse »erweckte das Mißtrauen des Analphabeten so sehr«, daß er sich zu verkaufen weigerte. Das Bücherkontingent wurde wohl in alle Winde zerstreut – eine zu betrauernde »verlorene Bibliothek« mehr aus den Zeitläuften der Emigrationswirren.

Robert Neumann hat meist schräg vis-à-vis beim »Seewirt« gewohnt; er ist auch nach seinen Emigrationsjahren, die er kärglich in London und Wales fristete, verschiedentlich nach Altaussee zurückgekehrt. Der »Seewirt« war von der Jahrhundertwende bis zum Nazieinmarsch ein Literatennest: Im Gästebuch finden sich Theodor Herzl, Fritz von Herzmanovsky-Orlando, Hermann Bahr, Arthur Schnitzler, Raoul Auernheimer, auch die Piefkes Ludwig Ganghofer und Thomas Mann stiegen wenigstens einmal hier ab. Sehr viele dieser Kollegen hat Robert Neumann in seinem immer noch hochamüsanten Parodienbuch »Mit fremden Federn« aufs Korn genommen, den mondänen Wiener K.u.k.-Salonschmäh Raoul Auernheimers karikierte er z. B. folgendermaßen: »Außer Baron Ferri nahmen an dem Frühstück teil: der Dodo Hohenlohe … und der Graf Schimmelpfeng, den die Baronin Tinett den ›Buchhalter‹ nannte, weil er, wie man im Club sagte, ›dans les affaires‹ war. Die Baronin selber war nicht zugezogen; sie befand sich augenblicklich in Ungnade bei ihrer Großtante, weil sie damals bei der Réunion für die Schnussi Schwarzenberg den obersten Grundsatz der Wiener Gesellschaft außer Acht gelassen hatte, der da lautet: Wer mit wem …? So hatte es passieren können, daß sie den Altgrafen Rudi excalculément neben der Puppi Zondorff, der geschiedenen Metternich, placierte …« etc.pp. im näselnden Society-Tratsch. Schwer zu glauben, daß der leichthändige altösterreichische Bessere-Kreise-Chronist Auernheimer, dem wir das Bonmot vom Altausseer See als einem »Tintenfaß, in das die im Kreise herumsitzenden Dichter ihre Federkiele tunken« verdanken, sein Leben 1948 ausgerechnet in Oakland/Kalifornien beendete (nach einem fünfmonatigen »Gastspiel in der Hölle« von Dachau in die Emigration gezwungen), einer desolaten und verslumten amerikanischen Industriestadt: antipodischer zum Milieu der eleganten Ringstraßenpalais und der Altausseer Sommersejours läßt sich schwerlich ein Ort auf dieser Welt denken.

Da sitzt man im späten Sommerabendlicht auf einem Findlingsblock in der Seewiese, dieser verwunschenen grünen Au unterhalb der Trisselwand, und stellt sich vor, wie speziell diese Naturkulisse, mit der Gletscherspiegelung des Dachsteins im quellklaren Wasser, den Emigranten in irgendwelchen faden Westcoast-Suburbs, in stickigen New Yorker Hochhauswohnungen als Stachel im Fleisch gesessen haben mag. Wir denken an Friedrich Torberg im gleichgültigen bis feindseligen Hollywood, das er despektierlich »Purkersdorf mit Palmen« nannte, und seine nagende Altausseer Sehnsucht, an Hermann Broch in einem extrem beengten und schäbigen New Havener Gnadenquartier, welches er nie mehr verlassen sollte. Broch, noch ein zeitweiliger Altaussee-Heimischer, einschichtig im gemieteten Sommerhaus des Industriellenpaars Ernst und Trude Geiringer hoch oben am Hang im Dorfteil Reith. Von 1936 bis 1938 lebte er ziemlich verkrochen in dem ortstypischen holzverkleideten Landhaus, dem ursprünglichen Bauernanwesen Grieshofer (Altaussee Nr. 31), und floh nur während der Sommermonate nach Wien, antizyklisch, wenn die Feriengäste anbrandeten.

Broch mußte sparen, denn der Erlös aus dem Verkauf der elterlichen Textilfabrik, mit dem er als freier Schriftsteller und »geistiger Mensch« auszukommen versuchte, war begrenzt. Im Gegensatz zu seinem genußfreudigen Freund Torberg, der sich als Grabinschrift »Essen war seine Lieblingsspeise« gewünscht hatte, war Broch eine asketische Natur, zufrieden mit dem Omelett, das ihm die Nachbarbäuerin Ella Zand hinzustellen pflegte; allerdings durfte der Pfeifentabak aus einer Kiste in Schuhschachtelgröße nie ausgehen – Brochs Tabakskassette befindet sich heute noch im Besitz der Familie Zand.

Umgang pflegte er hauptsächlich mit dem Schullehrer Hans Vlasics und setzte sich, mit der ihm eigenen Begabung zur selbstlosen Freundschaft, brieflich bei Peter Suhrkamp sogar für dessen Heimatgedichte ein. Er führte überhaupt eine erschlagende, uferlose Korrespondenz (immer wieder unter Gejammer über das Erstickende seiner Brieflasten) aus Altaussee, hauptsächlich an maßgebliche Geistesgrößen in aller Welt im Sinne einer geplanten Völkerbundsresolution, welche die faschistischen Staaten deutlicher ächten sollte. Und vor allem quälte er sich die Nächte durch mit der Überarbeitung jenes Wälzers, der mal »Der Versucher«, mal »Die Verzauberung« hieß und den er selber den »Bergroman« nannte. Dieses Buch war nicht nur für den Verfasser, sondern ist auch für den Leser eine rechte Tortur. »... die Verwirklichkeitskraft ist zu gering, und so gerate ich ins Bombastische«, schrieb Broch aus dem Reither Bauernhaus selbstkritisch an eine Freundin. Es lassen sich in dem steinschweren, unverdaulichen, neumythischen Opus manche Altausseer Landschaftsstimmungen auffinden, aber das ist eine Schinderei. Selbst W. G. Sebald, profunder Kenner der österreichischen Literatur und insbesondere den Exilautoren verpflichtet wie kaum einer, hat sein »gestörtes Verhältnis zu Broch« eingeräumt und dem Bergroman mit Sebald-untypischer Boshaftigkeit »eine geradezu extravagante Geschwollenheit« attestiert. »Unsäglich« fand er die ausgewalzte Geschichte vom bösen Seelenfänger Marius Ratti, der massenpsychotisch über ein Bergdorf kommt und nur durch das Menschenopfer an einer unschuldigen Jungfrau und durch die naturselige matriarchale Gegengewalt der guten Mutter Gisson in seinen üblen Bestrebungen aufgehalten wird.

Broch, so mutmaßt Sebald, habe wohl selber »ein schlechtes Gewissen gehabt, was die Qualitäten seines Geschriebenen betraf«, sonst hätte ihn dieses Manuskript nicht bis an sein Lebensende immer wieder geplagt. Aber daß er ausgerechnet aus seiner Altausseer Produktionsphase des heimatverbundenen Bergnaturbesingens als bolschewistischer Staatsfeind verhaftet wurde, ist schon umwerfend widersinnig. Vier schwerbewaffnete einheimische Ordnungshüter rückten am 13. März 1938 in Brochs Reither Quartier an, weil der Dorfbriefträger der neuen Nazimacht gesteckt hatte, der Schriftsteller beziehe eine kommunistische Zeitung, nämlich das Exilblatt *Das Wort* aus Moskau. Mehrere Wochen saß Broch zusammen mit dem jungen Salinenarbeiter Sepp Khälss in einer Bad Ausseer Arrestzelle ein, von der treuen Familie Zand mit Schreibpapier versorgt, das zur Tarnung in agrarisch-amtliche »Viehpässe« eingewickelt war (einen dieser Viehpässe nahm Broch als Ausseer Erinnerung in die amerikanische Emigration ins Gepäck). Nicht so seinen Steirer-Anzug. Den schickte er als Paket an seinen Haftgenossen Khälss aus Wien – aus den Wirren der gerade noch möglichen Flucht, aus einer Seelenverfassung, in der sich Broch angesichts der Wiener antisemitischen Ausschreitungen buchstäblich dauernd übergeben mußte – mit den Worten, daß er dieses Trachtengewand nun wohl nicht mehr brauchen werde.

1951 starb Broch in seinem Zimmer am Rand der Slums von New Haven/Connecticut nach langem Kränkeln, entkräftet und verarmt, nach einem, wie er es nannte, »unterproletarischen Dasein«, 65jährig an einem Aortariß – ohne Österreich, ohne seine Bibliothek, ohne Altaussee wiedergesehen zu haben. Als ihn 1950 bewundernde amerikanische und englische Schriftstellerkollegen für seine Hauptwerke »Die Schlafwandler« und »Der Tod des Vergil« dem Nobelpreiskomitee vorgeschlagen hatten, wandte sich dieses an die Akademie der Wissenschaften in Wien, immerhin fünf Jahre nach Kriegsende. Die blamable Antwort paßte auf eine Postkarte: Ein Dichter namens Hermann Broch sei in Wien unbekannt.

Es ist jetzt schon sehr dunkel geworden auf unserer Seeumrundung, und wenn wir uns bei der »Seevilla« dorfeinwärts wenden, den Augsbach entlang in Richtung der Gradieranlage, und es brennt rechts unten in der »Königsgartenvilla« ein einsames Licht, so ist das leider nicht mehr Friedrich Torbergs Sechziger-Jahre-Schreibtischlampe mit der Chromthermoskanne daneben. So hat ihn der junge Klaus Maria Brandauer oft sitzen sehen, auf seinen späten Heimwegen von irgendwelchen Spezl-Abenden »beim Madlmeier«, im »Café Fischer«, beim »Schneider-Wirt«. Später, da war Brandauer schon ein Theaterstar, haben sie sich dann kennengelernt, »prachtvoll gegessen, maßvoll getrunken, genußvoll geraucht«, über Tabakmischungen, »Khedive« und »Early Morning Pipe Tobacco« geplaudert, über Fußball, Wasserball, Autoracing, wovon man »mühelos zu Molnar und Werfel« kam, zur Sportredaktion des *Prager Tagblatts*, zu Marlene Dietrich und Karl Kraus. »Auf den bin ich ein Kren«, pflegte Torberg zu sagen, wenn er jemanden besonders schätzte.

Auf wen Friedrich Torberg »kein Kren« war, wer ihm mißliebig war, der hatte es schwer. Man weiß nicht recht, ob man Torberg furchtbar gerne persönlich begegnet wäre, denn in der Nachkriegszeit gebärdete er sich als eine Art flammender Ein-Mann-Inquisition, was linke Umtriebe anging. »Ich fürchte, er verspeist zu jedem Frühstück einen Kommunisten wie ein weiches Ei«, schrieb Robert Neumann über den jüngeren Kollegen, dessen Talent er nicht genug rühmen konnte: »Was für eine Hoffnung als Romancier und Parodist. Was für ein Raufbold. Was für ein Witzbold.« Aber leider eben auch »ein akuter Fall von politischem Irresein ... was meine Liebe für ihn nie schmälern wird.«

So auch hier, möchte der von Torberg bezirzte und eingewickelte heutige Leser ausrufen, bei aller Zwiespältigkeit. Ein schrecklich uneindeutiger Fall, Torberg, dieser stockkonservative kalte Krieger einerseits, mit seinem publizistischen Organ *Forum* angeblich auf CIA-Payroll, der in jedem leicht linkslastigen Kollegen gleich den stalinistischen *fellow traveller* witterte, der den jahrelangen Brecht-Boykott an österreichischen Bühnen veranlaßt hatte und ein Intrigant von Graden war (Hilde Spiel wußte ein Lied davon zu singen), wenn es um die Durchsetzung seiner antimodernen, antilinksliberalen kulturpolitischen Linie ging. Und andererseits eben Torberg, der altösterreichisch-jüdische Charmebolzen, der brillante Sprachjongleur, der Pointensetzer, der hochkomische Anekdotenerzähler und vor allem Briefeschreiber mit seinem kindsköpfischen *Prager Tagblatt*-Humor, seiner Vorliebe fürs Absurde und Groteske. Und dann gibt es noch den seriösen Chronisten Torberg, den ernsten Erzähler jüdischer Schicksale in der NS-Zeit, wie in dem Roman »Hier bin ich, mein Vater« und der sehr packenden Liebesgeschichte »Auch das war Wien«, die am Vorabend des deutschen Einmarsches 1938 spielt und das Hin- und Hergerissensein, die lauernde Bedrohlichkeit dieser Tage selten dicht und nachvollziehbar schildert.

Wir sind jetzt am freundlichen dunklen Holzhaus des »Café Fischer« angelangt, was bis zu Torbergs Todesjahr 1979 einer seiner bevorzugten Einkehrorte war und auch heute noch eher ein Einheimischentreff als ein Touristenziel ist (wie die etwas abseits der Hauptstraße gelegenen Gasthäuser »Schneiderwirt« und »Schießstätte«). Das »Café Fischer« trieft nicht gerade vor nostalgischem Kaffeehausflair, sondern ist eher neorustikal kiefernlaminiert ausgestattet, hat aber bis 21 Uhr offen und serviert köstlichen »Mohr im Hemd«, Punschkrapferln und die Spezialität »gerührten Eiskaffee«. Leider läßt sich heute von dieser Stätte nicht mehr berichten, daß »beim Fischer zwei Möpse hocken, einer davon ist der Herzmanovsky«, wie Frau Marietta Torberg ihrem Gatten einmal mitteilte. Es ist abendlich leer, und wir blättern noch mal durch unseren fleddrigen Torberg-Briefband. Ach diese wundervollen literarischen Korrespondenzen der Generationen vor uns! Über Seiten und Seiten Gedankenaustausch, philosophische und literarische Spekulationen, Kulturbetriebstratsch und Bissiges (»Es war sehr oberlehrreich«, schreibt Torberg an Broch über ein Gespräch mit Thomas Mann), Flapsigkeiten (meine »verstreuten kl. Fäkalien« schreibt Herzmanovsky an Torberg über seine Zeitschriftenartikel) und ironische Höflichkeitsfloskeln: »So auch ich, und womit ich mich in Erwartung Ihres Baldigen sowie mit Herzerlgrüßen von Seiten der Damen empfehle.«

Erstaunlich Torbergs streckenweise geradezu clownesker Briefwechsel mit dem stets ringenden Schwerliteraten Broch, als hätten sie sich die Mühen des Exils mit allerlei stimmungshebenden Spassettln erleichtern müssen: »Alois Habertitzl, k.k. Briefträger, dortamts«, gibt Broch einmal als Adresse an, und Torberg revanchiert sich mit »durch Zerlegung entstandenen« israelitischen Namen wie »Hersch Süchtig, Eisig Kalt, Leib Haftig« und einem beliebig erweiterbaren »Bedeutungswandel-Spiel: Hochstapler – ein Gipfel in den bayerischen Alpen, Pissoir – ein französischer Impressionist, Furtwängler – Tiroler Ausdruck für Spediteur (›Gehn'S, wängeln S' mir den Koffer da furt‹)…«

Genußreich zu lesen ist auch, wenn Torberg über seine zwei *bètes noires* Thomas Mann (zu linkslastig) und Rilke (zu kitschig) herzieht, die »beiden Jausentalente(n), die es durch enormen Fleiß und redlichen Solipsismus dann doch zu was Rechtem gebracht und zum Schluß synthetische Perlen erzeugt haben, die sich von echten nicht mehr unterscheiden ließen…« Briefe über Briefe, neben den erwähnten Partnern von und an

Max Brod und Paul Celan, Lernet-Holenia und Arnold Schönberg, Zuckmayer, Manès Sperber und Franz Werfel und viele mehr. Und als das »Café Fischer«, so ziemlich in der geographischen Mitte Österreichs, um neun Uhr abends seine Tür versperrt, da sirrt dem späten Besucher beim mondbeleuchteten Heimweg unterm Loser der Kopf von einem altösterreichisch-jüdischen Stimmengewirr – alle waren sie befreundet, verfeindet, »verhabert«, diese uns Nachgeborene so bestechenden und verstrickenden Literaten –, da ist er mit einem Mal fest davon überzeugt, daß vielleicht nicht die Wasser- und Luftwesen der Barbara Frischmuth, aber *diese* Geister im magischen Altaussee alle höchst präsent, kichernd, schimpfend, klagend durch den Nachthimmel sausen.

WIE EIN SCHLECHTER AGENTENROMAN – AUSSEER GÖTTERDÄMMERUNG

Nachts hat man es schon tröpfeln und rauschen gehört, und der Morgenblick vom Holzbalkon bestätigt: Heute ist ein nasser Tag und wird auch ein solcher bleiben. Das Ausseer Land ist als Regenloch bekannt, so sehr, daß man um diesen Tatbestand schon eine eigene selbstironisch-kokette Regenkultur gestrickt hat. Man kann ein recht nettes, wenngleich zu teures »Ausseer Regenbüchlein« erwerben, und diverse Wirte und Vermieter haben sich zu einem »Ring Ausseer Regenbogengastgeber« zusammengetan, halten Gummistiefel, Schirme und »Pelerinen« (wenn das nicht nach Hofmannsthal klingt!) bereit, ein Schlechtwetterfrühstück bis elf Uhr sowie »berieselnde Musik von regionsverbundenen Komponisten« zur Stimmungshebung. Ein besonders lyrischer Prospekt versucht uns einzureden, »daß der feine Sprühregen die Haut berührt wie ein Piano in der Musik« und daß wir doch nunmehr auch zu Konsumhandlungen im Trockenen schreiten könnten: Trachtenhüte und Seidentücher erwerben zum Beispiel in Bad Aussees schmucker Innenstadt. Um die Ausseer Tracht wird ein rechter Kult betrieben, man hält sich viel zugute auf das bruchlose Tradionsbewußtsein, mit dem sie noch heute selbstverständlich und

Altausseer Trachten

locker getragen wird. Und ohne Zweifel gehören die strengen, puristischen Ausseer Dirndl, in den Grundfarben Dunkelgrün, Rosa, Violett, zu den kleidsamsten im Alpenraum – zum offenherzigen Wies'n-Flirt wären sie allerdings mit ihren keuschen langen Röcken, »Fürtüchern«, Bauschärmeln und Strickstrümpfen wenig geeignet.

Wer sich selbst regionstypisch aufmascheln will, findet in Bad Aussees Altstadtkern eine seltene Ballung von geschmacksstrengen Fachgeschäften für Trachten und Zubehör, manche, wie den legendären »Hut-Leithner«, gibt es schon seit 500 Jahren, aber auch der Lederhosenschneider Raich, die handgedruckten Stoffe von Mauthner und Sekyra, der Silberschmuck von Elßenwenger, die G'wandläden Rastl, Schmid und Steinhuber sind höchst namhaft und garantieren fürs »Echte«. Im schönen spätgotischen Kammerhof-Museum ist das besonders reiche Brauchtum des Ausseer Landes wohldokumentiert: die Tracht, die Volksmusik mit ihren »Seitlpfeifern« und Tanzboden-Geigenmusiken, die uralten Faschingslustbarkeiten samt »Flinserln«, Trommelweibern und der »schiachen Pleß«. Bad Aussee ist ein liebenswürdiges, buntes Bummelstädtchen, die breitfassadigen »Hallingerhäuser« verweisen auf den ehemaligen Wohlstand aus dem Salzabbau, und am Meranplatz müssen wir wohl wenigstens einen kurzen Blick auf das Wohnhaus der reizenden Anna Plochl werfen, jener unstandesgemäßen Maid, mit welcher der Erzherzog Johann zu Beginn des 19. Jahrhunderts eine unpassende, aber glückliche Ehe einging, was Myriaden von Heimatfilmen zum Rührstoff gereichte. Fast so ein Mythos ist das »Café Lewandofsky« im alten biedermeierlichen Kurhaus, ein städtisch-nobles Kaffeehaus mit langer Geschichte, eine Insel metropolitanen Flairs zwischen Dachstein und Totem Gebirge, und um so angenehmer an einem Regentag, als die nächsten *wirklichen* Städte, Salzburg und Graz, eineinhalb bis drei Fahrstunden entfernt liegen. Hier läßt sich über Prager Weichseltorte oder Marillenkuchen ebenso gut Zeit verplempern wie im schönen Walmdachgasthaus »Blaue Traube« bei Saibling und Steirerwein.

Und ein vortrefflicher Ort für trübe Tage ist das putzige Altausseer Literatur- und Heimatmuseum, das sehr apart mitten im Hochwald am Salzberg Sandling liegt, wo unvermutet zwischen den tropfenden Tannen die fast kasernenhaft streng um einen offenen Platz gruppierte Siedlung der alten Knappenhäuser auftaucht. Die Schaustücke und die Bibliothek dieser für ein Alpendorf exzentrischen Sammlung verdanken sich weitgehend der Literaturobsession des bei einem Raubüberfall meuchlings ermordeten Dorfgendarmen Alois Mayrhuber, der nunmehr auf dem Dorffriedhof in der Nähe des verehrten Jakob Wassermann ruht. Das Ungewöhnlichste an diesem Museum sind die überall etwas unheimlich naturgetreu herumlungernden lebensgroßen Puppen, die »Objekt Städtischer Herr«, »Objekt Einheimische in Sitzecke«, »Objekt Hofmannsthal auf Kachelofenbank« und »Objekt Wassermann mit Fahrrad« heißen.

»Objekt Barbara Frischmuth« gibt es noch nicht, denn diese Autorin erfreut sich für die Objektwerdung im Literaturmuseum zum Glück noch zu guter Gesundheit. In der wirklich ergiebigen Bibliothek läßt es sich in aller Ruhe blättern und schmökern, zum Beispiel auch in Gendarm Mayrhubers erstaunlicher Fleißarbeit »Künstler im Ausseer Land«, aus der sich wesentlich Ausführlicheres erfahren läßt als auf den Schautafeln der »Via Artis«, den eigens für Kunstsinnige angelegten Spazierwegen.

Regnet's noch? Es nässelt jedenfalls schwächlicher, und wir machen uns noch zum Grundlsee auf, auf dem eigentlich für den Durchgangsverkehr wirklich nicht vorgesehenen, aber sehr reizvollen Sträßchen über das Hochplateau von Obertressen, Untertressen und Mosern. Hofmannsthals Lindenbank liegt da am Weg (mit Erklärungstafel) und oberhalb der Bergwiese das immer noch wildromantische, kletterpflanzenverwachsene Bauernhäuschen Obertressen Nr. 6, in dem der Dichter viele Sommer verbrachte. Sein Schreibort »Ramgut«, etwas unterhalb, ist inzwischen in gehobene Eigentumswohnungen aufgeteilt.

Der Grundlsee ist langgezogener, sanfter, wiesengesäumter als der Altausseer See und an heißen Wochenenden ein manchmal kräftig überlaufenes Badeparadies. Heute herrscht leise dröppelnde Leere an den Ufern, und wir kneifen die Augen zu, um uns die Ferienhaussiedlung an der Südwestkrümmung weg-, die »Villa Seeblick« der Genia Schwarzwald dafür herbeizudenken. Die Fotos von Eugenie Schwarzwald zeigen eine stämmige Dame mit einem sehr lustigen Pfannkuchengesicht; sie war im Wien der Ersten-Weltkriegs-Zeit und Ersten Republik eine passionierte Schulgründerin und Reformpädagogin; ihr Mädchenrealgymnasium in der Herrengasse war das erste, an dem auch bürgerliche Töchter die Matura ablegen konnten. Den Idealen der Kreativitätsförderung, der Emanzipation und des Pazifismus verpflichtet, holte sie damals avantgardistische Künstler als Referenten in die Klassenzimmer: Oskar Kokoschka, Adolf Loos, Arnold Schönberg; zu den von »Fraudoktor« enorm geprägten Elevinnen zählten Carl Zuckmayers Frau Alice Herdan und Hilde Spiel. Im Salzkammergut, zunächst in Ischl, dann ab 1920 in Grundlsee, betrieb die

Der Grundlsee

1872 geborene Genia Schwarzwald ihre ländlich-philanthropischen Rekreationsinstitute, die auch ins Grüne ausgelagerte Debattiersalons darstellten. Immerhin war sie mit mit Canetti, Popper, Wassermann, Musil gut bekannt – letzterem diente sie als Vorbild der eher »geistigen Schönheit« Ermelinda Tuzzi im »Mann ohne Eigenschaften«, von der beim ersten Auftauchen vermerkt wird, daß ihr »Hals mehrere Wülste trug, von zartester Haut überzogen; ihr Haar war zu einem griechischen Knoten geschlungen, der starr abstand und in seiner Vollkommenheit einem Wespennest glich«. Die »Villa Seeblick« nannte sich streng »Erholungsheim für geistige Arbeiter«. Es muß unter den dort zum Selbstkostenpreis versammelten, meist nicht sehr betuchten Freiberuflern, Studenten und Künstlern manchmal recht kregel zugegangen sein, andererseits wurden sie aber auch etwas landschulheimmäßig bevormundet. Striktes Alkoholverbot herrschte, weswegen der starke Zecher Zuckmayer den »Seeblick« auch »Erschöpfungsheim« betitelte und die Aufenthalte zeitlich sehr beschränkte, und statt Glücksspiel war Rummy (bei Egon Friedell hieß es

»Trottelpoker«) angesagt. Auch damals waren die Sommer gern kühl und verregnet, und der offenbar genervte Friedell schrieb 1926 vom Grundlsee an einen Redakteur: »*Euer Hochwohlgeboren! Herr Dr. Friedell ... sendet Ihnen herzliche Grüße nach dem sonnigen Wien! Mit Ausnahme des Mangels an guter Luft, die in die (wegen der Kälte vollkommen geschlossenen) Zimmer nicht eindringen kann, fühlt er sich in dem hiesigen Klima recht wohl ... Die milde Temperatur des Schwimmwassers, das sich in geräumigen Wannen befindet, wirkt überaus stärkend. Das Heim ist mit modernstem Komfort ausgestattet. Es befindet sich hier ein erstklassiges Dominospiel. Ebenso bietet das Waten im Tennisplatz eine beliebte Belustigung. Besonders aber die prachtvollen Aborte, erbaut von Grazer, dem Sacher des Klosetts, sind eine vielbesuchte Sehenswürdigkeit.*«

Anno 1938, »Fraudoktor« war auf einer Dienstreise in Dänemark und konnte nie mehr zurückkehren (1941 starb sie in Zürich), wurde natürlich auch die »Pension Seeblick« geschlossen und enteignet. Sigmund Freud, der gern mit Tochter Anna im Gasthof »Rebgut«, etwas unterhalb gelegen, Ferien gemacht hatte – er muß ein genialer Pilzesammler gewesen sein –, kehrte bekanntlich ebenfalls nie wieder, und der witzelnde Egon Friedell stürzte sich einen Tag nach dem Nazieinmarsch aus seinem Wiener Schlafzimmerfenster zu Tode, als schon die Gestapo in der Wohnungstür stand. Einem Passanten rief er noch »Vorsicht!« zu.

1938 im Lande bleiben und unter kommoden Umständen weiterarbeiten konnte bekanntlich das populäre Schauspielerpaar Paula Wessely/Attila Hörbiger. Ihr Sommerquartier am Grundlsee war die pompöse gründerzeitliche »Villa Roth« nordwestlich vom Dorf Gößl, mit ihren Bogenfenstern und dem burgartigen Turm ein markanter Fremdkörper in der Landschaft – es wundert nicht, daß sie von einem Munitionsfabrikanten ans Seeufer gestellt wurde. Paula Wessely und Attila Hörbiger zählten zu den Bejublern des braunen Einmarschs. Wessely: »Ich freue mich, das Bekenntnis zum großen volksdeutschen Reich mit Ja ablegen zu können ...« Hörbiger: »Wir Künstler sind froh und stolz, am neuen, großdeutschen Werke mitarbeiten zu können, und werden uns am 10. April 1938 einmütig zu unserem Führer bekennen.« Und der Altausseer völkische Schreiberling Bruno Brehm, Kryptonazi schon seit Jahren, nach dem heute widerspruchslos eine Wohnstraße seines Heimatorts benannt ist, durfte psalmodieren: »Jede Stimme ein Stein / alle Steine der Wall, / vom Walle umfriedet das Reich, / das der Führer geeint ...« Dem heutigen Altaussee-Urlauber Marcel Reich-Ranicki ist das Spazierengehen auf dem Bruno-Brehm-Weg erklärtermaßen »etwas unangenehm«, aber, so sagt er vieldeutig, »Österreich würde sich verleugnen, wollte es nur Wassermanns und Torbergs gedenken«. Neben Bruno Brehm waren es im Salzkammergut/Salzburger Land Deutschtums-, Helden- und Heimatbodenverklärer wie Karl Heinrich Waggerl oder Karl Springenschmid (der als Lehrer in Salzburg die einzige »ostmärkische« Bücherverbrennung organisierte), die im braunen Österreich zu Staatsdichtern avancierten. Worüber Tucholsky sich schon 1933 erregt hatte, das traf auf das österreichische »Schrifttum« nach dem Anschluß mindestens so zu: »Da kommen sie nun aus allen Löchern gekrochen, die kleinen Provinznutten der Literatur, nun endlich, endlich ist die jüdische Konkurrenz weg – jetzt aber! ... Lebensgeschichten der neuen Heroen. Und dann: Alpenrausch und Edelweiß. Mattengrün und Ackerfurche. Schollenkranz und Maienblut – also, Sie machen sich keinen Begriff, Niveau null.«

Die massige »Villa Roth« wurde ab 1941 als angemessene Zuflucht vor den Berliner Bombardements von Familie Goebbels requiriert; die Kinder besuchten sogar die Dorfschule des winzigen und sehr idyllischen Dörfchens Gößl am Ostufer des Grundlsees, wo wir jetzt ins »Gasthaus Veit«, halb im Dorf, halb in den Wiesen, eingekehrt sind.

In diesem Traditionswirtshaus ist es immer zum Ausschnaufen schön, ob unter den Bäumen des Gastgartens oder in den niedrigen, vertäfelten Stuben mit ihren vergilbten Fotos, Fleckerlteppichen und alten Lederbänken. Der »Veit« ist auch heute noch ein beliebter Treff der um den Grundlsee sommerfrischelnden Schauspielercliquen und war über viele Jahre das Stammquartier des privatgelehrten Heimatforschers Konrad Mautner, der als Wiener Jude eine der außergewöhnlichsten Volksliedsammlungen deutscher Sprache zusammentrug: das »Steyerische Rasplwerk – Vierzeiler, Lieder und Gasslreime aus Gößl am Grundlsee« – ein wunderbar eigenhändig farbig illustriertes, dickleibiges Gesamtkunstwerk, das begünstigte Ausseer Haushalte in der Originalausgabe von 1910 wie einen Augapfel hüten. Konrad Mautner, der großstädtische Industriellensohn, dessen Herz an Gößl hing, der Tracht trug und Mundart sprach, Plätten und Holzschlitten fuhr wie die Einheimischen und von allen als »der Hrad« geduzt wurde, hat nicht nur ein Gutteil Ausseer Volkstums für die Nachwelt gerettet, er half der Gößler Dorfbevölkerung auch, wo er konnte, indem er beispielsweise verläßlich die Arztkosten trug, wenn jemand krank wurde, und hat, da er 1924 starb, zum Glück nicht mehr erlebt, wie den Juden im Salzkammergut das Trachtentragen verboten wurde.

Den Fußweg durch die Wiesen zum Toplitzsee hinterzuspazieren, habe ich keine Lust, es wäre zwar nur eine Viertelstunde, aber dieses Krawallgewässer meide ich. Er ist der kleinste und notorischste der Seen im Steirischen Salzkammergut – berühmt für zahllose sensationsheischende Tauchgänge über die Jahrzehnte, die in seinen mulmigen Tiefen nach unermeßlichem Nazigold, Geschichtsschreibung umwälzenden Geheimakten, versenkten Leichen oder sonstigen Paraphernalia schlechter Agentenromane fischte. Was man bekanntlich fand, waren Kisten mit Unmassen falscher englischer Pfundnoten, von den Nationalsozialisten in Kriegszeiten zur Einschleusung vorgesehen, um die britische Währung zu destabilisieren. Da sind wir schon fast in den Zeiten der »Alpenfestung«, des widerwärtigsten Kapitels Zeitgeschichte im Ausseer Land.

Es hatten die braunen Herren ja einen unwiderstehlichen Hang zur hochgebirglerischen Daseinsweise, und so erwählten sie sich, als alles in Scherben ging, als auch der Obersalzberg schon ein Trümmerfeld war, als sich die Vision einer weiträumig abgeschotteten »Alpenfestung« als Delirium erwies, im Frühjahr 1945 wenigstens den lieblichen Ausseer Kessel zum allerletzten Unterschlupf. Das tut heute noch weh, daß das Tal von Hofmannsthal und Friedell nunmehr jenes von Kaltenbrunner, Eichmann und dem fürchterlichen Gauleiter von »Oberdonau«, August Eigruber, war. Es klingt alles wie ein Hollywood-B-Picture, abstruser Drehbuchschreiberphantasie entsprungen, was sich in der Ausseer Wirklichkeit der Kriegsjahre abspielte. Schon bald nach 1939 hatte man den abgeschiedenen Toplitzsee zu einer Stätte donnernder Explosionen gemacht; hier wurde Artilleriegeschütz an der Gößlwand ausprobiert, der Fels weist heute noch große Wunden auf. In den Tiefen des Sees testete man Torpedos, Minen und Unterwasserbomben, auch eine Unterwasserrakete mit dem schönen Namen »Ursel« war dabei, meterhoch standen manchmal die Detonationsfontänen über der Wasserfläche. Ausgerechnet in einer Nebenstube des »Gasthauses Veit« hatte die in der »Villa Roth« eingenistete Chemisch-physikalische Versuchsanstalt der deutschen Kriegsmarine eine Werkstatt eingerichtet. Womit da in Gößl kriegswichtig experimentiert wurde, womöglich mit Giftgas und Kampfstoffen, darüber gibt es nur wilde Spekulationen.

Ab 1943 dann begann man sich in Berlin für die Höhlenwelt der Salzbergwerke zu interessieren, als Luftschutzräume für unschätzbar wertvolle Kunstwerke, zu erheblichem Teil Beutekunst aus den Feldzügen in ganz Europa, aus kirchlichem und jüdischem Besitz. Die labyrinthischen Stollen und stillgelegten »Werker« im Altausseer Sandling wurden auf Grund ihrer günstigen Klimaverhältnisse für ideale Bergungsorte befunden, und so begannen im August 1943 die Lastwagen, im Winter dann Kettenfahrzeuge, den steilen Zufahrtsweg zum Steinberg hinaufzurollen. Sie transportierten Vermeers »Bildnis des Künstlers in seinem Atelier« herbei und Michelangelos »Madonna von Brügge«, den frühmittelalterlichen Tassilokelch, Altäre von Altdorfer und aus Südböhmen, exzeptionelle Werke von Dürer und Brueghel, Rembrandt, Dirk Bouts, Van Dyck und Caravaggio und als kaum glaublichen Höhepunkt aus Flandern den kompletten Genter Altar der Brüder Hubert und Jan van Eyck, eines der größten Meisterwerke der Menschheitsgeschichte, dessen Tafelmalerei schon von Albrecht Dürer als »überköstlich und hochverständig« gepriesen wurde. Die Mitteltafel des Polyptychons, die »Anbetung des Lammes«, war freilich zu hoch für das Bergwerk und mußte in der Restauratorenwerkstatt am Steinberg, gleich neben dem heutigen Literaturmuseum, untergestellt werden. Welche Unzahl von Kunstwerken, viele davon hatte Hitler für sein gigantomanes »Führermuseum« in Linz vorgesehen, in die Stollenmünder am Sandling wanderten, ist nicht mehr exakt nachzurechnen: Je schneller die Fuhren anrollten, desto weniger kam man mit der Bestandskatalogisierung nach. Es müssen wenigstens 6700 Gemälde hoher und höchster Qualität, 2300 Zeichnungen, fast 1000 Graphiken, 140 Skulpturen und 122 Tapisserien gewesen sein, dazu kamen noch Glasfenster, Münzen und Kunstgewerbe, antikes Mobiliar und Bücherkisten, darunter »eine Kiste französischer Sittenbilder« – ein materieller Wert im zweistelligen Milliardenbereich, wie man heute schätzt. Ob auch die »Mona Lisa« im Sandling eingebunkert war, ist strittig: Amerikanische und britische Dokumente behaupten, sie sei unter den dortigen Objekten gewesen; der Louvre insistiert, daß nur eine »zeitgenössische Kopie« expatriiert gewesen sei.

Im Frühjahr 1945 dann, der Schnee lag tief herunter ins Tal, und die amerikanische Armee war schon sehr nah, hatte sich in den Ausseer Holzhäusern eine Ballung von Nazibonzen, ihren Familien und ihrem Gefolge eingenistet, welche die Talbevölkerung ums Fünffache vergrößerte. Nicht nur die Deutschen hatten sich in diesem Kessel verkrochen, auch die Kollaborateursregimes aus Kroatien, Rumänien und Bulgarien fanden ihren Schlupfwinkel, und in der Villa der Malerin Christl Kerry zu Altaussee residierte der Leiter des Reichssicherheitshauptamtes, Ernst Kaltenbrunner, einer der übelsten Hitlervasallen, Himmler direkt untergeben und verantwortlich für die Deportation Hunderttausender in die Vernichtungslager. Adolf Eichmanns Familie war im Fischerndorfer Haus Nr. 8 einquartiert, und Eichmann selbst wurde von seinem Vorgesetzten Kaltenbrunner in den Apriltagen 1945 nach Altaussee beordert, um im Toten Gebirge »Partisanengruppen« zu organisieren.

In seiner Altausseer Villa also, so können wir in Eichmanns hochgradig beklemmenden Selbstzeugnissen lesen, traf er Kaltenbrunner in seiner Villa mit Cognacschwenker und Patience an, in SS-Uniformjacke zu Skihosen, die in »wundervollen Skistiefeln« steckten. Eichmann fragte Kaltenbrunner, wie die Dinge stünden. »Schlecht, sagte Kaltenbrunner, »die

Patience, meine ich.« Eichmann beklagt das »Letzte-Tage-von-Pompeji-Gefühl, das uns alle bedrückte«, aber »der Cognac schmeckte schrecklich gut. Der weiße Schnee vom Loser-Hang schimmerte ins Fenster.« Eichmann, immer gemäß seiner eigenen Schilderung, sammelte dann einige Soldaten der Waffen-SS zusammen, einen »wilden Haufen« Geheimdienstler, einige Leute der Sicherheitspolizei, ein paar Frauen und 150 Hitlerjungen. »Ein paar Rumänen hatte ich auch noch auf dem Hals. Mit so was sollte ich einen Krieg führen.« Dazu Unmengen »allermodernster Waffen«, die »waren ja in genügender Menge vorhanden«, ein Faß Wein aus dem Lager von Kloster Kremsmünster, eine Kiste voll Dollars, Pfundnoten und Goldmünzen sowie Schokolade und Hartwurst – so zog dieses groteske letzte NS-Aufgebot im Schnee auf die Blaa-Alm, dann weiter zur Rettenbach-Alm. Tote gab es bei diesem Einsatz keine mehr, denn Kaltenbrunner, in berechtigter Panik vor seiner Zukunft als besiegter Kriegsverbrecher, sandte den Befehl, auf Amerikaner und Engländer nicht zu schießen. Eichmann löste in der Winterlandschaft sein »Partisanenkommando« auf, versorgte die Getreuen »gegen Unterschrift« mit je 5000 Reichmark und »türmte«, wie er es nennt, mit seinem Adjutanten in Richtung Hannover. Es ist ja bekannt, daß Adolf Eichmann noch 15 Jahre in Freiheit lebte, vor seiner Flucht nach Argentinien bis 1950 in Niedersachsen, als Waldarbeiter und Holzhändler und zuletzt als Hühnerzüchter. In der Zelle in Haifa, als ihn endlich sein Todesurteil ereilt hatte, schrieb er einen Teil dieser Berichte nieder, bevor er am 31. Mai 1962 im Gefängnis von Ramleh gehängt wurde.

Ernst Kaltenbrunner, Eichmanns Jugendfreund aus Linz, vollführte im Ausseer Land noch einige Volten, um seine Haut zu retten. Er hatte bereits den Ausseer SS-Obersturmbannführer Wilhelm Hoettl in geheimer Mission in die Schweiz zu John Foster Dulles geschickt, um einen Sonderfrieden mit den Amerikanern auszuhandeln, was aber mißlang, zumal sich der zweite Mann nach Himmler, der Begründer des Todeslagers Mauthausen, allen Ernstes einbildete, selbst Kanzler eines neuen Österreichs werden zu können. Sein steirischer Konkurrent und Widersacher war der schreckliche, bis in die ausgehenden Kriegsstage mit Erschießungskommandos befaßte Gauleiter August Eigruber, und ganz zuletzt ging es zwischen den beiden um die Kunstschätze im Salzbergwerk. Die Briten hatten am 8. April, aus Furcht um die verschollenen Kunstwerke, ein vierköpfiges Team der Einheit für Spezialeinsätze (SOE), darunter den aus Aussee stammenden desertierten NS-Gegner Albrecht Gaiswinkler, mit Fallschirmen im Ausseer Land abgesetzt. Gaiswinkler und seine Mitpartisanen sollten in der »Operation Ebensburg« per Infiltration und Zusammenarbeit mit örtlichen Widerstandsgruppen die befürchtete Zerstörung der Kunstschätze verhindern. Gauleiter Eigruber hatte in den Stollen des Salzbergwerks sechs Bomben zur Sprengung anbringen lassen. Inzwischen war es den Gegnern um Gaiswinkler aber gelungen, die Minenarbeiter und den Bergwerksdirektor auf ihre Seite zu bringen, und es war Kaltenbrunner, der in letzter Minute den herostratischen Fanatiker Eigruber überlistete und die Entfernung der Sprengsätze auf seine Kappe nahm. Auf kleinen Loren transportierten die Bergwerksarbeiter die Bomben aus der Gefahrenzone und verschütteten anschließend die Stolleneingänge: So wurde, drei Tage vor dem Eintreffen der 80. US-Infanteriedivision in Altaussee, der Genter Altar für die Nachwelt gerettet.

Ernst Kaltenbrunner ließ sich von einem ortskundigen Jäger ins Tote Gebirge hinaufbringen, in ein Versteck auf die Wildenseealm, fünf Gehstunden nordöstlich von Altaussee. Sein Führer stammte jedoch aus der Widerstandsbewegung – so spürten die amerikanischen Militärs den Chef des Sicherheitshauptamtes nach ein paar Tage auf und nahmen ihn fest. Ernst Kaltenbrunner wurde in den Nürnberger Prozessen zum Tod durch den Strang verurteilt und am 16. Oktober 1946 hingerichtet. Das Todesurteil an August Eigruber im Rahmen der Mauthausen-Prozesse wurde am 28. Mai 1946 in Landsberg am Lech vollstreckt.

Und fünf Jahre später, 1951, hören wir aus Altaussee wieder einen ironischen Tonfall und eine atmosphärische Schilderung, die nach der verschütteten Vor-Anschluß-Kultur klingt. Fritz von Herzmanovsky-Orlando, der nicht emigrieren mußte, schreibt an Friedrich Torberg in

Amerika: »... Schlampig, wie man nun einmal in Österr. ist, verging der Sommer, den wir wieder in Altaussee verbrachten ... In Aussee leben wir mitten in einem idealen Altösterreich. Es ist alles direkt ›Graf Bobby‹. Unserem kleinen Kreis präsidiert der alte Botschafter Hindenburg – Vetter des alten H. – der bei einer uralten Gräfin Platen haust, und viele ebenso sympathische Namen sind um ihn gruppiert: wie Czernin, Hohenlohe oder Frankenstein. Der alte Hohenlohe ist von den Nazis einmal angeschossen worden – Kopfschuß – und stottert jetzt in höchst unterhaltender Art. Da er auch sonst ein Bobby ist, können Sie sich die Unterhaltung denken. Seine Nichte verdeutscht dann schwierige Passagen, wobei sie heftig böhmelt. Ja, es ist eine Freude zu leben! Kaisers Geburtstag wird vom befreiten Volk heftig gefeiert ...«

Als wär' nix gewesen? Einige der kleineren braunen Lichter lebten im Ausseer Land zufrieden und beschaulich bis ins hohe Rentenalter. Der NS-Parteigänger, Blut-und-Boden-Autor und Gauamtsleiter Karl Springenschmid sah gleich nach dem Krieg ebenfalls Anlaß, sich im Toten Gebirge zu verstecken, wodurch er sich der Anklage als Kriegsverbrecher entzog. Er lebte lange unter falschem Namen auf der »Kochalm« bei Bad Mitterndorf und schrieb über diese Zeit ein besinnlich-naturnahes Eremitenbuch namens »Der Waldgänger«. 1953 wurde er amnestiert, seine Bücher wie »Da lacht Tirol« (mit Ausnahme einiger verbotener wie »Lamprechtshausen – ein Dorf in der Ostmark kämpft für Adolf Hitler«) waren in allen öffentlichen Büchereien zu entleihen, 1981 starb er in gesegnetem Alter. Bruno Brehm war nach dem Krieg Mitglied der höchst dubiosen »Gesellschaft für freie Publizistik«, zu deren Gründungsvätern auch die Altnazis Hjalmar Schacht und Will Vesper zählten und die sich dem Kampf für die Weißwaschung rechtslastiger »Verlage unter Extremismusverdacht« (mehrheitlich im Verfassungsschutzbericht vertreten) und gegen das »Mundtotmachen angesehener Schriftsteller« des nationalen Spektrums verschrieben hatte. Er lebte bis 1974 als angesehener Bürger in Altaussee, strickte fleißig mit an der Legende von der »Opferrolle« Österreichs während der NS-Jahre, schrieb »Sudetenland – Unvergessene Heimat«-Bücher, erhielt 1962 den Rosegger-Preis und liegt ehrenvoll auf dem Altausseer Friedhof bestattet, gar nicht weit vom Grab des Juden Wassermann. Man hätte ja schon zu gern mal gewußt, wie sich der NS-Parteigänger Bruno Brehm und der Remigrant Friedrich Torberg wohl verhalten haben, wenn sich die zwei alten Herren auf dem unvermeidlichen Altausseer Seerundweg in den sechziger oder siebziger Jahren vielleicht einmal begegnet sind? Ob Brehm wenigstens schamvoll vom Weg hinuntergetreten ist, in die Wurzeln und Büsche?

Der SS-Obersturmbannführer Dr. Wilhelm Hoettl schließlich, nach dem Krieg verstrickt in alle möglichen undurchsichtigen Geheimdienstaktivitäten, gründete in Bad Aussee ein Privatgymnasium, das vornehmlich lerngestörte Schüler aus besseren Kreisen auf die Matura hinbimmste.

Zu den zeitweiligen Eleven zählte ein Knabe jüdischer Abstammung namens André Heller, aber auch der spätere FPÖ-Politiker Thomas Prinzhorn. – So scheint sich im schönen Ausseer Land auf merkwürdige Weise alles zu runden. Ich erinnere mich an einen Fernsehauftritt des österreich-jüdischen Schriftsteller Robert Schindel, eines Autors der Nachkriegsgeneration – ebenfalls ein habitueller Altaussee-Besucher. Sein großartiger Roman »Gebürtig« thematisiert in eindringlicher Weise die heiklen Umgangsweisen von Juden und Nichtjuden der Nachgeborenengeneration, schildert die komplizierte Heimreise eines überlebenden NS-Verfolgten zur Zeugenaussage in einem verspäteten Kriegsverbrecherprozesse. Das Dorf Altaussee spielt darin eine kleine, aber wichtige Rolle. – Da stand also Robert Schindel an einem Wintertag auf dem Altausseer Friedhof zwischen den Gräbern von Bruno Brehm und Jakob Wassermann und sprach mit etwas galgenhumoriger Resignation über die typischen Altausseer Koexistenzen eigentlich unversöhnlicher Antagonismen, über die gern gelittenen Altnazis und die ebenfalls wieder gern gesehenen jüdischen Rückkehrer, über den Kreislauf von »Servilität, Bestialität, dann wieder Servilität«. Altaussee in seiner etwas elitären, wohllebigen Milde, in seiner landschaftlichen Schönheit, in seiner alles zudeckenden versöhnlichen Bergharmonie, sagte der: »... das ist irgendwie die Schweiz.«

DIE WEITEN WASSER – AM TRAUNSEE UND AM ATTERSEE

Jeder hat im Salzkammergut seine Lieblingsgewässer, die Auswahl ist ja nicht zu knapp. Der Traunsee ist entschieden nicht mein Favorit. Er ist groß und merkwürdig janusgesichtig. Da ist auf der Ostseite die unbebaute, unbefahrbare Felsenwildnis der fast lotrecht ins Wasser abstürzendenden Traunsteinwände, eine melodramatische, wildromantische Schauseite. Dafür ist das zugängliche, zivilisierte Westufer inzwischen weitreichend zu einer Vorortsiedlung des 21. Jahrhunderts geworden, mit tobendem Verkehr und anscheinend unbegrenztem Baurecht.

Der Abschied vom Ausseer Land ist nicht leichtgefallen. Im Morgenschein hat man vom Pötschenpaß noch mal zurückgesehen ins Tal. Dann die Umgehung von Bad Ischl im Berufsverkehr, die Bundesstraße-145-Rasestrecke nach Ebensee am Traunsee. Gegensätzlicher zu den Ausseer Idyllen kann ein Ort nicht sein. Gleich rechts von der Schnellstraße, im Ortsteil Roith, liegt die KZ-Gedenkstätte, an der wir zunächst vorbeifahren, uns etwas umzutun im zeitgenössischen Ebensee. Diese ausgedehnte Ansiedlung ist alles andere als lauschig, von Augenschmaus keine Rede. Ebensee ist ein Industrie- und Gewerbestandort, funktional und harsch, fast selbstbewußt bar jeder Anmut, so kommt es einem vor. Für das strukturschwache innere Salzkammergut, von Abwanderung bedroht, sind seine potthäßlichen Wirtschaftsbetriebe immens wichtig: die Großbauten der neuen Saline, die Chemiefabrik Solvay, das Betonwerk und die Holzverarbeitung. Eine Schuhfabrik, die Uhrenindustrie und die Weberei sind stillgelegt, vor kurzem folgte mit einer gewaltigen betrügerischen Pleite der Freizeitmöbelriese Steiner. Noch immer ist der Ort geprägt von einer traditionellen Bevölkerung der Industriearbeitnehmer, einer Ballung fast städtischer, mehrstöckiger Mietshäuser in der Traunebene, Gewerbegebieten, Siedlungshäuschen, auch ein »Arbeiterheim« mit Kulturprogramm gibt es in dieser Gemeinde, in der die SPÖ allzeit weit überdurchschnittliche Wahlergebnisse einfährt. Vom Traunseeufer ist die Ortschaft durch die

Bundesstraße rabiat abgeschnitten; keine Esplanade in Ebensee, nur etwas wirres Sportstätten- und Auenterritorium seewärts, Wohnblocks und Fertigungshallen – Lieblichkeit und bürgerlicher Sommerfrischecharme scheinen hier geradezu bockig kein Thema zu sein.

Für den jüngeren Wiener Autor und Salzkammergut-Kenner René Freund ist Ebensee »der spannendste Ort« der ganzen Region. In dieser von Touristen meist schnell durchrauschten Siedlungsballung finden offenbar die aufregendsten Rockkonzerte weithin statt, sind Interpreten zu hören, bei deren Namen sich auch die Wiener die Augen reiben. Quicklebendig halten sich hier eine Art autonomer Jugendkultur mit schrägem Kneipenleben und seit Jahren das einzige anspruchsvolle Programmkino des Salzkammerguts samt Kulturverein, mit vielen Preisen versehen, »in einem Kinosaal mit dem dekadenten Charme einer Londoner Industrieruine«. Nach Konzert oder Kino wackeln dann Musiker und Publikum zum Zirbenschnapsbechern in den »Ebenseer«, eine getäfelte Beiz von rauher Gemütlichkeit.

Dem Ebenseer »Fetzenfasching« eilt der Ruf einer »wuiden«, anarchischen Festivität voraus, gleich weit entfernt von narrhallesischer Vereinsmeierei einerseits und puristischer Brauchtumspflege andererseits. Ein anderer Volksbrauch, heute noch vorwiegend in Ebensee beheimatet und offenbar unausrottbar verwurzelt im Traditionsverständnis der sogenannten »kleinen Leute« des Salzkammerguts, sorgt alle Jahre wieder für erhebliche Aufgeregtheiten: Das ist der Vogelfang, die »Jagd des kleinen Mannes«. Bewahre, die Vogeljäger des inneren Salzkammerguts fangen sich keine Singvögel ein wie die bösen Italiener, um sie zu braten und zu verspeisen. Sie halten die gefiederten Freunde nur den Winter über in Gefangschaft, füttern sie durch und lassen sie im Frühjahr, vor der Brutzeit, »gut genährt und gepflegt« in den Wäldern wieder fliegen. Sagen sie. Schon längst nicht mehr operieren sie beim Fang mit Leimruten, sagen sie, sondern mit gefiederschonenden Netzen und ungefährlichen Fallen. Nicht mehr in winzigen Holzkäfigen, sondern in geräumigen Volieren würden die Wildvögel untergebracht, sagen die Vogelfänger, und mit größter Umsicht und Zuneigung behandelt, ihr angestammtes Futter würde mühselig im Wald gesammelt, und nur durch solche Obsorge »gutherziger Gebirsgmenschen« hätten in den harten Wintern viele Exemplare überhaupt eine Überlebenschance. So eine Freud' habe man an den kleinen Sängern, wie auch schon die Urahnen, die Holzknechte, Salzarbeiter und Handwerker früherer Generationen. Und nur weil man nicht zu den Großkopfeten gehöre, solle einem dieser schöne alte Volksbrauch von manischen, verbiesterten Tierschützern genommen werden ...

Diese haben natürlich ihrerseits gravierende Gründe, den selbsternannten »Vogelliebhabern« in die Parade zu fahren. »Barbarei« und »Tierquälerei« schimpfen sie bei ihren Demonstrationen, welche die Kirtag-Vogelschauen in irgendwelchen Ebenseer oder Goiserner Wirtshaushinterzimmern regelmäßig untermalen. Das stört natürlich das rege vogelfängerische Vereinsleben, das akribische Vergleichen, Bewerten und Auszeichnen von Gefiederzeichnung, Maske oder Schnabelform der kleinen Beutetiere, untermalt von Liadlsingen und Schnapserltrinken und dem einschlägigen Jägergruß »Schnabel heil und Schnabel dank«. Die Tierschützer finden dieses ganze Lokalkolorit ein einziges Brimborium. Und überhaupt sei das alles Lüge mit der schonenden Fangweise, viele scheue Stieglitze und Gimpel, Zeisige und Kreuzschnäbel müßten ihr Leben in den Fallen lassen, so mancher spätestens aus Schock über die gänzlich artungemäße Gefangenschaft, und ob die Wildtiere (bis auf die ohnehin ständig eingesperrten Lockvögel) wirklich wieder freigelassen würden, halten die Artenschützer für höchst zweifelhaft. In den Salzkammergut-Bundesländern Salzburg und Steiermark ist der Vogelfang jedenfalls aufgrund von EU-Richtlinien seit einigen Jahren verboten, Oberösterreich hat dem Volksvergnügen bisher, schon aus Wählerstimmenmotiven, eine regionale Nische bewahrt. Hubert von Goisern, seit der Kindheit damit vertraut und urigen Vogelfängeroriginalen wie dem »Klom Paul« aus Ebensee oder dem »Krummschnabeltuscher« aus Goisern zugetan, findet das ganz in Ordnung. Wenn das Gesetz sie irgendwann doch verfolgen sollte, so hat er befreundeten Vogelfängern gesagt, »dann müßt ihr halt in den Untergrund gehen. Das macht es vielleicht noch schöner und spannender, wenn der Jäger auch der Gejagte ist.«

In Christoph Ransmayrs düsterem Roman »Morbus Kitahara«, der Science-fiction-Vision eines durch den Morgenthau-Plan entindustrialisierten und verwüsteten Nachkriegsgebirgskaffs, ist die Topographie von Ebensee das Vorbild für das desolate Besatzungsdorf »Moor« gewesen. Ransmayr, ein Lehrerssohn aus dem Dorf Roitham nördlich des Traunsees, ein Gmundener Gymnasiast und unermüdlicher Gebirgsgänger in den Massiven des Traunstein und des Toten Gebirges, hat schon früh um die Stollen- und Höhlensysteme unterhalb von Haslergupf und Eibenberg gewußt, um die Schrecken, die sich mit diesen Steilhängen verbanden.

Wie viele Tote das KZ Ebensee in den nicht einmal zwei Jahren seines Bestehens tatsächlich verschuldet hat, darüber schwanken die Zahlen: 8500 waren es mindestens, andere Quellen gehen von bis zu 20000 Opfern aus. Als die US-Truppen am 6. Mai 1945 das »Nebenlager« von Mauthausen befreiten, fanden sie allein 1000 im Freien aufgehäufte Leichen vor; viele entkräftete Häftlingen starben noch nach ihrer Rettung in den Lazaretten und Krankenhäusern. Es existieren Fotos aus jenen Maitagen, die nahezu skelettierte Häftlinge beim Lutschen von Zuckerwürfeln zeigen, jede andere Nahrung hätte sie sofort umgebracht. In einem der großen Stollen oberhalb des Ortsteils Roith und ein paar Minuten Fußmarsch vom KZ-Friedhof entfernt, hat man in den neunziger Jahren, also 40 Jahre später endlich, eine Gedenkstätte eingerichtet. Uns Besichtigern wird »Warme Kleidung, 8° Innentemperatur« anempfohlen. Wer im Sommerhemd in dem fabrikhallenartigen, in den Fels getriebenen Granitschlauch steht, 20 Minuten vielleicht (und keine Elf-Stunden-Schicht, bis zu 77 Stunden in der Woche), bekommt eine minimale Vorstellung vom Ebenseer Menschenverschleiß vom Herbst 1943 bis zum Frühjahr 1945. Ebensee vernichtete nicht um des Tötens willen wie die Lager im Osten, es vernichtete durch Abnutzung und Verbrauch noch des letzten Funkens menschlicher Arbeitskraft. »Zement« hieß der Tarnname eines wahnhaften Geheimprojekts der nationalsozialistischen Führung, in welchem sie die Raketenforschung und -produktion aus dem bombengefährdeten Peenemünde in unterirdische Gebirgshallen verlagern wollte. Bekanntlich kam es niemals zur Fertigung der »Wunderwaffe V2«, mit der Hitler bis zum Schluß die Kriegswende versprach, aber Tausende von KZ-Häftlingen aus ganz Europa mußten in Ebensee elend krepieren, wo man zwei gigantische Stollenanlagen für die Peenemünder Raketenforschung und -erprobung in den Fels hieb, die später für eine Benzinraffinerie und die Motorenproduktion für LKWs und Panzer benutzt wurden. Infernalisch waren natürlich die Lebens- und Arbeitsverhältnisse der Zwangsarbeiter: Aushungerung, Kälte, Seuchen und Krankheiten in zigfach überbelegten Barackenquartiern. Es war nicht die SS, es waren die einheimischen Baufirmen, von denen viele heute noch bekannte Namen sind, welche zur Sollerfüllung auch Todkranke in die Stollen schicken ließen – die anfallenden Leichen wurden dann allabendlich in die Krematorien von Mauthausen transportiert, bis man des Massensterbens nicht mehr Herr wurde und eigene Verbrennungsöfen errichtete. Viele Häftlinge starben auch im »Löwengang«, einem Stacheldrahtschlauch, der vom Lager zu den Stollen führte; sie wurden bei Arbeitsunfähigkeit mit Benzininjektionen liquidiert, durch stundenlange Nachtappelle in der alpinen Eiseskälte ums Leben gebracht – oder fielen einer der willkürlichen Privatselektionen des alkoholisierten SS-Kommandanten Otto Riemer zum Opfer, der sie als lebende Zielscheiben in den Wald treiben ließ. Im März 1945, als das Lager mit 18509 Häftlingen grauenhaft vollgestopft war, als es nicht mal mehr Suppe aus Kartoffelschalen gab und die Gefangenen »Blätter, Gras, sogar Kohle« aßen, beabsichtigte der letzte SS-Kommandant Anton Ganz, sämtliche Lagerinsassen in die Stollen zu treiben und sie in die Luft zu jagen. *»Meine Herren«*, redete er zu diesem Zweck bei seinem letzten Appell die versammelten Häftlinge an, was diese in allergrößten Schrecken versetzte. Niemand glaubte, daß die Maßnahme zu ihrem »Schutz« gedacht war, und es kam zu einer großen, kollektiven Verweigerung. »Es erklangen laute Unmutsäußerungen und vor allem das Wort ›NEIN‹ in verschiedenen Sprachen. Die Ablehnung war gewaltig, einheitlich und prächtig. Es war ein Aufstand, und die Häftlinge hörten praktisch in diesem Augenblick auf, Häftlinge zu sein«, erinnerte sich später ein Überlebender. Am Nachmittag verließ die SS das Lager fluchtartig, der begreiflichen Lynchjustiz der Häftlinge fielen danach 52 übriggebliebene Bewacher zum Opfer. Am 6. April erreichte die US-Divison »Rainbow« die Lagertore.

Außer der KZ-Gedenkstätte hat man im Ortskern von Ebensee ein sehr informatives »Zeitgeschichtemuseum« eingerichtet, einmalig in Österreich und nach neuesten museumspädagogischen Aspekten gestaltet. Hier kann man sich umfassend über die Hintergründe jener jüngeren Geschichte informieren, die einen im Salzkammergut unentwegt beschäftigt, über die politische Situation der Ersten Republik und des Austrofaschismus, über das NS-System, Verfolgung und, wichtig, auch den österreichischen Widerstand, über den heutigen Umgang mit der Vergangenheit, den »Opfermythos« zum Beispiel, der in Österreich lange Zeit die verbreitete Lesart zum »Anschluß« und seinen Folgen war: Uns trifft keine Schuld, wir waren die überrumpelten Objekte der ersten nationalsozialistischen Landnahme. In einer mehrtausendbändigen öffentlichen Bibliothek läßt es sich wahrlich festlesen zu diesem großen deutsch-österreichischen Komplex, der uns auf dieser ganzen Fahrt begleitet hat, unablässiger und nachdrücklicher, als wir es uns bei unserer frohgemuten Abreise vorgestellt hatten.

GIBT ES WASSERTROMPETER? – FRITZ VON HERZMANOVSKY-ORLANDO IN RINDBACH

Auch in Rindbach, dem etwas abseits gelegenen Ebenseer Vorort einst gepflegter und nobler Sommerfrischevillen, läßt er uns nicht los. An die alte Pracht feudaler Ferienarchitektur erinnert noch die »Villa Schrötter« in schöner Uferlage an der Strandbadstraße 1; heute ist sie als »Seegasthof Rindbach« eine eher bescheidene Familienpension mit Park und Relikten edler Interieurs. Das »Gut Fichteneck«, das sich die Berliner Bankiersfamilie Mendelssohn weiter bergwärts errichten ließ, extra aus verwittertem Holz, damit der Bau nicht neureich wirkte, ist abgerissen, wie auch die benachbarte schnörkelige »Villa Almfried« durch einen faden Flachbau ersetzt wurde. In »Haus Almfried« verbrachte eine der exzentrischsten Gestalten der österreichischen Literatur von Jugend an viele Sommer: Fritz Ritter von Herzmanovsky-Orlando, der seinen altmodisch gesamthabsburgisch klingenden »Bagatelladels«-Namen mit »FHO« abzukürzen pflegte. Einen entrüsteten Brief schrieb er als alter Mann in den Nachkriegstagen an seinen Freund Alfred Kubin: »In unserer Rindb. Villa war das Kommando des Mordlagers ›Ebensee‹ einquartiert, wo die Kranken bei lebendigem Leib verbrannt wurden! Der ›Kommandant‹ ist anscheinend unauffindbar! Ich habe jetzt die Spur dieser Kanaille gefunden. Die Bestien haben unser Haus ausgeraubt und beim Abzug anzünden wollen. Uns hat der Schnürlregen gerettet!«

FHO befand sich damals nicht in Rindbach, sondern in Meran, wo er seit Jahrzehnten lebte. Und mit den »Bestien« ist das so eine Sache. Denn über lange Zeit war der Schriftsteller aufs engste verbandelt gewesen, ein gläubiger Adept geradezu, mit dem finsteren Rassentheoretiker Jörg Lanz von Liebenfels, von dessen wüsten »Arioheroen-versus-Untermenschen«-Schmierereien auch Hitler sich ein Gutteil seines Rassenfanatismus angelesen hatte. Herzmanovsky war kein Nazi, die waren ihm viel zu primitiv. Er war »nur« ein klassischer Antisemit altösterreichisch konservativ-elitärer Prägung, er war »nur« ein extrem verworrener Esoteriker, in dessen abenteuerlichen mystischen Welterklärungskonstrukten sich Matriarchalisches, Byzantinisches, Kabbalistisches und Feenglauben auf abstruseste Weise mit arisch-rassischem Herrenmenschendenken mischte, und der zeitweilig übelste Schmähreden gegen die »Tschandalas«, die »Affenmenschen« dieser Welt führte, zu denen u. a. Tschechen, Rumänen, Juden, Franzosen und Briten zählten. Nach dem Krieg beschimpfte FHO zwar Hitler als »eine Mensch gewordene Teufelsfäkalie«, aber wirklich begriffen hatte er gar nichts. – Und trotz alledem haben wir in Herzmanovsky-Orlando einen der großen, merkwürdigen österreichischen

»Rindbach 19 Sept 1915«. Aquarell von Fritz Herzmanovsky-Orlando

Schriftsteller des 20. Jahrhunderts, einen Meister, und das ist das Erstaunliche, der Hochkomik, des spinnigen, des grotesk-absurden Genres, des erschreckend-belustigenden Durchschauens von Gesellschafts- und Sprechritualen, einen veritablen Vorläufer der österreichischen Avantgardeliteratur, von Ernst Jandl oder der Wiener Gruppe. »Der schreibt ja so wie ich!« äußerte sich H. C. Artmann höchst erstaunt. Und ausgerechnet Friedrich Torberg, der von den Herrenmenschen*praktikern* verfolgte und vertriebene Jude, vollzog enorme Anstrengungen, um den bewunderten, fast gänzlich unbekannten Herzmanovsky literarisch durchzusetzen, sprang so weit über seinen Schatten, daß er in seiner (heutzutage als fragwürdig beurteilten) Herzmanovsky-Ausgabe alles eliminierte, was Rückschlüsse auf dessen dubiose Ideologiegebäude zugelassen hätte. Und tat, indem er als Herausgeber FHO mittels rabiater Kürzungen und Eingriffe im Sinne einer mißverstandenen »Lesbarkeit« gewissermaßen verharmloste zu einem skurrilen altösterreichischen Kauz, entschieden des Gutgemeinten zuviel, weil er auch wunderbare Absurditäten, Manierismen und Bösartigkeiten wegglättete. – Es ist heute keine ganz leichte Übung, den Torberg-manipulierten Herzmanovsky und den originalen FHO, der in einer exquisit sorgfältig kommentierten, gleichzeitig respektvollen und nichts Peinliches verschweigenden Gesamtausgabe im

Salzburger Residenz-Verlag eine Renaissance erlebte, miteinander zu vergleichen: Alles vergriffen – so gut wie NICHTS Gültiges ist von Herzmanovsky-Orlando zu Beginn des 21. Jahrhunderts im normalen Sortiment mehr lieferbar, nur ein blamabel zusammengekürzter Extraktband, ein Reader's Digest-FHO mit dem Reizwortsammeltitel »Gaulschreck, Hofzwerg, Exzellenzen« – es ist erbärmlich.

An den ebenfalls dem Obskurantismus zugeneigten Seelenfreund Kubin schrieb Herzmanovsky 1915 einen selbstironischen Brief aus Rindbach: »Wir haben uns bereits in Rindbach eingelebt und den gröbsten Schimmelpilz weggeputzt… Carmen schaltet schon im Hexenkücherl und hat für Sacrobosco Haselmayer schon einige Liter Froschlaich destilliert und ungetaufte Kinderleichen eingesalzen, die Dir mit fachiertem Bilsenkrautkohlrabi und Totenkopf à la maitre d'hotel nicht schlecht munden sollen. Zwei irrsinnige Hunde werden Dich am Kreuzweg erwarten und Dir hohl bellend den Weg weisen…« Die erwähnte Ehefrau Carmen, geborene Schulista, war auch nicht ohne. Eine wesentlich jüngere, dunkle Schönheit, mindestens so flippig und verrückt wie ihr Gatte, aber ohne dessen Talent für surrealistische Komik und Vergackeierung, hatte sie sich den sehr wohlhabenden, 1,62 Meter kleinen, nicht gerade umwerfend attraktiven FHO vor allem als gute Partie geangelt, wie Freund Kubin mißtrauisch vermutete. Die Abneigung beruhte auf Gegenseitigkeit. Anläßlich von Kubins Rindbach-Besuch stieß Frau Carmen den Maler bei einem Streit in den Traunsee. Die Herzmanovskysche Ehe war jedenfalls überaus dauerhaft. Die Gattin, »Pantherl« genannt, beteiligte sich an den anrüchigen nächtlichen Rindbacher Inszenierungen ihres Ehemanns, bei denen nur mit Schleiern bekleidete knabenhafte junge Mädchen Elfentänze im Mondschein aufführten, und später in Meran führten die beiden eine Art Ehe zu dritt mit einer ebenfalls ephebenhaft-herben jungen Frau, »Tigerl«, die sie in gemeinsamen Briefen anschwärmten: »Die Schönheit, die Du niederstrahlst in sieghafter Gnade, Helga Hyakynthos…« Bis ins gemeinsame Alter, in Rindbach oder Meran, beschäftigte sich das sonderliche Paar unermüdlich mit kryptischen »Findungen« und unterirdischen Erdstrahlen, mit Nostradamus, Astrologie, »Eingeweihten«-Kulten und auch mit elaborierter Zahlenmystik, die sie in weniger begüterten Zeiten vergeblich für Lottogewinne nutzbar zu machen hofften. Und parallel zu dem ganzen Wust und Gebräu herzten sie ihre geliebten Bullterrier, »Bully« und »Tommaso senza naso«, gefürchtete Kreaturen, die alten Damen gern die Krückstöcke wegkickten. Parallel zu Germanentümelei und »Salige-Fräulein«-Beschwörungen verfertigte Herzmanovsky am laufenden Band seine phantastisch-bizarren, an Ensor, Callot und Bayros erinnernden Zeichnungen und schrieb Seiten um Seiten eigenwilligster, komischer Prosa und Theaterliteratur für die Schublade: »Exzellenzen ausstopfen – ein Unfug«, »Gibt es Wassertrompeter?«, »Kaiser Joseph und die Bahnwärterstochter«, »Rout am Fliegenden Holländer«... Nichts, außer dem hochakklamierten »Gaulschreck im Rosennetz« erschien zu FHOs Lebzeiten. Heute gibt es Herzmanovsky-Zitate, die in Österreich geflügelte Worte sind, zum Beispiel im Bahnverkehr: »Leoben! ... A Zug, der was da drüber kommt – der is aus'n Wasser«, und daß er seine etwas depperten Dienstmädchen »Paraleni und Paralisi« zu nennen pflegte, ist auch noch manchen bekannt. Aber wer ist zum Beispiel noch vertraut mit Herzmanovskys Definitionen diverser Sprachstörungen, vom »Suzler«, über den »Hölzler«, den »Pfnofler« (pfnof-pfnof) oder den »Kletscher«: »Die was das ›K‹ nicht aussprechen können – das sind die Ärmsten! (Viele gehen ins Wasser.) ... Da haben wir einen hochinteressanten Fall im Winter in Leitomischl gehabt...«

Kaum ein normaler Leser wird den kompletten Herzmanovsky-Orlando packen, wird ihm z. B. in alle wirren Verstiegenheiten des Romanlabyrinths »Maskenspiel der Genien« folgen wollen. Aber daß wir überhaupt keine *Chance* mehr haben sollen, uns mit größtem Erstaunen und Vergnügen hineinzulesen in diesen vor phantastischer Komik und Abstrusität geradezu implodierenden Kosmos, daß FHO womöglich zum zweiten Mal vom Publikum vergessen wird, das ist fast strafbar.

1954, bevor er auf Schloß Rametz bei Meran starb, schrieb er an sein alt gewordenes »Pantherl« einen schönen letzten Brief: »... sei recht, recht vorsichtig! Gehe immer im Büber-Bölz aus (zu was hast Du ihn denn?). Brich viele Herzen. Nähre Dich gut und teuer! (Zu was hast Du es?) Beeile Dich nicht! Hetz Dich nicht! Sei klug, schlank und elegant wie eine Schlange, gefräßig und treu und gefallsüchtig wie ein Bonzo, pfiffig wie ein Bemborsch, von so guter Verdauung wie ein Reiher. Schlafe wie ein Murmentel ... Leiste Dir Speisewagen, schon wegen der Abwexlung... Schau, daß Du einen TOUT-ROPA Zug erwischest...« Sieben Wochen später war er tot. Von dem elegant möblierten »Haus Almfried«, mit seinen Perserteppichen, der verglasten Jugendstilbibliothek, den Rosenholz- und Barockkommoden, den Sammlungen von Porzellan, Kleinplastik und wertvoller Graphik ist in Rindbach am Traunsee seit 1992 nicht mal mehr eine Ahnung vorhanden. Vielleicht eine späte Rache (oder eine Bestätigung?) für jenen Brief Herzmanovskys von 1920, in dem er an Kubin schrieb: »Denk Dir, unsere Gegend ist so dummheitsgeschwängert, daß sehr sensitive Leute diese auch als eine Art Käse schneiden könnten ...«

KRUCKA, NATHAL, UNGENACH – IN THOMAS BERNHARDS GMUNDNER LAND

Die verkehrsüberlastete Bundesstraße entlang des Traunseewestufers ist im südlichen, felsigen Teil landschaftlich sehr ansehnlich. Am jenseitigen Ufer sieht man, hinter Tannen versteckt, das einsame »Gasthaus Karbach« liegen, eine urige Wirtschaft, die ausschließlich mit dem Boot zu erreichen ist. Dann Traunkirchen auf seiner beengten Landzunge, architektonisch und historisch ein Juwel, aber dermaßen bedrängt von der mitten hindurch kurvenden Schnelltrasse, daß man kaum weiß, wie man hier anhalten soll. (Eine Tunnelumfahrung des pittoresken Ortes soll 2007 fertig sein.) Das Aussteigen lohnt sich allemal: Zumindest für den schmalen Uferweg von der Schiffsanlegestelle bis zum Klosterhof sollte man sich ein Stündchen Zeit nehmen. Die Promenade gilt als eine der schönsten des Salzkammerguts. Und wie sich dieser Weg von Bucht zu Bucht windet, unter Felskegeln und an altem Gemäuer entlang, unter den schmiede-

Traunkirchen

eisernen Kreuzen des schönen Friedhofs zur Landspitze des Antlass-Ecks, das ist wirklich einzigartig. Auf der einen Seite hat man das riesige Dach der Klosterkirche und ihre zwei vergleichsweise verhutzelten Türme im Blick, auf der anderen die weite, smaragdfarbene Seefläche mit den Abstürzen des Traunsteins jenseits – eine der Glamourpostkarten des Salzkammerguts.

In Traunkirchen hat sich nach der benediktinischen und jesuitischen Klosterzeit (die Fischerkanzel in der Kirche ist ein kleines Rokokowunder) im 19. Jahrhundert auch eine beachtliche Sommerfrischekultur entwickelt. Hoch über dem Ort liegt die sogenannte »Russenvilla«, vom Wiener Ringstraßen-Architekten Theophil Hansen 1850 für die schwermütige Gräfin Pantschulizeff erbaut, die zu ihren Gästen Adalbert Stifter und den später in Mexiko ermordeten Erzherzog Maximilian zählte. Stifter war von den Traunkirchener Reizen so fasziniert, daß er an dieser Stelle eine utopische »Schönheitswelt« imaginierte, mit blendendweißen altgriechischen Landhäusern und Marmorstufen, mit Glashäusern voller Tropengewächse, astronomischen Sälen, verspiegelten Speisezimmern und perfekt gedeihlichen Obstgärten, alles durch Säulengänge verbunden, »in denen im Sommer die Orangensammlung steht«. Etwa gleichzeitig hielt sich auch der weniger idealisch gesonnene Nestroy gern in Traunkirchen auf, in der »Villa Franck« am Seeufer, und es ist zu hoffen, daß sich der Reiseüberdruß und die Mißlaunigkeit seiner Figur »Herr Lips, ein Kapitalist« nicht etwa Traunkirchener Spaziergängen verdanken: »Sag mir ein Land, wo ich was Neues seh', wo der Wasserfall einen anderen Brauser, der Waldbach einen anderen Murmler, die Wiesenquelle einen anderen Schlängler hat… Laßt's mich aus, die Natur kränkelt auch an einer ungeheuren Stereotypigkeit.« – In der »Villa Löwenthal« war die von Nikolaus Lenau erfolglos angeschwärmte Sophie von Löwenthal daheim, und das »Hofrichterhaus«, wo Lenau sein Quartier hatte, gehört dem Schubert-Freund und -Förderer Josef Spaun. Im »Hofrichterhaus« verbrachte viele Jahrzehnte später auch Arnold Schönberg erholsame und arbeitsreiche Sommer. Das hatte er auch nötig nach einem komplizierten

Eifersuchtsdrama um seine Frau Mathilde und den Maler Richard Gerstl, welche Schönberg zu Traunkirchen in flagranti erwischt hatte. Seine Frau floh mit dem Maler nach Wien, kehrte aber nach zwei Tagen zu ihrem Mann zurück, und der unglückliche Gerstl nahm sich das Leben. Auch Hugo Wolf, in gesunden Tagen häufiger Gast im Pfarrhaus von Traunkirchen und Klavierlehrer bei der Juweliersfamilie Köchert, unternahm in deren Haus 1898 einen Selbstmordversuch. Der unglückliche Paralysekranke war nur vorübergehend aus der Nervenheilanstalt entlassen gewesen und kehrte nach dem mißglückten Suizid wieder in psychiatrische Pflege zurück.

Ab hier in Richtung Altmünster und Gmunden sind die Traunseeufer leider sehr dicht und keineswegs reizvoll bebaut, wir nähern uns Thomas Bernhards langjähriger Wahlheimat, und angesichts der Architekturwucherungen entlang unserer Strecke gedenken wir gern seiner angewiderten Spaziergangsmonologe, verzeichnet vom seinerzeitigen Adlaten und Chronisten Karl Ignaz Hennetmair: »... in bezug auf die derzeitigen Neubauten könne man nur auf einen Krieg hoffen, wo diese Bauten alle wieder zerstört würden. Thomas selbst würde die Einsatzbefehle zum Sprengen erteilen, und beim Anblick der Trümmerhaufen würde er erstmals ›positive‹ Worte wie herrlich, prächtig, wunderbar usw. gebrauchen.« – Ach, und da ragt es ja rechterhand in den See hinein, das ominöse Seeschloß Orth, an und für sich eine wahrhaft »herrliche, prächtige, wunderbare« Wasserburg, aber leider seit nunmehr sieben Jahren und »sieben Staffeln« Schauplatz einer unendlich doofen und bis nach Fernost populären TV-Dauer-Soap namens »Schloßhotel Orth«, die mittlerweile für ein Fünftel des gesamten Traunsee-Touristenaufkommen sorgt. Gmunden nennt sich seitdem »Filmstadt Gmunden«, und Bürgermeister Heinz Köppl bedankt sich kniefällig bei den Fernsehschaffenden »für das stetige Hinaustragen des Namens Gmunden in die weite Welt«. Ein eigener »Schloßhotel-Orth-Themenweg« wurde »anläßlich der fünften Staffel kreiert und von Sascha Wussow eröffnet«, und offenbar gibt es Heerscharen von Interessenten für die *locations* von »Wenzel Hofers Büro«, der

»Kanzlei von Rechtsanwalt Strobel und Fanny«, der »Hochradszene mit Nina Proll« und »Franzls Yachtclub«. Natürlich fanden sich etliche Serienadepten ein, die mit ihren Koffern bereitstanden, um im Seeschloß Orth einzuchecken, aber das war leider immer nur das städtische Standesamt. Neuerdings gibt es wenigstens ein Innenhof-Café mit Merchandising von Schloßhotel-Orth-T-Shirts, -Kappen und -Regenschirmen. Es kommt einem alles vor wie ein 21.-Jahrhundert-Aufguß von »Außer Rand und Band am Wolfgangsee«. Glanz von Gmunden, Sommerfrische des Hochadels, Eleganz und *noblesse oblige*? Heute ist alles Package-Tour und »Sascha Wussow«.

Die Gmundner Gäste abgelebter Zeiten sind uns interessanter. Friedrich Hebbel zum Beispiel, der 1855 ein eigenes Häuschen in Orth erwarb (»holländisch-reinlich in jedem Winkel«). Die Wirtstochter von Ebenzweier verstörte er bei einem Unwetter nachhaltig, indem er ihr einredete, »ich hätte in Triest einen Sturm erlebt, der den Leuten auf der Straße nicht nur die Hüte, sondern auch die Köpfe abgerissen habe«. Hebbel probierte unlustig die Gmundener Kureinrichtungen aus: »Gestern nahm ich das erste Solebad, und zwar in dem neuen Etablissement. Kaltes Zimmer, kalte Metallwanne, keine Spur von Transpiration, vielmehr Schaudern und Frösteln. Resultat: ein scheußlicher Tag!« Ein Freudentag war hingegen jener 2. August 1860, als der Dichter in der Sommerfrische eine einigermaßen krasse anatomische Überraschung erlebte: »Seit meinem Aufenthalt in Kopenhagen hielt ich mich für taub auf dem rechten Ohr. Vor drei Wochen fing dies Ohr an, mir zu jucken ... Dies hörte nicht wieder auf, so daß ich hier in Gmunden gezwungen war, mich einer Nadel zum Kratzen zu bedienen. Infolgedessen zog ich mehrere Knäuel Baumwolle aus dem Ohr hervor, vor 18 Jahren wegen Zahnwehs hineingesteckt, und jetzt habe ich mein vollständiges Gehör wieder. Fabelhaft!«

Auf einer Bank der Esplanade, gegenüber dem Schiffsanleger, müssen wir natürlich auch des Gmundner Dauersommerfrischlers Peter Altenberg gedenken, der in impressionistischen Jugendstilminiaturen das Traunseeleben der Jahrhundertwende aufgetupft hat: »Ich liebe die Landungsstege an den Salzkammergut-Seen, die alten grauschwarzen und die neueren gelben. Sie riechen so gut von jahrelang eingesogenem Sonnenbrande. In dem Wasser um ihre dicken Pfosten herum sind immer so viele kleine, ganz grausilberne Fische, die so rasch hin und her huschen… Wenn das Dampfschiff anlegt, erbeben alle Pfosten, und der Landungssteg nimmt seine ganze Kraft zusammen, den Stoß auszuhalten….« Ich muß zugeben, daß ich Karl Kraus, Egon Friedell, sogar Kafka, in ihrer Peter-Altenberg-Bewunderung nicht folgen kann. Mir ist sein Stil oft zu kokett-verspielt, zu parfümiert-schwärmerisch. Diese Prosastelle allerdings ist schön: »… alles ist erfüllt von Lindenblüten! Weißes Segelleben in lackierten Jachten. Die Damen bekommen *teint ambré*. Alles entfettet sich. Wer siegt in der Regatta? Risa, gib mir die Hand über den Steg! Mittage mit 10000 Tonnen Sonnenhitze, wie das Gewicht von Schlachtschiffen; Nachmittage mit Aprikosen, Weichseln, Edel-Stachelbeeren; Abende wie ein eingekühlter Giesshübler; Nacht – hörst du die Schwäne ihre Schnäbel öffnen und schließen?!«

»Gmunden, ich liebe dich fanatisch – 23 Sommer lang… Ob.-Öst., sei bedankt und tief gesegnet«, schrieb Richard Engländer, der sich Peter Altenberg nannte, jedenfalls noch auf dem Totenbett in einer Wiener Nervenheilanstalt. Der harmonie- und schönheitssüchtige *décadent* von Jung-Wien (seine pädophilen Kontakte zu blutjungen Mädchen bewegten sich hart an der Grenze des Strafrechts) hatte sich mit exzessivem Alkohol- und Tablettenkonsum zugrunde gerichtet. Sein Lebtag war der charmante Pointillist des Liebenswürdigen geplagt von schwersten Seelenkrisen und Depressionen. Viele seiner literarischen Zeitgenossen liebten den spinösen Bohemien innig, veranstalteten regelmäßig Geldsammelaktionen für den notorisch Bettelarmen, der aufgrund attestierter »Überempfindlichkeit des Nervensystems« nie einen Beruf ausüben konnte. Auch in seinen Sommerfrischen wurde »der Neurastheniker im englischen Anzug, grell kariert, eine Art von höchst verfeinertem Clown« verläßlich von Gönnern alimentiert. Peter Altenberg muß auf der feinen Gmundner Esplanade ein knallbunter Vogel gewesen sein: »Er ging nacktfüßig auf Sandalen einher, im Winter in einem flatternden Havelock, im Sommer in einer Art Radfahrerdreß … Die Kappe war tief in die Stirn gedrückt, der grimmige Schnauzbart hing wüst herunter, von einem fingerbreiten schwarzen Zwickerband malerisch umflattert, und in der Hand hielt er einen dicken, keulenartigen Spazierstock, den er … rabiat hin und her schwang«, erinnerte sich Raoul Auernheimer in einem Nachruf, und daß es Peter Altenberg »ärgerliches Vernügen bereitete, wenn ihm der eine oder andere Vorübergehende, der ihn noch nicht kannte, auf seinem Wege verblüfft nachstarrte«. – Er wolle »kein großer Weltspiegel, nur ein kleiner Handspiegel« sein, hatte Altenberg, dieses »Genie der Nichtigkeiten«, einmal sein Schreiben kommentiert. Am 8. Januar 1919, nach einer schweren Lungenentzündung, wurde der Spiegel blind.

Eigentlich stellt man sich Gmunden zu Zeiten des Freaks Peter Altenberg als ein recht großkotziges Gemeinwesen vor. Der Kaiser hielt sommerlich Hof in Ischl, eher spartanisch, wie wir wissen. Kleinerer Adel und Großstadtbougeoisie hatten sich ihre sehr diskreten Holzhäuser in und um Altaussee errichtet. In Gmunden wurde geklotzt. Hier ballte sich während der Sommermonate der europäische Hochadel, die allerersten Fürsten- und Regentenhäuser der feudalistischen Zeit vor der Zäsur von 1914. Gmunden war Sommersitz der Könige von Württemberg, der Exkönige von Hannover, der Häuser Braunschweig, Bourbon, Habsburg-Este und Habsburg-Toscana und ihrer umfänglichen Gefolgschaft – man nehme nur den »Gotha«.

Diese Herrschaften gaben sich nicht mit einer bescheiden umgemodelten Biedermeiervilla, mit ländlichen Tannenholz-Retiros zufrieden – sie ließen bauen, aber mit Karacho. Die gesamten Größen der Wiener Gründerzeitarchitektur wurden nach Gmunden verfrachtet: Theophil Hansen, Ferstel, Hasenauer, Siccardsburg, all jene, die der Hauptstadt eines Riesenreichs ihr imperiales Gepräge gegeben hatten, errichteten nun um das freundlich-verschlafene barocke Verwaltungsstädtchen Gmunden auftrumpfende Paläste mit allen Schikanen der Neurenaissance und der Neogotik. Heute stehen diese monströsen Zitadellen einstiger Adelsprivilegien etwas elefantös verloren inmitten kleinteiliger Stadtrandbebauung herum und sind längst nützlichen Gegenwartszwecken zugeführt: Schloß Ebenzweier mit dem imposanten Portikus ist eine Gastronomiefachschule; Schloß Württemberg, das in seiner massigen Ziegelarchitektur schon zu adelsbewohnten Zeiten aussah wie eine knallharte K.u.k.-Militärakademie, fungiert heute als Pennal, allerdings als freundliches Realgymnasium mit Internat. Schloß Cumberland, diese gigantomane Mischung aus Düsterburg und Fachwerkputzigkeit ist eine Landespflegeanstalt für geistig Behinderte und Alte. Erbaut wurde das historistische Chateau ab 1882 vom entthronten Welfen-Erben Ernst August von Hannover, der in Österreich den Titel eines Herzogs von Cumberland annahm, aber niemals auf den hannoveranischen Thron verzichtete. In Gmunden richtete man sich dennoch häuslich ein, mit Privatkirche und Mausoleum, mit dem Reliquienschatz der Welfen, Münzkabinett, Silberkammer und 60000 Bände umfassender Bibliothek. Schloß Cumberland war zwischenzeitlich auch einmal NS-Gauschulungsburg und ist immer noch im Besitz des heutigen Nachfahren Ernst August von Hannover, der aber, wie dem Zeitungsleser nicht entgehen kann, eine eher aus- und weltumschweifende Lebensweise vorzieht und nur gelegentlich zur Hirschbrunft in seinen Almtaler Wäldereien auftaucht.

Der schönste Bau jener Epoche ist wohl die »Villa Toscana« im Stil der Neurenaissance, ab 1870 für den Erzherzog Johann Nepomuk Salvator, »Gianni«, errichtet, ein liberales und antiklerikales Enfant terrible der Habsburger-Dynastie, das 1889 nach Dauerquerelen mit dem Kaiserhaus seinen Adelstitel ablegte und sich Johann Orth nannte. Er lebte auf dem Landschloß Orth oder in der »Villa Toscana« ungeniert mit der Tänzerin Milly Stubel zusammen, erwarb in mittleren Jahren in Hamburg das Kapitänspatent, kaufte sich einen großen Frachtdampfer und stach mit seiner Milly in Richtung Südamerika in See. 1890 ist das Schiff wohl bei einem schweren Sturm am Kap Hoorn mit der ganzen Besatzung untergegangen, 1911 wurde Johann Orth für tot erklärt. Die Liegenschaft um die »Villa Toscana« erwarb 1913 die auf einem berühmten Klimt-Porträt

Thomas Bernhards Lieblingscafé in Gmunden

verewigte Schwester Ludwig Wittgensteins, Margarete Stonborough-Wittgenstein, eine große *dame d'ésprit*. Sie ließ die Innenräume in exquisit puristischem, von Loos beeinflußtem Sezessionsstil umgestalten – ein Café im Parterre der »Villa Toscana« erinnert heute noch daran. Leider ist an den schönen historischen Bau ein etwa dreimal so großes ödes Glas-Beton-Kongreßcenter angeklebt worden. Dafür hat man für die »kleine« »Villa Stonborough-Wittgenstein« auf dem Gelände des »Toscana-Parks« eine sehr würdige kongeniale Lösung gefunden: Hier ist seit Ende 2001 das Thomas-Bernhard-Archiv untergebracht.

Der Gmundner Rathausplatz, dieses weite Geviert mit seiner zum See offenen Bühne, ist gewiß einer der großzügigsten, urbansten Orte des Salzkammerguts, und man versteht ein wenig, warum die Gmundner als die »Wiener« dieser Gegend bei den Innergebirglern etwas scheel angesehen sind. Und aus leichter Distanz, vom anderen Traunufer aus, hat diese imposante Seefront aus weißen und pastellfarbenen Repräsentationsbauten fast was von Genfer See, von der noblen, weltläufigen Stimmung der frankophonen Schweiz.

Das Rathauscafé heißt bei den Hiesigen »Brandl« und muß angesteuert werden, denn es war Thomas Bernhards Leib-und-Magen-Kaffeehaus. Zwar sind die Patisserien beim »Grellinger« bekannter für ihre Güte, aber das »Brandl« betrat Thomas Bernhard, sofern er in Oberösterreich weilte, halt fast jeden Vormittag »etwas tänzelnd« und plazierte sich am großen Tisch in der Mitte unterm Fenster, seinem Stammplatz. »Kaffeehausaufsuchkrankheit«, daran laboriert die Hauptfigur der Erzählung »Gehen«. Hier vollzog er sein tägliches ausführliches Zeitungsleseritual, nahm sein Frühstück oder eine Fritattensuppe ein, ließ sich die Post bringen und empfing jene Besucher, die er sich in seinem Obernathaler Vierkanthof vom Leib zu halten wünschte. Ins »Brandl« ließ er sich noch in seinen letzten Lebenstagen mit dem Taxi chauffieren, als er schon zu schwach war, die Zeitung zu halten.

Gestorben ist Thomas Bernhard am 12. Februar 1989 in der Lerchenfeldgasse 11, in seiner Gmundner Neubauwohnung, in Anwesenheit seines direkt gegenüber wohnenden und ihn ärztlich betreuenden Halbbruders, des Internisten Peter Fabjan. Thomas Bernhard litt, laut Fabjan, an der »sogenannten Sarkoidose (Morbus Boeck)«, einer Immunerkrankung der Lunge, langfristig entwickelt aus der Nassen Rippenfellentzündung und Tuberkulose seiner Jugendjahre, wozu in seinen letzten zwölf Lebensjahren ein schweres Herzproblem kam: Das Herz wurde immer größer und immer schwächer. Sein Halbbruder, so Fabjan, habe ein »unglaubliches Martyrium auf sich genommen«, und nur mit »massivem, quälendem Medikamenteneinsatz« habe sich sein Leben überhaupt so lange verlängern lassen. In Thomas Bernhards letzten Jahren, in denen er stets bemüht war, sein schweres Leiden zu verbergen, hätte seine Umgebung dennoch merken müssen, »daß der Mensch eigentlich gar keine Luft mehr kriegt«.

Man denkt im »Café Brandl« an die wunderbar bärbeißigen, selbstironischen Fernsehmonologe Thomas Bernhards; später hat man das Video nochmal angesehen: »Der Tod ist für mich wie eine Schleppe, ich zieh' ihn hinten nach. Ich denke nicht an den Tod, aber der Tod denkt ständig an mich, wann soll ich den wegholen? … Immer wenn ich bei mir zur Tür hineingeh', steht er schon da mit seiner schwarzen Hand … Ich geh' hinein, und dann wack… Deswegen, schaun'S, hab' ich ja diese gesenkte Schulter, das ist meine Angst, da hat sich das Todesvogerl festgesetzt.«

Da rührt man in seiner »Café-Brandl«-Melange herum und beschließt, sich auch diesmal um die Besichtigung der Gedenkstätte »Thomas-Bernhard-Haus«, neuerdings sogar ausgeschildert ab Autobahnausfahrt, zu drücken. Offenbar habe ich da immer noch Barrieren. Mir kommt es vor, als sei Thomas Bernhards Tod erst ganz kurz her. Ich habe, wie so viele, diesen Schriftsteller über alle Maßen geschätzt, sehr viel von ihm, vielleicht noch mehr *über* ihn gelesen – er hat mich als Leser außerordentlich beschäftigt, und sein Tod hat mich geschmerzt. Ich schaffe es nicht, durch dieses leere Haus zu gehen, das ich von unzähligen Fotos, Berichten, Filmdokumenten kenne, womöglich in die geöffneten Kommodenschubladen mit seinen aufgerollten Ledergürteln zu starren, höchstpersönlich seine fetischistische Schuhsammlung zu beäugen und die Whiskyflaschen, mit denen niemals jemand bewirtet wurde. Manche argumentieren ja, er habe dieses perfekt ausgestattete, schon zu seinen Lebzeiten kalt und unbewohnt wirkende Domizil eigens als ironisches Museum für die Nachwelt konzipiert – ich kann das nicht recht glauben. Es war doch, wenn auch sein irritierender »Einsamkeitskerker«, so auch sein, des »Verrammelungsfanatikers« Privatissimum. Und einem, der während seines Erdenlebens nichts so fürchtete wie die »affenschauenden, mauerhockenden« Menschen, die ihn als literarische Berühmtheit in seinem abweisenden »Vierkanter« bedrängten, der eine zudringliche Person am Hoftor mit den Worten verscheuchte: »Geh'n S weiter, gute Frau, sonst zwick ich Ihnen die Finger ab« – dem, meine ich, tut man auch posthum nichts Gutes, wenn man voyeuristisch durch seine konservierten Gemächer stiert. Vielleicht, wie gesagt, ist es aber auch nur mein Gefühl, daß er noch *vor kurzem* dort gelebt hat.

Der Mythos um »Thomas Bernhards Häuser« im Gmundner Land erblühte jedenfalls bald nach seinem Tod. Alles grub man aus über seine Obsession mit Bauten und Liegenschaften. Obernathal 2, Gemeinde Ohlsdorf: der ramponierte, abrißbedrohte Vierseithof war das erste Ob-

Das Bernhardhaus in Obernathal

jekt, angeschafft von zusammengekratzten Preisgeldern, Verlagsvorschüssen und Leihgaben. Später dann, so ist es überliefert, pflegte Bernhard seinen damaligen Kumpan und Nachbarn, den »Realitätenhändler« Karl Ignaz Hennetmair, regelmäßig nach neuen Grundstücken und Immobilien zu löchern: Nur wenn er sich dafür bei seinem Verleger Unseld bis über die Ohren verschulde, sei er unter hinreichendem Schreibdruck. So kam nach einiger Zeit »die Krucka« dazu, ein altes Kleinhäusleranwesen am Grasberg bei Reindlmühl, ein arrondierendes Stück Land, und schließlich das »Quirchtenhaus«, auch »Haunspän« im Dialekt, einige Kilometer nördlich dem Hausruck zu, im Weiler Niederpuchheim bei Ottnang gelegen. Alle diese Behausungen hat Thomas Bernhard mit akribischer denkmalschützerischer Sorgfalt renoviert. Er hatte für schöne alte Häusern und überlieferte Bauformen großes Gespür und ehrlichen Respekt. Anschließend wurde ihr Interieur mit ebensolchem Sinn fürs Echte und Stimmige ausgestattet; der Hausbesitzer Bernhard kümmerte sich um jedes Detail, fuhr mit dem gewieften Hennetmair kilometerweit über Land, auf der Suche nach Türklinken oder Truhen, Tischplatten, Lehnsesseln oder Fensterrahmen. Manches entwarf er selbst – so die dunklen metallenen Deckenlampen mit den verspiegelten Birnen, die Vorhangstangen und eisernen Haken. Später, als sein Ruhm und Vermögen gewachsen waren, tauschte er manches bäuerliche Möbelstück gegen edlere Antiquitäten aus – es entstand eine lupenreine »landed gentry«-Wohnambiance in den Farbtönen schöner Hölzer, Moosgrün und dem Kalkweiß der Wände, eine Räumeflucht, die Besucher immer wieder an Goethes Haus am Frauenplan erinnert hat. Viel ist darüber spekuliert worden, was Bernhards Simulation der Landedelmannsexistenz zu tun hatte mit seiner erbärmlichen Kindheit, als sich die Familie, in der er der ungeliebte uneheliche Stiefsohn war, in Salzburg-Lehen zeitweilig zu acht in zwei Zimmern drängeln mußte. In seinen oberösterreichischen Häusern war er jedenfalls – bis auf gelegentliche Logierbesuche der alten Freundin und Gönnerin Hede Stavianicek, seines »Lebensmenschen« – meist mutterseelenallein. Unzählige Anekdoten gibt es über die Ungastlichkeit dieses Hausherrn, der seine riesige Profiküche aus Edelstahl zu keiner Gelegenheit in Gang setzte, der niemandem auch nur ein Stamperl Schnaps vorsetzte und überhaupt das schwere Hoftor am liebsten verbarrikadiert hielt. Klingt alles nach der typischen Bernhard'schen Klammheit und Düsternis, nach, »Frost« und »Verstörung« und »Unterganghofer«, wie man ihn, witzig-witzig, etikettierte.

Der Nachbar im Weiler Weinberg, besagter Hennetmair, hat ihn auch ganz anders kennengelernt. Bis zu dem Zeitpunkt, als sich die beiden unwiderruflich zerkriegten, was mit Bernhard wohl ein leichtes war, trafen sie sich täglich, manchmal mehrmals am Tag, machten lange Spaziergänge zusammen, Autotouren in Immobilienangelegenheiten, und vor allem war Thomas Bernhard Dauergast in der Hennetmairschen Großfamilie, deren Kuschelmilieu man sich gegensätzlicher zur kalten Pracht von Nathal kaum vorstellen kann. Hennetmair hat in seinem »versiegelten Tagebuch« eines Jahres mit Thomas Bernhard, das jüngst ein phänomenaler Bucherfolg wurde, sehr kuriose Schilderungen der gemeinsamen Freß- und Fernsehabende geliefert. Da werden unentwegt Grammelknödel mit Kraut, Geselchtes, Linzertorte und Rahmsuppe mit gebackenen Weißbrotschnitten verspachtelt, wobei »Thomas« die Nachbarsfamilie, u.a. »Gattin Zäzilia, Tochter Reinhild mit Sohn Wolfi, Tochter Elfriede mit Bräutigam Stutz« und vor allem »Omi«, mit seinen Blödeleien in erstickungsnahe Lachkrämpfe versetzt. Dann wandert man rituell hinauf in »Omis« Fernsehzimmer, mit Zimmerpalme, Blumengardinen und Kronleuchter, und macht es sich bequem vor Kulenkampff und »Mainz, wie es singt und lacht«, Eislaufküren und »Stars in der Manege« – und »Omi« ist manchmal »ganz ungehalten, weil Thomas zu oft ›scheußlich‹ sagt« – es ist alles sauber spießig. Thomas Bernhard weiht Hennetmair in sämtliche Verlagsunbilden, Medienstreitereien und Preisgerangel ein, läßt sich von ihm nach verabredetem Klopfzeichen täglich versorgen, mit »sieben Zeitungen, seiner Post, zwei Knackwürsten und einer Flasche Milch« zum Beispiel. Er verabredet mit ihm, wie man lästige Besucher quält, so das unerwünschte Ehepaar Hufnagel, das von den beiden Kumpanen auf einen matschigen Gewaltmarsch geschickt wird, nach welchem »Frau Hufnagl ein heißes Fußbad nehmen und die Strümpfe wechseln« muß. Bei jedem Wetter absolvieren der hagere Bernhard und der kleine, runde Hennetmair miteinander ihre »Normaltour«: Ohlsdorf – Forsthaus an der Traun – Aupointen – Sandhäuslberg – Weinberg, und dabei kommt es zu mancher »Vermaledeiungssuada«, Thomas Bernhards einzigartigen Redeschwällen, etwa zu einem Musterbeispiel für des Autors stilisierte Misogynie: »Thomas erklärte mir, daß er sofort eine Frau nehmen würde, aber die müßte sein wie eine Magd... So eine Frau, wie sein Großvater eine gehabt hat, so eine würde er brauchen. Die hat aufgerieben (wöchentlich den Holzfußboden), konnte Gäste empfangen, erledigte unangenehme Behördengänge, hat gute Briefe geschrieben, hat es erduldet, daß der Großvater eine Woche nichts mit ihr gesprochen hat… na, und drei Kinder haben sie halt gehabt miteinander. Das möchte ich ja auch haben, eine fürs Bett, aber dann hätte ich an allem anderen sicher so viel auszusetzen, daß ich sie am zweiten Tag ausjagen würde. Eine Frau für mich, die gibt es nicht. Oder es wäre alles aus. Ich könnte dann halt nichts mehr schreiben.«

Jahrelang verstand man sich, dann kam es zum Eklat, dessen Gründe der heute über 80jährige Hennetmair nicht preisgibt, nur daß ihm falsche Beschuldigung und Verrat widerfahren seien. Jahre später bemühte sich Thomas Bernhard in sehr spezieller Weise um den alten Freund – er machte ihn als »Moritz« zur Hauptfigur des Prosatextes »Ja«, seinen »Lebensretter«, wie es darin heißt: »Wir müssen zu einem Moritz gehen und uns aussprechen können…« Aber die Kränkung war wohl so einschneidend, daß es zu keiner Aussöhnung kam.

Hennetmairs originelles, selbstbewußtes und keineswegs unkritisches Zeugnis einer außergewöhnlichen Männerfreundschaft ist von den Feuilletons in den Himmel gehoben worden als »das beste Buch des Jahres«, als literarisches Werk sui generis – was es nicht ist. Es ist schon mal viel zu lang, wenngleich Bernhard-Verehrer, ich weiß das, nicht genug kriegen können an nachgetragenen Detailinformationen über des Meisters eigensinnigen Erdenwandel. Hennetmair zeigt uns einen humoristisch getönten, teilweise etwas banalen Alltags-Bernhard, einen knorzigen Räsonierer, Eigenbrödler, Witzbold, was gewiß alles zutrifft, aber der grandiose Schriftsteller, der seine Lebenswidrigkeiten in einzigartige Kunstwerke verwandelte, der kommt nur am Rande vor. Es genügt, einen kürzeren Bernhardschen Prosatext wie die frühe Erzählung »Ungenach« nachzulesen, um zu ermessen, wie wenig Karl Ignaz Hennetmair »auf Augenhöhe« ist.

»Ungenach«, das ist einer dieser Ortsnamen der nördlichen Traunseeregion, bei deren Anblick auf weißen österreichischen Straßenschildern man stutzt, so sehr sind sie *Literatur.* Man könnte sie alle abklappern, was bei den zahlreichen Thomas-Bernhard-Tagungen der Region gern geschieht: Losfahren würden wir an also seinem Gehöft *Obernathal 2*, dann weiter nach *Peiskam* (welches in »Beton« eine Rolle spielt) und weiter in den Hauptort *Ohlsdorf*, wo Bernhard regelmäßig in den Gasthof *»Asamer«* einkehrte. Weiter ginge es über das ebenfalls gern besuchte Wirtshaus *»Enichlmayr«* (oder »Gasthaus Ehrenfeld«), nahe den großen Papierfabriken von Steyrermühl, und über die Nebelsiedlung und Aichlham hinüber nach *Sicking,* wo wir aber das von Bernhard dorthin verlagerte »Kalkwerk« nicht auffinden werden, denn das stand in Wahrheit am östlichen Traunseeufer. Von dort ließe sich hinüberqueren in die Weiler *Altensam* und *Stocklet*, ungeliebte Herkunftsorte der Hauptfigur Roithamer aus »Korrektur«. Und schließlich würden wir nordwärts nach Ottnang, wo das *»Gasthaus Gesswagner«* ein Bernhardscher »Wohlfühlort« war, und zum hochragenden Schloß *Wolfsegg* weiterfahren, welches im späten Roman »Auslöschung« als Inbegriffsort des schwierigen Erbes Österreichs fun-

Schloß Wolfsegg

giert. Nahebei, mit Blick auf Wolfsegg, Thomas Bernhards drittes Wohnhaus, der einfache Ziegelbau *»Haunspän«* in *Niederpuchheim* bei Ottnang. Hier beginnt der tiefe, dunkle *Hausruck*-Wald, in welchem Roithamer aus »Korrektur« seinen merkwürdigen Kegelbau errichtet und sich schließlich erhängt. Zurück ginge es über eine Ortschaft, die unbeabsichtigt, aber passend »Thomasroith« heißt, nach *Ungenach*, wie die gleichnamige Erzählung, und schließlich würden wir über Puchheim und das Wirtshaus von *Wankham* (ein Schauplatz in »Frost«, dem allerersten Roman) zur *Aurach-Engstelle* mit dem *Haus des Tierpräparators Höller* in Pinsdorf gelangen, wo die »Höller'sche Dachkammer« einen Rückzugsort für Roithamer aus »Korrektur« darstellte. Von dort wären wir rasch zurück in Gmunden.

Wir würden eine etwas langweilige, heute stark zersiedelte, ökonomiegeprägte und verkehrsdurchsägte Hügellandschaft kennenlernen, Thomas Bernhards gern gebrauchte Lokalisierung »vor dem Höllengebirge« suggeriert mehr Dramatik, als sich dem Blick erschließt. Kaum einen der in seinem Werk obsessiv genannten Orte hat Bernhard wirklich »beschrieben«, topographische Ausmalung hat ihn angeödet, war nicht seine Art von Literatur. Er hat nur die Namen benutzt, hämmernd, litaneiartig, suggestiv, und sie so seinem höchstpersönlichen Kosmos einverleibt. »Ungenach« ist ein passendes Beispiel: Im gleichnamigen Prosatext steht der Name für einen hypertrophen, fast surreal unermeßlichen Großgrundbesitz, eine furchtbare, lastende Nemesis für den Erben Robert Zois, derer er sich, um des freieren Überlebens willen, durch eine »unikumale Abschenkung« zu entledigen sucht. In Wirklichkeit ist Ungenach ein unauffälliges 1343-Einwohner-Kaff, mit neuem Feuerwehrhaus, Kegelmeisterschaft und Auftritten des »Stelzhamer-Chors«; in der »Bäckerei Lebersorger« kann man Semmeln kaufen und am Rathaus studieren, daß die Verwaltungsangestellte Eveline Watzinger für die Abfallsäcke zuständig ist.

Was haben wir hier verloren? Unser Ungenach bleibt dieses: *»... der Ankommende, der Ungenach nicht kennt, bemerkt Ungenach erst, wenn er unmittelbar davor steht, er steht plötzlich, nachdem er eine Stunde durch den Wald* *gegangen ist, vor der Mauer, vor dem verschlossenen Tor, und es kann vorkommen, auch wenn er erwartet ist, vorkommen, daß er, obwohl er versucht, sich bemerkbar zu machen, lange Zeit nicht bemerkt und also vor dem Tor steht und nicht hineingelassen wird... aber die meisten, die hinein wollen, warten vergebens... werden entweder nicht gehört, oder werden gehört, aber aus einem andern Grund nicht hineingelassen... aber daß ein Fremder nach Ungenach kommt und hinein will, ist die größte Seltenheit, denn Fremde werden von meiner Stiefmutter nicht nach Ungenach eingeladen und also werden in Ungenach keine Fremden erwartet...«*

»ALLES WEGKOMPONIERT« – SOMMERFRISCHE AM ATTERSEE

Wir verlassen Thomas Bernhards Landschaften ganz allmählich, fahren von Gmunden zurück nach Altmünster und von hier westlich hinauf in Richtung Reindlmühl. Bei der Kreuzung von Edt biegen wir ab in Richtung Neukirchen, und oberhalb dieses geschlängelten Sträßchens liegt das kleine Anwesen »Krucka«, das Bernhard am wenigsten von seinen drei Domizilen benutzte und das heute im Privatbesitz der Erben ist. – Nun aber geraten wir ins Höllengebirge, in eine neue Landschaft, an einen neuen See. Die Strecke hinüber nach Steinbach am Attersee führt durch schöne, unverbaute felsig-waldige Alpenlandschaft, und das »Wirtshaus Großalm« auf der Hälfte des Wegs serviert am Wochenende vorzüglichen Schweinsbraten.

Der Attersee, der sich jetzt von einer Anhöhe aus vor uns hindehnt, ist der flächigste und lichteste aller Salzkammergutseen, der größte See Oberösterreichs. Viel, viel Wasser, immer wieder vom »Rosenwind« befächelt. Den sanften Ufern, obwohl ihn im Südosten das durchaus schroffe Höllengebirge einfaßt, fehlen die unverwechselbaren Blickpunkte, wie sie der Traunstein, der Schafberg oder die Drachenwand darstellen. Er ist an manchen Uferstrecken immer noch am ehesten ein ländlicher Bauernsee geblieben, aber nicht überall. Zur leichten Bekümmerung für uns beschaulich-verträumte Schlendertouristen hat der Attersee auch die Funk-

tion eines extremen »Freizeitsees«, es wird hier geballt Wassersport in allen Varianten betrieben, an den Wochenenden kann es furchtbar rundgehen.

So auch unterhalb des »Gasthof Föttinger« in Steinbach, unserer ersten Ortschaft am Wasser. Mit dem »Föttinger«, straßenseitig ein altmodisches, gepflegtes Wirtshaus, rückwärts ein kräftig ausgeufertes modernes Tagungshotel, hat es die Bewandtnis, daß dort Gustav Mahler einige Sommer verbrachte und seine zweite, vor allem aber die stark landschaftsbeeinflußte dritte Symphonie schrieb. Im Sommer 1893 reiste der 33jährige Komponist, der seit dem Tod der Eltern für die drei jüngeren Geschwister sorgen mußte, erstmals an. Im »Föttinger«, damals »Gasthaus zum Höllengebirge«, bezog man eine Sommerwohnung mit Schlafzimmern, eigener Küche, Eßzimmer und Balkon; ein Klavier wurde aus Wien antransportiert. Der extrem geräuschempfindliche Mahler fühlte sich jedoch durch den damals zweifellos bescheidenen Krach der Uferstraße gestört, durch andere Feriengäste und die Verwandtschaft, und setzte es durch, daß man ihm auf der Seewiese unterhalb des Gasthofs ein »Komponierhäusl« erbaute, einen winzigen Einzimmerkasten abseits vom Getriebe, der im folgenden Jahr fertig dastand. Dorthin verzog er sich allmorgendlich um halb sieben, packte sich zwei Kätzchen als Gesellschaft in die Jackentaschen und tauchte zum Kummer seiner Geschwister, die mit dem Mittagstisch auf ihn warten mußten, manchmal erst um drei wieder auf aus dem Schaffensrausch auf. Die sehr lange dritte Symphonie, weit vom Salzkammergut in Krefeld uraufgeführt, ist in ihren Teilen etwas lesebuchhaft nach Steinbacher Naturimpressionen benannt »Was mir der Wald erzählt«, »Was mir die Blumen auf der Wiese erzählen«, »Was mir der Kuckuck erzählt« etc., obwohl es Mahler fernlag, Programmusik komponieren zu wollen. Berühmt ist die vom Dirigenten Bruno Walter überlieferte Szene, der Mahler einmal am Attersee besuchte und mit Wohlgefallen das Höllengebirge betrachtete. »Brauchen S' gar nicht mehr hinschauen«, sagte Mahler zu ihm, »hab' ich alles wegkomponiert.« Um seine Komponierkate herum herrschte ihm freilich immer noch zuviel Radau. Die Dorfkinder wurden mit Schleckereien bestochen, sich fernzuhalten. Leiermänner und fahrende Musikanten, so erzählt Dietmar Grieser, wurden mit einem »Abfindungszehnerl« bestochen, auf daß sie mitten im Ton verstummten. Hunde wurden vertrieben oder eingesperrt, Gänse und Hühner notfalls geschlachtet, und Knechte kassierten gern einen Gulden ab, damit sie ihre Sensen außer Hörweite dengelten.

»Ich bin sicher, schrieb Mahler, »daß die Menschheit in einer späteren Epoche einmal gegen Geräusche so empfindlich sein wird wie jetzt etwa gegen Gestank ...« Schön wär's. Was er wohl gesagt hätte zu den Ghettoblastern und jodelnden Musikantenstadln aus tragbaren Fernsehgeräten, die sich jetzt auf seiner stillen Blumenwiese breitmachen? Die Mahler-Wiese unter dem Gasthof Föttinger ist zu einem scheußlichen Campingplatz und Wohnwagenstandort geworden, und man fragt sich immer, wie Prospektphotographen heutige Ablichtungen des Komponierhäusls hinkriegen, auf denen es immer noch mutterseelenallein am See zu stehen scheint. Ich habe das schwer bedrängte Hüttlein, für das man sich an der Hotelrezeption einen Schlüssel abholen kann, meist von Surfbrettern belehnt, von Neoprenanzügen behängt, gesehen. Immer noch besser als die Verwendung als Schlachthaus oder Campingklohäusl, zu welchen Zwecken es auch schon herhalten mußte …

Wir fahren südlich am See entlang in Richtung Weißenbach. Im Ortsteil Forstamt, nur ein paar Kilometer hinter Steinbach, steht etwas oberhalb des Sees eine ansehnliche mehrgiebelige Jahrhundertwendevilla mit umlaufenden Holzbalkons. Hier schlüpfte im Februar 1946 ein frisch aus der norwegischen Kriegsgefangenschaft entlassener fast 50jähriger Wehrmachtshauptmann unter, der sich in das russisch besetzte Wien zunächst nicht recht zurücktraute – wegen seines frühen NSDAP-Parteibuchs. Im Ersten Weltkrieg war der Offizier Heimito von Doderer noch »siegeswillig« gewesen, der Zweite war ihm bloß noch »eine brodelnde, knurrende Hölle, hinter der namenloses Elend seine Spur schleift« und in der es ihm hauptsächlich darum ging, mittels »Tachinieren im Felde«, dem möglichst schlauen Wegducken vor Kampfhandlungen, sich und seine Soldaten heil nach Hause zu bringen.

Nun kam er an einem Wintertag die ganze Länge des Sees von Kammer am Nordende nach Weißenbach mit dem Schiff angereist. Sein Onkel, Richard von Doderer, der sich jeden Tag am Landungssteg einfand, um nach eventuellen Heimkehrern Ausschau zu halten, schloß ihn in die Arme und nahm ihn auf »wie einen Sohn«. Das eigentlich vornehme Jagdhaus war vollgestopft bis unters Dach mit dem böhmischen Zweig der Familie: Nichten, Cousins, Schwiegereltern, ein trotz der Haupternährung »Wassersuppe mit Wasser« offenbar recht wohllauniges Flüchtlingsquartier. Doderer teilte sich mit seinem Vetter, der dort für die US-Soldaten Heiligenbildchen kopierte, eine Dachkammer mit Bergblick auf die Mahdelschneid und schloß sich alsbald der Erwerbstätigkeit aller Hausbewohner an, nämlich dem fein gepinselten Bemalen von Dominosteinen mit Gemsen, Trachtenpärchen und blauem Enzian, die bei den Amerikanern etwas Geld für Lebensmittel aus dem Schwarzhandel einbrachten. Er beteiligte sich, weder geschickt noch ausdauernd, am Holzhacken und wartete dringend auf eine Paketsendung aus Wien, mit etwas Zigarettentabak und vor allem Zivilkleidung.

Februar 1946, das war einige Monate nach der Befreiung von Ebensee, um die zwanzig Kilometer entfernt. Heimito von Doderer, der ja erst in den Nachkriegsjahren zu einem der anerkanntesten Schriftsteller Österreichs wurde, hat sich zu seiner frühen NS-Anhängerschaft immer sehr kryptisch und gewunden geäußert. Gab es je ein klares, öffentliches Wort des Entsetzens, ein Eingeständnis des Mitläufertums? »Es gibt auch eine Schuld durch Duldung«, hat er in den Nachkriegsjahren einmal zugestanden und sich im übrigen eine sehr schwer verständliche Privatphilosophie zurechtgelegt, die sein entschieden opportunistisches Verhalten (auch noch zu Zeiten, als er sich vom nazistischen Systemterror angeblich innerlich abgewandt hatte) ins Licht einer abgehobenen »Ästhetik der Nichteinmischung« rücken sollte. Fest steht aber zum Beispiel, daß er, der sich den Nazis 1932 aus »Mattigkeit und Anlehnungsbedürfnis« anschloß, weil er sich als erfolgloser Schriftsteller etwas wünschte, das er »machtgeschützte Innerlichkeit« nannte; fest steht, daß er sein Opus magnum, »Die Dämonen«, der braunen Macht zuliebe in »Die Dämonen der Ostmark« umbenannte und die jüdische Thematik dieses Romans der Reichschrifttumskammer folgendermaßen schmackhaft zu machen versuchte: »Ich glaube, es ist das erste Mal, daß die jüdische Welt im Osten des deutschen Lebensraumes von einem rein deutschen Autor in den Versuchsbereich der Gestaltung gezogen wurde. Denn die bisher darüber schrieben (Schnitzler, Wassermann etc., etc.), waren selbst Juden, und ihre Hervorbringungen können wohl seit langem schon nicht mehr ernsthaft gelesen werden...« Ein »abseits stehender Privatmann«? Und als er begann, am Meisterwerk der »Strudlhofstiege« zu schreiben, war das Vorbild für die Figur der »Kleinen E. P.« bereits vergast. Wann Doderer davon erfuhr, weiß man nicht. »Sicher ist nur«, vermerkt sein Biograph Lutz W. Wolff, »daß Doderer die Nazis, ihre Verbrechen und alle Kriegsgreuel systematisch aus seinem Bewußtsein, seinen Tagebüchern und seinen Werken verdrängt hat.«

In Weißenbach wandert er, der 1940 zum Katholizismus konvertiert war, allsonntäglich zur Messe nach Steinbach: »Ich frühstückte heute vortrefflich. Das Hochamt dauerte eine und eine halbe Stunde, und in der kleinen Steinbacher Kirche war es fast so schön wie draußen im Freien. Dem amtierenden Priester lag die Sonne auf den Schultern, sie legte sich durch den Dampf von Weihrauch … Und nach dem Amt habe ich noch ein herrliches zweites Teefrühstück gehalten, mit einem Ei und echtem Bienenhonig.« Er beschwärmt die österliche Natur: »Der blaue See, rein wie Lack. Oh, noch reinerer Schneezucker auf den hohen Bergen! Hinter den Blütenwolken der Bäume die reine, feste, harmonische Form eines alten oberösterreichischen Bauernhofs«, und macht sich Sorgen um seine politische und publizistische Zukunft im besetzten Österreich: Da habe er sich wohl »sehr erfolgreich selbst ein Bein gestellt« mit seiner »längst überwundenen Vergangenheit«, dem damaligen »Sturz ins Irreale«. Im Mai 1946 kehrt er dennoch nach Wien zurück, wo sich seine Befürchtungen als relativ haltlos erweisen. Bereits 1947 wird er entnazifiziert, gegen eine Zahlung von 1650 Schilling, für die er im Dorotheum seinen Siegelring und seinen blauen Anzug versetzt. Und dann geht er an die Hauptarbeit am großen Werk der »Strudlhofstiege«, jenem, man muß es halt trotz allem eingestehen, zeitlos fulminanten urösterreichischen Romankosmos, über den die verfolgte Jüdin Hilde Spiel schrieb: »Ich war wehrlos gegenüber dieser Verdichtung wienerischen Lebensgefühls, dieser so präzisen wie skurrilen Sprache, dieser Kraft des Aufbaus bei immer wieder frappierender Anschaulichkeit der Details. Alles, alles nahm ich hin …«

Heimito von Doderer hinterließ im Gästebuch des Weißenbacher Landhauses, in das er nie mehr zurückkehrte, ein paar launige Zeilen: »Lange währet der Mensch. Mitunter der Gast auch lange. / Hintennach scheint es kurz. Im währenden macht es mir bange.«

Am anderen Ende des Sees war in der Zwischenkriegszeit ein leicht skandalumwitterter Attersee-Künstlertreff erblüht: in Schloß Kammer hielt die reiche Salondame Eleonore von Mendelssohn Hof, eine männermordende Bellezza, deren rauschende Feste in der Umgebung einen etwas anrüchigen Ruf hatten. Auf Schloß Kammer ging es sehr kosmopolitisch zu; die englische Starschauspielerin Diana Cooper war dort Hausgast, Alice Astor und der berühmte Gesellschaftsphotograph Cecil Beaton, der die exzessiven Atterseer Rencontres einen »Kindergarten für außergewöhnliche Erwachsene« nannte. Eleonore von Mendelssohns Lebensleidenschaft galt dem Salzburger Festspielintendanten Max Reinhardt, der aber leider mit Helene Thimig verheiratet war, und so sollte Schloß Kammer wenigstens als Society-Mittelpunkt mit dem Reinhardtschen Schloß Leopoldskron konkurrieren. Die Zuckmayers scherten sich nicht um solche Rivalitäten. Sie tauchten offenbar überall auf, wo im Salzkammergut gefeiert wurde: Am Grundlsee, Leopoldskron, Kammer. Heute ist das ehemalige verwunschene, gelbverblaßte Schloß auf seiner Halbinsel säuberlich weiß verputzt und in streng abgeschottetem Privatbesitz der österreichischen Springreiterin Sissy Max-Theurer – von langen, lockeren Nächten hört man nichts.

Gustav Klimt hat Schloß Kammer häufig gemalt: den dichten Bewuchs seiner abblätternden Mauern, die Spiegelungen im unbewegten, graugrünen See. Es sind, verglichen mit seinen leuchtenden Blumengärtenbildern, gedämpft-tönige, etwas melancholische Bilder, und nicht alle sind so rasend bekannt, daß sie auf Aldi-Postern und Aschenbechern, auf Kopftüchern und Plastikarmbanduhren auftauchen. Kann man Klimt überhaupt noch sehen? Seit dem weltweiten Jugendstil- und Wiener-Werkstätten-Boom der sechziger und siebziger Jahre gibt es wohl keinen massentauglicheren, keinen zu Dekorationszwecken abgenutzteren Künstler als diesen Maler des erotisch flimmernden Goldschwulsts und der opulent gewandeten Gesellschaftsdamen. Auch die Landschaftgemälde des Attersees, die zu seinem Spätwerk zählen, als er sich vom Goldgrund abgewandt hatte und verbittert war über den Skandal, den seine Wiener Wandgemälde hervorriefen, sind weltweit in unzähligen Kaufhausdrucken, Grußkarten und sogar als Bildschirmschoner verbreitet. »Glückstapeten« hat sie ein Kritiker genannt. Wenn Mahler den Attersee »wegkomponiert« hat, so hat Klimt ihn weggemalt, keine Hervorbringungen, außer vielleicht »The Sound of Music«, haben dem Salzkammergut solchen Weltruhm verschafft wie die Werke dieser beiden Verherrlicher, Überhöher und Apotheotiker.

In Unterach beginnt sozusagen Klimt-Country; die Seeseite dieses Dorfes mit ihren übereinandergeschachtelten Dächern und dem Zwiebelturm hat Klimt von Weißenbach aus mit seiner ganz besonderen Technik ins Bild gesetzt: Er hat, durch ein Fernrohr blickend, ihre Teleobjektivansicht gemalt, eine Optik, die die Tiefe aufhebt und die gestaffelten Einzelheiten zu einem flächigen Teppich verwebt. Fernrohr und Opernglas hatte der Maler stets bei sich, vor allem aber seinen »Sucher«, ein Stück Pappe oder Elfenbein, aus dem ein quadratisches Fenster geschnitten war. So kamen die ungewöhnlichen, gewagten, ebenfalls immer quadratischen Bildausschnitte zustande, die so typisch für Klimts Landschaftsmalerei sind. Ein Meter mal ein Meter waren die Leinwände meistens groß, und wenn der Künstler, von den Einheimischen »Waldschrat« genannt, genug davon hatte, sie durch die Gegend zu schleppen, durch steile Buchenwälder, durch blühende Bauernwiesen und Obstbaumhänge, verscharrte er sie bei trockenem Wetter einfach im lockeren Blätterboden der Wälder.

Das Südwestufer des Sees, von Unterach über Nußdorf bis zum Hauptort Attersee, hat sich auch heute noch ein friedliches, ländliches Gesicht bewahren können. Eingewachsene, farbenfrohe Bauerngärten, Hecken, Apfelbäume und Kuhweiden gibt es hier, schöne Höfe auf den Anhöhen; man fährt zwischen Wiesen und Wasser dahin und staunt ein wenig über die frische, ruhige Sommerfrischeatmosphäre. Im nördlicheren Teil des Sees ist dann Schluß damit. Attersee, Seewalchen und Schörfling sind im Einheitsstil verklotzte, sehr gegenwärtige Touristenzentren, und stände nicht die »Villa Paulick« in Seewalchen, könnten wir uns diese Strecke schenken. Die aber ist jeden Umweg wert. Unübersehbar ragt sie etwas unterhalb der Seewalchener Durchgangsstraße in die Höhe, ein verrückt dekorativer Jahrhundertwendebau mit spitzhelmigem Turm, steilen Giebeln und Gauben und einer Unzahl von Buntglaserkern, Schnitzbal-

Gustav Klimt (im Russenkittel) mit seinen Freunden am Bootsteg

kons, Loggien und Zinnenterrassen. Die »Villa Paulick« – im Jahre 1900 hat Klimt mit seiner Muse und Seelenfreundin Emilie Flöge hier einige Wochen gewohnt – war das Zentrum des Künstlerkreises um Klimt am Attersee. Auf komplizierte Weise waren sie alle miteinander verschwägert, Klimt und die Flöge-Schwestern, die Paulicks und die Teschners, nach heutigem Sprachgebrauch alle »Kreative und Designer«. Der für den Kaiserhof arbeitende Kunsttischler Paulick hatte seine Villa mit elaborierten Holz- und Intarsienarbeiten ausgestattet, Richard Teschner verfertigte für die Wiener Werkstätten mit Edelstein besetzte Specksteinfiguren und raffinierte Stabpuppen, und Emilie Flöge war eine begnadete, innovative Modedesignerin. Es gibt aus dem ganzen Salzkammergut kaum schönere, sprechendere frühe Fotografien als die bräunlich-monochromen Sommerfrischebilder, die in diesem Zirkel enstanden. Da ist immer das Irisieren des Sees, da sind berankte Gärten und verschattete Waldwiesen – und mittendrin tummelt sich, meist lachend, diese muntere Bohèmetruppe. Mal kauern sie im Räuberzivil auf einem Steg und ziehen einen Kahn heran, mal sitzen sie eng beieinander beim Jausenumtrunk auf einer Alm oder präsentieren sich selbstironisch-stolz vor Rosen- und Lilienrabatten in ihren »Wiener Künstlerkleidern«. Die waren Emilie Flöges Erfindung, die reichen, raffinierten Muster oft von Klimt oder Koloman Moser entworfen: weich fließende, bodenlange, elegante Kaftans, vom schmucklos-strengen reichsdeutschen »Reformkleid« meilenweit entfernt. Klimt freilich trägt meistens einen knittrigen, ebenfalls knöchellangen Russenkittel, sein Standardgewand und Markenzeichen. So sehen wir ihnen, über hundert Jahre hinweg, in ihre entspannten Feriengesichter, und sie sind uns ganz nah.

Das schönste aber an der »Villa Paulick« ist, daß man sich auch heute noch dort in Pensionszimmern einmieten kann, gar nicht besonders kostspielig, denn die Komfortstandards sind nicht topmodern. Aber wen stört das, wenn man sich in diesem auch in den Interieurs vollständig erhaltenen Gebäude der Klimt-Ära herumbewegen kann, als wäre die Zeit stehengeblieben, als wären wir in jene Tage zurückgerutscht? Die holzverschalte Eingangshalle und die alten Stühle, die Wendeltreppen und Kamine von damals, die Fresken und Butzenscheiben an der Säulenloggia, vor allem aber der große Salon mit der Intarsiendecke, den bordeauxroten Samtbespannungen, dem Paisley-Überwurf überm Flügel, den Jahrhundertwendefauteuils, Bildern und Beistelltischchen – nichts ist von der heutigen Besitzerin, einer Freundin der letzten Flöge-Nachkommin, verändert worden. Über die weite Wiese des etwas verwilderten, zugewachsenen Parks gehen wir zu Bootshaus und Steg hinunter. Von Nordosten schimmert Schloß Kammer herüber, im Süden steht das Höllengebirge leuchtend über der Seefläche. Dies, so beschließen wir, soll unser Abschiedsblick vom Salzkammergut sein. Der Holzsteg verströmt seinen Feuchtedunst, den wir so oft gerochen haben in den vergangenen Tagen, das Wasser flimmert und blitzt, daß uns alles vor den Augen verschwimmt. So wie uns auch die Zeiten ineinander verschwommen sind auf dieser Reise in ein wundersames, abgründiges, nah-fernes Land, von dem man nunmehr, man glaubt es kaum, in einer knappen Stunde wieder an der eigenen Staatsgrenze wäre. Wir starren über den See, der sich in grüngoldene Punkte und Kreisel aufgelöst hat, ganz wie auf Klimts schönsten Bildern, auf denen nichts zu sehen ist als Wasser und Licht. Ein Gefühl von Auflösung, von Levitation – was ist schon Vergänglichkeit, was ist denn »vergangen«, *verschwunden* von all dem, was uns auf unserer österreichischen Fahrt nahegekommen ist? Wir jedenfalls sind irgendwie im »Gewesenen« getrieben wie in dem weichen, aber auch kalten und tiefen See, der uns nun noch, für eine halbe Stunde vielleicht, vor Augen liegt. Haben uns mit größter Zustimmung wegtragen lassen aus der Beschränktheit unserer eigenen Zeitgenossenschaft und sind nun, abreisebereit, sehr dankbar für eine Landschaft, die uns das erlaubt. »Unzeitgemäßheit« heißt ein kurzer, aphoristischer Text von Doderer von 1954, und er scheint uns sehr passend am Steg der alten Villa, von dem wir gleich aufbrechen werden: *»Es rauscht immer irgendwas, der Wind im Meer der Baumkronen, oder die angeschwollenen Gewässer, und wenn wir das nicht hörten, dann würde die vergehende Zeit in unseren Ohren rauschen: und solches bewiese, daß wir nicht ganz mit ihr synchron dahinfließen, daß wir ihrem Strom irgendeinen Widerstand bieten, daß wir also nicht ganz und gar zeitgemäß angelegt sind. Intervall ist die Empfindung, in der Folge aber auch Erkenntnis. In diesem Fall heißt der Intervall: Unzeitgemäßheit. Ohne ihn wären wir keine Menschen.«*

Die Villa Paulick in Seewalchen am Attersee

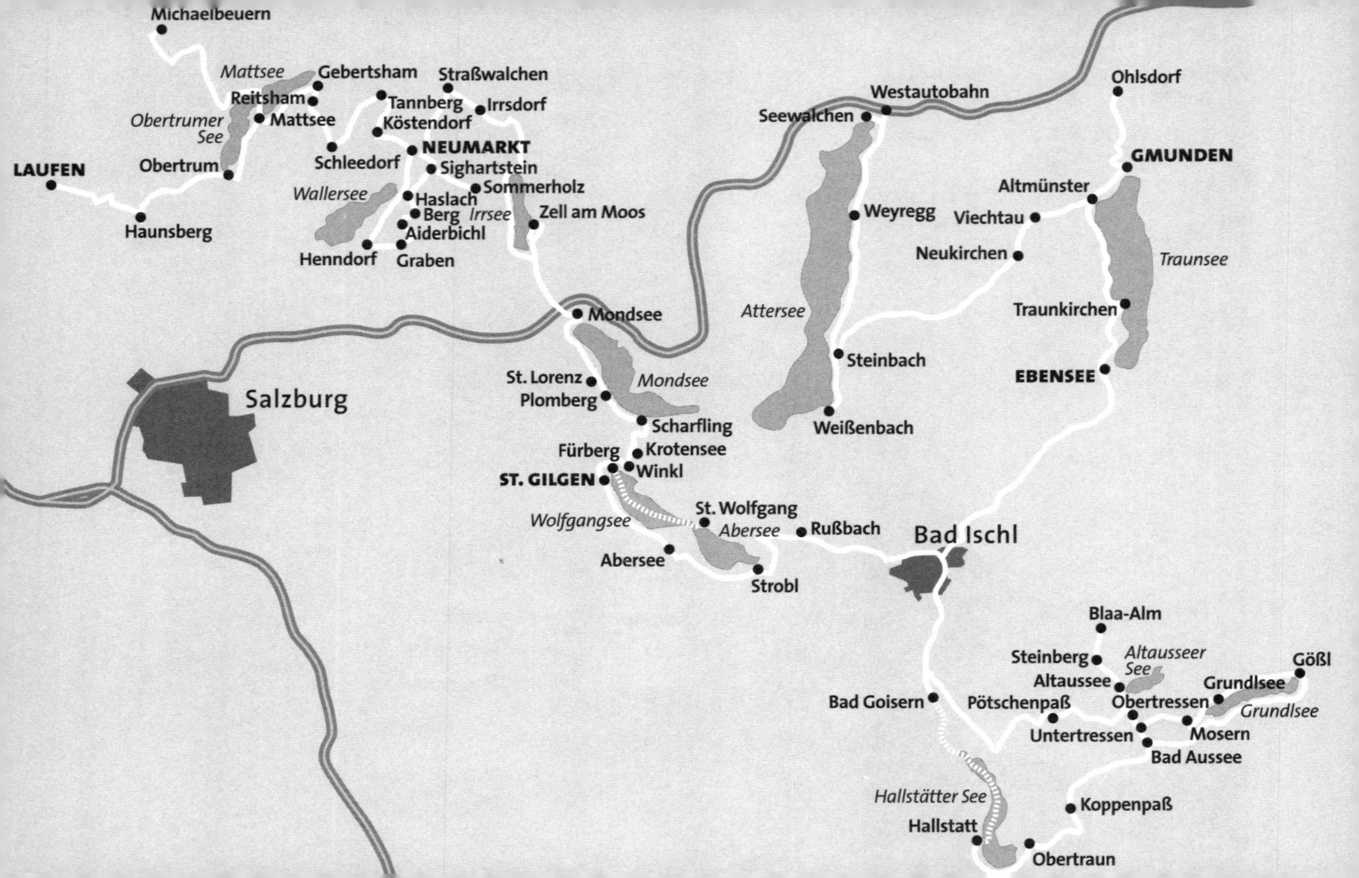
Michaelbeuern
Mattsee
Gebertsham
Reitsham
Mattsee
Obertrumer See
LAUFEN
Obertrum
Haunsberg
Straßwalchen
Tannberg
Irrsdorf
Köstendorf
NEUMARKT
Schleedorf
Sighartstein
Sommerholz
Wallersee
Haslach
Berg
Irrsee
Zell am Moos
Aiderbichl
Henndorf
Graben
Salzburg
Mondsee
St. Lorenz
Plomberg
Mondsee
Scharfling
Fürberg
Krotensee
Winkl
ST. GILGEN
Wolfgangsee
St. Wolfgang
Abersee
Rußbach
Abersee
Strobl
Bad Ischl
Westautobahn
Seewalchen
Weyregg
Attersee
Steinbach
Weißenbach
Ohlsdorf
GMUNDEN
Altmünster
Viechtau
Neukirchen
Traunsee
Traunkirchen
EBENSEE
Blaa-Alm
Steinberg
Altausseer See
Altaussee
Gößl
Grundlsee
Grundlsee
Bad Goisern
Pötschenpaß
Obertressen
Untertressen
Mosern
Bad Aussee
Hallstätter See
Koppenpaß
Hallstatt
Obertraun

SALZKAMMERGUT REISEHINWEISE ALLGEMEIN

Routen-Verlauf einer viertägigen Salzkammergut-Rundfahrt:

1. Tag: Flachgau – Mondseeland
Laufen an der Salzach – Haunsberg – Obertrum – Mattsee – (Abstecher zum Klosterdorf Michaelbeuren) – Gebertsham – Reitsham – Schleedorf – Tannberg – Köstendorf – Neumarkt am Wallersee – Henndorf – Graben – Aiderbichl – Berg – Haslach – Sighartstein – Sommerholz – Staßwalchen – Irrsdorf – Westufer Irrsee – Zell am Moos – Mondsee – St. Lorenz – Plomberg – Scharfling – Krotensee – Winkl – Fürberg – St. Gilgen

2. Tag: Wolfgangsee – Bad Ischl – Hallstätter See – Altaussee
Fürberg – (Schiff nach St. Wolfgang und zurück) – St. Gilgen – Abersee – Strobl – Rußbach – Bad Ischl – Bad Goisern – (Schiff nach Hallstatt – und zurück) – Hallstatt – Obertraun – Koppenpaß – Bad Aussee – Altaussee

3. Tag: Im Ausseer Land
Altaussee – Steinberg – Blaa-Alm – Altaussee – Obertressen – Untertressen – Mosern – Grundlsee – Gößl – Bad Aussee – Altaussee

4. Tag: Traunsee und Attersee
Altaussee – Pötschenpaß – Bad Ischl – Ebensee – Traunkirchen – Gmunden – Ohlsdorf – Gmunden – Altmünster – Viechtau – Neukirchen – Steinbach am Attersee – Weißenbach – Weyregg – Seewalchen am Attersee – Westautobahn

KARTEN FÜR DAS GANZE GEBIET:

Österreich-Generalkarte Blatt 2, **Salzburg** – **Steiermark** – **Kärnten**
Freytag&Berndt-Wanderkarten **1:50 000**:
Blatt WK 391, **Mattsee**, **Wallersee**, **Irrsee**, **Fuschlsee**, **Mondsee**
Blatt WK 282, **Attersee**, **Traunsee**, **Höllengebirge**, **Wolfgangsee**
Blatt WK 281, **Dachstein**, **Ausseer Land**

TOURISTENBÜROS gesamtes Salzkammergut

Tourismusregion Salzkammergut, Wirerstr. 10, A-4820 Bad Ischl, ✆ 06132 / 21300, www.salzkammergut.at

LEKTÜRETIPS FÜR DAS GESAMTE SALZKAMMERGUT

- Julia Droste-Hennings: Oberösterreich, Dumont-Kunstreiseführer, 1998. *Klassischer, reich illustrierter Kunstführer, gut brauchbar für das oberösterreichische Salzkammergut. Der ergänzende, und sich teilweise überschneidende Dumont-Kunstführer »Salzburg, Salzburger Land, Oberösterreich« ist derzeit nur antiquarisch erhältlich.*
- Alfred Komarek: Kulturschätze im Salzkammergut, Kremayr & Scheriau 2000. *Ein sehr kennerisches, anregend geschriebenes Reisebuch, besonders viel erfährt man über die Sozial- und Kulturgeschichte der Region. Der aus Aussee stammende Autor wurde sehr erfolgreich mit seinen schönen, auch verfilmten, »Polt«-Kriminalromanen*
- Hubertus von Czernin (Hrsg.): Europa erlesen – Salzkammergut, Wieser 1998. *Ein schöner, handlich-kleiner Sammelband mit gut ausgewählten literarischen Zeugnissen aus dem Salzkammergut, aus der überhaupt sehr verdienstvollen Reihe »Europa erlesen« des sympathischen Klagenfurter Verlags.*
- Dietmar Grieser: Nachsommertraum im Salzkammergut. Eine literarische Spurensuche, Insel 1996. *Eines der besten Bücher des hochbeliebten Literaturdetektivs, stimmungsvoll, anekdotenreich und voller überraschender Histörchen.*
- Wolfgang Kos / Elke Krasny (Hrsg): Schreibtisch mit Aussicht. Österreichische Schriftsteller auf Sommerfrische, Ueberreuter 1995 (antiqu.). *Dies ist ein absolutes Lieblingsbuch von mir, unverständlicherweise vergriffen, aber beim letzten Nachschauen waren auf der Internets-Antiquariats-Site www.zvab.de noch ein paar Exemplare lieferbar. Briefstellen Textzitate, Tagebucheinträge von Schriftstellern des 19. und 20. Jahrhunderts aus ihren jeweiligen ländlichen Retiros sind da auf kluge und witzige Weise arrangiert und mit wunderbaren alten Bildern von altmodischen Freizeitmenschen, Interieurs, Gärten durchsetzt. Enorm Laune machend. Die Zwischentexte von Wolfgang Kos, dem Kulturwissenschaftler und ORF-Redakteur über Wesen und Atmosphäre der Sommerfrische, sind geniale kleine Feuilletons.*
- Robert Kriechbaumer (Hrsg.): Der Geschmack der Vergänglichkeit – Jüdische Sommerfrische in Salzburg, Boehlau, 2002. *Ein wissenschaftliches Buch, ein wichtiges und deprimierendes Buch, das anhand der Stadt Salzburg und einiger Gemeinden im Salzburgischen (St. Gilgen, Mattsee zum Beispiel) die Blütezeit der großbürgerlich-jüdischen Sommerfrische schildert, »den Traum vom Dazugehören«, aber auch en detail Antisemitismus, »Arisierung«, Vertreibung und Heimweh. Schön illustriert, enorm detailreich und fesselnd zu lesen.*
- W. G. Sebald: Die Beschreibung des Unglücks. Zur österreichischen Literatur von Stifter bis Handke, Residenz 1985 (antiqu.), Fischer TB 1994

- W. G. Sebald: Unheimliche Heimat. Essays zur österreichischen Literatur, Residenz 1991, (antiqu.), Fischer TB 1995. *Sebalds literaturkritische Arbeiten, überwiegend vor seinen belletristischen Büchern entstanden, sind über dem explosionsartigen Ruhm dieses leider verstorbenen Schriftstellers etwas vergessen worden. Man hat keinesfalls das Gefühl von Nebenwerken: es sind wunderbare, mit hoher Präzision und analytischer Schärfe, aber auch mit großer Leidenschaft (und manchmal einiger Bissigkeit) geschriebene Porträts: über Stifter und Jean Amery zum Beispiel, Peter Altenberg, Schnitzler, Broch und Thomas Bernhard, die alle mit dem Salzkammergut zu tun hatten.*

Wanderführer:

- Winfried Bahnmüller: Wandern im Salzkammergut, dumont aktiv 2001. *Gut ausgesuchte Fußtouren, vom einfachen Spaziergang bis zur anspruchsvolleren Bergwanderung*

REISEHINWEISE FLACHGAU UND MONDSEELAND

(Karten und Route siehe allgemeine Hinweise)
Die Telefonvorwahl von Deutschland für Österreich ist 0043

ÜBERNACHTEN

Schloßhotel Iglhauser, Schloßbergweg 1, 5163 Mattsee, ✆ 06217 / 5205, www.salzburg-online.at/iglhauser: Hochkomfortables bis elegantes 5-Sterne-Landhotel in mittelalterlichem Schloß, geschmackvolle, noble Zimmer mit teilweise opulenten Polstermöbeln, luxuriöse Supersuiten. Am See gelegen, viele Wellness-Extras, erstklassiges Restaurant. Parkanlage mit etwas verkitschter Wasserlandschaft. – Was zum Feiern oder für dickere Geldbeutel (ÜF ab 124 € bis 250 € in den Super-Suiten).
Seehotel Winkler, Thalham 12, 5202 Neumarkt am Wallersee, ✆ 06216 / 52700, www.seehotel.at: Modernisiertes Panoramafensterhotel in sehr schöner Aussichtslage am Nordufer des Wallersees, komfortable Zimmer mit Balkon und Seeblick. Vielfach ausgezeichnetes, haubengekröntes Fisch- und Schneckenrestaurant (ÜF je nach Zimmergröße von ca. 40 bis ca. 70 €).
Gasthof Schießentobel, Schießentobel 1, 5164 Seeham, ✆ 06217 / 5386, www.schiessentobel.at, bäuerlicher Gasthof oberhalb des Obertrumer Sees, konsequenter Bio-Betrieb, auch Vollwert- und vegetarische Küche (ÜF mit Biofrühstücksbuffet zwischen 32 und 36 €).

Am schönen ruhigen Westufer des Irrsees, kaum Durchgangsverkehr, liegen eine Reihe **Bauernhöfe mit Zimmervermietung**, Ferienwohnungen und eigenem Badestrand direkt am See. Zum Beispiel der **Ederbauer**, der **Haubner**, der **Serner beim See**, der **Steininger**, das Gehöft **Wildenegg** und die Vollwertpension **Dorferwirt**. Weitere freundliche Ferienbauernhöfe zum Teil in Einzel- und Aussichtslage in den Hügeln (**Stadler**, **Winter**, **Stabauer**, **Grossenbauer** oder **Sechterlechner** z. B.) – im Mondsee- und Irrseeland ist die Auswahl besonders groß. Oft Biobauernhöfe (ÜF meist zwischen 20 und 30 €). Näheres im Prospekt »Urlaub auf dem Bauernhof – Mondseeland«, erhältlich beim Tourismusverband Mondseeland, Dr. Franz Müller-Straße 3, 5310 Mondsee, ✆ 06232 / 2270, www.mondsee.org oder www.tiscover.com/hofname.

Hotel Seehof, Au 30, 5311 Loibichl, ✆ 02632 / 50310, www.seehof-mondsee.com, Fünf-Sterne-Hotel in Einzellage direkt am Mondsee, riesiger Park, alle Räume seeseitig, jeder Komfort, preisgekrönte Küche, sogenannte »Top-Adresse« am Mondsee (ÜF von 75 bis 106 € (Suiten)). Sehr gute Adressen in Mondsee, am See mit anspruchsvollen Restaurants, sind auch der **Königshof** und das **Seehotel Lackner**. Die postmoderne Hotelarchitektur beglückt freilich das Auge wenig. Die ist bedeutend erfreulicher im alten Kloster, zum geräumig-kühlen **Hotel Schloß Mondsee** umgewandelt, die Spitzengastronomie ist allerdings von dort abgewandert. Prospekte beim Tourismusverband (siehe oben) oder Näheres unter www.mondsee.org.

Jausenstation Erlachmühle, Vogelsangstraße 33, 5310 Mondsee, ✆ 06232 / 2578, www.members.aon.at/erlachmuehle. Die beliebte altmodische Jausenstation (Brotzeiten und Holzofenbrot sind berühmt) am Wanderweg durchs Helenenthal gelegen, vermietet auch angenehme Ferienwohnungen, ruhige Lage, eigenes Naturfreibad. Wen es nicht stört, daß Hera Lind ab und zu vorbeijoggt, denn die wohnt dort um die Ecke … (FeWo ab 50 €).

Landgasthof Drachenwand, St. Lorenz 32, 5310 Mondsee, ✆ 06232 / 3356, www.drachenwand.at. Am Südufer des Mondsees direkt unter der schroffen Drachenwand gelegener schöner alter Walmdachgasthof, prima regionale Küche, geräumige, frisch renovierte komfortable Zimmer. (Nicht zu verwechseln mit der Villa Drachenwand in Keuschen, einem typischen Golfplatz-Resort!) (ÜF ab 34 €).

Villa Wunderlich, St. Lorenz 31, 5310 Mondsee, ✆ 06232 / 27372, www.villa-wunderlich.at, hübsche alte Salzkammergutvilla, von einem Ex-Handballstar liebevoll zu kleinem-feinem Hotel verwandelt, private und freundliche Interieurs, Kaminzimmer, Weinkeller, Sonnenterrasse, Badehaus am See 5 Minuten entfernt, Nichtraucherhaus. (ÜF Zimmer und Suiten 59 bis 80 €).

ESSEN UND TRINKEN

Braugasthof Sigl, Dorfplatz 1, 5162 Obertrum am See, ✆ 06219 / 7700: Der riesige, gemütliche Walmdachbau, um die Jahrhundertwende nach einem Brand in traditioneller Bauweise errichtet, ist an sich schon sehenswert. Weitläufige, altmodische Stuben und Säle, ein schöner Biergarten, bodenständige Küche (Mondseer Nockerlpfandl, Rehbeuscherl) und das Pils der Privatbrauerei Josef Sigl, das Kenner zu den besten der Welt zählen. Gute Weine. Im Gewölbekeller oft Kabarett- und Jazzveranstaltungen. Mi / Do Ruhetag.

Gasthaus Kothäusl, Schöngumprechting, Mattseer Landstraße, 5201 Seekirchen, ✆ 06212 / 7198, www.kothaeusl.at. Die verläßlich köstlich zubereitete Hausmannskost (Kaspreßknödel, Blutwurstgröstl, Gemüsestrudel, Gulasch, Zwiebelrostbraten, Kürbisgerichte etc.) von Marianne Pernetstätter hat dieser schon eine Gault-Millau-Haube eingebracht. Gemütliche Gasträume, normale Preise. Mi / Do Ruhetag.

Stiftskeller Mattsee, Mattsee 10, 5163 Mattsee, ✆ 06217 / 59253, www.stiftmattsee.at, in den historischen Räumen der ehemaligen Propstei, großer Gastgarten, Salettl und sehr hübsches Barockgärtchen, Küche wechselnd je nach Pächter, Heuriger mit eigenem Weingut, Weinkeller mit Verkauf von österreichischen Weinen.

Im **Fischergütl** bei Roman Pertiller in der Passauer Straße 44 in Mattsee kann man sehr gute geräucherte Saiblinge, Forellen und Reinanken kaufen.

Gasthof Fischtagging, Fischtagging 8, 5201 Seekirchen, ✆ 06212 / 2328, Zuckmayers Lieblings-Einkehr bei seinen Wanderungen um den Wallersee, immer noch ein angenehmes, altmodisches Garten-Wirtshaus. Do Ruhetag.

Schloßwirt Sighartstein, Sighartstein 25, 5202 Neumarkt am Wallersee, ✆ 06216 / 6715, in den letzten Jahren renoviert, aber immer noch ein anmutiges Barockhaus in abgeschiedener, ruhiger Lage mit schattigem Garten. Gepflegte, gehobene Küche, aber auch regionale Jausen, gute Weine und Schnäpse. Mo Ruhetag.

Zum Gutshof, Oberhofen 2, 4894 Oberhofen, ✆ 06213 / 7242, sympathisches, junges Restaurant in einem in einem imposanten gelben Barockbau, gleich neben dem Kirchlein mit einem Guggenbichler-Altar. Schöner Garten und freundliche Gaststube. Feinere Regionalküche (mit südlichen und asiatischen Einsprengseln), als Beilage zur Rinds-»Beiried« gibt's »handgewuzelte Erdäpfelnudeln«, zum Hasenrücken Rosmarin-Zwetschge, auch Vollwertiges und leckere Desserts. Gute österreichische Weine (Jamek, Tement, Grassl aus dem Weinviertel).

Wirt z'Zell, (vormals weniger launig Gasthof und Metzgerei Langwallner, mit Fraktur an die schöne ausladende Wirtshausfassade geschrieben), Kirchplatz 2, 4893 Zell am Moos, ✆ 08634 / 8207, schön bewahrtes, typisches Dorfwirtshaus gleich bei der Kirche, wo nach der Messe die Einheimischen einkehren. Gaststube wie sie sich gehört, Kastaniengarten, und solide österreichische Küche, eigene Metzgerei ist ja oft ein gutes Zeichen. Mo / Mi Ruhetag.
Café-Konditorei Frauenschuh, Marktplatz 8, 5310 Mondsee, ✆ 06231 / 2312, die beste Konditorei in ganz Oberösterreich, sagt man, das will was heißen bei der Konkurrenz vom »Zauner« in Ischl. Hausgemachte Pralinen und Mozartkugeln der Sonderklasse, Dobostorte, Sachertorte und Esterhazyschnitte, und wie alle diese hiesigen Gustostückerln heißen, in bester Qualität, auch Palatschinken, Topfenstrudel und einige nicht-süße Snacks. Mi Ruhetag.
Holzingerbauer, Oberburgau 12, 5310 Scharfling / Mondsee, ✆ 06232 / 3841, die bildschöne alte Mostschenke im Grünen ist auf S. 177 beschrieben. Ab 15 Uhr geöffnet, Mi / Sa / So Ruhetag.

KUNST UND KULTUR
(ergänzend zum Textteil)

Vom Obertrumer See oder Mattsee aus lohnt sich ein Abstecher nordwestlich nach **Stift Michaelbeuern**, eine früher bedeutende, heute recht verschlafene, stimmungsvolle Abtei mit Knabeninternat. Wegen der reichhaltigen klösterlich-ländlichen Sammlungen, des barocken Abteisaals und der schlichten schönen Bibliothek (Waltherbibel aus dem 11. Jhdt.) empfiehlt sich hier der Besuch der Klostergebäude (Führungen Fr, Sa, So, ab 14 Uhr, ✆ 06274/81160) fast mehr als die Kirche, die ausgesprochen finster-neuromanisch ist, allerdings mit einem prächtigen Guggenbichler-Hochaltar. Besonders nett die Engel, die Wolken knüllen, als wären es Plumeaus. Neben dem Kloster die sehr besuchenswerte **Stiftskellerei Michaelbeuern**, ein stattlicher Klostergasthof mit schattigem Baumgarten und schönen Gewölbe-Gasträumen, gehobenere Küche, Wild, Lamm. Gute Weinauswahl. ✆ 06274 / 8320, Di Ruhetag.
Nördlich des Tannbergs bei Köstendorf liegt die kleine Dorfkirche von **Lochen**, die fast komplett vom Mondseer Meister Guggenbichler ausgestattet ist, mit Werken seiner besten Periode. Von dort nicht weit ins Dorf **Schneegattern**, wo es in einem factory-outlet die berühmten Riedel-Gläser in 2. Wahl und wesentlich billiger gibt.
Die Pfarrkirche von **Köstendorf** hat eine besonders reichhaltige Barockausstattung, der Dorfplatz einige schöne Barockhäuser, und leider hatte ich diesmal keine Zeit nachzusehen ob es das Geschäft **Gemischtwaren, Landesprodukte,**

Kohle von Maria Stauber wohl noch gibt, samt einem wunderbaren alten Holz-Glas-Ladenregal mit unzähligen Schubladen.
Am Marktplatz auch das Feinschmeckerrestaurant **Fritzenwallner** (✆ 06216/5302); falls man nicht unter zwei Hauben einkehren will, kann man sich in der erstklassigen dazugehörigen Metzgerei / Feinkosttandlerei für ein Picknick, auch mit guten Weinen, versorgen. Auf dem Tannberg eine einfache Jausenstation mit atemberaubendem Seen- und Bergblick.
Wer in **Henndorf** die geführte literarische Tour auf **Zuckmayer-**Spuren mitmachen will, wende sich an den Tourismusverband Henndorf, Haupstraße 66, 5302 Henndorf am Wallersee, ✆ 6214 / 6011, www.wallersee.com/ferienland.
In Mondsee gibt es gleich beim historischen Klosterbezirk die **Schloßgalerie Mondseeland** in einem großzügig renovierten alten Wirtschaftsgebäude mit anspruchsvollen Ausstellungen (Hrdlicka, Attersee, Miro und viele neuere) moderner Kunst. Schloßgalerie, Schloßhof 5, 5310 Mondsee, ✆ 06232 / 7744, www.members.aon.at/schlossgalerie. Auch im **Höribachhof** aus dem 17. Jahrhundert, in schöner Lage von St. Lorenz, finden Ausstellungen, Konzerte, Lesungen etc. statt. Kontakt über Nicole Waechter, St. Lorenz 1, 5310 Mondsee, ✆ 06232 / 27585
Das ganze Salzkammergut brummt im Hochsommer und Frühherbst von musikalisch / literarischen Festivals mit ziemlich hochkarätiger Teilnehmerschaft. In Mondsee sind es alljährlich im Spätsommer die **Mondseetage**, von der Wiener Schauspielerin Julia Stemberger und dem Geiger Christian Altenburger geleitet, 2003 sind sie zum Beispiel dem französichen Impressionismus, Debussy, Ravel und ihrem literarischen Umfeld gewidmet. www.mondseetage.com. Büro Margarete Elsinger, Postfach 3, 5310 Mondsee, ✆ 06232 / 3544

LEKTÜRE

(zu den erwähnten Autoren)

- Sten Nadolny: Er oder Ich, München, Piper, 1999. *Wegen der Introduktion der Grenzstadt Laufen samt ihrer Gründerzeitbrücke in die neuere Literatur, aber auch weil Nadolnys Ole-Reuter-Romane (auch der frühe, optimistischere Vorläufer »Netzkarte«) ganz unikathafte literarische »Roadmovies« durch Deutschland sind. Man bekommt immer Lust, das alles nachzufahren. Ole Reuter ist, ökologischer als wir, allerdings stets mit der Bahn unterwegs.*
- George Saiko: Der Mann im Schilf, Salzburg, Residenz 1985 (antiquarisch). *Berühmter Roman der österreichischen klassischen Moderne, ein ewiger Geheimtip, hochgeschätzt von Broch und Doderer zum Beispiel. Spielt während des Nazi-Putsches im österreichischen Ständestaat 1934 an einem schilfigen Salzburger See »nahe der bayerischen Grenze«, es könnte der Wallersee oder der*

Mattsee sein. Komplexe, gewundene, schwer zugängliche Gedankenprosa mit teilweise starken atmosphärischen Schilderungen der Landschaft, der dumpfen Dorf-Atmosphäre.

- Carl Zuckmayer: Geheimreport, Göttingen, Wallstein 2001,
  Als wär's ein Stück von mir, Frankfurt, Fischer TB
  Henndorfer Pastorale, München, dtv, TB (antiqu.)
  »Niemals hat ein Geheimdienst sein Geld sinnvoller unter die Leute gebracht«, schrieb Klaus Harpprecht über Zuckmayers Berichte an den CIA-Vorläufer OSS im amerikanischen Exil. Äußert witzige, prägnante, bissige Porträts von Künstlern und Prominenten im Nazi-Deutschland, die er meist persönlich kannte (z. B über Emil Jannings, seinen Kumpan im Salzkammergut). Spät entdeckter Zuckmayer, at his best.
  Streckenweise viel sentimentaler und schwadronierender liest sich die Bestseller-Autobiographie »Als wär's ein Stück …«, aber sie ist doch für jeden zeitgeschichtlich Intereressierten eine Fundgrube an Gestalten und Bildern des letzten Jahrhunderts. Ein höchst bewegtes Leben außerdem, ich hab' das Buch gefressen. Sehr schön die Schilderungen aus den Henndorfer Jahren.
  Die »Henndorfer Pastorale« dagegen, eine milde Art von Festschrift anläßlich der gefeierten Rückkehr des Schriftsteller in seinen 1970 dann von ihm begeisterten Vorkriegs-Wohnort Henndorf, ist mir zu allgemein menschelnd und versöhnlich geraten.
- Thomas Bernhard: Ein Kind, Salzburg, Residenz 1982 (antiqu.) und dtv TB (oder besser noch: die fünf Teile der Autobiographie in einem Band: Die Ursache / Der Keller / Der Atem / Die Kälte / Ein Kind, Residenz 1999)
- Hans Hoeller: Thomas Bernhard, Rowohlt-Monographie 1999
- Kurt Hofmann: Aus Gesprächen mit Thomas Bernhard, München, dtv 2002
- Martin Huber / Manfred Mittermayer: Thomas Bernhard und seine Lebensmenschen, Frankfurt, Suhrkamp 2002. *Thomas Bernhards Autobiographie seiner Jugendjahre muß man wohl nicht mehr eigens rühmen, manche halten sie ja für seine beste Prosa überhaupt. »Ein Kind« spielt fast ganz in der ländlichen Wallerseegegend. Der Journalist Kurt Hofmann hat Bernhard zu erstaunlichen Monologen veranlaßt, öfters äußert er sich in diesen Gesprächen auch über seine Kindheit. Die Rowohlt-Monographie von Hans Hoeller gibt einen knappen guten Überblick über Bernhards Vita. Reich illustriert und dokumentiert ist das Buch über »die Lebensmenschen«, aus dem wir viel über Bernhards prägendes Verhältnis zu seinem schwierigen Großvater Johannes Freumbichler erfahren.*
- Johannes Freumbichler: Philomena Ellenhub (antiq.). *Der dicke Heimatroman aus der Wallersee-Landschaft, episch, aber jedenfalls nicht süßlich, mit dem Johannes Freumbichler den einzigen literarischen Erfolg seines Lebens hatte.*

TOURISTENBÜROS für die Region Flachgau / Mondseeland

Salzburger Seenland Tourismus, 5201 Seekirchen am Wallersee, ✆ 06212 / 307023, www.salzburger-seenland.at

Tourismusverband Mondseeland, Dr. Franz Müller Str. 3, 5310 Mondsee, Postfach 96, www.mondsee.org

REISEHINWEISE WOLFGANGSEE UND BAD ISCHL

ÜBERNACHTEN

Gasthof Fürberg, 5340 St. Gilgen am Wolfgangsee, ✆ 06227 / 23850, www.fuerberg.at. Landhotel direkt am See, Alleinlage in einer schönen ruhigen Bucht ohne Verkehr, eigener Badesteg und weitläufige Badewiesen, Waldbad mit Felsen, Standard- und 50 qm-»Komfortzimmer« (diese nur für Nichtraucher), meist mit Balkon und Seeblick (ÜF ab 40 €).

Parkhotel Billroth, Billrothstr. 2, 5340 St.Gilgen, ✆ 06227 / 221825, www.billroth.at. In dem etwas verschachtelten Vier-Sterne-Traditionshotel läßt sich immer noch die luxuriöse Sommerfrischen-Villa erkennen, die der Wiener Starchirurg und Brahms-Intimus Theodor Billroth zu Ende des 19. Jahrhunderts erbaut hat. Auch in den stimmungsvoll-gestrigen Interieurs: gepflegte altmodische Täfelsalons mit hohen Fenstern, Portieren, Kronleuchtern, Samtfauteuils, Gründerzeitkamine, geschnitzte Treppenaufgänge. Zum Wohnen hohe Erkerzimmer mit poliertem Biedermeier-Mobiliar, ein gepflegter Speisesaal wie vor hundert Jahren. Schöne Sonnenterrasse, Parkanlage, eigenes Bootshaus. Für so viel Atmosphäre keine hohen Preise (ÜF zwischen 36 und 70 €).

Landgasthof Lachsen, Ried 5, 5360 St. Wolfgang, ✆ 06138 / 2432: gemütliches holzverkleidetes Landgasthaus mit Stil, mit großer Wiese direkt am See gelegen, dort wo es per Sackgasse keinen Durchgangsverkehr mehr gibt und der Rummel von St. Wolfgang hinter einem geblieben ist. Vor allem bekannt als sehr gutes Restaurant (s. unten), aber es gibt in dieser anmutigen Lage auch Gästezimmer zu mieten (ÜF ca. 40 €).

Gasthof Hupfmühle, Au 1, 5360 St. Wolfgang, ✆ 06138 / 2579, www.hupfmuehle.at. Idyllischer alter Mühlenbau im schluchtartig grünen Tal am gluckernden Dittelbach, Alleinlage im Abseits, aber nahe dem Ort St. Wolfgang. Bekannt als Fischlokal, aber auch Lammspezialitäten. Die einfachen Gästezimmer im Anbau sind im Standard-Look eingerichtet, aber geräumig und schauen direkt ins wuchernde Grün und auf den Forellenbach (ÜF ab 27 €).

Landhaus zu Appesbach, Aupromenade 18, 5360 St. Wolfgang, ✆ 06138/2209, www.schlosshotels.co.at/appesbach: Luxuriöses Gegenmodell zum furchtbaren »Scalaria«-Event-Turm. Großzügige alte Sommerfrischenvilla in weitem Parkgelände am See, zu sehr noblem, persönlichen Hotel verwandelt. Feine Salons mit Antiquitäten und Flügel, Standuhren, edlen Spiegeln und Kachelöfen. Erstrangiger Komfort, Restaurant nur für Hausgäste von entsprechender Qualität. In der »Windsor-Suite« wartete der abgedankte englische König 1938 auf die Scheidung seiner Herzdame Wallis Simpson. Nur Halbpension (HP ab ca. 80 €, Windsor-Suite ab 120 €).
Bauernhofquartiere und Ferienwohnungen im Unterkunftskatalog der Wolfgangsee Tourismusgesellschaft, Adresse s. unten

ESSEN UND TRINKEN

Batzenhäusl, Winkl 10, 5340 St. Gilgen, ✆ 06277/2356. An der Straße vom Mondsee zum Wolfgangsee, unterhalb des neogotischen Schlosses Hüttenstein gelegenes Wirtshaus mit einem jungen, ambitionierten Wirt. Alte getäfelte Gaststube, Kachelofen, Standuhr, regionale Produkte mit Raffinesse zubereitet.
Gasthof Post, Mozartplatz 8, 5240 St. Gilgen, ✆ 06277/2157, www.gasthof-zurpost.at, stattliches Wirtshaus in zentraler Ortslage, Gasträume mit alten Holzböden und -decken, nicht überrenoviert und -dekoriert. Beste, solide österreichische Küche mit Bauernbratl aus der Rein, gekochtem Schulterspitz und dem hier besonders guten Aberseer Schafskäse. Eine Haube beim Gault-Millau.
Wirt am Gries, Steinklüftstr. 6, 5340 St. Gilgen, ✆ 06227/2386, gemütliches Gasthaus mit vorwiegend einheimischem Vereins-Publikum, gute Hausmannskost mit Bauern-, Jäger- und Fischerprodukten aus der Nähe, z. B. Gamssuppe, Tellerfleisch, Rindsrouladen, Blaubeertascherln etc. Di Ruhetag.
Zum Lachsen (s. o. bei »Übernachten«), wenn möglich, draußen auf der Terrasse mit Wiesenblick über den See niederlassen. Renommierte Fisch-Küche, im Herbst auch viel Wild- und Pilzgerichte aus der Gegend. Freundlicher Service, ein Fluchtort im St. Wolfganger Touristenrummel.
Jausenstation Aschinger, Ried 15, und **Jausenstation Holzerbauer**, Aschau 1: auf schönen Spazierwegen zu erreichende, oberhalb von St. Wolfgang gelegene Ausflugsziele seit Generationen; beim Aschinger, inmitten von Obstbäumen mit Traumblick, ist der Most eine besondere Spezialiät, beim Holzerbauer sind es die Brettljausen und der Hausgebrannte.
Villa Schratt, Steinbruch 43, 4820 Bad Ischl, ✆ 6132/27647, www.villaschratt.at, schönes, nicht überladenes Gourmetrestaurant in der ehemaligen Villa von Franz Josephs Herzensfreundin, seit einiger Zeit wieder auf dem Fußweg seiner

Majestät direkt aus dem Kaiserpark zu erreichen. Elegante, leichte Oberklassen-Cuisine, zwei Hauben. Di / Mi Ruhetag.

Café Zauner und **Café Ramsauer**: Der Zauner in der Pfarrgasse 7 (✆ 06132 / 23310), www.zauner.at, ist mir zum geruhsamen Kaffeehaus-Verhocken zu berühmt für seine Mehlspeisenkunst und zu überlaufen. Allerdings kommt man auch nie ohne wohlverschnürtes Packerl von der überwältigenden Patisserie-Theke heraus, mit Kipferln, Zaunerstollen (etwas extrem Schmelzendes und Schlechtgewissiges), Haustorte oder ein paar von den fünfzig Sorten hausgemachter Pralinés. Ein Salzkammergut-Muß ist bei »Kaiserwetter« aber wohl das Herumsitzen in der Freiluft-Dependance an der Esplanade, dort auch Kurkonzert im Dreivierteltakt, auf daß man völlig absäuft im Ischler Schlagobers. Das Café Ramsauer (Kaiser Franz Josef-Straße 8, ✆ 06132 / 22408) ist ein klassisches geräumiges Kaffehaus (auch mit fast 200jähriger Tradition) mit traditionellen Polsterbänken, Zeitungen, »Salzbaron-Frühstück« und allen Kaffeevarianten vom Verlängerten bis zum Einspänner, Kaiserschmarrn mit Zwetschgenröster schmeckt hier auch gut, vielleicht an eben jenem Tisch, an welchem sich Johann Strauß Walzernoten auf die Manschetten kritzelte …

Rettenbachmühle, Hinterstein 6, 4820 Bad Ischl, ✆ 06132 / 23586, am Eingang eines schattigen waldigen Hochtals hinüber ins Ausseer Land gelegenes Ausflugslokal (auch schon seit Waldmüllers und Schnitzlers Zeiten), schöner Garten, Wirtsstube dito, Backhendln und Fisch sind gut, der Kaiserschmarrn fast noch besser als im Ramsauer. Mo / Di Ruhetag.

KUNST UND KULTUR

Der Höhepunkt dieses Reiseabschnittes ist die **Kirche von St. Wolfgang** mit dem Pacher-Flügelaltar (siehe S. 184). Ein schönes kunsthistorisches Begleitbuch, neben den am Ort erhältlichen kleineren Führern ist: Manfred Koller: Der Flügelaltar von Michael Pacher in St. Wolfgang, Boehlau, Wien, 1998. Auf vielen Farbabbildungen kann man Details betrachten, sowie die Flügelbilder, die in der Kirche verdeckt sind.

Am Marktplatz die traditionelle **Lebzelterei Wallner** sowie die kuriose **Benediktinerseifenmanufaktur Wipplinger**, wo man allerlei Kräuerseifen und Naturprodukte kaufen kann.

In **Ischl** gibt es eine Menge anzusehen: Typische Baulichkeiten im franziskojosefinischen Klasszisimus sind die Post, die Trinkhalle, das Kurhaus, die Saline und das Theater. Das Haus Austria, Esplanade Nr 10, beherbergt heute das höchst sehenswerte **Stadtmuseum**, (geöffnet Di, Do bis So 10 – 17 Uhr, Mi 14 – 19 Uhr, März und November geschlossen, ✆ 06132 / 25476).

Die **Kaiservilla** (siehe S. 208), an der sich oft lange Schlangen bilden, ist von Mai bis September täglich von 9–12 und von 13–17 Uhr zu besichtigen. ✆ 06132 / 28285

Das **Haenel-Pancera-Familienmuseum** (siehe S. 210), Concordiastr. 3, ebenfalls nur von Mai bis September, von 9–12 und von 14–17 Uhr

Die **Lehár-Villa**, (siehe Seite 211) Franz-Lehar-Kai 8, ✆ 06132 / 26992 hat dieselben Öffnungszeiten

Das **Fotomuseum** des Landes Oberösterreich im **Marmorschlössl** des Kaiserparks, Kaiserin Elisabeths früheres Teehaus hat von April bis Oktober täglich 9.30 –17 Uhr durchgehend offen, öfters aktuelle Ausstellungen (✆ 06132 / 26992)

Die klassizistischen **Lehar-Lichtspiele**, das frühere Biedermeier-Theater, dürften eines der apartesten österreichischen Kinos sein. (Kreuzplatz 16, ✆ 06132 / 23425).

Im **Heimatwerk** am Kreuzplatz 17 gibt es Traditionell-Echtes an Tracht, Handwerk und Kunstgewerbe.

Wer sich für das allsommerliche **Operetten-Festival** interessiert: Im Juli / August 2003 kommen »Die Fledermaus«, »Der Graf von Luxemburg« und »Die Perle der Cleopatra« zur Aufführung. Kartenbüro ✆ 06132 / 23839-200, www.operette.badischl.at

LEKTÜRE

- Karl von Frisch: Fünf Häuser am See. Der Brunnwinkl – Werden und Wesen eines Sommersitzes, Wien 1980 (antiqu.). *Leider kaum aufzufindendes, lebendiges autobiographisches Buch des Nobelpreisträgers über eine typische großbürgerliche Sommerfrischen-Menage in St. Gilgen um die Jahrhundertwende und später.*
- Gottfried Keller: Briefe in einem Band, Berlin 1992 (antiqu.). *Keller gehört wirklich nur ganz am Rande ins Salzkammergut, aber er hat einmal Ferien im »Gasthof See« in Unterach am Mondsee verbracht und seitdem immer davon geträumt. Außerdem war er unglücklich verliebt in die Mutter obigen Nobelpreisträgers und hat ihr in den Brunnwinkl ganz spezielle, komisch-traurige Briefe geschrieben.*
- Marie von Ebner-Eschenbach: Meistererzählungen, Manesse 1997 (oder die vollständigeren Winkler-Dünndruckbände ihres Prosawerks, antiqu.). *Ebner-Eschenbach war regelmäßige Urlauberin in St. Gilgen, was in ihrem Werk aber kaum auftaucht. Aber ihre großen realistischen Erzählungen aus dem späten 19. Jahrhundert, von armen und reichen Leuten rund um mährische Landschlösser sind an Regentagen zum Hineinversinken.*
- Alexander Lernet-Holenia: Der Baron Bagge, Zsolnay, 1998
  Die Standarte, Insel, 2002

Beide Sizilien (antiqu.)

- Roman Rocek: Die neun Leben des Alexander Lernet-Holenia, Wien, Boehlau, 1992. *Dies sind vermutlich die besten Romane des St.Wolfgang-Enfant Terrible Lernet-Holenia aus der k.u.k. Zeit und ihrem Niedergang. Die Biographie ist ausführlich und etwas für Fans und Spezialisten.*
- Hilde Spiel: Die hellen und die finsteren Zeiten, München, List, 1989
  Welche Welt ist meine Welt?, München, List, 1990
  Rückkehr nach Wien, Ullstein TB 1989
  Briefwechsel, München, List, 1995 (antiqu.)
  Die Dämonie der Gemütlichkeit – Essays, Rowohlt TB 1995
  In meinem Garten schlendernd – Essays, Ullstein TB 1991
  Verwirrung am Wolfgangsee, in: Frühe Tage, Knaus 1986 antiqu.
- Profile Band 3: Hilde Spiel, Wien, Zsolnay 1999
- Marcel Reich-Ranicki: Über Hilde Spiel, dtv TB 1998. *Die St. Wolfgang-Bewohnerin über Jahrzehnte kommt hier so ausführlich vor, weil ich sie so interessant finde. Nicht nur ihre exemplarische österreichisch-jüdische Biographie, sondern ihre selbstverständliche Belesenheit in den Essays, ihre Mischung aus Distanziertheit und Humanität, ihren klassischen, eleganten Stil. Außdem kannte sie wirklich Gott und die Welt und war auch gerne mal giftig. Ich finde das Etikett »grande dame«, was ihr immer wieder angeheftet wird, zu dürftig für diese Literatin, wie es kaum noch welche gibt.*
- Julian Schutting: Wasserfarben, Salzburg, Residenz 1991 (antiqu.). *Schutting war oft Hausgast in Spiels »Haus am Bach« und hat mit den »Wasserfarben« ein hochpoetisches, manchmal etwas delirierend-schwärmerisches Buch der Liebe ans Salzkammergut geschrieben.*
- Leo Perutz: Nachts unter der Steinernen Brücke
  Wohin rollst du, Äpfelchen
  (und andere historische Romane, meistens als TB erhältlich)
- Harald Müller: Leo Perutz – Beck's Autorenbücher, München, Beck 1992. *Auch der jüdische Autor Leo Perutz war ein häufiger Gast am Wolfgangsee und in Bad Ischl und in der Emigration besonders heimwehkrank nach dem Salzkammergut. Er liegt in Bad Ischl begraben und ließ sich seine Grabrede von dem Nazi-Parteigänger Bruno Brehm halten, weil er den für einen »anständigen Mann« hielt. Hilde Spiel, die mit Perutz befreundet war, hat das nicht gefallen.*
- Gina Kaus: Von Wien nach Hollywood, Suhrkamp TB 1990 Die Schwestern Kleh, Ullstein TB 1989 (antiqu.). *Die Schriftstellerin Gina Kaus, eine femme fatale der Wiener Salons um den Ersten Weltkrieg und in den zwanziger Jahren, berichtet in ihrer abenteuerlich bewegten,allerdings etwas schlicht erzählten Autobiographie auch von verschiedenen Aufenthalten im Salzkammergut. Die »Schwestern Kleh«*

ist ein ziemlich kolportagehafter Frauen- und Gesellschaftsroman, mit autobiographischen Motiven, aus dem Wien des frühen 20. Jahrhunderts.

- Alfred Polgar: Kleine Schriften in sechs Bänden, Rowohlt, 1981 (antiqu.)
- Ulrich Weinzierl: Alfred Polgar. Eine Biographie, Fischer TB 1995 (antiqu.). *Polgar war einer der vielen Gina-Kaus-Verehrer und auch öfters am Wolfgangsee zu Gast. Mit Alfred Polgar, diesem großartigen Feuilletonisten, ist es ein Jammer. Er ist bloß noch äußerst bruchstückhaft im Buchhandel erhältlich, in vereinzelten Taschenbüchern und sehr dünnen Auswahlbändchen. Die ebenso sorgfältige wie zierlich-ästhetische sechsbändige Ausgabe seiner Arbeiten, von Marcel Reich-Ranicki und Ulrich Weinzierl in den achtziger Jahren ediert, ist höchstens noch sehr teuer antiquarisch zu bekommen. Dabei ist das ein wirklicher »Hausschatz«, Texte, zumal die Alltags-, Menschen-, Landschafts- und Gesellschaftsbeobachtungen, die man immer wieder mit größtem Vergnügen liest. Dafür können wir, vielen Dank, eine Senta-Berger-CD erwerben, auf der sie Polgar vorträgt und die auch noch »Liebe und dennoch« heißt. Zu solcher Vernachlässigung paßt, daß auch Weinzierls ausgezeichnete Polgar-Biographie nicht mehr regulär lieferbar ist.*
- Jean Amery: Jenseits von Schuld und Sühne. Unmeisterliche Wanderjahre. Örtlichkeiten, Klett-Cotta 2002
- Text und Kritik, Heft 99: Jean Amery. *Der erste Band einer dankenswerten neuen Jean-Amery-Werkausgabe, in dem man einiges mitbekommt über die Ischler Kindheit und das Verhältnis zu Österreich dieses vielleicht allerwichtigsten Autors über Verfolgung, Exil, die Absurditäten des Heimwehs – und schließlich die selbsterlebte Hölle in Auschwitz und Bergen-Belsen. Als erbauliche Sonnenschirm-Lektüre ist »Jenseits von Schuld und Sühne« allerdings völlig ungeeignet.*
- Barbara Denscher, Helmut Peschina: Kein Land des Lächelns. Fritz Löhner-Beda 1883–1942, Salzburg, Residenz, 2002. *Die eindringliche Biographie des Operetten-Librettisten und Ischler Lehár-Nachbarn, der 1942 in Auschwitz ermordet wurde.*
- Volker Klotz: Operette – Porträt und Handbuch einer unerhörten Kunst, Piper TB 1997. *In Ischl wird man generell neugierig auf die merkwürdige Operettenwelt, und dieses Buch erzählt uns mit Witz und trotzdem Sympathie eine Menge über diese »vernachlässigte Kunst«.*
- Arthur Schnitzler: Erzählungen und Stücke, in reicher Auswahl (leider meist TB) bei S. Fischer lieferbar
  Briefwechsel 1875–1912, S. Fischer, 1981
  Tagebuch 1879–1931 in zehn Bänden, Verlag Österreichische Akademie der Wissenschaften, 1983–2000
- Arthur Schnitzler: Sein Leben und seine Zeit, Bildband, S. Fischer 1981, (antiqu.)
- Ulrich Weinzierl: Arthur Schnitzler – Lieben, Träumen, Sterben, Fischer TB 1998

- Renate Wagner: Arthur Schnitzler. Eine Biographie, Wien, Molden, 1981 (antiqu.)
- Ulrich von Bülow: Sicherheit ist nirgends – Das Tagebuch von Arthur Schnitzler, Marbacher Magazin 93/2001
- Peter Gay: Das Zeitalter des Doktor Schnitzler, Innenansichten des 19. Jahrhunderts. S. Fischer 2002. *Schnitzler ist natürlich die ideale Salzkammergut-Reiselektüre, erstens hat er sich in dieser Gegend sein Leben lang immer wieder aufgehalten, und diese Sommerfrischen tauchen in seinen Briefen und Tagebüchern ständig auf. Außerdem ist das träge, erotisch-flimmernde Flair der großbürgerlichen Fin-de-siècle-Sommer kaum irgendwo so gut bewahrt wie in seiner Literatur. Beispiele: »Das weite Land«, »Fräulein Else«, »Frau Beate und ihr Sohn«, »Ein Sekundant«, »Frau Bertha Garlan«, »Dr. Gräsler, Badearzt«. Die Briefe mit all ihren Liebesverwirrungen und Selbsterkenntnissen sind für Schnitzler-Aficionados höchst lesenswert, die sehr teuren Tagebücher als Ergänzung, denn da war er noch um einiges ehrlicher und schonungsloser.*

TOURISTENBÜROS für die Region Wolfgangsee / Bad Ischl

Wolfgangsee Tourismus Gesellschaft, Postfach 20, 5360 Wolfgangsee, ✆ 06138 / 800381, www.wolfgangsee.at
Kurdirektion Bad Ischl, Bahnhofstraße 6, 4820 Bad Ischl, ✆ 06132 / 27757-77, www.badischl.at

REISEHINWEISE AUSSEER LAND MIT HALLSTÄTTER SEE

ÜBERNACHTEN:

Hotel Grüner Baum, Marktplatz 104, 4830 Hallstatt, ✆ 06134 / 82630, über www.hallstatt.net, kaisergelbes Traditionshotel zwischen Seeufer und historischem Marktplatz mit altmodischem Flair (ÜF ab ca. 40 €).
Zauner-Seewirt, Marktplatz 51, 4830 Hallstatt, ✆ 06134 / 8246, www.hallstatt.net, gute österreichische Küche, Interieurs recht deko-verliebt, Zirbenholzzimmer mit Seeblick, vor allem Zimmer 28 mit schöner Aussicht über die Dächer (ÜF ab ca. 45 €).
Ein einfacheres uraltes Haus direkt am See ist der **Bräugasthof**, Seestraße 120, ✆ 06134 / 8221 (ÜF 35 €).

Ausseer Land:

Hotel Seevilla, Fischerndorf 60, ✆ 03622 / 71302, www.seevilla.at (siehe S. 243). Hochkomfortables modernisiertes Viersterne-Hotel in schöner Seelage, Park, die meisten Zimmer mit Seebalkons, Hallenbad, Sauna, Dampfbad, Solarium, Gradiergrotte. Brahms-Café. Restaurant nicht ganz kongenial (ÜF ab 77 €).

Hotel am See, Fischerndorf 2, ✆ 03622 / 71361, www.hotelamsee.at, Ebenfalls vier Sterne, aber Traditionshotel mit altmodischerem Charme, Gesellschaftsräume, Speisesaal mit angenehmer Vorkriegspatina, auch die Zimmer und Suiten oft mit älterem Meublement. Leider wenige Balkons zum See, dafür verglaste Veranden. Wunderbare Seeterrasse, die Küche ist, wenn kein Wirtwechsel eintritt, überdurchschnittlich gut (ÜF ab ca. 55 €).

Gästehaus Sochor, Fischerndorf 67, ✆ 03622 / 1320, www.altaussee.at/haussochor, ebenfalls eine alte Villa, seit der Jahrhundertwende in Familienbesitz, im Ortskern gelegen mit schönem Garten, Zi mit Balkon oder Terrasse, Bauernstuben, weniger luxuriös, aber mit Atmosphäre (ÜF ab ca. 25 €, Apartments ab 58 €).

Hotel Wasnerin, Sommersbergseestr. 19, 8990 Bad Aussee, ✆ 03622 / 52108, www.wasnerin.at, berühmtes Ausseer Hotel der Vorkriegszeit, tolle Aussichtslage mit Dachsteinblick, gleich beim Golfplatz. Die nostalgischen Innenräume haben einen etwas angegangenen, unrenovierten Charme, aber manchmal mag man ja genau das. Unterschiedliche Zimmer, manche sehr geräumig, manche schlauchartig (ÜF ab 35 €).

Gasthof Blaue Traube, Kirchengasse 165, 8990 Bad Aussee, ✆ 03622/5236330, www.blauetraube.at, im historischen Kern gleich bei der Pfarrkirche gelegenes, einmalig schönes mittalterliches Haus, das historische »Tollinger-Haus«, auch im Inneren weitläufig und gewölbereich, renoviert. Gemütlicher Gastgarten auf der Rückseite, geräumige Zimmer (bis 50 qm) von »bürgerlichem« Komfort, besonders schön das Fürstenzimmer mit Jahrhundertwende-Ausstattung. Gute steirische Küche, klassisches Einheimischen-Wirtshaus (ÜF ab 36 €).

Gasthaus Veit, Gössl 13, 8993 Grundlsee, ✆ 03622 / 8212, www.gasthof-veit.com, bei Kennern und Stammgästen eine der beliebtesten Adressen im Ausseer Land, obwohl (oder gerade weil) etwas abseits vom Grundlseestrand gelegen. Uralter Familienbetrieb mit reicher Geschichte, stimmungsvolle Stuben. Beliebte einheimische Bauernkost. Immer ein »Künstlertreff«, auch heute noch (ÜF 24 €).

Traditionsreiche, wenig veränderte Gasthöfe, mit gemütlichen, alten Wirtsstuben und Fremdenzimmern am Grundlsee sind auch der **Ladner** (Gössl 1, ✆ 03622 / 8211, www.members.EUnet.at/ladner (hier hatte der Erzherzog Johann seine ersten Tète-á-Tètes mit seiner Anna Plochl) (ÜF 28 €), sowie der **Gasthof Schraml**, Bräuhof 14, ✆ 03622 / 8156, www.grundlsee.at/alpengasthofschraml, sonniger

Gastgarten (ÜF 22 – 27 €). Gute einheimische Küche bieten beide. Im Gasthaus Ladner hat Richard Strauss sogar einen Akt seiner Oper »Intermezzo« angesiedelt.
Privatquartiere im Ausseer Land: Reiche Auswahl an Zimmern, Wohnungen und Ferienhäusern, zu betrachten im dicken Gastgeber-Prospekt der Region, über Tourismusverband Ausseer Land, 8990 Bad Aussee, ✆ 03622 / 540407 oder im Internet www.ausseerland.at, auch unter www.altausee.at und www.grundlsee.at

ESSEN UND TRINKEN

Steegwirt, Au 12, Bad Goisern, ✆ 06135 / 8302, www.vereinwirt.at, deftige preisgünstige Wirtschaft am Nordufer des Hallstätter Sees, mit schönem Panorama aus dem Garten, handfeste Spezialitäten wie Surbratl, Bratl in der Rein, Schwarzgeselchtes mit Grießknödel usw. Oft treten Goiserner Volksmusiker der »echten« Provenienz auf, wie die von Hubert von Goisern produzierten »Hohtraxlecker Musikanten«.
Bahnhofsstüberl, Am Bahnhof, 4822 Bad Goisern, ✆ 06135 / 8440, ebenfalls eine ziemlich urige Musikantenkneipe mit höchstens zwei warmen Gerichten, aber hochbeliebt. Ab und zu kehrt Hubert der Große hier auch gern ein.
Gasthof Koppenrast, 4831 Obertraun 123, ✆ 06131 / 231, nettes Holzhaus an der Straße zum Koppenpaß und nahe der lärmdurchtosten »Koppenbrüllerhöhle« im Dachsteinfels, schöner Gastgarten an der Traun, verfeinerte Regionalküche mit Steinpilzraviolo, Fischrisotto, Lamm etc. Nur Mai bis Oktober.

Ausseer Land:

Gasthaus Loser, Fischerndorf 80, 8992 Altaussee, ✆ 03622 / 71373: Gute Fischküche, besonders beliebt die frischgeräucherten Forellen, Seesaiblinge, Tiroler Leber, Steirisches Reindl, Holzknechtnockerln. Wohl verläßlichste kulinarische Adresse im damit erstaunlicherweise nicht reich gesegneten Ausseer Land. Netter Garten, öfters originale Volksmusik.
Ansonsten ißt man recht gut in den oben erwähnten Hotels und Gasthöfen. Altausseer Institutionen, aber weniger wegen der Küche, sondern wegen der alten Tradition und der zuweilen interessanten beheimateten Gäste (auch mal K. M. Brandauer!) sind der **Schneiderwirt** und die **Schießstätte**, auch im **Hirschen** tagen die Einheimischen-Stammtische.
An der **Seewiese** des Altausseer Sees gibt es eine freundliche hölzerne **Jausenstation** mit kleinem naturkundlichen Museum.
Auf der sonnigen Holzterrasse der legendären **Blaa-Alm** sitzt es sich inmitten von sanften Wiesen sehr schön, zumindest an nicht übervölkerten Tagen. Hausmanns-

kost mit Spinatnockerln in Bärlauchsauce, Gamsbraten, Krautrouladen, Bauernkrapfen, Brettljause.

Das **Bergrestaurant** auf dem Losergipfel ignorieren wir – wie möglichst die ganze mautpflichtige »Panoramastraße«, die diesem schönen Berg aufgeklatscht wurde, damit touristisch im Winter was geht mit Schifoahrn und im Sommer mit viel zu vielen Gleitschirmfliegern.

In Bad Aussee empfiehlt sich dem gehobenen Geschmack das Restaurant des Viersterne-Hotels **Erzherzog Johann**, Kurhausplatz 62, ✆ 03622 / 52507, www.erzherzog.johann.at, vor allem darf man aber die **Kurkonditorei Lewandofsky**, Kurhausplatz 24, ✆ 03622 / 53205 mit ihrer tollen Auswahl an Torten, Lebzeltereien, zuckrigen Gustostückerln nicht versäumen. Schöne Kaffeehaus-Atmosphäre, auch schattiger Garten. »Toplitzsee-Taler« aus Pistazienmarzipan gibt's auch.

KUNST UND KULTUR:

Hubert von Goiserns alpenländische Musik vor allem auf den CDs: »Trad«, 2001 (nur traditionals, mir die liebste), »Wia die Zeit vergeht«, 1995 (wegen eben dieses Wehmutslieds), »Fön« (2000) und »Iwasig (2002), alle Virgin Records.

Traditionelle Volksmusik aus dem Inneren Salzkammergut und dem Ausseer Land, Regionen, wo das Musizieren immer noch höchst lebendig ist, z. B. auf der CD »Im Herzen Österreichs – Steirer, Jodler, Schleunige aus dem Salzkammergut«, Österreichisches Volksliedwerk.

Die berühmten **»Goiserer«-Bergschuhe** gibt es beim Schuhmacher Rudolf Steflitsch-Hackl, ✆ 06135 / 8227 in Bad Goisern. Seine Werkstatt ist auf jeden Fall sehenswert.

Museum Hallstatt, ✆ 06134 / 8398, www.museum-hallstatt.at, in einem ansehnlichen Barockbau im Ortsteil Lahn, die umfänglichen Funde und die Geschichte der Prähistorie, aber auch Heimatkundliches und Ortsgeschichte. Geöffnet in der Sommersaison 9 – 18, außerhalb 10 – 16 Uhr, montags geschlossen. Wegen aktuellen Ausstellungen, Ortsführungen etc: Tourismusverband Hallstatt, Seestr. 169, ✆. 06134 / 8206, www.hallstatt.net

Salzwelten, Die Führungen durch das neugestaltetete Schaubergwerk am Salzberg, mit angeschlossenen Touren über das prähistorische Gräberfeld finden von Mai bis September 9 – 16 Uhr statt. Auch eigens arrangierte mehrstündige anspruchsvolle prähistorische Führungen in Gruppen. Näheres unter ✆ 06132 / 2002400 und www.salzwelten.at

Dachsteinhöhlen: Die imposanten Höhlen, Koppenbrüllerhöhle, Mammuthöhle, Eishöhle, können von 9 – 16 Uhr erwandert und angesehen werden. Näheres bei der Dachstein-Tourismus-AG, ✆ 06134 / 8400 und www.dachstein.at

Ausseer Land:

Kammerhofmuseum, Chlumeckyplatz 1, 8983 Bad Aussee, ✆ 03622/52511-21, sehr schöner Bau, interessante volkskundliche, sozial- und tourismusgeschichtliche Sammlungen, herrlicher barocker Kaisersaal, über und über mit Ranken bemalt. Auch die aktuellen Ausstellungen sehr sehenswert. Geöffnet Mitte Juni bis Mitte September tgl. 10–12 und 16–18 Uhr. Die komplizierten Öffnungszeiten außerhalb der Saison telefonisch zu erfragen. www.badaussee.at/kammerhofmuseum.

Viele schöne alte **Bürgerhäuser** im alten Kern, so das Hoferhaus und das Hölzlsauerhaus am Chlumecky-Platz, das Mauthaus und das Plochlhaus am Meranplatz, außerdem in der Kirchengasse und Hauptstraße.

Sehenswerter als die Pfarrkirche ist die **Spitalkirche** mit dem gotischen Flügelaltar und dem Vierzehn-Nothelfer-Altar von 1480, außerdem gotische Skulpturen.

Schön ist die **Buchhandlung Kriegler** in der Parkgasse 154, mit altmodischen Holzrahmen-Schaufenstern und auch einem guten Angebot an Klassik-CDs und Geschenkartikeln.

Trachtengeschäfte, die sich dem Echten, Edlen verschrieben haben, gibt es nicht nur in Bad Aussee jede Menge (S. 258), sondern mindestens ebenbürtig ist die Schneiderei **Haselnus** in Altaussee.

Via Artis, Höchst erfolgreiche Rundwege durch die Literatur- und Künstlerlandschaften von Aussee, Altaussee und Grundlsee, hölzerne Informationstafeln an markanten Plätzen, Begleitfaltblätter und ein ausführliches Begleitbuch. Schöne Wegführung, bei der man recht gut zu Fuß herumkommt. Näheres beim Tourismusverband Ausseerland (siehe oben) oder beim lokalen Fremdenverkehrsbüro Altaussee Fischerndorf 61, ✆ 03622/71643 (www.altaussee.at)

Literatur- und Heimatmuseum, Steinberghaus, 8992 Altaussee, ✆ 03622/71643, www.altaussee.at/museum. Man glaubt gar nicht, daß da noch ein Museum kommt, wenn man sehr schön hoch hinauf in den Bergwald fährt, aber da sind dann die eigenartigen biedermeierlich-strengen »Knappenhäuser« des alten Salzbergwerks und im Steinberghaus das besuchenswerte (schon wegen der Bibliothek) und liebenswürdige Heimat- und Literaturmuseum. Geöffnet von Juni bis Ende September 10–16 Uhr, in den restlichen Zeiten nach telefonischer Vereinbarung (Kurator Dr. Rainer Hillbrand).

In Grundlsee finden im eigenartigen Doppeladler-Holzbau des **Kaiserlichen Stalls** wechselnde Ausstellungen statt und in den **Gasthäusern Veit** oder **Ladner** kann man ab und zu einen echten volksmusikalischen Hoagascht erleben, mit den Geigen der »Ausseer Bradlmusi« z. B. und dem regionstypischen »Paschen«, einem verzwickten multi-rhytmischen Klatschen, das wohl nur Einheimische beherrschen.

Zum **Narzissenfest**, dem Ausseer touristischen Höhepunkt des Frühsommers, werde ich wahrscheinlich nie fahren, obwohl ich das ganze Tal mit weißen Sternblüten übersät gerne einmal sähe. Die vielbesuchte Festivität besteht aber daraus, daß die Millionen Narzissen, die hier wild zu blühen pflegen, zu riesigen klopsartigen Figuren verarbeitet werden, die dann faschingszugsmäßig zunächst auf Tiefladern durch die Orte transportiert und dann in Plätten über den Altausseer See geschippert werden. Da herrscht erheblicher Ehrgeiz, die größten Biene Majas, »Poppagäis«, Marienkäferl, Walzerpaare oder Didd'lmäuse aus Blumen zu formen, was eher den Frauen überlassen bleibt, während die Männer die komplizierte Schaltkreis-Mechanik ersinnen, mit denen die Diddlmaus dann beim Korso mit der Zunge klappert.

Im **Sommer**, wen wundert's, überschlagen sich im Ausseer Land die **Kulturtermine**, Barbara Frischmuth liest beim »Seewirt«, Brandauer deklamiert, Günther Nenning hält Vorträge in der historischen »Gabillon-Villa« am Grundlsee, Michael Heltau und Romuald Pekny rezitieren Salzkammergut-Literatur, Miguel Herz-Kestranek meditiert beim »Veit« über die österreichische Seele. Das Ballett der Wiener Staatsoper tanzt, sehr neckisch in kurzen Lederhosen, eine Choreographie »Sehnsucht nach Altaussee« auf der Seewiese, wo auch ein Freiluft-»Sommernachtstraum«, mit Plättenanfahrt des Publikums, zur Aufführung gelangt, dazu jede Menge Musik und Kreativkurse – es kann einem eher ein bißchen zuviel werden. Informationen über das jeweilige Programm der **Ausseer Musikfestwochen,** des **Ausseer Kultursommers,** der **Poesie im Ausseerland,** der Kurse von **ART. Aussee** und weiterer verstreuter Veranstaltungen beim Tourismusverband, der jedes Jahr ein eigenes Programmheftl herausgibt. Und im Jahre 2005 findet dann noch die große Steirische Landesausstellung »Narren und Visionäre« in dieser kulturell ohnhin wohlgenährten Ecke des Bundeslandes statt.

LEKTÜRE

- Adalbert Stifter: Bergkristall u. a. Erzählungen, Insel TB 2000
- Wolfgang Matz: Adalbert Stifter oder Diese fürchterliche Wendung der Dinge, Hanser 1995
- Kurt Palm: Suppe Taube Spargel sehr sehr gut – Essen und Trinken mit Adalbert Stifter, Wien, Loecker 1999. *Die Stifter-Biographie ist ausgezeichnet und alles andere als unkritisch, und wie öfters kommt man auf dem Umweg über das Biographische wieder zum Lesen eines nach der Schullektüre verschmähten Dichters. Zum Beispiel »Bergkristall«, das durch Hallstatt und den Dachstein angeregt wurde, wie der »Waldsteig«, der allerdings ziemlich unerträglich herzig ist, von einem Ischler Aufenthalt. Das Buch des Wiener Regisseurs und Autors*

Kurt Palm ist ein exzentrischer Hybrid aus Lebensbeschreibung dieses zum »Exzessiven, Elementar-Katastrophalen, Pathologischen« neigenden Schriftstellers anhand seiner selbstzerstörerischen Eß- und Trinkgewohnheiten – und gleichzeitig eine Art oberösterreichisches Kochbuch.

- Christoph Ransmayr: Der Weg nach Surabaya, Fischer TB 1995. *In diesem Sammelband früherer Reportagen und Essays des oberösterreichischen Schriftstellers findet sich der Beitrag über einen Besuch beim Hallstätter Totengräber, aber auch eine Auswahl weiterer lesenswerter Berichte aus österreichischen Landschaften und Milieus.*

Ausseer Land:

- Alfred Komarek: Ausseer Land – Die Bühne hinter den Kulissen, Kremayr & Scheriau, Wien, 1992. *Interessantes, sehr gut lesbares Buch des Ausseer Autors, das eine Fülle von historischen Einblicken gibt. Eine gute Reiselektüre sind auch Komareks erfolgreiche melancholisch-abgründige Land-Kriminalromane um den Gendarmerieinspektor Simon Polt (Diogenes und Haymon Innsbruck), die allerdings im Weinviertel spielen.*
- Alois Mayrhuber: Künstler im Ausseer Land, Styria 1995. *Ein echter Gendarm, Alois Mayrhuber aus Altaussee, sammelte zeitlebens aus Privatvergnügen biographische Informationen zu buchstäblich allen Literaten und Künstlern, die je das Ausseer Land aufgesucht haben. Aus seinen Schubladen speist sich heute das dortige Literaturmuseum, und es entstand dieser Sammelband, in dem etwas unvermittelt sehr berühmte Leute neben recht obskuren stehen. Mayrhuber konnte seiner Leidenschaft nur bis 1984 frönen: Da wurde er im Dienst bei der Verfolgung eines Raubüberfalls erschossen.*
- Hugo von Hofmannsthal: Die Gedichte
Die Erzählungen, beide Insel TB 2000
Der Schwierige, Fischer TB 2000
Briefwechsel mit Arthur Schnitzler, Fischer TB 1983
Kleine Auswahl, um unter der Linde in Obertressen nahe Hofmannsthals Ausseer Dauerquartieren hineinzusehen. Im Briefwechsel mit Schnitzler verabreden sich die beiden dauernd hin und her zwischen Aussee und Ischl. Der »Schwierige« mit seiner Altwiener Salonatmosphäre ist auch als Lektüre, nicht nur auf der Bühne, ein Genuß.
- Jakob Wassermann: Mein Weg als Deutscher und Jude, dtv 1994
Der Fall Maurizius, dtv 1988
Caspar Hauser, dtv 1983
Die Juden von Zirndorf, ars vivendi, 1995

Bei dtv sind noch weitere dicke Romane des Altausseer Wahlbürgers lieferbar, man kann ihre Lesbarkeit in heutigen Zeiten also gut überprüfen. Ein wichtiges Buch ist auf alle Fälle die Autobiographie.

- Raoul Auernheimer: Beiträge in »Der kleine Salon – Geschichten aus dem Wiener Fin de siècle«, Goverts, 1970 (antiqu.)
  Das Wirtshaus zur verlorenen Zeit, Ullstein, Wien 1948 (antiqu.)
  Auernheimers kleine Haute-Volée-Chroniken sind voll von Zeitgeist und Jargon der kakanischen Oberklasse. Sein Lebensbericht verzeichnet nicht nur die Jahre vorm Ersten Weltkrieg, sondern auch seine eigene Verfolgung durch die Nazis, Inhaftierung in Dachau und schließlich die Emigrationszeit.
- Robert Neumann: Mit fremden Federn, Desch, 1950 antiqu.
  Mit fremden Federn, Der Parodien zweiter Band, Desch, antiqu.
  Ein leichtes Leben. Bericht über mich selbst und Zeitgenossen, Desch, 1963, antiqu.
  Robert Neumann hat in seinen brillanten literarischen Parodien auch einige Altausseer Miturlauber durch den Kakao gezogen: Auernheimer, Wassermann, Beer-Hofmann, Broch – und Thomas Mann, den er sich immer wieder vorgenommen hat, war wenigstens einmal auch beim »Seewirt«. Die Autobiographie ist witzig und ergiebig, wenn man viele, viele Seiten etwas selbstgefälliges Liebesleben eines alternden Herrn überschlägt und sich auf die »Freunde und Zeitgenossen« konzentriert. Das aber hat der listige Robert Neumann befürchtet und deshalb bewußt das Register weggelassen.
- Hermann Broch: Die Verzauberung, Rowohlt TB 2001
  Die Schlafwandler, Suhrkamp TB 1994
- Hermann Broch – Annemarie Meier-Graefe: Der Tod im Exil. Briefwechsel 1950/51, Suhrkamp 2001
- Hermann Broch – Eine Chronik. Marbacher Magazine 2001
  Nachdem die »Verzauberung« oder »Der Bergroman«, an dem Broch in Altaussee arbeitete, eher eine Merkwürdigkeit ist, sei hier auch auf ein zuvor entstandenes Hauptwerk, die »Schlafwandler« hingewiesen. Die Broch-Chronik der »Marbacher Magazine« ist wie alle Hefte aus dieser Reihe ein kleines Wunder an Gründlichkeit und ästhetischer Gestaltung. Der Briefwechsel aus der Emigration mit seiner nur halbherzig akzeptierten zweiten Ehefrau ist ein berührendes Dokument der letzten Lebensjahre.
- Friedrich Torberg: In diesem Sinne – Briefe an Freunde und Zeitgenossen, Ullstein TB 1987, (antiqu.)
  Die Tante Jolesch, dtv 2000
  Die Erben der Tante Jolesch, dtv 2000
  Der Schüler Gerber, dtv 2000

Auch das war Wien, Ullstein TB 1987, antiqu.
Wien oder der Unterschied – ein Lesebuch, Langen-Müller 1998

- David Axmann (Hrsg.): Denn Lächeln ist das Erbteil meines Stammes, Erinnerungen an Friedrich Torberg, edition atelier 1988 (erhältlich im Literaturmuseum Altaussee). *Bei aller Uneinverstandenheit mit Torbergs politischer Haltung und Rolle nach dem Krieg, als Stilist, Chronist und Erzähler- und vor allem Briefeschreiber ist er halt trotzdem vielfach ein Genuß.*
- Barbara Frischmuth: Die Mystifikationen der Sophie Silber, Aufbau TB 2001
Amy oder die Metamorphose, Aufbau TB 2001
Die Klosterschule, Rowohlt TB 1998
Die Entschlüsselung, Aufbau 2001
Fingerkraut und Feenhandschuh. Ein Gartenbuch, Aufbau 2002
Mit Barbara Frischmuths sehr viele Büchern habe ich es immer wieder probiert, schon aus Sympathie für Altaussee und wegen des diesbezüglichen Genius loci, komme aber als Leserin mit dieser Mischung aus poeta docta und halb bodenständiger, halb mythenverliebter Landfrau nicht recht klar. Die oben genannten Titel haben jedenfalls alle starke Ausseerland-Bezüge. Am besten gefällt mir die »Klosterschule«, über die Zwangszeiten in einem Mädcheninstitut zu Gmunden am Traunsee, und der neue Roman »Entschlüsselung« hat fast Krimi-Charme.
- Robert Schindel: Gebürtig. Suhrkamp TB, 1994. *Ein faszinierender Roman des jüdischstämmigen Wiener Autors (Jahrgang 1944 – »mein erstes Lebensjahr hat noch dem Herrn Hitler gehört«) aus dem gegenwärtigen Österreich, über versteckten Antisemitismus und schwierige jüdische-nichtjüdische Beziehungen, über hochproblematische Rückkehr aus dem Exil und die Lasten der Nachgeborenen. Schindel ist regelmäßig in Altaussee, welches auch in einer Passage des Romans auftaucht.*

Ganz zum Schluß möchte ich noch auf eine jungverstorbene Altausseerin hinweisen, die **Regisseurin Karin Brandauer**, von deren hervorragenden Fernsehfilmen aus der österreichischen und deutschen jüngsten Geschichte man nur hoffen kann, daß sie bloß nie in Archiven verstauben. Ob »Verkaufte Heimat« über Südtirol zur Mussolini-Zeit, die Schnitzler-Verfilmung »Der Weg ins Freie«, »Die Arbeitslosen von Marienthal«, vor allem aber »Sidonie«, das tragische Schicksal eines Roma-Kindes in der Hitlerzeit – das sind alles ruhige, sorgfältig auserzählte, atmosphärestarke und bewegende Filme, in der Tradition des großen zeitkritischen österreichischen Fernsehspiels, die heute Vergangenheit ist. Karin Brandauer sollte in Altaussee mindestens so geehrt werden wie ihr berühmter Gatte.

REISEHINWEISE TRAUNSEE UND ATTERSEE

ÜBERNACHTEN:

Seegasthof Rindbach, Strandbadstraße 1, 4802 Ebensee, ✆ 06133 / 81405, in einer idealtypischen Jahrhundertwende-Sommerfrischevilla untergebrachte Hotelpension mit einfachem Komfort aber viel Atmosphäre. Bodenständiges Restaurant, verglaste Veranda und großer Garten direkt am Traunsee (ÜF ab ca 21 €).
Landhotel Traunsee, Klosterplatz 4, 4801 Traunkirchen, ✆ 07617 / 2809, www.tiscover.at/landhotel-traunsee, modernes Viersterne-Hotel mit allem Komfort, rückseitig in allerschönster unmittelbarer Uferlage mit Blick auf See und historischen Ortskern. Schöne Seeterrasse, alle komfortablen Zimmer mit Balkon und Aussicht (ÜF ab ca. 45 €).
Seegasthof Hois'nwirt, Traunsteinstraße 277, 4810 Gmunden, ✆ 07612 / 77333, www.hoisnwirt.at, am Ostufer des Traunsees Gmunden gegenüber gelegener gutbürgerlicher Hotelgasthof unterhalb des Traunsteins und direkt am Wasser. Ab hier ist Schluß mit der Ostuferstraße, dafür gibt es schöne Spazierwege. Modernisiert, sehr geräumige Balkonzimmer mit lesefreundlichen Sesselecken. Eigene Liegewiesen und Badeplätze, solide Küche und gute Weine (ÜF ab ca. 40 €).
Waldhotel Marienbrücke, An der Marienbrücke 5, 4810 Gmunden, ✆ 07612 / 640110, www.marienbruecke.at, im Fachwerkstil von 1919 erbautes bürgerliches Hotel, an der Traun gelegen, berühmt für seine Fliegenfischer-Tradition, auch Charles Ritz und Eisenhower waren deswegen hier zu Gast. Angenehm altmodischer großzügiger Speisesaal, getäfeltes »Gebetsroither-Stüberl«, Zimmer o. k., manche etwas klein (ÜF ab 38 €).
Hotel Post, Ischler Straße 1, 4854 Weißenbach am Attersee, ✆ 07663 / 8142-45, www.hpw.at/attersee, das Fünfzigerjahre-Flachdachhotel unmittelbar am Südufer des Attersees gelegen, hat schon wieder fast historischen Charme. Jedenfalls aparter als der Rustiko-Einheitskitsch der üblichen Geranienburgen. Nur von Mai bis September geöffnet, eigener Strand, 70 000 qm-Hotelpark! Und *kein* Campingplatz, der einem wie beim Steinbacher »Föttinger« die Aussicht versaut (ÜF 50 €).
Druckerhof, Druckerstraße 15, 4866 Unterach, ✆ 07665 / 828555, www.tiscover.com/druckerhof, schon eine dieser standardmodernisierten Geranienburgen, aber, da mit Bausubstanz von 1591, noch hinreichend gefällig. Vor allem aber traumhafte Lage mit Weitblick über Attersee und Höllengebirge, auf der Terrasse sitzt man sehr schön. Deftig-oberösterreichische Küche, gutbürgerliche Zimmer und Ferienwohnungen (ÜF ab 27 €, FeWo ab 50 €).

Margarethengut, Egelseestr. 42, 4886 Unterach, ✆ 07665 / 8002, www.tiscover.com/margarethengut, gemütlicher alter Bauernhof in ebenfalls schöner Hoch- und Weitblicklage, Zimmer, da noch mit Fließwasser und Etagenbad, unschlagbar billig, FeWos komfortabler. Nettes Hutzel-Ferienhaus beiseite (ÜF ab 11 €, FeWo ab 37 €, Ferienhaus für bis zu acht Personen 72 €).
Landgasthof Ragginger, Dorfstraße 42, 4865 Nußdorf am Attersee, ✆ 07666 / 8005-77, www.ragginger.co.at. Traditionsgasthof in der Ortsmitte, eigene Fleischhauerei mit ausschließlich regionalen Produkten, gute österreichischer Küche, Gastgarten, eigener Strand. Angenehme Zimmer, dafür günstig (ÜF ab 30 €).
Lex'nhof, Am Anger 4, 4865 Nußdorf, ✆ 07666 / 8073, www.lexenhof.at, behäbiges altes Bauernhaus mit komfortabler Pension im Dorfkern, schöner Gastgarten, am See großzügige eigene Obstbaum-Badewiese. Bequeme Zimmer, teilweise mit Balkon. Hausrestaurant, der Wirt fabriziert eigene Edelbrände (ÜF ab 24 €).
Litzlberger Keller, Moos 8, 4863 Seewalchen, ✆ 07662 / 2312, www.litzlberger-keller.at, hochberühmte, kunsthistorisch bedeutsame Adresse durch Klimts Gemälde »Litzlbergkeller am Attersee«, das 1997 für umgerechnet knapp 13 Millionen Euro verkauft wurde. Man kann die Seefassade auch heute noch identifizieren, das Krüppelwalmdach, den dichten Baumbewuchs, die seitliche Terrasse. Es gibt acht komfortable Gästezimmer, mehrfach ausgezeichnete Küche und ein hölzernes Bootshaus mit Steg, wie wir es aus den Sommerfrischefotos von Klimts langjährigen Aufenthalten im Litzlberger Brauhaus kennen (ÜF ab 44 €).
Villa Paulick, Promenade 12, 4863 Seewalchen, ✆ 07662 / 2412. Für mich die schönste Adresse am Attersee. Eine auch im Inneren bis zu den Tapeten perfekt in der Originalausstattung der Jahrhundertwende erhaltene Türmchenvilla (s. Seite 307), die ebenfalls von Klimt und seinem Freundeskreis bewohnt wurde. Die heutige Besitzerin, Frau Erika Meßner, war noch befreundet mit den Nachkommen der Familie Flöge; Emilie Flöge war Klimts langjährige Freundin. Der ideale Platz, um sich in der großen Vergangenheit des Salzkammerguts zu verlieren. Natürlich auch stimmungsvolles Standquartier für die Erkundung der nördlicheren Salzkammergutseen. Großer, parkartiger Garten zum See mit Liegestühlen und Strand, eigenes verwittertes Bootshaus. Zwei Doppelzimmer, eine Ferienwohnung, auch komfortmäßig etwas retro, nur von Ostern bis Oktober (ÜF ab ca. 40 €).

Weitere Adressen von **Bauernhofurlaub-Quartieren** und **Ferienwohnungen** in den umfangreichen Gastgeberverzeichnissen der »Ferienregion Traunsee«, Am Graben 12, 4810 Gmunden, ✆ 07612 / 64305, www.traunsee.at, und der »Ferienregion Attersee«, 4864 Attersee am Attersee, ✆ 07666 / 7719, www.attersee.at

ESSEN UND TRINKEN

Hotel Post, Ortsplatz 5, 4801 Traunkirchen, ✆ 07617 / 23070, Traunkirchner Traditionshotel, heute nach modernen Tagungs-Standards aufgepeppt, Gehobene Regionalküche, von Gault-Millau mit einer Haube bedacht.
Gasthof Strasser, Winkl 21, 4801 Traunkirchen, ✆ 07617 / 2311, für solche, die's einfacher mögen: sachlicher, trotzdem nicht ungemütlicher Einkehrgasthof an der Straße mit eigener Fleischhauerei, bodenständige Küche.
Konditorei Grellinger, Franz-Josephsplatz 9, 4810 Gmunden, ✆ 07612 / 79481, berühmtes Traditionscafé in einem schmalbrüstigen roten Barockhaus nahe dem Rathausplatz. Im Inneren leider ziemlich eng, aber köstliche Torten und Kuchen. Zum Sitzen caféhausmäßig angenehmer ist das **Rathauscafé** oder **Brandl**, Thomas Bernhards Stammcafé.
Die zum Übernachten vorgeschlagenen Gmundner Hotels haben alle auch eine traditionell gute (**Marienbrücke**, **Hois'nwirt**) bis anspruchsvoll exquisite (**Freisitz Roith**) Küche aufzuweisen. Beim Hois'n gibt es interessante Regionalgerichte wie »Traunsteiner Schafskäsgupferl«, gespicktes Kirchamer Weidelamm und selbstgemachten Zwetschgenfleck.
In Gmunden liegt ferner in der Scharnsteiner Str. 1 die **Vinothek Wagner**, ✆ 07612 / 778415, mit ihrem enormen Sortiment von über 1000 Weinen und der fachlichen Beratung angeblich eine der besten Österreichs. Auch die **Vinothek La Muhr**, Linzer Str. 142, ✆ 07612 / 77193, www.la-muhr.at, hat eine gute Auswahl an österreichischen Weinen: Veltliner von Stierschneider und Alzinger aus der Wachau z. B., von Hirsch aus dem Kamptal und Ott aus dem Donauland. Gmunden ist also im Salzkammergut der richtige Ort, um sich die Heimfahrt, oder das Quartier, mit Wein zu versorgen – denn was wäre so eine Seenfahrt ohne ein Flascherl abends auf dem Balkon?
Gasthaus Baumgarten, Baumgarten 15, 4816 Gschwandt bei Gmunden, ✆ 07612 / 64974, etwas außerhalb der Stadt östlich in Richtung Scharnstein / Almtal gelegen. Gutbürgerlicher Landgasthof von 1600, mit viele Geweihen und einem Schwergewicht auf Wildküche, aber auch Milchlamm, Gansleber oder Lamm schlegel sehr gut. Mi / Do Ruhetag.
Gasthaus Asamer, Hauptstraße 26, 4694 Ohlsdorf, ✆ 07612 / 472, früher ein Stammlokal von Thomas Bernhard, wo er alle seine Gäste hinschleppte. Heute renoviert, regionale verfeinerte Hausmannskost. Mo Ruhetag.
Gasthof See, Au 1, 4866 Unterach, ✆ 07665 / 8214. Dieser ansehnliche traditionelle Gasthof gehört zu Unterach am Attersee, liegt aber kurioserweise am Mondsee. Das liegt daran, daß die beiden Gewässer in dieser Ecke fast zusam-

menstoßen und zum Gemeindegebiet von Unterach auch noch ein winziger Fetzen Mondsee gehört. So schauen wir auf einmal wieder auf den Schafberg zurück und erinnern uns, daß Gottfried Keller in diesem Haus in der Sommerfrische war. – Uferlage, freundliche Terrasse, gute Fischküche und österreichische Schmankerln, Tafelspitz wie Hechtfilet. Mo / Di (außer Saison) Ruhetag.

Braugasthof Aichinger, Am Anger 1, 4865 Nußdorf am Attersee, ✆ 07666 / 8007, renovierter Traditionsgasthof, schöne Kaminstube. Überdurchschnittliche Regionalküche (»Bachsaibling mit Kartoffelkruste auf Rucolarisotto«), aber auch Backhendl, Hirschrücken, und »Apfelradln in Zimtschaum«) Mo / Di (außer Saison) Ruhetag.

Im Nußdorfer **Ragginger** ißt man auch gut, zum Beispiel Innereien, Reh, Kalbs- oder Schweinsstelze, und sitzt irgendwie altmodisch-netter, finde ich. Mi Ruhetag.

KUNST UND KULTUR, ZUM ANSEHEN

Kino Ebensee, Schulgasse 6, 4802 Ebensee, ✆ 06133 / 6308, www.kino-ebensee.at, einziges Programmkino des Salzkammerguts mit Filmen außerhalb des Mainstream-Spektrums. Unangepaßt an sonstige Heimatpflege- und Klassikfestival-Kultur ist auch das angeschlossene Kulturzentrum, das zum Beispiel ungewöhnliche Rockkonzerte veranstaltet, zu denen von weit her angereist wird.

KZ-Gedenkstätte und Zeitgeschichte-Museum, Kirchgasse 5, 4802 Ebensee, ✆ 06133 / 5601, www.ebensee.org, neben Mauthausen Österreichs bedeutendster Erinnerungsort an den NS-Terror. Zur Gedenkstätte, mit einer Dokumentation im ehemaligen KZ-Stollen, mit Friedhof und, als Relikten des Lagers, dem Eingangstor und den steilen Treppen des ehemals stacheldrahtumzäunten »Löwengangs«, kommt man, indem man von der Bundesstraße 145 bei der Abfahrt Rindbach abbiegt, von dort ausgeschildert. Wichtige Ergänzung bietet das Zeitgeschichte-Museum im alten Ortskern gleich neben der Kirche, auch dessen umfangreiche Bibliothek, die nicht nur Bücher (auch zum Entleihen), sondern auch unzählige Dokumente, Fotos, Zeitungsartikel für jedermann zur Einsicht bereithält. Öffnungszeiten der Gedenkstätte: In den Monaten Juli, August, September Di–So 10–17 Uhr, im Mai, Juni und Oktober Sa / So 10–17 Uhr. Das Museum ist das ganze Jahr Di–So 10–17 Uhr geöffnet. Kombikarte 5 €. Ausgezeichnet ist die obengenannte website, auf der man auch sehr viele hochinformative Artikel aus der Museumszeitschrift »Betrifft Widerstand« nachlesen kann.

Auf der Weiterfahrt ist neben dem **historischen Ortsensemble von Traunkirchen** sehr sehenswert die **Fischerkanzel** in der Pfarrkirche, eine höchst lebendige Rokokoschöpfung mit silbernen Stuck-Wasserschwaden, mit exotischen Gestalten auf dem Schalldeckel und einem großen Krebs, der ein Kruzifix in den

Scheren hält (er bringt es dem Missionarsheiligen Franz Xaver zurück, der es ins Wasser hat fallen lassen).

Altmünster ist uraltes Siedlungsgebiet, aber davon ist nicht mehr viel zu ahnen in der ziemlich verbauten Ortschaft. In der **Pfarrkirche St. Benedikt** gibt es ein schönes romanisches Taufbecken und ein kunstvolles Netzrippengewölbe zu sehen, am Hochaltar einige hervorragende Skulpturen des Michael Zürn. In der **Allerheiligenkapelle** findet sich vielfiguriger bewegter Steinaltar aus der Übergangszeit von Gotik zu Renaissance, und das prunkende Epitaph des Grafen Adam Herbersdorff aus dem 17. Jhdt, eines veritablen Bauernschlächters. In Pinsdorf bei Gmunden erzählt der **Bauernhügel** von der Grausamkeit diese Feudalherrn. Als man dort 1883 eine Grube aushob, entdeckte man zahllose Menschenknochen, sogar die Milchzähne von Kindern, die sich an einem Aufstand gegen den Unterdrücker beteiligt hatten. Die Leichen waren nackt auf einen Haufen geworfen und dann verscharrt worden.

In **Gmunden** sollte man sich nicht nur Esplanade, Rathausplatz und Seeschloß-Orth-Blick beschränken, sondern einen kurzen Bummel durch die **alte Bürgerstadt** anschließen: durch die Kirchengasse hinauf zum Marktplatz (mit altem Bäckereicafé), durch die Johannesgasse zur **Stadtpfarrkirche**, wo der Hochaltar ein Haupwerk des großen frühbarocken Bildhauers Thomas Schwanthaler ist. Weiter durch die Schwanthalergasse zum Rinnholzplatz, der so heißt, weil dort das Blut geschlachteter Rinder abgeschwemmt wurde. Durch die Salzfertigergasse geht's zurück zur Kirchengasse und zum Rathaus. In der Salzfertigergasse 4 liegt die angenehme **Buchhandlung Javorsky** – ihre Betreiberinnen wurden schon unter die sympathischsten Buchhändlerinnen Österreichs gewählt.

Das **Stadtmuseum im Kammerhof**, ✆ 07611/794244, geöffnet von Mai bis Oktober, Mo Ruhetag, ist nicht nur schön in einem spätmittelalterlichen Amtschloß nahe der Traunbrücke untergebracht, sondern auch sehr reichhaltig: neben Traunsee-Erdgeschichte und Skulpturensammlung (wiederum Plastiken von Schwanthaler und Zürn), alter Gmundner Keramik, Dokumentationen über die heimisch gewordenen Adelshäuser, über Salzhandel und Salzschiffahrt sind vor allem die mit zahlreichen Originalmöbeln und -utensilien ausgestatten Johannes-Brahms- und Friedrich-Hebbel-Gedenkzimmer sehenswert. **Hebbels Landhäuschen** in der Hebbelstraße, Orth Nr. 31 hat immer noch ein recht biedermeierliches Flair und ist heute in Privatbesitz, zu besichtigen nach Voranmeldung. **Villa Klusemann**, **Villa Elisabeth** und die **Villa Thun** am Seeufer sind neben den erwähnten Adelssitzen (S. 288) Beispiele historischer Villenarchitektur, und die **Villa Lanna** in der Pensionatsstraße 24b hat ein sehr schönes französisch-formales Gartenparterre, hier finden öfters Lesungen, Vorträge, Kamingespräche statt. Die Villa Elisabeth ist auch heute noch, neben dem neugotischen Hauptgebäude in der Pensionatsstraße 9, ein Gymnasium les katholischen Kreuzschwesternorden, wo Barbara Frischmuth jene eher beklemnenden Erfahrungen machte, die sie in »Die Klosterschule« verarbeitete.

Veltweit berühmt ist Gmunden für seine Keramik-Manufaktur, vor allem das hocheliebte traditionelle »Grüngeflammte«, das in seiner einfachen, schwungvollen inienführung ja auch wirklich ein Klassiker ist, an dem man sich nie übersieht. ervice, Einzelteile, in diesem oder den anderen althergebrachten Gmundner)ekoren, gibt es im **Werksverkauf Gmundner Keramik**, auch günstiger als zweie Wahl. Keramikstraße 24, ✆ 07612/54410, Öffnungszeiten Mo–Fr 9–18, Sa –13 Uhr (Sa nur zweite Wahl). In der letzten Augustwoche findet jedes Jahr auf lem Rathausplatz ein großer, international bestückter, volksfestartiger **Töpfernarkt** statt. – Zur Keramik gehört auch die Sanitärkeramik, und nur in Gmunden ibt es ein Museum für historische Toiletten, Waschtische, Bidets, Nachttöpfe, pucknäpfe und andere Ojekte des Stoffwechselgeschehens (öfters aus den opuenten Sommerfrischevillen), das heute neckisch **Klo und so** heißt und im baocken Pepöckhaus untergebracht ist. ✆ 07612/794293, geöffnet Mai bis)ktober Di–Sa 10–12 und 14–17 Uhr, Sa bis 12 Uhr. Der alte Name »Erstes)sterreichisches Sanitärmuseum« hat mir besser gefallen.

)as **Gmundner Strandbad** mit hoher Zentralhalle und symmetrischen Seitenügeln ist von einem Otto-Wagner-Schüler erbaut, und durch das Städtchen kurvt och immer eine rotgelbe **Straßenbahn**, die fast abgeschafft worden wäre. Für ıren Erhalt schrieb Thomas Bernhard den letzten Brief seines Lebens.

)ie kleine Villa **Stonborough-Wittgenstein**, wo heute das **Thomas-Bernhardrchiv** verwahrt wird, gehört neben dem **Landschloß Orth** (heute schulische lutzung) und der prächtigen **Villa Toscana**, die von der Form her etwas an eine ochdekorierte Kaffeemütze erinnert, zu den historischen Bauten im Toscana-Park, inem angenehmen Flanierort bis auf das öde Kongreß-Zentrum. Im Parterre der ınen sezessionistisch veränderten Villa Toscana ein schönes Jugendstil-Café. as Thomas-Bernhard-Archiv mit seinem Nachlaß ist natürlich zur wissenschaftchen Nutzung gedacht, aber »jeder, der ein berechtigtes Interesse nachweisen ann«, ist vielleicht etwas dehnbar. Die Bibliothek ist frei zugänglich. Für zwei telierwohnungen in der schönen, schlichten Villa können sich »writers in residene« und andere Künstler bewerben. Voranmeldung ist in jedem Fall nötig: Thomasernhard Archiv, Kurator Dr. Martin Huber, Villa Stonborough-Wittgenstein, Johannrth-Allee 23, ✆ 07612/70837, www.bernhardgesellschaft.at oder e-mail ıomas-bernhard-archiv-@utanet.at

n Ortsteil Obernathal 2 von **Ohlsdorf** liegt das **Thomas-Bernhard-Haus** (siehe . 292), das seit einigen Jahren frei zu besichtigen ist. Geöffnet ist es vom 1. April is zum 30. Okober. Für genaue Öffnungszeiten und Führungen (manchmal überimmt sie Bernhards Halbbruder Peter Fabjan): ✆ 07612/47013

Gustav Mahlers Komponierhäuschen in **Steinbach** am Attersee gehört zur Dc māne des dortigen »Gasthofs Föttinger«, und der Schlüssel kann an der Rezeptio abgeholt werden. Drinnen bloß ein Stutzflügel, ein Tisch, ein Stuhl, eine besche dene Ottomane und ein paar Schriftstücke.

Am ländlichen **Attersee** hat die Kunstgeschichte früherer Jahrhunderte kaum be deutende Spuren hinterlassen. Die Dörfer waren arm, sind öfters abgebrannt, un als es den Leuten besser ging, haben sie schleunigst neue Häuser gebaut. Heute treibt bloß die Freizeitkultur ihre sonderbaren Blüten: Surfschulen, Dive Companies, »Wasserskischnuppern« klingt auch gut, »Fun Courts« und Erlebnis bäder, »Felsen-Spa mit Aromabad und Erlebnisduschen«, und schon die Kinde haben »Megaspaß« im »Kinderbecken mit Rosifant« oder mit »Weyreggulix, der wasserspeienden Drachen«. Ich weiß nicht, früher ist man ins Wasser gewatsche und losgeschwommen, war auch schön.

Das **Wasserschloß Kammer**, im Barock von den Grafen Khevenhüller, welch Jahrhunderte die Gegend beherrschten, in der heutigen Form ausgebaut, öffne seine Tore nur für ein paar Schloßkonzerte im Sommer. Des Attersees bedeu tendster Verewiger neben Mahler war also **Gustav Klimt**, dessen Motive haup sächlich die folgenden waren: die Seeseite von **Unterach**, vom gegenüberlieger den Ufer in Weißenbach gesehen; die kleine **Insel Litzlberg**, der **Litzlberge Keller** vom See aus gesehen, **Schloß Kammer** in vielen Varianten, u. a. von de **Villa Paulick** aus gesehen. Die berühmte »Allee nach Schloß Kammer« ist heut noch zu erkennen. Die kleine **Villa Oleander** an der Seestraße 18 in Kamme Schörfling, wo Klimt mit der Familie Flöge die Sommerfrischen 1908–1912 ve brachte, ist noch ebenso original erhalten wie die **Villa Paulick** (Sommerfrisch 1900), aber in Privatbesitz. Die zahlreichen Gemälde von Obstbaumwiesen un Bauerngärten, Mohnwiesen, Weihern, Buchenwäldern und Wasserstimmungen en standen alle rund um den Attersee. Wenn nicht gerade an den Sommerwoche enden der »verlinzerte« Wassersport tobt, lassen sich solche Ansichten und Stin mungen, vielleicht nicht ganz in der Klimtschen Farbenpracht und Opulenz, in de Atterseelandschaft alle noch auffinden.

Keinesfalls versäumen sollte man einen kleinen Abstecher von Seewalchen nor wärts ins unauffällige Dorf **Gampern**, wo in der **Dorfkirche** ein prachtvoller spä gotischer Schnitzaltar, wahrscheinlich aus dem Passauer Umkreis, steht. Di Schnitzwerke, die Reliefs der Seitenflügel, vor allem aber die ausdrucksstarke Tafelbilder der Rückseiten (man kann herumgehen) im Donauschulstil sind vo höchster Qualität. Wunderbar die Farbigkeit der Ölbergszene in ihrer steile Felslandschaft, die Verspottung Christi mit ihrer Fratzenhaftigkeit und bizarre Gestik, die gedrängte Bewegtheit der Kreuztragung und dann die statische Ruh der Kreuzigung, vor einer mittelalterlichen Türmestadt. Auf der Rückwand di

Gamperer Höll«, ein drastisches Jüngstes Gericht, bei dem die weggeschobenen ;rabdeckel aussehen wie kaputte Bodenfliesen und die auferstehenden Toten mit ;rünen Tangahöschen bekleidet sind. Sehr schön der Geldsack im Vordergrund, lem alle verstreuten Goldtaler nichts nützen, er wird doch von einem schwarzen Jnterteufel am Arm höllenwärts gezerrt.

uch die Traunseeregion und der Attergau bieten im **Sommer** eine Vielzahl von nusikalisch / literarischen **Festivals**. Am anspruchsvollsten sind die **Gmundner estwochen**, die mit ihrer Fülle von Veranstaltungen offenbar fast den Salzburger estspielen Konkurrenz machen wollen. Große Namen sind jedenfalls auch in ;munden anwesend – aus der modernen Musik Philip Glass über Michael Nyman is zum Jazzer Archie Shepp, aus der Theatersszene Peter Stein oder die Burgheatergrößen Hermann Beil, Ignaz Kirchner, Walther Schmidinger; Rosel Zech oder lanna Schygulla rezitieren, Autoren von Peter Rosei über Robert Schindel bis zum ;roßartigen Essayisten Franz Schuh halten Lesungen, und aus der Bildenden unst sind z. B. Xenia Hausner und Hermann Nitsch in Gmunden mit Austellungen vertreten. Dazu jede Menge Musik aller Epochen, öfters in umliegenden chlössern und Dorfkirchen – aber auch dabei viel Innovatives, Wagnis und nicht ur Gefälligkeit. Karten und jeweils aktuelle Programme unter: Gmundner Festvochen, Festwochenbüro, Theatergasse 17, 4810 Gmunden, ✆ 07612 / 70630, vww.festwochen-gmunden.at

lber die aktuellen Programme der ebenfalls oft prominent besetzten Festivalvernstaltungen rund um den Attersee, z. B. des **Attergauer Kultursommer** oder er **Schloßkonzerte Kammer**, und da gibt es noch einige mehr, informiert der ourismusverband Ferienregion Attersee, s. unten.

.EKTÜRE

Florian Freund: Das Konzentrationslager Ebensee, Dokumentationszentrum des österreichischen Widerstands, Wien 1990

Christoph Ransmayr: Morbus Kitahara, Fischer TB 1997. *Als früherer Ransmayr-Fan habe ich mich mit dieser finsteren und etwas pompösen Fantasy recht schwer getan, sie zeigt aber interessanterweise die Touristenregion Traunsee wie auf einem dunklen Umkehrbild, wie auf einem Schwarzweiß-Negativ. Man erkennt in »Moor« Ebensee und seine schlimme Geschichte unschwer wieder, im »Steinernen Meer« das Tote Gebirge etc. Zum Vergleich mit Ransmayrs zu Recht gerühmten Vorläuferromanen gibt es bei Fischer eine Taschenbuchkassette, die auch »Die letzte Welt« und »Die Schrecken des Eises und der Finsternis« enthält.*

Fritz von Herzmanovsky-Orlando: Gaulschreck, Hofzwerge, Exzellenzen, München, Langen-Müller, 2001

- Fritz von Herzmanovsky-Orlando: Sämtliche Werke in drei Bänden, Frankfurt, Zweitausendeins, 1993 (antiqu.). *Das ist wieder so ein krasser Sündenfall von Verlagspolitik. Das einzige lieferbare Buch des genial-skurrilen Autors, der sein Sommerhaus in Rindbach am Traunsee hatte, ist die erstgenannte, sträflich magere Auswahl, dazu noch in der zweifelhaften Hauruck-Bearbeitung von Friedrich Torberg. Die phantastisch edierte zehnbändige Gesamtausgabe von 1983 aus dem Residenz-Verlag ist schon lange vergriffen, ebenso der wohlfeile, bis auf die Briefe textidentische dreibändige 2001-Nachdruck. Antiquarisch läßt er sich nicht mehr wohlfeil, noch finden. Besonders fesselnd der reich illustrierte biographische dritte Band: »Sinfonia Canzonetta Austriaca« mit einer Unzahl von Briefen, Selbstzeugnissen und Textausschnitten, der auch Herzmanovskys peinliche Ideologien und Entgleisungen nicht ausspart.*
- Adalbert Stifter: Feldblumen (verschiedene Ausgaben): *In dieser längeren Erzählung aus »Studien«findet sich die Beschreibung der merkwürdigen utopischen »Schönheitwelt«, die sich Stifter in Traunkirchen ausgemalt hat. Lesenswert auch wegen schwermütiger Passagen wie dieser: »Meine gewöhnliche Frühlingstrauer stellte sich ein. Ich weiß nicht, ob die schönen, allerersten Frühlingstage auch Andere traurig machen. Ist es etwa die Ruhe nach den Winterstürmen, die lächelnd in der ungeheuren Bläue liegt, und darunter auch ruhig die todte Erde und das schwarze Baumgitter, das des Keimens harrt, oder ist es physischer Einfluß der weichen Luft nach der Winterhärte, oder Beides?«*
- Johann Nestroy: Der Zerrissene (verschiedene Ausgaben). *Im »Zerrissenen« findet sich die schöne Überdruß-Tirade mit der »stereotypigen Natur«. Nestroy hat häufig in Traunkirchen Ferien gemacht, und seine Stücke sind nicht nur auf der Bühne, sondern auch als Lektüre ein Fest des Komischen, schon wegen der wundervollen wienerischen Sprachwindungen.*
- Friedrich Hebbel: Tagebücher, in Auswahl als Reclam-TB, komplett Hanser 1977. *Berühmte Tagebuchliteratur des 19. Jahrhunderts, sehr farbig und persönlich, die Sommeraufenthalte in Gmunden kommen immer wieder vor.*
- Friedrich Grillparzer: Reisetagebücher, Berlin, Ruetten & Loening 1984, antiqu. *Grillparzer hat leider das Salzkammergut nicht bereist, gehört also eigentlich nicht hierher, hat aber über andere österreichische und europäische Gegenden die amüsantesten, bissigsten und schlechtestgelaunten Reise-Diarien geführt, die man sich vorstellen kann.*
- Peter Altenberg: Sommerabend in Gmunden. Szenen und Skizzen zwischen Salzkammergut und Semmering, Schöffling 1997
- Hans Christian Kosler: Peter Altenberg – Leben und Werk, Matthes und Seitz 1984, antiqu. *Bei Schöffling sind nicht nur diese Sommerfrischen-Skizzen von Altenberg neu aufgelegt sondern noch weitere seiner »Nichtigkeiten«. Schön*

reich illustriert und informativ ist der biographische Band von Kosler. Zur großen Peter-Altenberg-Ausstellung im Jüdischen Museum Wien 2003 erscheint ebenfalls ein umfangreicher Begleitband bei Residenz.

- Thomas Bernhard: Frost
  Das Kalkwerk
  Ungenach
  Beton
  Ja
  Verstörung
  Korrektur
  Auslöschung, alle bei Suhrkamp als TB lieferbar
- Wieland und Erika Schmied: Thomas Bernhards Häuser, Residenz Verlag, 1992
- Wieland und Erika Schmied: Thomas Bernhards Österreich, Schauplätze seiner Romane, Residenz Verlag, 2000
- Franz Ignaz Hennetmair: Ein Jahr mit Thomas Bernhard, Residenz Verlag 2001
  Die längeren oder kürzeren Prosatexte Bernhards haben alle mit der oberösterreichischen Umgebung seines Wohnortes zu tun. Wieland und Erika Schmied waren gute Freunde von Thomas Bernhard, und die melancholisch-stimmungsvollen Schwarzweiß-Bildbände über seine Lebensräume und die Hintergrundorte seines Schreibens haben nichts Voyeuristisches, sondern zeigen ein denkbar Tourismusprospekt-fernes Österreich. Das dicke Hennetmair-Buch ist für Bernhard-Leser natürlich eine höchst amüsante Pflichtübung. Auch als btb-Taschenbuch.
- Werner Kofler: Konkurrenz – Szenen aus dem Salzkammergut, Rowohlt TB, antiqu. *Ein bösartiger, giftiger kleiner Roman, Thomas Bernhard nicht ganz unverwandt, des immer noch etwas zu unbekannten österreichischen Gegenwartsautors, der zu den komischen Begabungen dieses Landes zählt. Er spielt unter gewappelten Immobilieneigentümern eines imaginären Salzkammergutes und schildert in schöner Kraßheit ein Scheidungsdrama zwischen Besitzbürgern.*
- Heimito von Doderer: Die Strudlhofstiege, Beck, 1951
- Heimito von Doderer: Repertorium, Beck
- Lutz W. Wolff: Heimito von Doderer, Rowohlt-Monographie. *Die Passagen über seinen Aufenthalt in Weißenbach finden sich zwar in Doderers uferlosen Tagebuch »Tangenten«, das überwiegend aus tiefschürfenden Werkkommentaren und Privatphilosophie besteht und das auch für jemanden mit Hang zu Schriftsteller-Tagebüchern eine äußerst schwere Kost ist. Deswegen sei aus seinem umfangreichen Werk hier halt noch mal die grandiose und sehr genußreiche »Strudlhofstiege« empfohlen. Wenn man sich im Salzkammergut hineinliest, will man gleich weiter nach Wien. Die aphoristischen Texte des »Repertoriums« sind*

Doderer kompakt, kleine Glanzlichter. Die Rowohlt-Monographie ist ausgezeichnet und beschreibt auch seine dubiosen politischen Verstrickungen ohne Scheu.

- Gustav Klimt: Landschaften (Hrsg. Stephan Koja), Prestel, München 2002. *Ein opulenter Bildband zum Hineinversinken, Begleitbuch zur großen Klimt-Ausstellung der Landschaftsbilder im Wiener Belvedere. Nicht nur alle Attersee-Landschaften sind phantastisch, auch in Ausschnitten, wiedergegeben, sondern es finden sich auch unzählige alte Fotos von Klimts Sommerfrischen am Attersee, seinem Freundeskreis und den gemeinsamen Unternehmungen – ein Buch zum Träumen.*

Zum Salzkammergut gehört natürlich die **Musik**, die in dieser oder im Zusammenhang mit dieser Landschaft entstanden ist, unverzichtbar dazu. Wer es nicht unpassend findet, sich vom Autokassettenrecorder mit Genius-loci-Klängen umhüllen zu lassen, der müßte in St. Gilgen also mit **Mozart** anfangen, hätte in Bad Ischl dann die Wahl zwischen **Johann Strauß**, **Johannes Brahms**, **Anton Bruckner** und **Franz Lehar**. Im Ausseer Land wäre wiederum **Brahms** angesagt, aber auch **Richard Strauss**. Am Traunsee müßte man sich **Arnold Schönberg** zuführen oder die »Wesendonk-Lieder« von **Wagner**, denn Mathilde von Wesendonk hat später in der »Villa Traunblick« zu Altmünster gelebt (Wagner war aber nie da). In Gmunden könnte man sich mit **Schubert**, der sich dort öfters aufgehalten hat, wieder erholen, und in Thomas Bernhards Ohlsdorfer Gegend seiner Vorliebe für **Glenn Gould** nachfolgen. In Steinbach am Attersee würde es mit **Mahlers** Dritter dann wieder sehr volltönend. In Weißenbach könnten wir mit einigen Klavier-Solos **Friedrich Guldas** gedenken, denn der ist unlängst in seiner dortigen Ferienwohnung gestorben. Und in Unterach hätten wir wieder Auswahl, denn im dortigen Berghof waren vor Samuel Fischers Sommern **Johannes Brahms**, **Karl Goldmark** und **Hugo Wolf** zu Gast, der sich in den Wäldern jene Mörike-Gedichte laut vordeklamierte, die er dann vertont hat. Ein Berghof-Gast war auch jener gefürchtete Rezensent Eduard Hanslick, der zu **Tschaikowskys** Violonkonzert die unvergeßlichen Worte fand, das sei »Musik, die man stinken hört«.
Eine höchst sonderbare Begleitmusik zu einer Autoreise durch Österreich ist des Gmunden-Urlaubers **Ernst Kreneks** »Reisebuch aus den österreichischen Alpen« aus den zwanziger Jahren, in dem eine Art informeller Postkartentexte wie »Sie haben jetzt auch Telefone« und »Mit der Bergbahn geht es elektrisch immer höher, höher…« mit großer Operndramatik gesungen werden.

Zum Schluß möchte ich noch einen **Sprachführer** empfehlen, Alfred Schierer und Thomas Zauner: »Sprechen Sie österreichisch?«, Verlag Carl Ueberreuter, Wien 2002. Ich sammle begierig alle Austriazismen auf, die mir zu Gehör kommen und schätze sie unmäßig: zum Beispiel das beliebte »es geht si net aus«, natürlich mit offenem österreichischen »o« gesprochen, oder »es spießt sich« (haut nicht hin), das relativierende »no na«, das eingefügte »eh-schon-wissen«, das verärgerte »was mich wirklich anzipft...« oder »ich laß mich doch von Ihnen nicht anschütten« oder »vernadern«, was so viel wie »schlechtmachen« heißt. Ein zuwiderer Mensch ist ein »Ungustl«, und mit diesem hat man einen »Wickel«, also Zoff. Am besten hat mir unlängst im stets hörenwerten Radioprogramm Ö1 ein Kommentar zur Wahl gefallen: »Viele Wähler sind zu Hause geblieben, weil ihnen die Folgen schwarzblauen Regierens stagelgrün aufliegen.« Und im Salzkammergut ist auch die Frage eines Radio-Wetterberichterstatters überaus berechtigt, welche lautete: »Wird es wieder herunterwascheln nach der Hitzewelle?«

ORTSREGISTER:

NAMENREGISTER:

BILDNACHWEIS:

S. 12, 16, 19, 34, 36, 39, 57, 62, 65, 66, 68, 71, 73, 74, 86, 106, 108, 110, 112, 115, 147, 148, 154, 157, 171, 179, 184, 233, 236, 239, 242, 261, 289, 299: Postkarte, Sammlung Renate Just

S. 21, 24, 28: Aus: Günter Göpfert, Das Schicksal der Lena Christ, Ehrenwirth Verlag, München 1981

S. 37: Aus: Regina Schmeken, Geschlossene Gesellschaft, Kunstmann Verlag, München 1994

S. 42: Wilhelm Leibl

S. 45, 48: Aus: Werner Moritz, J. Sperl 1840-1914, Rosenheimer Verlagshaus, Rosenheim 1990

S. 51: Staatliche Sammlungen Berlin

S. 54: Louvre, Paris

S. 77: Bayerische Verwaltung der Schlösser und Seen

S. 80: Aus: HB-Kunstführer Oberbayern, Hamburg 1995

S. 83: Aus: Schubert/Heyn, Chiemgau, Rosenheimer Verlagshaus, Rosenheim 1984

S. 89: Aus: HB-Kunstführer Oberbayern, Hamburg 1995

S. 90: Aus: Walter Brugger & Josef Wegner, Seeon, Pannonia Verlag, Freilassing 1977

S. 103: Aus: Reinhard Winter, Chiemgau, Artemis & Winkler Verlag, München 1994

S. 144: Aus: Merian, Salzburger Land, Hamburg 1985

S. 152: Aus: Hans Hofmann-Montanus & Max Eisler, Salzburg. Stadt und Land, Gerlach und Wiedling Verlag, Wien-Leipzig 1930

S. 159: Aus: Merian, Salzburger Land, Hamburg 1985

S. 160: Aus: Robert Krichbaumer (Hg.), Der Geschmack der Vergänglichkeit. Jüdische Sommerfrische in Salzburg, Böhlau Verlag, Wien-Köln-Weimar 2002

S. 163: Aus: Salzburger Literaturen. Literarische Wege durch Stadt und Land Salzburg, Edition Eizenbergerhof, Salzburg 2001

S. 165, 166: Aus: Kurt Hofmann, Aus Gesprächen mit Thomas Bernhard, Löcker Verlag, Wien 1988

S. 169: Aus: Kurt Hielscher, Österreich – Landschaft und Baukunst, Verlag Ernst Wasmuth, Berlin 1928

S. 172: Aus: Merian, Salzkammergut, Hamburg 1959

S. 188: Aus: Lernet-Holenia Homepage

S. 191: Aus: Hilde Spiel, Die hellen und die finsteren Zeiten, List Verlag, München 1989

S. 196: Aus: Marbacher Magazin 94, Marbach 2001

S. 197: Aus: Ulrich Weinzierl, Alfred Polgar. Eine Biographie, Fischer Verlag, Frankfurt 1995

S. 202: Aus: Bruno Brehm, Glückliches Österreich, Diederichs Verlag, Jena 1938

S. 205, 207: Aus: Gerhard J. Hickel, Zur Kur im alten Österreich, Verlagsbuchhandlung Pichler, Wien 1996

S. 209, 212: Aus: Gaby von Schönthan & Joseph M. Grumbach-Palme, Die Konditorei Zauner. Eine kleine Kulturgeschichte, Goldmann Verlag, München 1982

S. 217, 220: Aus: Arthur Schnitzler. Sein Leben und seine Zeit, Fischer Verlag, Frankfurt 1981

S. 224, 227: Aus: Merian, Salzkammergut, Hamburg 1959
S. 247, 258: Aus: Informationsbroschüre der Kurverwaltung Altaussee
S. 278: Aus: Susanna Goldberg & Max Reinisch (Hg.), Fritz von Herzmanovsky-Orlando, Sämtliche Werke, Band X, Residenz Verlag, Salzburg und Wien 1994
S. 282: Aus: Merian, Salzkammergut, Hamburg 1959
S. 291, 296: Aus: Erika & Wieland Schmied, Thomas Bernhards Österreich. Schauplätze seiner Romane, Residenz Verlag Salzburg und Wien 2000
S. 306, 309: Aus: Stephan Koja (Hg.), Gustav Klimt. Landschaften, Prestel Verlag, München-Berlin-London-New York 2002

Umschlaggestaltung: Michel Keller, München, unter Verwendung eines Fotos von Kurt Schubert
Gestaltung: Sabine Wimmer, München
Lithografie: ReproLine, München
Satz: Frese, München
Druck und Bindung: Clausen & Bosse, Leck
ISBN 3-88897-326-0
1 2 3 4 5 · 06 05 04 03